普通高等教育经管类专业“十二五”规划教材

信息经济学

过仕明　主　编

侯亚娟　王晓岚　副主编

清华大学出版社

北　京

内 容 简 介

本书系统地介绍了信息经济学的基本理论、基本原理和基本方法。全书共 7 章，主要包括信息经济学的发展历史和学科体系、合作博弈与非合作博弈、信息商品、信息市场、信息产业、信息经济及其测度、信息系统的构建等内容，重点对信息经济学中的非合作博弈、信息市场、信息经济和信息系统的构建等内容给予了分析。同时，通过查找大量最新数据和资料，并结合现实生活，用图表的形式生动形象地对内容加以阐述，使读者一目了然。每一章末尾均配有思考题，便于学生复习与巩固所学知识。

本书结构严谨、内容丰富，既可作为教材供高等本科院校经济学、管理学、信息管理学、电子商务，以及相关专业使用，也可作为教师及研究生的阅读参考书。为了节省教师时间，方便教学工作，本书还配有电子教案和复习思考题参考答案以备使用和查询。

本书配套课件和习题答案可以到 http://www.tupwk.com.cn/downpage 网站下载。

图书在版编目(CIP)数据

信息经济学/过仕明　主编. —北京：清华大学出版社，2014（2019.7重印）

(普通高等教育经管类专业“十二五”规划教材)

ISBN 978-7-302-38245-4

Ⅰ. ①信…　Ⅱ. ①过…　Ⅲ. ①信息经济学—高等学校—教材　Ⅳ. ①F062.5

中国版本图书馆 CIP 数据核字(2014)第 235128 号

责任编辑：胡辰浩　马玉萍
封面设计：周晓亮
版式设计：牛静敏
责任校对：曹　阳
责任印制：丛怀宇

出版发行：清华大学出版社
网　　址：http://www.tup.com.cn，http://www.wqbook.com
地　　址：北京清华大学学研大厦 A 座　　邮　　编：100084
社 总 机：010-62770175　　邮　　购：010-62786544
投稿与读者服务：010-62776969，c-service@tup.tsinghua.edu.cn
质 量 反 馈：010-62772015，zhiliang@tup.tsinghua.edu.cn
课 件 下 载：http://www.tup.com.cn，010-62796865

印 装 者：北京鑫海金澳胶印有限公司
经　　销：全国新华书店
开　　本：185mm×260mm　　印　　张：18.25　　字　　数：455 千字
版　　次：2014 年 11 月第 1 版　　印　　次：2019 年 7 月第 7 次印刷
定　　价：49.00 元

产品编号：061118-02

前　言

信息经济学是20世纪60年代初产生并发展起来的新兴学科，在信息技术的高度发展和广泛应用下，信息的生产、组织、管理、传递和开发有了便利的条件，全球信息化浪潮也由此兴起，信息及信息资源与物资资源、能源资源一道共同构成支撑现代经济社会发展的资源体系，信息资源对国民经济的发展产生了广泛而深远的影响。因此，对信息经济的研究逐渐受到世界各国的重视，研究信息要素在经济发展中的作用机制和作用规律，探索信息产业组织和发展规律的信息经济学便应运而生了。

本书为黑龙江省自然科学基金项目“企业自主创新中的知识创造能力提升路径与对策研究”(项目编号：G201308)的成果之一。在清华大学出版社的大力支持下，我们几位从事信息经济学教学和研究的同志共同努力，对不同学者在不同时期的信息经济学研究成果加以整理，并补充我们自己的研究成果，形成本书。本书系统介绍信息经济学的重要内容，主要包括信息经济学的发展历史和学科体系、合作博弈与非合作博弈、信息商品、信息市场、信息产业、信息经济及其测度、信息系统的构建等内容。

本书由过仕明制定并编写大纲，由过仕明、侯亚娟、王晓岚分别编写，最后由过仕明定稿。其中第三章的第三节和第六章由过仕明编写，第二章、第五章和第七章由侯亚娟编写，第一章、第三章(第一、二节)和第四章由王晓岚编写。硕士研究生徐海玲同学在本书的编写过程中付出了很大的努力，承担了资料收集、数据图表录入等工作，并且参与了第七章的部分编写工作，此外，田圆、于春满等同学也在本书编写过程中付出了努力。

本书在编写过程中参考了大量的相关论著，特别是陈瑞华的《信息经济学》，骆正山的《信息经济学(第2版)》，陶长琪的《信息经济学(第二版)》，乌家培、谢康、肖静华的《信息经济学(第二版)》，陈建斌、郭彦丽的《信息经济学》和陈禹、王明明的《信息经济学教程(第 2 版)》，从他们的著作和成果中学习和汲取了非常丰富的理论与实践知识，使作者受益匪浅，在此对他们表示衷心的感谢！同时对所有支持、帮助和参与本书编写和出版工作的领导、老师和同学们表示真诚的谢意！

本书既可作为教材供高等学校的经济学专业、其他的经济类专业以及信息管理与信息系统专业或管理类专业采用，也可作为专著供对信息经济学有兴趣的学者、干部和其他人士阅读。

信息经济学在我国还属于相对比较年轻的学科，目前正处于成长期，加之这门学科本身丰富的内涵和日新月异的发展，后续还有很大的发展空间和潜力，我们正是把握这样的机会，积极主动把我们的研究成果及时进行整理、总结并组织出版，此举并不是表明我们的研究体系已经非常成熟，而是为了总结已有的认识，希望能对信息经济学的教学和研究有所助益，共同推动这个学科的发展。由于学识水平有限，加之教学、科研任务繁重，不足之处在所难免，还望广大读者不吝赐教。

编者

2014年7月

目　录

第一篇

信息与信息经济学

在人类知识体系的最新构建中，信息概念的影响广泛而深入，不仅信息技术成为重要的科学研究工具，信息概念更是渗入几乎所有学科的最深处，甚至成为很多学科的前沿发展领域。信息带给人类的不仅仅是一场技术革命，也是一场思想的革命。到20世纪后半期，信息概念已成为最引人注目的概念。在人类的经济、社会、思想、学术等各个领域产生了不可估量的影响，甚至从实质上改变了人类知识结构的含义，并对人类知识体系中已有的相关概念产生了很大的影响。

信息将人类的知识与学科体系融合成一个联系紧密的整体。信息在自然科学与工程科学中的影响主要体现在信息技术的快速发展上，而作为一种概念的冲击则主要发生在社会科学领域。在社会科学领域中，信息概念影响最为深远的莫过于经济学。1991—2000年，以信息为基础的经济突飞猛进地发展，理论界对于以信息技术为基础的新经济的高度关注，使得不对称信息经济学与信息经济的理论研究同时得到了极大充实与发展，信息经济学的研究专家先后在1996年和2001年两次获得诺贝尔奖。信息经济学的介绍与应用研究在国内也达到了前所未有的程度，并且成为大学管理学专业、经济学专业和情报学专业的必修课程。市场经济的规模不断扩大、经济全球化不断深入、经济发展的不确定性增加、经济发展风险日益加大，这些都使得信息的作用日益重要。信息科技革命促使了信息产业和社会生产力的巨大发展，这一切使得信息经济学应运而生。

信息经济学是一门经济学与信息科学的交叉学科，其理论体系也是与时俱进的。本篇将从信息经济学发展历史与学科地位、信息经济学的学科体系与研究内容、信息经济学的研究方法与理论基础三个方面进行阐述。

第 一 章

信息经济学的基本问题

第一节　信息经济学的发展历史与学科体系

一、信息经济学的发展历史

(一) 信息经济学的产生

信息经济学是在对传统经济学批判的基础上产生的。在亚当·斯密(Adam Smith)的《国民财富的性质和原因的研究》、约翰·斯图亚特·穆勒(John Stuart Mill)的《政治经济学原理》相继轰动之后，阿弗里德·马歇尔(Alfred Marshall)的《经济学原理》再引轰动并奠基微观经济学理论。1936 年，约翰·梅纳德·凯恩斯(John Maynard Keynes)《就业、利息和货币通论》出版，对传统经济学发动了一场“凯恩斯革命”，而后保罗·安东尼·萨缪尔森(Paul Anthony Samuelson)的专著《经济学》的出版形成了当今所谓正统经济学学派。2001 年诺贝尔经济学奖得主乔治·约瑟夫·斯蒂格勒(George Joseph Stigler)在 1961 年的《信息经济学》这篇论文中，否定了传统经济学完全信息的假设，开辟了信息经济学这个新的研究领域。1993 年，约瑟夫·尤金·斯蒂格利茨(Joseph Eugene Stiglitz)的《经济学》使信息经济学正统化。西方经济学发展的大致轮廓可以概括为：微观经济学建立在完全信息和完全竞争的两个假设上，宏观经济学建立在否定完全竞争、提出国家宏观干预的主张上，而信息经济学则是建立在否定完全信息并提出信息是有价商品的主张上。当代西方经济学便是这三方面内容的有机融合，是传统经济学的承袭与发展。由此我们发现，信息经济学发展的历史较短，与经济学相比，还不到其发展历史的 1/6。显然，这与其产生、发展的时代背景息息相关。总体上讲，信息经济学是经济学不断发展的产物。因此在这样特定的背景下，新技术革命推动社会经济前所未有地与信息技术相融合，极大地推动了信息技术和各国经济的快速发展。在发达国家，信息经济所带来的产值已占 GDP(国内生产总值)的半壁江山。在各国经济发展的轨迹中，信息经济学的出现，不仅扩大了经济学的研究领域，使得信息经济学成为一门独立的学科向纵深方向发展，而且改变了传统农业经济与工业经济理论的一些基本观点，使得人类在信息时代对经济学的认识得到了升华。

1. 信息经济学产生的时代背景

信息经济学是信息科学与经济学相融合的产物，是对经济活动中信息因素及其影响进行经济分析的学科，也是对信息及其技术与产业所改变的经济进行研究的经济学。与其他学科一样，信息经济学的产生也有其特定的时代背景。“二战”后，随着市场经济的发展和国际贸易的扩大，在物质产品的生产、分配、交换和消费过程中，风俗文化差异、交易不确定性的增大，风险加大，使信息的作用更加突出。尤其是20世纪下半叶以来，科学技术日新月异，信息技术与信息产业发展势不可挡，出现了与物质经济不同的信息经济，且呈现加速增长趋势。信息日渐成为重要的生产要素。这种新型经济还不断向更高的知识经济层次发展。信息革命开辟了信息时代，推动着工业社会向信息社会过渡。于是，从经济学角度对信息的生产、处理和利用进行全面研究的新兴学科——信息经济学便应运而生了。

2. 信息经济学产生的时代特征

信息经济学是信息时代的产物，是信息时代、信息技术发展及其对生产力产生革命性影响的必然结果。因此，它具有以下特征。

(1) 信息、知识和智力日益成为社会发展的决定性力量

正确理解知识、智力、信息三者的关系对我们研究信息经济学具有十分重要的现实意义。三者的关系如下：知识和智力是以信息为基础的。信息通过积累、提炼和升华即变为知识，而知识在应用中得到激活就成为智力，同时，知识和智力能使信息发挥更大的作用。人类社会的发展将会越来越依赖于信息、知识和智力。继物质、能量之后，信息日益成为保障经济发展和社会进步的重要资源，其开发、管理和利用，关系到国家乃至整个世界的兴衰成败。但是在开发利用过程中，人们逐渐发现，信息总是不充分的，信息的获取总是需要成本的，信息的分布对不同的主体总是不对称的，故信息的交流和共享对节约时间、提高效率、减少由决策失误造成的浪费、增进社会福利有着十分重要的意义。

(2) 信息技术下的产业和经济成为社会发展的主导因素

纵观人类历史，技术和社会进步都离不开信息的积累和知识的增加。但由于在以往的社会经济活动中信息和知识投入所占比例有限，更新速度缓慢，对社会经济结构不足以产生根本性的影响，致使传统的物质经济在人类几千年的生产活动中一直占据着主导地位。信息时代的到来、信息经济的产生彻底改变了这种沿袭几千年的只有物资、能量资源的观点，信息成为继物质、能量之后的第三大资源，为推动全球经济快速发展注入了新的活力。

(3) 信息技术日益成为社会高新技术的主要代表

信息技术比其他新兴学科发展得更为成熟，已占社会高新技术的 85%～90%。知识型劳动者在整个社会经济发展中的作用将会日益增大。知识将成为改革与制定政策的核心因素，技术将成为控制未来的关键力量。各类专家和技术人员将成为重要的社会阶层，

在经济建设中发挥其前所未有的作用。

(4) 社会生活分散化、小规模化、非群体化趋势日益明显

从人类历史的大变革看，从农业革命、工业革命再到信息革命，其经历的时间大概为：工业革命经历的时间大概是农业革命的 1/10，而信息革命经历的时间又比工业革命短得多。工业革命在解放了人的体力劳动的同时，又使人服从于机器设备，在社会经济生活中推行集中模式、标准化规模经营，而信息革命又进一步解放了人的体力和脑力劳动，使人摆脱机器的束缚。网络、通信技术的普及，加速了信息流动的速度，彻底改变了人们赖以生存的组织结构，最终使生产与生活的分散化、非群体化成为可能。

(二) 信息经济学的发展

1. 国外信息经济学的发展和演进

(1) 发展阶段

1970 年美国经济学家乔治·亚瑟·阿克洛夫(George Arthur Akerlof)提出旧汽车市场分析的“柠檬”(次货或二手货)理论，标志着信息经济学从产生阶段进入发展阶段。在这一时期，肯尼斯·约瑟夫·阿罗(Kenneth Joseph Arrow)、詹姆斯·莫里斯(James Mirrlees)、杰克·赫什雷弗(Jack Hirshleifer)、安德鲁·迈克尔·斯彭斯(Andrew Michael Spence)、桑福德·格罗斯曼(Sanford Grossman)、野口悠纪雄、斯蒂格利茨等，在许多领域对微观信息经济学知识范畴和方法论体系进行了拓展性研究，使这门学科得到较好的发展，并最终完成了知识体系的基本构造。

微观信息经济学知识体系在该时期形成，主要表现在微观信息经济学八大基础理论中的多数理论都在这个时期被提出来，并得到持续和系统的讨论。如 1970 年阿克洛夫创立了“柠檬”理论，1971 年赫什雷弗提出了信息市场理论，1972 年雅各布·马尔萨克(Jacob Marschak)和罗伊·拉德纳(Roy Radner)完善了团队的经济理论，1973 年斯彭斯建立了信号理论，1976 年格罗斯曼和斯蒂格利茨提出(并在 1980 年进一步充实)了“格罗斯曼-斯蒂格利茨悖论”，以及 20 世纪 70 年代莫里斯等发展起来了委托代理理论。这些理论与施蒂格勒搜寻理论和马尔萨克的信息系统选择理论，共同构成微观信息经济学最为基本的理论形式。其中，出现了以下一些有代表性的观点。

1) 阿罗的观点

美国经济学家阿罗在这一时期对微观信息经济学的研究特别引人注目。虽然阿罗认为把信息看成一种经济商品去构造它的一般理论会面临很多难题，但是，他仍然在这个领域进行不懈耕耘，相继发表《信息价值与信息需求》(1971)、《信息与经济行为》(1973)、《较高教育水平的过滤作用》(1973)、《垂直一体化和信息交流》(1975)等多篇论文。阿罗认为，不管是连续信息、计算信息，还是累积信息，它们都具备相同的两个明显特征：首先，信息的使用具有不可分割性；其次，信息难以被独占或垄断。信息的以上两个特征构成信息产生规模经济——一种非竞争经济的基础。然而，生产信息或获得信息需要付出代价，由此出现了信息成本问题。按照阿罗的观点，信息成本与一般商品成本相比，具有四个主要特点：首先，信息成本的首要特征，也是最为重要的经济特征，就是个人

本身也是一种信息投入；其次，信息成本部分地体现为资本，更特殊的情况下，信息成本典型地表现为一种不可逆的投资；再次，信息成本在不同领域和过程中各不相同；最后，信息成本与使用规模无关。此外，阿罗还就信息的经济价值、信息对经济行为的影响、不对称信息与市场失败(失灵)、不完全信息条件下风险转移等信息经济学的热点问题，进行了系统而深刻的讨论。这些研究随着时间推移，对微观信息经济学理论的发展正在产生愈来愈明显的影响。20 世纪 80 年代以后，阿罗继续研究厂商的信息结构、代理人经济学等信息经济问题。

2) 波拉特的观点

1977 年，美国斯坦福大学的经济学博士马克·尤里·波拉特(Marc Uri Porat)在弗里兹·马克卢普(Fritz Machlup)研究的影响下，补充修改了自己的博士论文，并在美国商业的资助下，于 1977 年以政府出版物的形式出版了九卷本《信息经济学》。其中，第一卷是全书基本观点和方法的高度概括和总结。波拉特依据信息产品或服务是否进入市场交易为标准，将国家信息部门划分为一级信息部门(如信息设备生产部门和专业性信息服务部门)和二级信息部门(如政府机构或企业内为政府或企业内部服务的信息部门)。其中，一级信息部门由八类产业部门组成，它们是知识生产与发明产业、信息分配与传播产业、金融和保险等风险管理产业、市场调查与协调产业(如广告业等)、信息处理与传输产业、信息产品生产产业、邮政和教育等政府公共产业、信息设施(如教学楼等)建设产业。二级信息部门的识别比一级信息部门的识别更为困难，波拉特通过测度二级信息部门人员收入来计算二级信息部门在国民生产总值中的比重。我们认为，波拉特对信息经济学理论发展的贡献最主要体现在四个方面，首先，他最先提出把经济过程划分为两个基本领域的观点，其一是包含有物质和资源的转换领域，其二是包含从一个模式向另一个模式转换的信息转换领域；其次，他将信息部门划分为第一信息部门和第二信息部门，因此推动了对信息经济更为准确的测度；第三，在费希尔-克拉克体系基础上，他第一次提出社会经济部门划分为农业、工业、服务业、信息业四个产业的思想观念，初步确立了第四产业存在的理论基础；第四，应用投入产出模型分别计算两类信息部门对国民经济的贡献，建立波拉特测算体系，从而促进了世界范围内的信息经济测度活动。波拉特测度体系为各国社会经济进步程度的比较研究提供了一套可重复的操作方法，并进一步证实和加强了马克卢普的理论，即美国经济活动的主流都与信息活动相联系。

3) 莫里斯的观点

英国剑桥大学经济学教授莫里斯对信息经济学发展的一个重要贡献，是在美国哥伦比亚大学教授威廉·维克瑞(William Vickrey)研究基础上更加完整地解决了所谓最优所得税等经济激励机制问题。莫里斯对信息经济学的另外一个重要贡献，是开创性地建立起了委托代理关系的基本模型。

4) 格罗斯曼的观点

美国宾夕法尼亚沃顿金融学院的格罗斯曼也是美国重要的微观信息经济学家。自 20 世纪 70 年代以来，其保持着对微观信息经济学研究的持续长久的兴趣。他和斯蒂格利茨发表了多达数百篇的论文，对微观信息经济学理论的发展起到了至今难以全面评价的影响，特别是他们在 1976 年合作发表的《信息与竞争性价格体系》，成为微观信息经济学的经典名篇而被广泛引用。格罗斯曼以传统的合理预期理论为基础开展微观信息分析，在信息与合理预期领域建立起一整套新理论，这使他获得 1988 年的克拉克奖章。概括起来，格罗斯曼对微观信息经济学的贡献有四个主要方面：第一，与斯蒂格利茨共同提出格罗斯曼-斯蒂格利茨悖论；第二，系统而富有成效地研究了信息在竞争过程中的重要性；第三，对信息效率以及异质信息与商业周期理论做了进一步阐述；第四，提出不对称信息条件下“噪声”的合理预期理论，该理论使不对称信息理论与合理预期理论都得到新的发展，因此，也使得格罗斯曼作为一名信息经济学家而获得广泛的赞扬。

5) 斯蒂格利茨的观点

美国斯坦福大学的斯蒂格利茨对微观信息经济学的贡献，主要体现在对不完全信息条件下产品市场、资本市场和保险市场中经济行为的分析，信息在社会资源配置中的作用(特别是不利选择和道德风险导致的市场失败问题)，以及微观信息市场分析三个领域。1985 年，斯蒂格利茨在《信息与经济分析：一种透视法》中，将不完全信息条件下的经济分析模型归纳为八个大类：第一类是市场交易与经济活动的不完全信息模型；第二类是静态或动态的不完全信息模型；第三类是信息量传递的不完全信息模型；第四类是群体活动的不完全信息模型；第五类是经济行为的不完全信息模型；第六类是单方或双方的不完全信息模型；第七类是均衡、垄断和垄断性竞争市场的不完全信息模型；第八类是一般或特殊市场的不完全信息模型。他认为，各种不完全信息模型的一个中心理论，就是认为市场不具备完全竞争的特征，因而在信息不完全条件下建立起来的不完全竞争模型，更能准确地说明产品市场或资本市场的运行规律。在这种模型中，价格成为产品市场或资本市场上传递信息的表现形式，也是市场供求状况的信息显示途径之一。这样，价格波动将不会使公司或卖主失去他们的全部顾客，因为总有部分顾客是在不完全信息条件下采取交易行为。

6) 野口悠纪雄的观点

日本一桥大学经济学家野口悠纪雄对微观信息经济学理论的研究和传播也值得重视。他在 1974 至 1975 年间相继发表《信息的经济理论》和《经济分析与信息》等论文，并在 1974 年出版了《信息的经济理论》。野口悠纪雄的这部著作分别讨论了传统经济理论关于完备信息的假设及结果、市场信息不完全的有关理论(特别是斯蒂格勒、阿罗等人的思想)以及马尔萨克的信息系统选择理论。《信息的经济理论》一书使 20 世纪六七十年代(主要是 20 世纪 60 年代)的微观信息经济理论得到了一次总结，虽然这次总结尚不够全面和系统。

(2) 演进阶段

20 世纪 70 年代末 80 年代初，信息经济学发展由拓展转为演进，其特征是由基本理论的创立转向理论的系统化和逻辑化。该特征具体表现在三个方面。

1) 代表性著作相继出现

这些代表性著作主要有：加兰廷(Galatin)和莱特(Leiter)合著的《信息经济学》(1981)、麦科尔(McColl)主编的《不确定性与信息经济学》(1982)、麦卡尼(Mackaay)所著的《法律与信息经济学》(1982)、唐纳德·金(Donald King)等编著的《信息经济学精选文集》(1983)，以及阿罗著的《信息经济学》和野口悠纪雄著的《信息的经济理论》等。

2) 学术界出现新的认识

1979 年赫什雷弗和约翰·赖利(John Rily)首次将信息经济学划分为微观经济学与宏观信息经济学两个分支学科，并认为它们分别讨论的是市场不确定性和技术不确定性。

3) 开始对发展史的研究

1984 年澳大利亚国家大学经济学家唐纳德·兰伯顿(Donald Lamberton)以《信息经济学的出现》和《组织与信息经济学》为题，系统讨论了微观与宏观信息经济学的产生与发展过程。1986 年澳大利亚昆士兰大学尼尔·卡卢纳尔顿(Neil Karunaratne) 也对微观信息经济学和宏观信息经济学的范畴和研究主题进行了描述和剖析。

4) 形成自身的理论体系

20 世纪 80 年代以来，信息经济学的发展与以往时期的发展有所不同，这一学科开始形成自身的理论体系。事实上，信息经济学理论与研究成果的总结早在 20 世纪 70 年代初就出现了。例如，1971 年美国信息学会出版了一本名为《信息经济学：文献评论与目录》的小册子。同年，兰伯顿也出版了《知识与信息经济学》一书。1976 年，美国经济协会的《经济文献分类法》第 026 类列出“不确定性与信息经济学”，这意味着信息经济学在美国已经成为一门独立的经济学科。但是，在 20 世纪 70 年代，还没有出现对信息经济理论进行总结的条件，当时信息经济的许多重要理论正处于创立和拓展时期。然而在 20 世纪 70 年代末 80 年代初，随着信息经济学理论的完善与发展，对信息经济学理论的阶段性总结和重新认识已经成为必要和可能。特别是 1979 年首届国际信息经济学学术会议的召开和 1983 年《信息经济学与政策》在荷兰的创刊，更加速了信息经济学理论的阶段性总结趋势。这种环境下，信息经济学的发展也就随之进入一个新的发展时期。信息经济学成为一门具有广泛的国际性影响的新兴经济学，对社会与科学的进步产生深刻的影响。我们有充分理由认为，信息经济学及它未来的发展必将受到人们的重视。早在 20 世纪 20 年代初，美国著名经济学家奈特在其出版的《风险、不确定性和利润》一书中便把信息作为一种主要的商品来分析，当时，就已经有大量的组织参与信息活动且有大量投资用于信息活动。

5) 确立研究的主流地位

20 世纪 80 年代和 90 年代，世界经济学最重要的发展在于信息经济学逐渐进入主流经济学，确立了它在经济学中独特的地位。在此期间，共有三次诺贝尔经济学奖被授予在信息经济学领域作出卓越贡献的经济学家。其中 1982 年，诺贝尔经济学奖授予了美国经济学家斯蒂格勒；1995 年诺贝尔经济学奖授予了三位研究与信息经济学密切相关的博弈论学者；1996 年诺贝尔经济学奖授予了英国剑桥大学教授莫里斯和美国哥伦比亚大学教授维克瑞，世界为之震动。这也再一次表明信息经济学对市场经济理论的补充和发展具有重要的意义，信息经济学已成为经济学中最具发展前途的领域。

6) 最新的理论发展认识

20 世纪 90 年代以来，在世界范围内市场经济发展的推动下，全球信息化浪潮风起云涌，信息经济学也有了新的发展。其主要表现在以下两个方面。

首先，传统的经济学理论，如生产要素理论、边际效益递减理论、规模经济理论和经济周期理论等，不断对信息经济学研究进一步重视。

其次，有关信息基础设施经济问题的研究，国际信息贸易及其相关的投资、金融等问题的研究，以及电子商务、网络经济、知识经济等问题的研究急剧增多，信息经济学的结构，即理论信息经济学与应用信息经济学的比重、微观信息经济学与宏观信息经济学的比重，发生了应用的、宏观的信息经济学份额迅速扩大的重大变化。

2. 我国信息经济学的发展

我国对信息经济学的研究始于国外信息经济学研究大发展背景下的20世纪80年代，与国外发展的“史前期”相比起步较晚，足足落后 60 多年。即使与国外将信息经济作为一门学科研究的形成期相比，也落后 20 年。但是，必须看到，经过 20 多年的发展，我国在信息经济学研究领域，无论是理论探讨还是实践应用等方面都取得了丰硕的成果。

(1) 启蒙阶段

我国信息经济的研究，最早开始于在新技术革命的浪潮中对于信息与经济信息等问题的研究，其是在国外已有的研究成果基础上起步的。1986 年，国家哲学社会科学“七五”重点科研安排了“经济信息合理组织及其效益问题研究”项目，同时国家经济信息系统“七五”科技攻关项目中也安排了“信息经济学及其软件系统”的研究课题，该项目与课题取得了重大研究成果，出版了一系列专著，推动了我国在信息经济学研究领域的发展。1987 年和 1988 年先后召开了“全国经济信息理论研讨会”和“全国信息经济理论研讨会”，为中国信息经济学会的成立打下了坚实的思想基础。1989 年 8 月，中国信息经济学会在北京成立，同时举行了全国信息经济学术研讨会，标志着我国对信息经济学研究进入了一个新的阶段。进入 20 世纪 90 年代，中国信息经济学会组织了一系列全国性学术活动，对信息经济学各领域的有关问题进行了深入研讨，如中国信息系统建设问题、信息资源管理与利用问题、信息市场问题等。同时，中国信息经济学会还将信息经济学的内容首次正式列入中国学术会议的主题中。1988 年在山东烟台首次召开了以信息经济学命名的学术会议之后，中国社会科学院数量经济与技术经济研究所等单位以及著名经济学家乌家培等人，先后承担了有关信息经济学方面的重大研究课题，并取得了重大研究成果。同时，一些知名高等院校的相关专业也相继开设了信息经济学课程，并出现了较为系统的教材，这极大地丰富了中国信息经济学的研究阵容，有力地推动了我国信息经济学的发展。

该时期我国信息经济学方面的研究呈现出以下三个主要特征。

1) 大量翻译、引进发达国家的研究成果

在这一时期，我国大量翻译、引进和吸收发达国家(尤其是美国)信息经济学的研究成果，并进行了一些低层次的学术交流，如邀请国外信息经济学学者来华讲学；翻译阿罗的《信息经济学》论文集、波拉特的《信息社会》、保尔・霍肯(Paul Hawken)的《未来的经济》等。同时，国内也出现了一些优秀研究成果，但整体上有关信息经济学的成果数量较少，影响不大。

2) 初步开展中国特色的信息经济学研究

在传播西方微观信息经济学和宏观信息经济学的同时，组织国内相关专家结合中国的实际，初步开展了具有中国特色的信息经济学研究。如 1986 年，国家科委按照波拉特的研究方法对我国 1982 年的信息经济规模进行了分析研究，形成了一份很有价值的研究报告。其后开展了各省市结合本地区信息经济的类似研究。这些研究为制定相应的经济和信息政策，保证中国信息经济的发展，提供了重要支持。

3) 在宏观和微观两个领域的研究不平衡

相比较而言，宏观信息经济学的研究很受重视且发展较快，而微观信息经济学研究处于十分缓慢的发展状态。其主要原因在于我国当时经济学界的研究重点放在了对马克思主义经济学的重新认识和本土化上，而忽视了发达国家在微观信息经济学领域的研究。

(2) 发展阶段

这一时期以 1989 年 8 月中国信息经济学会的成立为起点。中国信息经济学研究在这一时期进入了一个更高的层次，并在多个领域内取得了新的突破。

1) 开展了许多信息经济学的研究

在学会理事长、经济学家乌家培的带领下，中国信息经济学会团结了一大批有志于研究信息经济学的专家学者。其紧紧围绕有关信息经济学的重要理论课题和中国社会经济信息化进程中出现的重大课题举办了一系列学术会议，进行专题研究。如由暨南大学承担的“中国信息产业发展战略研究”；吉林大学承担的“信息商品市场运行机制与管理模式研究”、“信息经济学理论与应用研究”、“信息市场环境分析与评价理论与方法研究”等。

2) 培养了一大批信息经济学人才

中国信息学会团结了一批高等院校讲授信息经济学的教师，推动了许多国内高等院校信息经济、信息管理的学科建设；造就了一批致力于从事信息经济学工作的人员，培养了一大批信息经济学方面的学生，大大促进了各类信息经济学著作与教材的写作和出版。为培养更多的信息经济学人才，这一时期，国内一些大学(如武汉大学)开始招收信息经济学研究方向的硕士、博士研究生。许多高校的信息管理、管理科学等专业也相继开设了“信息经济学”专业选修课和面向各专业的“通识课”。这一阶段我国学者突破国外理论局限，大力开展信息经济学的深层次理论研究与实际探索，取得了不错的成绩。

(3) 发展特点

近几年的中国信息经济学表现出以下三个特点：第一，从信息系统经济问题的研究扩展到信息网络经济问题的研究；第二，从应用信息经济学的研究扩展到理论信息经济学的研究；第三，从单一的信息产业和信息市场的研究扩展到全方位、多样化的信息经济问题的研究。

二、信息经济学的学科体系

作为一个动态发展的学科体系，信息经济学体系已经逐渐成熟，我们认为信息经济学体系包括两个部分：第一是经济学中关于信息范式的研究，或者更直接地说是关于经济的信息研究；第二是关于信息经济的研究，其起点是关于信息的经济学研究，最后发展成为关于信息经济的研究。前者的发展已经比较成熟完整，后者正随着信息经济的深化涌现出许多新的研究成果，二者之间有着内在的逻辑联系，并因此形成完整的信息经济学体系。这种内在的联系可以这样表述：随着专业化与社会分工的发展，市场交易与社会中的信息因素所占比重越来越大，以至于需要专门从事信息收集与出售的市场组织。这时关于信息商品、信息处理与传递技术、信息资源、信息企业、信息产业的经济学研究就逐渐为人们所重视，这也就是我们所说的第二部分，关于信息经济的研究。

(一) 信息经济学的学科性质

1. 信息经济学是一门综合性学科

信息经济学是介于经济学和信息科学之间的综合性边缘科学。因此，既可以从经济学的角度来分析研究，又可以从信息科学的角度来认识。从前者来看，信息经济学属于经济学体系中的一个新领域，是研究信息和信息活动的经济机制、经济规律的学科；从后者来看，信息经济学是科学体系中的一个领域，是信息科学的一个分支学科，以科学的原理、方法去分析、考察信息与经济活动的相互作用及关系，研究信息作为一种商品的特征和价值转移以及作为一种投资和作用得以发挥、实现的规律。

2. 信息经济学是一门理论性学科

信息经济学是一门理论性很强的学科。信息经济学与传统经济学的研究对象完全不同。信息作为生产要素表现出诸多截然不同的特征，在经济活动中表现出不同的行为特征，要求从理论上必须建立全新的信息经济学的原理来研究信息经济实践活动中出现的问题。同时信息经济学又是交叉学科，它以经济学和信息科学的理论、原理、方法研究信息经济问题，开发利用信息资源，使之更有效地作用于经济的各个方面。因而，正是由于信息经济学研究的复杂性，目前，理论界对信息经济学研究存在着两种主张，形成了对信息经济学研究的两种不同的思路。

(1) 从西方经济学的传统框架出发进行研究

这种思路从现代西方经济学的传统框架出发，将信息经济学划分为三部分，即宏观信息经济学、微观信息经济学和产业信息经济学。这种划分方法，使得信息经济学理论体系能较好地与传统经济学相衔接，能够清晰地勾画出微观信息经济学与宏观信息经济学之间的界限，合理安排其理论体系与内容，且能够较好地构筑信息产业经济学的体系。这样，微观信息经济学与宏观信息经济学的结合就构成了理论信息经济学，信息产业经济学则构成应用信息经济学。如乌家培教授主张按信息经济学的研究性质来划分信息经济学学科体系，即理论信息经济学(研究经济中的信息要素问题)和应用信息经济学(研究信息经济与信息产业)。

(2) 从强调信息产业的角度出发进行研究

这种思路按照市场的不确定性将信息经济学分为宏观信息经济学和微观信息经济学

两大部分，将微观信息经济学作为理论信息经济学，宏观信息经济学作为应用信息经济学来研究。其构建的信息经济学理论体系，是将第一种思路中的微观信息经济学和宏观信息经济学合二为一作为微观信息经济学来研究，将信息产业经济学和信息社会的各种经济理论作为宏观信息经济学来研究，以信息技术的不确定性为基础，分析信息技术的各种经济影响和福利效果。这一思路的主张者认为，按照该思路构建信息经济学的理论框架，可以将信息经济学与传统的经济学理论体系加以区别，能够较好地体现信息产业在信息经济学学科研究中的重要地位。

(二) 信息经济学的体系构建

当前信息经济学的体系构建主要依照两种研究思路。

1. 狭义信息经济学

(1) 信息经济学的二分法

信息经济学的二分法指的是按照市场不确定性原理，将信息经济学分为微观信息经济学和宏观信息经济学两个部分。这一思路构建的信息经济学理论体系，是将产生行为的不确定性和政府行为的不确定性等问题放到一起来分析。宏观信息经济学则由信息产业经济学和信息社会的各种经济理论组成，以信息技术的不确定性为基础，分析信息技术的各种经济影响和福利效果。这一思路的主张者认为，按照这一思路构建信息经济学的理论框架，可以将信息经济学与传统的微观与宏观经济学的理论体系加以区分，并且能够较好地体现信息产业在信息经济学科研究中的重要地位。但是，大多数经济学者并不太认可这种信息经济学的体系划分方法，反而，恰恰指出这种划分方法使得信息经济学与传统经济学的衔接相背离，难以明确划分微观与宏观的界限，所以本书着重介绍第二种思路。

(2) 信息经济学的三分法

信息经济学的三分法即从现代西方经济学的传统框架出发，将信息经济学划分为三个部分：微观信息经济学、宏观信息经济学和产业信息经济学。其中产业信息经济学也可称为中观信息经济学。信息经济学理论体系如图 1-1 所示。

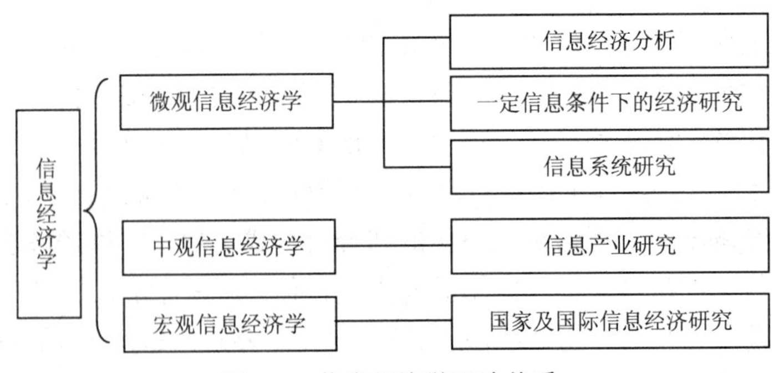

图 1-1 信息经济学理论体系

微观信息经济学主要以个别市场主体为基本分析单位，考证信息市场均衡、劳动市场供给、消费者行为以及市场机制等一系列微观经济问题的影响，重点分析信息资源配置和微观信息市场的效率问题。其具体又可以分为“信息经济分析”、“一定信息条件下的经济研究”和“信息系统研究”三个方面。

宏观信息经济学则从国家和世界经济的层面出发，论证信息对总供给和总需求的影响，研究信息与财政政策、金融制度之间的关系，探讨信息在宏观经济政策制定中的作用以及国际信息经济与本国信息经济的关系等，这可以表述为信息经济学研究内容的第五个方面——国家及国际信息经济研究。

中观信息经济学，即产业信息经济学，着眼于对信息产业的分析，主要包括信息技术产业化、信息产业基础与结构、信息产业国际化、信息资源与经济增长等方面的内容，这可以表述为信息经济学研究内容的第四个方面——信息产业研究。

2. 广义信息经济学

前面从狭义角度对信息经济学进行了划分。另外则有一些学者认为，信息经济学的研究范畴要大得多，如果从广义上讲，除了上述狭义部分外，信息经济学还应该包括许多内容，大致有如下三个组成部分。

首先是信息技术，如现代通信技术、网络技术、信息系统技术、计算机技术。

其次是信息政策，如国家宏观政策、相关产业政策、微观经济学政策。

最后是相关学科，如制度经济学、不确定经济学、信息社会学、发展经济学、情报学。

信息技术部分涉及信息要素或是研究技术手段，这些都将改变信息传输过程，而国家宏观政策、相关的产业政策等各层级的信息政策对于分析宏观产业、微观政策的信号，影响信息产业决策等都具有重要的参考价值，另外，制度经济学、不确定经济学、信息社会学、发展经济学、情报学等交叉或者亲缘学科对于探讨隐含或强调某种信息假设下的管理理念和技术及对于信息经济学的发展都是重要且息息相关的，因此，从广义上讲，这些研究部分都可以称为信息经济学，如图 1-2 所示。

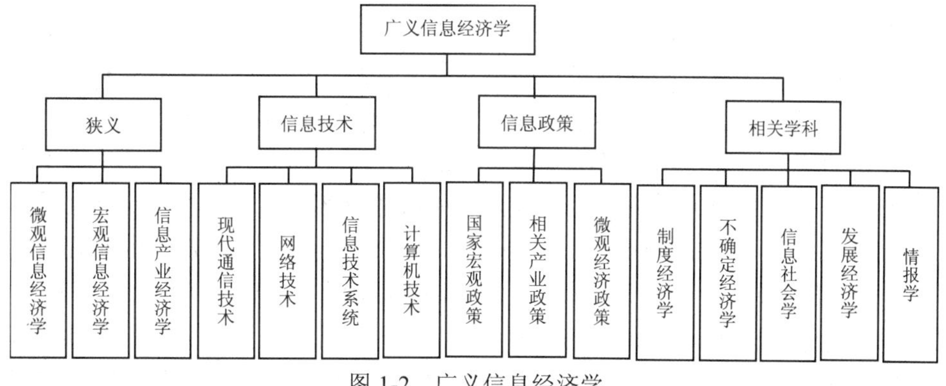

图 1-2 广义信息经济学

第二节 信息经济学的学科地位与研究内容

一、信息经济学的学科地位

(一) 信息经济学的相关学科

信息经济学与信息科学(广义信息学)、经济科学(广义经济学)、管理科学(广义管理学)以及它们的下位类学科都有联系。信息经济学是一门信息与经济交叉的边缘学科。因此，信息理论与经济理论共同构成信息经济学的理论基础。

1. 信息经济学与信息科学

信息科学是通过对信息的本质及其运动规律的研究，来达到扩展人类的信息功能特别是智力功能的目的。信息科学在信息的概念、描述、测度以及信息的处理、再生、利用等方面，为信息经济学提供了良好的思想武器，同时还用信息的分析法和信息综合法为信息经济学提供了有力的研究工具。反过来，信息经济学为信息科学架起了与经济科学相互沟通的桥梁和纽带，为信息科学研究开创了一个重要的视角。信息经济学与属于信息科学的经济信息学密切相关，两者有更多的交叉与重合。但就经济信息学的研究对象经济信息而言，它比信息科学更接近于信息经济学。在信息经济学的研究中，主要涉及市场信息等经济信息，但也涉及技术信息等非经济信息。

2. 信息经济学与经济科学

经济科学作为信息经济学的上位类学科，与信息经济学的关系是一种一般与特殊的关系。信息经济学的研究理论与方法同传统经济学的理论与方法不能完全分开，但是信息经济学绝对不是简单地运用传统经济学的理论，而是在否定传统经济学完全信息假设的前提下，以一种新的视角重新认识相关的经济问题，并加以发展。考虑影响经济理论的诸多新因素，信息经济学需要为经济科学从工业时代步入信息时代确立自己的地位作出应有的贡献。信息经济学同经济科学的基本分支学科存在着更紧密的关系：例如，数量经济学为信息经济学提供数量分析和经济计量方法，技术经济学则为信息经济学提供费用效益分析方法。再如，信息经济学和不确定性经济学都研究经济活动中的不确定因素，但信息经济学不是研究人们在经济行为中如何适应客观存在的不确定性问题，而是研究如何缩小或排除不确定性因素的影响问题。如果说不确定性经济学的研究具有被动的性质，那么，信息经济学的研究则具有主动的性质。还有，信息经济学和经济对策论(即经济博弈论)都研究经济活动中的信息不对称问题，但经济对策论研究的是一群经济人在对策互动的情况下，其决策结果可能会怎么样的问题，而信息经济学研究的则是相反的，即在信息不对称的情况下先预测应有什么样的结果，再据此要求制定何种游戏规则，使其结果对大家都最好，以兼顾公平与效率，并强调激励机制设计的重要性。

3. 信息经济学与管理科学

管理科学是研究人类管理活动的规律及其应用的科学。它对信息经济学的实际应用起着重大作用。信息经济学只有通过管理才能转化为生产力。应用信息经济学的发展需要管理科学的参与和帮助。信息资源、信息系统、信息网络、信息产业、信息市场、信息经济等问题的研究，都涉及管理问题。因此，信息经济学与管理科学有较多的交叉。信息经济学各部分的研究可以为相关管理问题的研究开拓新途径和创造新条件。信息经济学与信息管理(即信息资源管理学)的关系尤为密切，前者属于经济科学，后者属于管理科学，但两者在发展过程中相互渗透，经济中有管理问题，管理中有经济问题，需要信息经济学与信息管理学共同去研究，在合作中求发展。

(二) 信息经济学的学科地位

信息经济学是属于社会科学范畴的边缘性学科，因此它与很多学科都有交叉。信息经济学的边缘性决定了它既是信息科学的一个分支，又是经济学的一个分支。因此，信息经济学在信息科学和经济学中都占有重要地位。

1. 在信息科学中的地位

有人将信息科学划分为信息理论、信息管理学和信息技术三大部分，把信息经济学归属于信息管理学的范畴。我们认为，这种观点有待商榷。信息经济学所研究的不仅仅是信息管理的问题，而且涉及信息活动和经济活动的多个方面。事实上，也可以根据其研究内容与理论抽象程度的不同，将信息科学划分为理论信息学和应用信息学。信息经济学主要是研究经济活动中的信息问题和信息活动中的经济问题，这些问题都是实践性和应用性较强的问题，从这个角度来看，信息经济学应归入应用信息学。

2. 在经济科学中的地位

从经济学的各门学科的研究领域和范围以及研究方法的抽象程度来划分，可以把经济学分为理论经济学和应用经济学两大类。理论经济学研究的是经济学中的一般理论问题，是对人类社会各个历史时期的社会生产和再生产过程以及各个环节总和的一般规律的研究，包括政治经济学和生产力经济学两门学科。应用经济学是运用理论经济学的基本原理来考虑社会生产的某一部门、某一方面，研究经济领域中的特殊经济规律的经济学科。应用经济学的范围十分广泛，在西方国家，列入应用经济学范畴的学科主要有：经济增长与发展、经济计划、经济计量学、经济统计学、财政金融、国际贸易、经营管理学、市场学、工业经济学、农业经济学、人力和劳动经济学、人口学、福利经济学、教育经济学、犯罪经济学、消费经济学、城市经济学、区域经济学等。在我国，一般将部门经济学、经济管理学和一些边缘性的经济学科归入应用经济学门类中。有些学者根据微观信息经济学侧重于理论研究的特点，将信息经济学归入理论经济学，也有一些学者根据宏观信息经济学侧重于信息产业研究的特点，将信息经济学归入产业经济学。我们认为，这两种观点都不够科学。信息经济学是运用理论经济学的基本原理研究信息经济这一特定经济领域中的各种问题，因此属于应用经济学范畴。

二、信息经济学的研究内容

(一) 对研究内容的相关争论

1996 年 11 月，北京广播学院的罗贵权在《人民日报》撰文《要重视信息经济学的研究》，文中对信息经济学的研究内容进行了概括，给出了信息经济学的定义，并总结了信息经济学的简要发展历史，重点论述了信息经济学对于经济发展的重要作用。1997 年江苏财经高等专科学校的姚健在《情报理论与实践》第二期发表了《论情报经济学和信息经济学的同一》一文之后，引起了商榷性的意见。但当时的讨论主要是情报学界内部在情报更名为信息之后所引起的相关思考。中山大学王则柯教授在《对付欺诈的学问——信息经济学平话》一书中指出，学术介绍贵在准确，而准确就是指学科范围和学科内容的准确，正宗信息经济学的内容不是借助信息经济学来推介信息理论、信息产业、系统科学甚至图书资料管理这些与信息经济学完全不同的东西。[1]

争论各方最大的分歧在于“不对称信息”是否是判断信息经济学的最主要的标志。可以将批评或争论的焦点归纳为以下两个方面。

1. 信息经济学的学科范畴问题

研究与信息不对称无关但与信息有关的经济问题，比如信息产业问题、信息系统的经济学问题是应该归之于信息经济学范畴还是应归之于信息理论的范畴。

2. 信息经济学的研究内容问题

针对以上的问题，长期从事信息经济学研究的几位学者都提出了各自的观点。

(1) 乌家培的看法

我国著名经济学家、数量经济学、信息经济学的创始人乌家培先生将信息经济学的研究内容归纳为三个方面八类问题：第一方面是信息的经济研究(包括信息费用与效率、信息资源分配与管理、信息系统的经济评价)；第二方面是信息经济的研究(包括信息产业形成与发展、信息经济含义与测度、信息技术对经济发展的影响)；第三方面是信息(学)与经济(学)关系的研究(信息与经济的关系和作用，信息与经济学的相互交叉与结合)。

(2) 马费成的看法

我国信息管理科学、情报学界知名专家马费成先生认为信息经济学是从不同侧面、不同角度对信息进行经济研究的新兴综合性学科。他认为广义的信息经济学理论包括不完全信息理论、信息经济与信息产业研究、信息系统的经济理论、信息传输的经济分析，并指出这仅仅是信息经济学的四个主要领域，而并非全部。

(3) 谢康的看法

我国信息经济学会常务副理事长、信息经济学著名学者、中山大学的教授谢康在《国外信息经济学研究述评》一文中，对国外信息经济学的研究进行了述评。他提出两个主要问题。第一个问题是国外信息经济的研究范畴。其主要包括微观信息经济学领域(即以

---

1 王则柯. 对付欺诈的学问 信息经济学平话[M]. 北京：中信出版社，2002.

不对称信息经济学为核心的领域)和宏观信息经济学的核心领域(如信息经济的测度、信息系统经济学、企业的信息组织理论、信息的产业组织理论、网络经济学、国际信息经济学等 8 个领域)。第二个问题就是信息经济学就是以信息经济的透视方法形成的理论结果和知识体系。国外学者主要从 5 个角度分析信息经济现象：第一个角度是以不完全信息和不对称信息的假设出发分析信息经济现象；第二个角度是从统计决策的角度出发，研究如何利用信息实现最优的信息经济；第三个角度是从企业管理和信息管理的角度研究信息经济现象；第四个角度是从信息产业角度分析信息经济现象；第五个角度是从信息经济的统计测算角度分析信息经济现象。

(二) 信息经济学的研究内容

事实上，分析信息经济学的研究内容，首先需要明确信息概念的内涵与外延。关于信息的概念，迄今为止有一百多种，各个学科都从不同的角度给予了不同的定义，比如控制论、系统论、情报学、计算机科学、传播学、生物学、管理学、经济学等学科。其中，情报学认为信息是一种传递中的、有用的消息，而经济学认为信息是不确定性的负度量，或者说信息具有消除不确定性的功能。这些概念主要侧重于信息内容本身，但是事实上随着信息科学与技术的发展，信息内容的存在总是要依托于一定的信息通信技术才能真正完成，比如信息介质、信息系统、信息网络等。因此，在很多学科中对相关信息的研究都不仅限于信息内容，还包括相关的信息技术与传递机制。

从信息的经济学研究来看，情况也不例外，信息系统、信息网络的发展已经使得信息内容的存在本身无法与信息技术相分离。因此，我们说信息经济学中所研究的信息不仅指信息内容本身，还应包括信息系统等相关的信息技术。从这个角度来看，信息经济学不仅要研究不对称信息经济学(其主要研究在各自拥有私有信息的交易双方之间，信息传递交流的机制等，比如信息与信息传递的激励机制)，而且还应包括对信息内容、信息系统与信息经济的研究，比如信息商品、信息产业、信息系统等。

中国社会科学院的张守一认为，信息经济学研究至少包括以下五项内容：第一，信息生产、分配、交换和消费的经济问题，这是本质意义上的信息经济学；第二，信息技术的选择、安装、使用、维修和更新；第三，信息产业的发展战略和政策；第四，信息经济的管理和核算；第五，信息经济与国民经济的关系。

国家经济信息中心信息科学研究所的孙士龙认为，信息经济学的研究现状可以概括为以下七个方面：第一，市场信息经济学；第二，信息产品经济学；第三，信息部门经济学；第四，信息科学经济学；第五，科学技术信息经济学；第六，信息系统经济学；第七，有关经济决策组织结构方面的研究。

学者郑英隆认为，信息经济学的研究内容包括：经济决策中的信息行为、经济效益和信息的经济运行规律。其认为信息经济学由微观、中观和宏观三大体系组成。

学者华淑华认为，信息与经济的关系、信息系统价值、信息的经济效益、信息产业和信息技术发展的规律与特点四个方面构成信息经济学研究的主要内容。

学者银路认为，信息价值、生产、流通、经济效益、有限信息条件下的决策、信息与经济增长、信息与经济结构和信息经济等八个方面构成信息经济学的研究内容。

纵观信息经济学发展历史，结合全球信息化，我们认为，一门学科的研究对象决定了其研究内容和范畴。既然信息经济学是研究经济活动中的信息现象及其规律，或者说研究信息的经济活动和经济活动中的信息，那么，信息经济学的研究内容则主要包括以下五个部分。

1. 研究市场信息的经济效用

研究市场信息的经济效用，由此形成不确定性、风险与信息，不完全信息分析模型，不对称信息分析模型，委托代理分析模型，不利选择与道德风险模型，市场信号模型，广告模型，搜寻模型，最优信息系统选择理论，信息资源配置理论，信息结构与效率，格罗斯曼-斯蒂格利茨悖论，信息(商品)需求与供给，信息(商品)成本，价值与价格分析，微观信息市场及其均衡理论等基本研究内容。

2. 研究信息系统的经济分析

研究信息系统的经济分析由两部分内容组成：第一是信息系统的经济分析，如信息系统的投资决策分析(包括信息系统的基本概念，信息系统投资方向、可行性及预期收益分析等内容)、信息系统经济评估体系(包括信息系统经济评估基础、方法和体系等内容)、信息系统投入产出分析(包括信息系统投入产出模型及其应用中的主要问题)；第二是信息系统管理与营销，如信息系统管理(包括信息系统管理的目标、内容和基本方法，各子系统的管理功能分析，信息系统运行与管理效率等内容)、数据处理与信息网络(包括数据处理的成本与销售、信息网络的成本与销售等内容)、信息系统营销(包括信息系统的市场细分、信息系统的开发战略与步骤、信息系统营销环境与策略等内容)。

3. 研究相关理论和测度方法

研究相关理论和测度方法，由此形成信息经济基础、信息技术的产业化和社会化、信息经济结构与规模、信息经济测度模型、社会信息化与经济增长、信息产业基础与发展、信息投入产出模型、信息部门和信息劳动者的构成与发展、信息服务的经济分析、信息市场的培育与运行机制，以及信息产业政策及其福利分析、信息技术政策及其福利分析等内容。

4. 研究信息社会的经济理论

研究信息社会的经济理论包括信息社会经济的基础和基本特征、信息社会经济的结构与发展、信息财富理论、信息生产力理论、信息力与国家竞争理论、信息(知识)价值理论，以及信息社会经济行为等的一般理论。这部分内容的研究往往与未来学、社会学的研究相互交叉，因而往往演变成对整个信息社会的宏观理论研究。

第三节 信息经济学的研究方法与研究基础

一、信息经济学的研究方法

关于信息经济学的研究方法，从学科发展的历史来看，从未脱离主流经济学的研究框架，比如博弈分析、边际分析、产业经济分析方法、商品理论、技术经济分析方法等。但是，作为一种新的经济现象，信息或知识又有一些不同于其他商品的技术与经济特征，因此在具体的研究过程中需要不断探索新的研究方法。

狭义的研究方法指科学研究过程中所采用的方法和手段。广义的研究方法是指正确进行科学研究的理论、原则、方法和手段。现代科学研究方法是一个极为庞大的体系。如果以科学研究过程的阶段为标准，可分为选择和确定研究课题的方法，获取资料、数据、素材的方法，对数据、素材等进行加工的方法，建立科学理论和检验这些理论的方法，叙述科学理论与构造科学体系的方法。信息经济学目前还未形成自身的独特研究方法，主要是运用普遍适用的一般方法和借鉴其他相关学科的研究方法。如果以某种方法在现代科学研究系统中应用的范围为标准，研究方法可分为世界观意义上的一般方法，能应用于自然、社会和思维各个领域的一般方法，应用于自然领域或社会领域的特殊方法，应用于一门学科的个别方法。下面仅介绍信息经济学研究过程中对资料和数据进行加工，形成科学理论的主要方法。

(一) 定量分析方法

1. 定量分析定义

定量分析就是用数学方法对数据资料进行分析和处理，得出定量结论或数学模型的一种科学研究方法。数学是关于量及其关系的科学，是从量的角度来研究和反映世界及其规律的工具。

2. 定量分析方法

(1) 数学分析

数学是科学抽象的工具，是计算的工具，是从量的角度描述客观规律的工具，数学方法具有普遍适用性，我国学者胡世华认为，根据质与量的对立统一规律的理论，我们原则上可以毫无例外地通过对事物的量的规定性来认识质的规定性。不仅如此，只有通过对于事物的量的规定性来认识事物，才能精确地认识事物的规律。因此一切科学研究在原则上都可以用数学来解决有关的问题。只有现在还不能应用的数学，没有原则上不能应用数学的研究领域。

(2) 建立模型

在信息经济学研究中，计算信息商品的成本和价值量、确定信息商品的价格、测度信息服务和信息商品利用的经济利益和效益、测算信息产业与信息经济的规模与发展水平、研究信息产业的投入产出关系、对信息经济的发展进行科学规划和管理等，这些都需要利用数学方法进行定量分析或建立数学模型。

(3) 概率统计

由于信息经济活动既有确定性的一面，又有不确定性的一面，在信息经济学研究中，除了采用处理确定性问题的微积分、线性代数等数学方法外，还应采用处理不确定性问题的概率统计、模糊数学、灰色系统理论等方法。对信息经济现象和过程进行定量分析，可以使信息经济学研究水平提高到一个新的高度，使信息经济学理论更加科学。

(二) 定性分析方法

定性分析方法也就是科学抽象方法、逻辑思维方法，是科学研究中最一般、最常用的方法。信息经济学研究中常用的定性分析方法有归纳和演绎、类比和比较、分析和综合等。

1. 归纳和演绎方法

归纳和演绎属于推理，即根据原有的知识推出新的知识的思维形式。归纳是从特殊事实中抽象、概括出一般原理的推理形式和思维方法，可以从个别的、单一的事物的性质和关系中概括出一类事物的性质、特点和关系，由不太深刻的一般到更为深入的一般，由范围不大的类到范围更为广大的类。归纳法有完全归纳法和不完全归纳法、简单枚举归纳法和科学归纳法之分。演绎是从一般到特殊，是根据一类事物都有的一般属性、关系、本质来推断该类事物中的个别事物所具有的属性、关系和本质的推理和思维方法。在信息经济学研究中，我们可以通过典型调查和抽样调查，采用不完全归纳法来分析我国信息市场、信息产业的现状和存在的问题，由少数信息市场的实际运行情况和机制来概括出信息市场运行的一般规律；可以采用演绎方法由产业发展和产业结构优化的一般规律来推断信息产业发展和信息产业结构优化的规律。

2. 类比和比较方法

类比和比较是一种对比性的研究方法。类比是根据两个或两类对象的相同、相似方面来推断它们在其他方面也相同或相似的一种研究方法。事物之间的同一性和相似性提供了从一类对象类推到另一类对象的可能性。比较是对两个或两个以上相似或具有可比性的事物进行对比，从而更全面和深入认识事物的特征和个性的一种研究方法。例如，我们可以将信息商品与物质商品进行类比和比较研究，通过类比来发现信息商品的基本属性、信息商品生产经营的一般规律，通过比较来揭示信息商品与物质商品的不同之处，更好地掌握信息商品的特点和生产经营的特殊规律。我们还可以通过不同国家、不同地区、不同部门信息经济活动的横向比较或同一国家、同一地区、同一部门不同时期信息经济活动的纵向比较，掌握不同范围、不同时期信息经济发展的特点，从中总结出信息经济活动的规律。

3. 分析和综合方法

分析是把整体分解为部分，把复杂的事物分解为简单要素加以研究的一种思维方法。综合是把研究对象的各个部分、各个方面和各种因素联系起来考虑的一种思维方法。在信息经济学研究中，我们可以将多种多样的信息商品、结构复杂的信息产业、环节众多的信息产品在生产过程加以分解，对各个方面和各个环节进行深入细致的研究，揭示它们的本质及相互联系。在此基础上，将同一研究对象的各个方面、各个要素、各个环节的本质有机地联系起来，形成对信息商品、信息产业和信息产品生产全过程的整体认识。

二、信息经济学的研究基础

在研究信息经济学的时候，要先了解三个最基本的概念即不确定性、风险与信息，它们构成了信息经济学理论分析的基础。

(一) 不确定性

1921 年，弗兰克 • 奈特(Frank Knight)对不确定性进行了开拓性的研究。此后，不确定性的概念及其分析方式促使了经济学理论及经济学分支体系的发展，促使了不确定性经济学的产生，开创了经济学研究的新视野。我们知道，在确定的世界里，一个行为产生唯一一种结果，两者之间的关系是一一对应的，没有不确定性可言。而现实世界是不确定的，行为主体的行动或决策结果受到环境和状态的影响，呈现出不确定的特征。传统经济学的研究基本上是在确定性环境假设下以一般均衡分析为核心展开的。它假设市场的参与者之间不存在不对称信息问题，因此经济行为不存在不确定性。但在现实世界中，任何行为导致的结果都会受到其他一些偶然因素的影响和制约，农业生产要考虑到气候的影响，工业生产要考虑交通状况，诸如此类，等等。传统经济学中忽略了这些偶然因素，认为一切变量都在人的掌控之中，而信息经济学就是以充分考虑这些偶然的不确定因素为前提，研究经济主体的决策或行为与结果之间复杂的因果关系。

1. 不确定性的含义

当一项经济决策产生且只产生一种可能结果时，出现的结果是确定的，所以没有不确定性可言。然而，当一项经济决策可能产生超过一种以上结果时，不确定性就自主地出现了。例如，比如投资股票，可能盈利，也可能亏损，还可能不盈不亏；买福利彩票，可能中奖，也可能不中。这些例子都说明了一种决策不只是产生唯一一种结果，决策行为存在不确定性。那么，什么因素决定经济决策的可能结果呢?目前，人们普遍使用“环境状态”(或“事件状态”、“自然”)一词来描述决定经济决策可能结果的控制因素。购买彩票中彩是一种环境状态，不中彩又是一种环境状态。

不确定性经济学将环境状态划分为已知环境状态和可能环境状态两种形式。

(1) 已知环境状态

在已知环境状态中，决策的结果是唯一的和确定的，经济代理人在做出决策时不用担心将有什么意外事件发生。如果我们将面对的经济世界看成是静态的话，即将现实的环境状态看成是已知环境状态，这时，任何不确定性因素都可以在经济决策中忽略不计。

(2) 可能环境状态

经济决策中一旦涉及未来发展的多种可能选择时，不确定性就会自主出现，所面对的经济环境状态也就相应变成一个可能环境状态。在这个可能环境状态中，任何行动本身都是所处环境状态下的一种偶然结果，经济代理人只能依据对于成功与失败的判断来操纵决策，而不能以决策来操纵可能环境状态中的偶然结果。所以，在可能环境状态下，经济代理人最多只能做到使他所预测的边际成本等于他所预测的边际收益，而绝对不可能预先估计出这种成本或收益的确切数值。

2. 不确定性的类型

根据已经认识的可能经济环境状态，人们将经济不确定性划分为外生不确定性和内生不确定性两种。

(1) 外生不确定性

我们将生成于某个经济系统自身范围之外的不确定性称为外生不确定性。其也指与行为者本身无关的环境不确定性。外生不确定性也叫环境不确定性或技术不确定性。例如，对于企业家而言，厂商技术、市场容量、原材料供给、经济政策、投资环境、宏观经济增长速度、通货膨胀率、利率、汇价、自身技术水平、竞争者状况、消费者偏好、消费者收入水平与购买能力、各种意外事件等因素，都可以被看成是经济环境状态中的外生不确定性。对消费者而言，未来的收入状况、物价水平、产品质量和性能、销售者的服务质量和信誉及环境变量等信息经济学因素也是不确定的。在实际生活中，人们通常乐意对外生不确定性进行保险，保险公司也愿意对大多数外生不确定性承保。这样，通过保险市场的运作，企业减少了由于外生不确定性带来的损失，但是，至今还没有任何经济系统可以帮助企业有效地减少外生不确定性的出现。

在现代经济中，存在着一种对经济运行具有明显影响的特殊形式的外生不确定性，这就是政策不确定性。具体经济政策，特别是那些涉及经济发展、税收体制、利息率、社会公共财物的保护等方面的经济政策，对于企业来说都是不容忽视的不确定性。政策不确定性在中央计划程度较高的经济体制中的影响表现得尤为明显。

(2) 内生不确定性

经济不确定性的另外一个种类是内生不确定性。我们将生成于某个经济系统自身范畴之内，影响经济系统操作效用的不确定性，称为内生不确定性。例如，市场经济环境状态下，一个买主是否能够遇到一个满意的卖主是不确定的(从某种程度上看，这种不确定性可以通过买主不厌其烦地进行信息搜寻而减少，也可能由于销售者不断地改变他们的定价而增大)；技术研发能否成功，产品投放市场后是否受消费者欢迎都是不确定的；贸易双方所达成的协议是否最优，以及市场讨价还价的结果等，也都是不确定的。由此可见，内生不确定性的变化比外生不确定性的变化更为敏感，同时也更为复杂。显然，企业都迫切希望能够对各种内生不确定性进行保险，然而，至今几乎没有一家专业性保险公司愿意为企业的内生不确定性进行承保，因为保险公司无法估计出企业内生不确定性的各种变化状态和偶然结果。

3. 市场的不确定性

在市场经济活动中，不确定性显而易见。实际生活中，因为人们无法准确地预料到自己是会获利还是会遭受损失，所以大多数人不喜欢不确定性。但如果所有经济活动都变得太确定，又会让人感到乏味。正是各种经济不确定性提高了经济活力，让市场上呈现出“几家欢乐，几家愁”。面对市场中的各种不确定性，需要经济主体进行各种决策。信息经济学假定，在市场经济状态下，无论是哪种个人决策，决策者都会面临内生不确定性和外生不确定性这两种形式的经济不确定性。

不确定性经济学主要通过对个人决策的分析，考察市场不确定性对经济活动的影响。这里的个人决策既指消费者的个人决策，又指生产者的个人决策。在充满不确定性的市场中，消费者不可能完全彻底地了解他所面对的市场，生产者也不可能肯定自己所做的决策完全正确，大多数经济决策都是在具有某种风险的环境中，在对不确定性结果的不完全认识的条件下做出的。当面临不确定性时，决策问题需设定以下要素：第一是可选择的行动集($x_1,x_2,\mathrm{K}\ ,x_n$)；第二是自然会发生的一个状态集($s_1,s_2,\mathrm{K}\ ,s_n$)；第三是显示所有行动和状态组合所构成的结果的一个结果函数 c(x_i,s_i)；第四是表达决策者信念(关于自然选择某个状态的可能性)的一个概率函数 $\pi(s)$；第五是度量决策者对不同的可能结果的满足程度的一个基本效用函数。

市场是不确定的，但每个经济主体在经济要求合理性的约束下，不愿意被动地接受不确定性带来的各种结果，而是努力寻找市场不确定性产生的根源和具体形式，以此消除或减少市场活动中不确定性对经济主体决策或行为的不利影响。例如，消费者在购买某件商品时，一般不会看到商品就马上购买，特别是商品价格超过他所预期的“合理”价格时，他将通过比较销售同类商品的不同商家的售价，不断修正原来预期的“合理价格”，最后做出是否购买或在哪一家购买的决策。这种“货比三家”的信息搜寻工作，就是对市场不确定性的不利影响做出的积极反应。

从某种意义上理解，市场不确定性可以简单解释为经济主体对市场知识的无知程度，或对市场环境状态的无知程度。大量事实证明，人们在市场无知程度方面的差别往往造成了截然不同的经济结果。决策者对各种不确定性处理的能力和结果，成为其获取利润的来源。决策者可能因为对偶然结果判断错误而遭受损失，也可能因为经验估计到未来偶然结果的出现，把握住先机而获利。决策者都希望在市场经济活动中受到的损失最小，获得的利润最大，这就涉及风险和信息。

(二) 风险

1. 风险的含义

风险是指进行某项活动可能存在的危险或损失，它在现实经济生活中普遍存在，并起着十分重要的作用。用经济学术语解释，风险指的是预期收益不能实现的可能性或概率，即实际收益对期望收益的偏离。在现实经济活动中，如果没有风险，金融市场和资本市场就可能失去发展的动力。而从经济学的发展史来看，如果没有风险，现代西方经济学几乎会失去利润分析的基础。

在西方经济学文献中，人们有时将风险与不确定性作为同一概念使用，这种做法似乎不能算作概念不清，因为风险本身就是不确定性的一种形式，或者说，风险是较一般不确定性包含有更多的确定内容的不确定性。当然，这种对风险与不确定性不作严格区分的做法并不意味着对不确定性与风险的划分是无意义的，相反，充分认识到不确定性概念与风险范畴之间的差别，无论对于实际的经济操作，还是对于经济理论的研究都意义重大。

通常认为，如果一个经济代理人面对的随机状态可以用某种具体的概率值表示，那么，这种随机状态就称为风险；如果一个经济代理人面对的随机状态不能够(至少在目前条件下还不能)以某种实际的概率值表述出可能产生的结果，这种随机状态则称为不确定性。换句话说，风险就是不能确切地知道，但能够预测到的事件状态；而不确定性是既不能确切地知道，也不能预测到的事件状态。

信息经济学将市场参加者的风险偏好分为三类：风险爱好、风险厌恶和风险中性。冯·诺依曼-摩根斯坦效用函数首先向人们提供了有关分配过程中个人偏好的基本表达形式。图 1-3、图 1-4 和图 1-5 给出了风险爱好、风险厌恶和风险中性三类冯·诺依曼-摩根斯坦效用函数的特征。

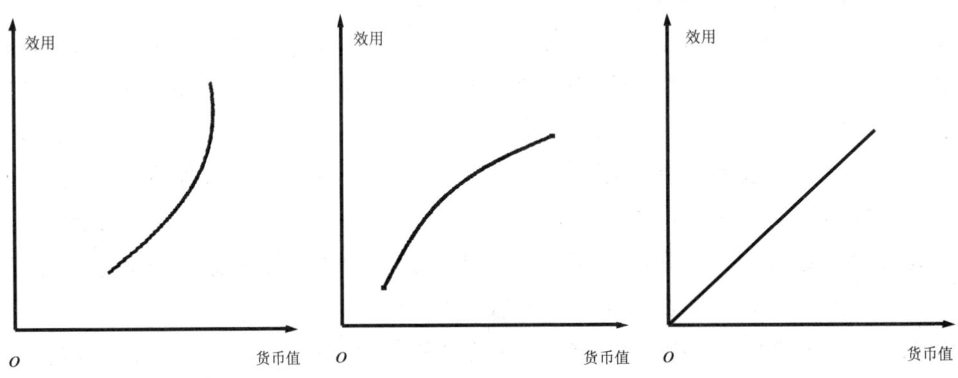

图 1-3 风险爱好型效用函数　图 1-4 风险厌恶型效用函数　图 1-5 风险中性型效用函数

风险爱好型效用函数(见图 1-3)：效用随着所获得的供给值的增加而以递增的增加率增加的效用函数。即随着供给值增加，每增加 1 元相应的效用的增加越来越多。效用函数的二阶导数为正。拥有这种效用函数的人是风险爱好者。当面对着两种具有相同期望货币价值的活动时，他选择结果不那么确定的活动甚于结果较为确定的活动。

风险厌恶型函数(见图 1-4)：效用随收入的增加而增加，但增加率是递减的效用函数。即随着货币值水平的提高相应的效用的增加越来越少。当面对两种具有相同期望货币价值的风险活动时，他会选择结果较为确定的一种。

风险中性型效用函数(见图 1-5)：效用随收入的增加而增加，但增加率不变的效用函数。即随着收入越来越多，与收入相应的效用的增加不变，收入和效用之间存在线性关系。效用函数的二阶导数为 0。具有这种函数的人是风险中性的。这种人追求期望货币价值最大化，而不考虑风险。

由于信息经济学理论隐含着这样的假定：多数市场参加者愿意或喜好风险转移，至少他们不会反对风险转移，所以，在信息经济学中，如果没有得到特别说明，市场参加者一般都被假定为风险厌恶者，或至少是风险中性者。例如，在保险市场上，投保人一般都是风险厌恶者，而保险公司则一般都是风险中性者。在市场操作过程中，风险厌恶者一般通过风险转移方式来减少风险或避免风险。

2. 风险与利润

在经济学中，风险与不确定性的概念是有区分的。如果一个随机状态可以用具体的概率值表示，这种随机状态就称为风险；如果一个随机状态不能够(至少在目前条件下还不能够)以具体的概率值表述，这种随机状态就称为不确定性。即风险是指那种结果不确定，但每种可能的结果出现的概率是可知的或可被估计出来的情况。在这种情况下，人们可以运用涉及风险的决策和选择理论。

在现实经济中，市场是不完全的，企业面对的是一个不确定性的环境，企业家在作出一项决策时(特别是创新性决策时)，对未来的结果无法准确预知，存在一定的风险。原因就是企业不可能在完备信息的基础上，通过仔细计算进行理性决策，而只能在现有已知的、不完全的信息条件下作出决策。企业的行为与结果之间不存在已知的、唯一的对应关系，任何决策都包含着成功与失败的可能。奈特认为，只有在不确定性的条件下选择实施某一种具体的经济活动才会成为生活的次要部分，这时候的首要的问题或功能则是决定干什么以及如何去干。奈特认为利润就是企业家处理经济环境状态中的各种不确定性的经济结果。随着经济的发展、市场分工的深化、市场专业化程度的提高，市场的不确定性和市场风险也随之加深了。在不确定的环境中，巨大的利润机会激励着企业家的创新。不确定性和信息缺乏也是企业存在的一个重要前提，在企业这种组织结构中，企业家进行决策与管理，其他成员服从企业家的领导，企业家按照合同规定保证向他们支付固定报酬。

奈特在其《风险、不确定性和利润》一书中，将处理不确定性的基础放在人类的知识上。由于认识到知识(信息)可以用于处理经济活动中的各种不确定性，因而企业家或厂商也就自然而然地收集各种可以为厂商经营带来利润的信息。市场竞争越激烈，企业家所面临的不确定性或不可保风险也就越多，为保持市场竞争优势，或者压倒竞争对手的竞争优势，企业家必然会考虑更多的信息处理问题。这样，大量的资金，将被投入到企业的信息处理活动中。结果，人们对信息(系统)价值认识的加强和经济竞争活动的日益发展，经济组织在利润和竞争优势地位的刺激和推动下，逐渐由纯粹工业生产活动转向信息活动。奈特的这些观点，预见了自 20 世纪 60 年代以来被马克卢普和波拉特等人证实的信息经济的发展事实。

3. 风险与不确定性

当结果或收益不确定的时候，通常说选择存在风险。西方经济学文献中，常把不确定性同风险直接联系起来，认为不确定性的程度越大，风险越大。有时还会把风险与不确定性作为同一概念使用，因为风险本身就是不确定性的一种形式，或者说是比一般不确定性包含更多确定内容的不确定性。但这并不意味这两个概念可以不作严格区分。充分认识两者的差别，对实际经济操作和经济理论研究都有着重大意义。

奈特认为，风险和不确定性的主要区别在于，人们是否了解不确定性事件结果的概率分布函数。已知其结果的概率分布函数的不确定性，或者根据对事实的客观分类有能力计算出概率的随机状态，称为风险；不知其结果的概率分布函数，或者不能(至少在目前条件下还不能)以某种实际概率值表述可能产出结果的随机状态，称为(真正意义上的)不确定性。换而言之，风险是不能确切知道，但能预测到的事件状态；而不确定性是既不能确切知道，又不能预测到的事件状态。因此，风险是不确定性造成的，而这种不确定性的概率是已知的。

4. 风险转移形式

风险是可以借助概率来表示的环境状态。某些风险发生的概率可以用统计方法预测出来，而有些风险发生的概率则难以或不能用统计方法预测。例如，发生地震、海啸等的概率可以比较准确地计算出来，而尚未实施还在计划中的营销策略成功的概率却无法预测。可以运用统计方法计算并预测其发生概率的风险称为可保风险；不能用统计方法计算并预测其发生概率的风险，称为不可保风险。可保风险的风险水平已知，能通过一定的市场形式转移；不可保风险的风险水平未知，目前还未找到可转移这种风险的市场形式。按照弗兰克·奈特的理解，可保风险才是真正意义上的风险，不可保风险相当于前文所说的不确定性。

(1) 风险理论

可保风险是由于外生不确定性产生的，而不可保风险则是由于内生不确定性产生的。但可保风险与不可保风险之间的界线并不是一成不变的，某个时期的不可保风险在另一个时期有可能转变为可保风险。而且，随着科学的发展，统计方法的进步，也有可能使原来的不可保风险变为可保风险，这样，就能够找到某种市场形式对这种风险进行部分转移。

(2) 风险转移

风险的完全转移和风险的完全不能转移都是不经济的。如果风险完全转移，那些承担风险转移的市场和保险公司将不能长期地存活下去，风险完全转移最终将阻碍风险企业的发展；从企业家角度来看，风险的完全转移也会降低企业家追求成功的激励，使企业失去发展的动力。如果风险完全不能转移，那么那些风险大而社会又需要的生产项目或产业将无人经营或没有经济组织承担，这将阻碍风险企业的发展。因此，经济学家认为，风险的部分转移是最优的。

在现代经济社会中，保险市场和股票市场是风险转移的两种主要手段：通过保险市场转移可保风险；通过股票市场转移不可保风险。由于保险市场和股票市场自身局限性的存在，无论企业和社会如何努力，都不可能通过保险市场转移全部的可保风险，通过股票市场转移全部的不可保风险。

由于现代社会经济活动中风险不确定性复杂多样，多数市场参加者愿意或喜好风险转移。许多市场制度都具有转移风险的作用。在现代社会中，股票市场和保险制度是通过市场以十分明确的形式来转移风险的两种最成熟的风险转移形式，此外，期货市场中的套期保值、成本保利合同、企业的有限责任制和破产法，以及企业向上和向下的垂直一体化等也都是常见的风险转移形式。

1) 股份制度

股份制是企业转移风险的重要制度。通过股票市场，企业家可以在一定程度上将大量的不可保风险可能带来的损失转移出去，使企业的风险损失部分地由企业的股东来承担。企业家做到这一点的代价是允许他人共同分享企业的利润。企业盈利是企业承担的风险所换取的，所以，不同的股票证券有不同的风险水平，同时也有不同的盈利水平。在这里，股票的风险水平与盈利水平之间是对等的。

股票风险水平与盈利水平之间的对等关系与企业经营管理制度相联系，形成了现代社会中的股份制：按照股东承担企业风险的份额来决定其是否对企业的经营发展具有决策权或具有多大的决策权，按照股东承担风险的份额来决定其分享企业利润的多少。

然而，股票市场也不可能承担企业的全部不可保风险，股票发行数量和流通领域的限制使股票市场承担企业风险的水平是有限的，不是所有希望通过发行股票转移风险的企业或企业家都可以成功地使投资者愿意以股东身份加入到企业中来，分担企业经营的风险。当对某种新技术的前景有很强的信心时，如果该企业家以发行股票的形式来降低企业生产和销售过程中的风险，就意味着他也必须同时与其他股东一起分享新技术带来的丰厚利润。在这种环境状态下，企业家一般会独自承担起生产和销售中的全部风险，不愿意向社会转移风险。

2) 保险制度

保险公司为社会提供两类保险市场：完全保险市场和不完全保险市场。所谓完全保险市场，即当投保人为风险厌恶者而保险公司为风险中性者，对于保险公司来说，在投保人未来财产期望值具有确定性，且保险公司利润期望值不发生改变的情况下，保险公司使投保人无论是否发生损失其所获收益都等于投保人未来期望值。

例如：假定市场参加者初始资产价值为3500元，且损失1000元的概率为P=0.01。则他面临的概率分布为：拥有2500元资产的概率为0.01，拥有3500元资产的概率为0.99。假定保险合同规定每1元可承保10元，且该市场参加者决定花100元购买1000元的保险。那么，当可能性为1%的损失发生时，市场参加者的收益为：3500−1000+1000−100−3400(元)；当损失没有发生时，市场参加者的收益为：3500−100−3400(元)。显然，无论是否发生损失，市场参加者最后的财富都是一样的。

而在不完全保险市场上，投保人在发生损失时从保险公司获得的补偿略小于投保人稍微努力就能不发生损失所获的收益。在一般情况下，保险公司更愿意为社会提供不完全保险市场。保险市场实现的风险转移，为企业家的冒险进取提供了必要的社会保障条件。

虽然保险制度是转移风险的主要手段，但保险制度在转移可保风险上具有其自身的限制。首先，可保风险的范围随保险公司经营能力的大小而有所不同，因而产生了对可保风险的专业和种类上的限制；其次，可保风险的数量也是有限制的，保险公司常常对保险责任的总数加以限制，最为明显的事例就是私人医疗保险；最后，保险公司还将对投保人施加某些直接控制。

3) 期货合同

期货市场的操作中，有一种非常重要的风险转移方式，即套期保值。套期保值可以分为两种最基本的操作方式：买入套期保值和卖出套期保值。

① 买入套期保值

买入套期保值就是指套期保值者先在期货市场上买入与其将在现货市场上买入的现货商品数量相等、交割日期相同或相近的该种商品的期货合约。然后，当该套期保值者在现货市场上买入现货商品的同时，在期货市场上进行对冲，卖出原先买进的该商品的期货合约，用对冲后的期货盈利来弥补因现货市场价格上涨所造成的损失，进而为其在现货市场上买进现货商品的交易进行保值。买入套期保值是那些准备在将来某一时间必须购进某种商品时价格仍能维持在目前自己认可的水平上的买者常用的保值方法，他们最大的担心是当他们实际买入现货商品时，价格上涨。例如，面粉加工企业为了防止日后购进小麦时价格上涨在期货市场进行保值；粮食购销企业已经与加工企业签订好现货供货合同，将来交货，但该企业此时尚未购进货源，担心日后购进货源时价格上涨；粮食购销企业认为目前现货市场的价格很合适，但由于资金不足不能立即买进现货，担心日后购进现货，价格上涨等，都可以采用买入套期保值转移市场价格波动的风险。

② 卖出套期保值

卖出套期保值是指套期保值者先在期货市场上卖出与其将要在现货市场上卖出的现货商品数量相等、交割日期也相同或相近的该种商品的期货合约。然后，当该套期保值者在现货市场上实际卖出该种现货商品的同时或前后，又在期货市场上进行对冲(买进原先所卖出的期货合约)，用对冲后的盈利弥补因在现货市场上出售现货所发生亏损，进而为其实现在现货市场上卖出现货保值。卖出套期保值的目的在于回避之后因价格下跌而带来的亏损风险。那些准备在未来某一时间在现货市场上售出商品的生产经营者，他们最大的担心就是当他们实际在现货市场上卖出商品时价格下跌，希望日后在现货市场售出实际商品时所得到的价格仍能维持在当前合适的价格水平上，可以采取卖出套期保值方式来保护其售出实物的收益。例如，农场手头有粮食即将收获，担心日后收获时价格下跌；粮食购销企业手头有库存粮食尚未出售，担心日后出售时价格下跌；面粉厂担心库存小麦价格下跌等。

需要注意的是，做套期保值交易时，所选用的期货合约的交割日期应当与交易者将来在现货市场上实际买进或卖出现货商品的时间相同或相近，套保的数量必须与交易者将要在现货市场上买进或卖出的商品数量相等。套期保值不一定是在期货市场抛实盘或接实盘。保值者只要能达到规避现货市场风险的目的，完全可以通过平仓了结期货持仓。

4) 成本保利合同

成本保利合同就是购买者补偿生产者的全部生产成本，并且同意付给生产者一个双方都接受的利润额的购买合同形式。在某些生产成本极不稳定或关系重大到没有企业愿意独自承担巨大风险的生产行业中，这时可能会由政府出面利用成本保利合同的形式完成。如果生产和研究取得了成功，收益由政府获得；如果失败了，损失也由政府承担。实际生产者能够得到成本的补偿和适当的收益，而不承担风险。

5) 有限责任制度

实行有限责任制度的企业，投资者在其投资额的限度之内承担企业的风险。企业在市场中是具有独立利益的竞争主体，有生死存亡的危机，而股东作为企业的所有者，即使企业破产了，也并不意味着其所有者也要破产，无论这个所有者是自然人、法人还是政府。有限责任制度具有减少和转移风险的功能。有限责任使股东的投资风险能够预先确定，即投资者能够预先知道其投资的最大风险仅限于其出资的损失，这就给予投资者一种保障。另一方面，有限责任促使股东将其投资自由转让。假如风险是无限的，公司的责任与个人的责任难以分开，则股份不能随意转让，证券市场也难以形成。所以，有限责任也对投资者的广泛参与投资形成了有效刺激。

6) 破产法

破产法也是一种有效的减少风险的制度。从债权人角度来看，对于因经营管理不善造成严重亏损、不能清偿到期债务而被法院宣告进入破产还债程序的企业，将被强制以其最大偿债能力，即以该企业的全部资产作为偿债的客体，尽早清偿债务，有效防止相互拖欠的连锁反应，以及负债企业的根本不打算还款的恶意欠债，保护债权人的合法权益；当债务人的清偿能力不足以偿还所有债权人的债务时，破产制度规定了要依照不同性质的债权获得不同的清偿，体现了对债权的完善保护。从债务人角度来看，破产制度已从主要保护债权人利益发展为同时保护债权人与债务人的合法权益，尤其是免责主义和非惩罚主义的广泛应用，为债务人摆脱过分沉重的债务、轻装上阵、东山再起提供了一种机会和可能。当债务人陷入不能清偿的困难境地时，应将其全部资产提供给所有债权人，依照法律程序公平地分配，破产程序结束后，债权中未能清偿部分则不再予以清偿。

7) 垂直一体化

企业经常需要做出这样的选择：是在市场上从上下游企业购买，还是在自己企业的内部将其制造出来。在市场上，资源的配置由非人格化的价格来调节，而在企业内，则通过权威关系来完成。当市场风险较大时，即买方或卖方力量强大，造成市场不稳定性增强时，企业将趋向于向上或向下一体化。垂直一体化使上下游厂商置于统一的管理之下，从而确保了厂商之间信息的有效交流，减少了上下游厂商协调问题而产生的风险。但需要指出的是，纵向一体化虽然能够传递更好的成本信息并产生更有效的决策，但却损害了被一体化企业管理者降低生产成本的积极性。非一体化与一体化之间的转换其实就是扭曲的生产决策与扭曲的管理者激励之间的转换。

(三) 信息

阿罗认为，所谓信息就是根据条件概率原则有效地改变概率的任何观察结果。具体来说，先验概率决定了所有的事件。而谢康在 1998 年从微观信息经济学的角度出发，对信息对经济行为的影响及其后果进行研究，认为信息就是传递中的知识差。在经济活动过程中，经济知识差是存在于信息源与用户之间经济知识度的逻辑差，它表明经济信息存在的事实和度量。该定义反映了信息发生的基础与过程，并揭示了信息价值的基础所在。信息之所以存在价值，关键在于存在知识差，后者能使经济代理人改善决策环境而获得预期收益。然而，某一事件则是通过描述与个人福利相关的变量，以及规定可能观察范围的变量来测定。信息是信息经济学的重要元素，本节将从经济学的角度把握信息的模型和基本形式，以作为本书研究的基础。

1. 信息的模型

前面我们已经简述了信息的概念及其含义，下面利用数学模型进一步理解和把握信息的含义。由于数学(或准数学)语言的特征，可以在阐述信息含义时突破理论分析语言具有非确定性和非完整性的局限性。

在信息理论基础上，建立的有关信息定义的数学模型[1]如下。

同一传递过程中，如果任意给出一个知识度S_0，并确定另外一个知识度S_x，那么，当$S_x-S_0=\Delta S>0$，并且$\{\Delta S\}\subseteq\{S_x\}$时，$\Delta S$对于$S_0$是信息，$S_x$是$S_0$的信息源，$S_0$是$S_x$的信息用户；当$S_0-S_x=\Delta S'>0$，且$\{\Delta S'\}\subseteq\{S_0\}$时，$\Delta S'$对于$S_x$是信息，$S_0$是$S_x$信息源，$S_x$是$S_0$的信息用户；当$|S_x-S_0|=\Delta S$，且满足$\lim\Delta S=0$时，$S_x$对$S_0$或$S_0$对$S_x$都不能发生信息传递或成为对方的信息源。

有关此数学模型要做以下几点说明来帮助理解：

第一，S_x是随S_0而确定的随机知识度，反映信息发生的概率统计特征。

第二，ΔS为信息，也代表信息量。

第三，只有S_0与S_x之间存在传递关系时，S_0与S_x之间才可能发生信息传递。如果$|S_x-S_0|=\Delta S>0$，但S_x与S_0之间并没有发生信息传递，那么，只能说S_x或S_0能够成为S_0或S_x的信息源。

第四，现实经济环境中，不可能存在两个绝对相等的知识度S_x和S_0，$|S_x-S_0|$必然存在一个微量逻辑差ΔS。只有当变量极限$\lim\Delta S=0$时，才近似认为S_x对于S_0或S_0对于S_x不存在一个逻辑差ΔS。这样，即使S_0与S_x之间发生信息传递或运动关系，也不会改变S_0或S_x的知识度，S_0(或S_x)对于S_x(或S_0)都不能发生信息传递或成为对方的信息源。

第五，单项信息关系$[S_0，S_x]$的规定，也同样可推广到多项信息关系$[S_0，S_1，S_2，\cdots，S_x]$的规定。

在经济活动过程中，经济知识差是存在于信息源与用户之间经济知识度的逻辑差，正如数之差仍为数一样，经济知识差仍是一种知识，属于一种特定知识，它表明经济信息存在的事实和度量。

综上，信息经济学中的信息，本质上是一种市场参与者的市场知识与经济环境中的事件状态(主客观不确定性)之间概率性建构的知识差，它既不是物质，也不是能源，更不是精神。

2. 信息的形式

信息的分类十分复杂，其复杂度是“事物分类的复杂度”与“运动分类的复杂度”

1 陈瑞华. 信息经济学[M]. 天津：南开大学出版社，2003.

之和。信息的分类方法有很多种，依据不同的标准就会产生不同的分类结果，比如，从认识论层次上来看，一般按信息的性质将其分为三类：语法信息、语义信息和语用信息。任何信息都具有以上三方面的性质。按照信息的加工层次可以将其分为一次信息、二次信息等。按照不同的学科领域，信息又被分为不同的存在形式。而存在于经济领域和经济环境中的经济信息一般表现为公有信息与私有信息、完全信息与不完全信息以及对称信息与不对称信息等基本形式。

(1) 公有信息与私有信息

公有信息与私有信息是一组相对的概念，也称为公有信息和私有信息。私有信息是经济市场存在的基础，如果没有私有信息，市场交易的动力就消失了；而公有信息是经济市场运行的基础，没有公有信息，就可能没有市场交易，但一个市场的公有信息量过多，又可能影响市场运行的效率。因此，公有信息和私有信息的同时存在是经济信息推动市场发展的重要表现形式。

1) 公有信息

① 公有信息的定义

在一般商品市场、风险资本市场及公共经济领域中，公有信息对大量经济事件都有影响。在信息经济学中着重研究的市场经济领域里，公有信息也十分重要。这里涉及的公有信息是指在市场交易活动中所有市场参与者都可以获取到的那部分关于某种经济环境状态的公有信息。在激烈的市场竞争中，所有市场参与者都需要对交易相关信息进行了解，当需要了解的信息可以被所有或至少一部分参与者自由掌握或者所有参与者都可以平等地通过公共渠道获取到这些信息时，这些信息就成为公有信息。通常，公有信息传达的是关于经济基本状况以及市场状况的一般信息。此外有些公有信息来自所有市场参与者对市场的共同认知，即参与者共同的市场知识构成公有信息，有时也叫“常识”或“共同知识”。罗伯特·维里克查尔(Robert Verrecchia)在 1980 年指出，当具有信息集合 A 的市场有效时，并且在每个市场参与者可利用的信息中，只有信息集合 A 的知识，使市场参与者产生了共同的或者同质的知识，这就是市场的常识或共同认知，是所有市场参与者可以获取到的那部分相关信息。简单来说，公有信息就是假设所有的相关信息都能够被所有的市场参与者获取。

② 公有信息的作用

公有信息的存在是把双刃剑，如果人们没有私有信息，市场不存在偶然交易，那么增加社会公有信息和提高公有信息精确性往往将增加社会福利；但如果人们能够获取一些私有信息，那么公有信息越精确则越可取这一结论往往不再成立。赫什雷弗在 1971 年证明了随着公有信息的增加，市场参与者都可以自由了解和获取到的信息随之增加，这将有碍于风险的分担和市场效率的提高。因为市场参与者可自由获取到的信息份额越多，风险交易的可能性就越少，市场参与者收集私有信息的动力就越小，在交易机会减少的情况下市场效率将下降。也就是说，人们拥有的私有信息越精确，公有信息的不断披露越有可能减少社会福利。公有信息的存在，使得所有市场参与者都可以自由了解和获取这些信息，这样会较大地妨碍风险的分担，从而破坏市场参与者相应的预期收益。然而，网络技术的飞速发展，使得信息传播的效率得到了大大提高。人们可以通过网络自由获取的信息越来越多，越来越及时。这说明通过网络传输，公有信息的内容和数量得到了放大。但是我们并未发现社会福利及市场运行效率受到过多的负面影响。这可能与人们可获取的信息总量(包含公有信息与私有信息)激增有关。总之，在掌握信息优势就掌握竞争优势的市场环境中，通过网络广泛传播的公有信息使得人们获取信息的成本更低，也使得信息扩散的效率更高，使市场交易更加容易、便捷。

总之，市场中不能没有公有信息，即便这种公有信息仅为市场参与者的初始平均公共知识。但同样要看到，公有信息的增加将可能破坏市场的偶然交易，降低市场效率。

2) 私有信息

① 私有信息的概念和特点

市场知识的另外一种重要形式是个人知识，微观信息经济学中常将其称为私有信息。它是指个别市场参与者所拥有的具有独占性质的市场知识。其一般可以划分为三种类型：首先是有关个人自身特征的知识，如身体特征、教育特征等；其次是有关个人行为的知识，如行为习惯、工作态度等；最后是个人对环境状态的理解和认识方面的知识，信息经济学中主要指个人对市场信息的掌握和认识程度，包括个人把握市场环境的经验。个人经验是市场参与者最为重要和难得的个别知识。在这三种类型中，有关个人自身特征的知识常常构成市场参与者的个人隐私而受到保护。

② 公有与私有信息的划分

私有信息与公有信息并非是严格区分的，而是可以相互转化的。私有信息可能随时间的推移而转化成公有信息；公有信息也可以在一定的条件下变成私有信息。比如，新技术信息或者经验等，可能会随着时间的转移和信息的不断扩散而成为共同知识，相反，有些共同知识也会随着时间的推移而变成个别知识。例如，银行业采用 ATM 机提供服务。第一家掌握 ATM 机使用技术的银行，通过安装和使用 ATM 机获得了绝对的竞争优势，但是竞争战略的模仿蔓延得很快，所有的银行一夜之间都安装了 ATM 机。这时候关于 ATM 机器的使用知识不再是个别知识，而是共同知识，掌握它并不能带来竞争优势，但是如果不掌握它将失去市场。因此在某种程度上，掌握越多的私有信息，就越具有竞争优势，但如果缺乏常识，即共同知识，将被市场淘汰。在信息经济学中，人们通常假设生产厂商的私有信息构成了交易过程中的收益，这个假设的核心是：谈判、磋商、讨价还价等经济行为是决策双方以初始信息差别为条件的信息交流。在某种程度上，这就是信息的较量。这就是所谓的“私有信息假设”——假设拖延行动和其他具有成本的活动为市场参与者提供了一种简单的经济信号。通过有效地传播私有信息将对个别市场参与者产生影响，将有可能导致偶然交易，并提高市场运行效率。比如，通过非正式渠道传播私有信息，或者散布“小道消息”都将成为一种有用的经济行为。每一个市场参与者都是利益最大化的追求者，因此私有信息在交易谈判中发挥着重要的作用。如果在某个时点上，市场参与者所具有的私有信息优于公有信息，他就具备了相对于其他市场参与者的信息优势或处于相对信息领先地位；相反，如果在某个时点上，市场参与者所拥有的私有信息劣于公有信息，则该市场参与者就处于信息劣势或相对信息落后地位。

信息优势可以使市场参与者易于获取市场价格体系等信息系统所传播的最新信息，从而能够对市场资源实施更为有效的配置；而信息劣势将使市场参与者难以获取新信息，在资源配置中处于不利位置。

③ 私有信息存在多种形式

私有信息存在多种形式但往往相互结合，要将其一一区分存在一定难度。人们通常假设生产者的私有信息构成在交易过程中的收益，这就是所谓的“私有信息假设”。这个假设的核心是：谈判、讨价还价等经济对策是一个对策的双方以初始信息差别为条件的信息交流过程。因此，拖延合同签订的时间或者以某种借口将议案搁置起来等行为都有可能是希望或要求传递可信的私有信息。易知，私有信息很可能与经济实践相关。目前，私有信息被当成是委托代理理论的重要分析工具。

④ 私有信息假设的中心

私有信息假设的中心是假设拖延行动和其他具有成本的活动为市场参与者提供了一种简单的经济信号。在传播途径上，私有信息通过个别途径或网络实现对市场参与者的影响。从传播频率与效率角度来看，虽然私有信息不像公有信息那样在众多生产者中同时传播，但它比公有信息更能引起生产者的注意。而从私有信息的预期效用看，私有信息大多将导致偶然市场的形成，并可能相应提高市场运行效率。所以，通过非正式途径传播经济信息，或者收集与释放低成本的“小道信息”等活动，也是一种有用的经济行为。同时，在个别或非正式场合真实地显示私有信息，可以极大地提高市场效率。这是由于利益最大化的市场参与者都力图使其从交易中获得个人收益最大化。因此，作为该假设的极端情况，私有信息在讨价还价过程中将发挥重要作用。

通过对公有信息和私有信息的分析，可以获得两个结论：第一，公有信息使市场参与者成为市场活动中以自我利益为中心的理性的价格接受者，而私有信息则推动市场参与者成为以自我利益为中心的理性的价格支配者，在这种相互矛盾的信息交流中，社会稀缺资源得到不同效率的配置；第二，在所有市场参与者的信息集合中，可以被这些市场参与者自由获取的信息构成公有信息，而仅仅只有某个市场参与者单独获得的信息才是私有信息。

公有信息是市场运行的基础，私有信息是市场存在的基础。只有公有信息而没有私有信息，市场就可能没有交易；只有私有信息而没有公有信息，市场将难以进行交易。所以，公有信息与私有信息对于市场的存在与交易活动来说都是不可或缺的。

(2) 完全信息与不完全信息

经济环境中存在的事件，大都是具有不完全信息的经济事件，具有完全信息的经济事件在经济环境中为数不多。尽管如此，完全信息概念在信息经济学分析中却很重要，因为要想真正认识和理解不完全信息的重要性，首先必须对完全信息以及以完全信息为隐含条件的经济理论有充分的理解和认识。

1) 完全信息

所谓完全信息是指市场参与者拥有的对于某种经济环境状态的全部知识，即每个市场参与者都掌握经济环境状态的全部信息。消费者在每个时点上都了解市场各种商品的全部可能价格，以及他自己的偏好、存货，并能够在每个个人的环境状态(偏好和资本)和市场价格基础上计算出超额需求；同样，厂商也知道生产要素、价格与投入产出之间各种形式的可能组合配置。因此，无论是需求方还是供给方，他们在某一时点上都能了解市场各种商品的供求信息，每个市场参与者都能同时获取到同样的信息。所以在完全市场情况下，市场交易完全被价格机制支配。显然，完全市场假设是建立在完全信息假设的基础上的。在现实经济中，没有人能够拥有各个方面经济环境状态的全部知识。

新古典经济学理论的瓦尔拉斯一般均衡体系隐含着完全信息假定，即消费者在每个时点上都了解市场上各种商品的全部可能价格，以及他自己的偏好、存货，并能够在每个个人的环境状态(偏好和资本)和市场价格的基础上计算出需求。同样，厂商也知道生产要素、价格与投入产出之间各种形式的可能组合配置。这样，消费者和生产商之间在任何时点上都能了解市场各种商品的供求状态，于是，出现市场均衡价格。瓦尔拉斯描述的是一个静态的理想经济世界。在这个世界中，具有完备信息的信息体系被每个市场参加者无偿免费使用，并且，市场将出现一位拍卖人，他根据市场供求状况提出多组市场价格。由于拍卖人和市场参加者都具有完全信息，所以，市场价格将灵敏地反映出市场的供求变化，而供求也能服从价格指导进行合理调节，这样，经过拍卖人所谓“错了再试”的不断调试，价格将最终处于均衡位置，当然，这个均衡价格在某些时候有可能会发生轻微波动，但价格体系在总体上完全承担管理市场供求和指导市场出清的责任。确实，如果信息是完全的，那么让企业实现利润最大化就并不是什么难事，因为企业的股东可以要求经理按照利润最大化原则来经营企业，并且完全信息通常也就意味着完全竞争，来自竞争市场的压力会使企业的激励问题自动解决。否则那些没有按利润最大化原则行事的企业就会被市场淘汰。然而，在现实世界中，个人搜集、获得以及处理信息都是需要花费成本的，在信息的传递过程中也会出差错，信息有可能会失真。

事实上完全信息往往是不存在的，市场参与者往往不可能完全掌握市场经济环境状态的全部知识。在博弈模型中，完全信息是指自然的初始行动被所有参与者准确观察到的情况，即不存在事前的不确定性，所有参与者都知道其他参与者即将采取的行动，这显然也是不可能的。正如阿罗在他的《信息经济学》的序言中说过的，或许没有一个经济学家能够否认，大多数的经济决策都是在不确定的条件下做出的，所以，信息往往是不完备的，完全信息经济所假设的环境状态和经济条件与现实存在差距，这些差距导致完全信息经济理论存在难以克服的缺陷。这些缺陷主要体现在以下几个方面。

首先，完全信息竞争假设是建立在一系列理想环境状态下的竞争模型。完全市场是微观经济学中有关完全竞争假设的两个具体假设命题之一。在完全市场中，同质商品的单一价格(均衡价格)完全支配着市场的全部交易。市场参与者对于环境状态具有完全信息，交易双方都可以在不受任何形式阻碍的条件下以市场均衡价格达成交易。当市场存在道德风险和不利选择问题时，这一假设遭到了致命打击。

其次，完全信息均衡的特点在于市场出清和单一价格，但这并不是竞争性均衡的特点。新古典一般均衡理论是以环境状态中存在完全信息以及市场参与者具有完全信息为假设条件的。然而在现实经济活动中，由于具有完全信息的环境状态是不存在的，市场参与者也很难不支付任何成本就获得完全信息，不掌握完全信息就很难准确预测市场供求关系变化，而每一位市场参与者都是自我利益最大化的追求者，因此单一价格和市场供求法则不能保证市场价格总是处于均衡位置。单一价格法则明显存在局限性。

再次，完全信息经济理论假设价格机制包含市场参与者所需要的全部信息，并能将这些信息完全显示出来。市场通过价格机制这个“看不见的手”的调节能够达到竞争均衡。但是这一理念忽略了信息传递是需要成本的。在信息具有成本的条件下，其假设存在较大缺陷，价格机制将不能完全显示参与者所需要的信息。当经济体制中普遍存在道德风险和不利选择时，完全信息经济能达到竞争均衡、实现帕累托效率的推论同样值得怀疑。

2) 不完全信息

不完全信息与完全信息是一组相对的概念。信息的不完全性存在的原因有很多，归纳起来有以下三个方面。

① 信息获取的成本性

信息搜寻成本的存在是因为人类在获取信息时需要付出一定的成本，这些成本可能包括搜寻信息所花费的时间和支付的费用，如交通、观察、询问、整理、识别、分类、使用等所产生的时间和费用。

② 接收能力的有限性

即使是在网络技术飞速发展的今天，我们也经常面临找不到可用于决策的有用信息的尴尬。也许可获得的有用信息确实较少，但即使可获得的信息较多，人类接收信息的能力也是有限的。比如，在浩如烟海的网络信息的冲击下，过多的信息使我们的注意力变得有限，面对成千上万条信息，我们很难找到和判别出真正对我们有用的信息，最后只能被掺杂着大量无用信息的信息海洋所淹没。因此信息的增加可能不但不能减轻信息不完备的程度，反而使之大大加剧。

③ 信息处理能力的有限性

信息接收者的信息需要、以往的知识存量、经验积累及思维方式会对信息的使用效果产生较大的影响。对于同样内容的信息不同的人会得到不同的结论，而有些人或许根本就捕捉不到。人接受和处理信息往往是有意识的，是受其自身信息需求的支配的，对接收到的信息的加工处理又受到自身知识积累和经验因素影响，所以信息往往不能被接收者完全接收，而是被接收主体根据自身需求所过滤。

新制度经济学的创始人罗纳德·科斯(Ronald Coase)于 1937 年在《厂商的性质》一书中论述了信息成本是交易成本的主要组成部分，并且认为随着出卖相对价格信息的专业人员的出现，这种成本可能减少，却不可能消除。所有研究都证明，信息的不完全性是不可能被消除的。相反，市场参与者正是利用信息的不完全特性，通过获取比竞争者更多的信息优势来获利的。肯尼思·阿罗所说的“不确定性”实际上也是指“信息的不完全性”，即人们不可能掌握某个事件的过去、现在和将来的全部信息，人们处理事件总是在某种程度的不确定性下进行的。早在 1921 年，奈特在《风险、不确定性和利润》一书中就指出，在不确定性条件下，一部分人会努力获取信息以寻求比他人更多的获利机会。这就是一种有意识的信息搜寻，在搜寻过程中，其目的性往往会导致一些看似不相干的信息被过滤。1937 年，弗里德里希·奥古斯特·冯·哈耶克(Friedrich August von Hayek)也探讨了人类的信息获取和结构问题。他在《社会中知识的运用》一书中指出：现实中完全竞争并不存在，价格体系可以传达稀缺性信息，但不能传达完全的信息。他批评经济学以完全信息为理论前提，从而无法认识市场失灵问题，并初步指出了不对称信息的存在，即每个人都对其他人有信息优势。凯恩斯在《就业、利息和货币通论》一书中，用大量篇幅讨论风险、知识、不确定性和预期，探讨了不确定性和信息不完备对人们经济行为和经济活动的影响。不完全信息概念提出的重要意义不仅局限于对传统经济学理论假设的否定，更在于它为不对称信息概念的提出奠定了基础。

不完全信息经济分析模型有很多。斯蒂格利茨 1985 年将不完全经济分析模型划分成了九种，其中包括：关于在不利选择和道德风险条件下的市场价格的不完全信息分析模型；在不完全信息条件下市场交易双方信息不完全或单方信息不完全条件下的经济行为分析模型；在不完全信息条件下竞争市场的均衡分析模型等。其具体包括静态不完全信息模型和动态不完全信息模型；完全信息静态博弈、完全信息动态博弈及不完全信息博弈模型；委托代理模型、道德风险、不利选择及信号传递等分析模型。

(3) 对称信息与不对称信息

斯蒂格利茨指出，旧的经济模型往往假定信息是完美和理想的，但市场经济的特征是高度的非理性和不完整性，在市场上，往往是一些人知道的比另一些人多，当一些市场参与者拥有其他市场参与者没有的信息时，市场就会出现信息不对称现象。而即便是很小程度的信息不完整也能够导致很严重的经济后果。

1) 对称信息

① 对称信息的含义

所谓对称信息是指在某种相互对应的经济人关系中，对应双方都掌握对方所具备的信息度量，即双方都了解对方所具有的市场知识和所处的环境状态。这包括三种情况：第一种情况是市场参与者都没有掌握有关市场知识和环境状态信息，即双方都处于“无知”状态；第二种情况是市场参与者都掌握度量一致或度量相似的市场知识和环境状态信息；第三种情况是市场参与者都拥有关于市场及环境的完全信息。所以简单来说，对称信息就是交易双方拥有的信息对称。比如，雇主了解雇员的努力程度，雇员了解雇主的收益，有关雇员努力程度和雇主收益的信息同时被双方拥有等。

② 对称市场的类型

对称信息的存在产生了对称性市场，对应于对称信息的三种情况，对称性市场也有三种类型：第一种类型是相互对称的市场参与者双方都缺乏信息的对称性市场。在这种情况下，因为双方都缺乏信息，所以交易不可能发生。那么能够为交易双方提供信息服务、满足交易参与者双方对信息的需求的信息中间人或者叫信息中介、信息经纪人就成为该类市场中交易达成的重要因素。第二种类型是相互对称的市场参与者双方都具有不完全信息。在这种市场中，交易双方掌握的信息不完备程度大致相同，为了在交易中占有有利地位，市场参与者往往愿意为获取更多的有利信息而努力。但是他们并不会过多地依赖信息中介，而是采取一系列的措施借助“外脑”，比如，寻求专业咨询机构的帮助、聘请专家，甚至建立内部咨询机构进行研究等。第三种类型是相互对称的市场参与者双方都具有完全信息。这种市场一般表现为完全的双边垄断特性。

现在通过一个简单的例子来了解双边垄断问题。假如一方(A)拥有世界上唯一的一个苹果，而另一方(B)是这个世界上唯一一个吃了苹果不过敏的人。对 A 来说，苹果毫无价值，对于 B 来说，它价值 1 美元。如果 A 把这个苹果卖给 B，就会得到 1 美元。B 用 1 美元换得了苹果，比买不到要好。如果 A 把这个苹果送给了 B，A 一无所获，B 等于得到了 1 美元。把价格从 0 到 1 进行排列，以此代表双方交易价格的分段。如果双方不能就价格达成一致意见，其结果是苹果仍归 A 所有，但通过交易可能获得的潜在收益便失去了。这种情况被称为“双边垄断”。当完全双边垄断的双方产生矛盾或发生冲突时，就需要政府进行协调和仲裁。

2) 不对称信息

① 不对称信息定义

不对称信息环境是微观信息经济学重要的既定条件之一，信息不对称假设是经济学信息范式形成的最基本假设之一。不对称信息是相对于对称信息而言的，不对称信息指交易双方各自拥有他人所不知道的与交易有关的私有信息。在经济行为决策中，不对称信息是指经济主体间因掌握的信息量不同而导致信息的不对称性、不均衡性。信息不对称现象普遍存在于人类经济生活的各个领域，交易双方各自拥有对方所不知道的私有信息。或者说，在博弈中某些参与者拥有另一些参与者所没有的信息，这种现象就是信息不对称。在博弈模型中，信息的不完全会引起信息不对称，或者二者同时存在，或者即使信息完全，也仍然存在信息不对称。确切来说，信息不完全是博弈参与者所面对的信息环境，而信息不对称是指参与者之间所掌握的信息量的不同。

从 1970 年阿克洛夫的《柠檬市场：质量不确定性和市场机制》经典论文起，信息不对称问题开始受到经济学界的关注。斯蒂格利茨的信息不对称理论也为经济学家分析、研究市场运作作出了较多贡献。比如，他提出因为信息不完整和信息不对称，即使市场里有人想买、有人想卖，交易也不一定发生；即使交易发生，可能也具有非常特殊的性质；当市场机制不能发挥作用时，“非市场”的机制可能应运而生。斯蒂格利茨的信息不对称理论与阿克洛夫的相关理论“构成了当代信息经济学的核心”。

生活中，信息不对称现象是很普遍的。以旅游业为例，假日里高速公路的免费“火”了自驾游，但即便景区努力临时增加停车位等基础设施，满怀欣喜的游客还是经常会在景区门口遭遇停车位“一位难求”和私人停车场“坐地起价”的窘况，这给整个旅游带来不和谐因素，进而可能使得这样的旅游经历变成一锤子买卖。从现有信息来看，景区停车难很大程度上归因于信息的不对称。比如，“五一”期间，尽管泰山景区经常遭遇停车难的问题，但与之相邻的泰安市区车流量却相对较少，空余的停车场也不少。如果游客能够提前了解景区的停车情况，如果交通部门能及时做出合理的疏导和疏通，停车难问题也许会缓解不少。这要求信息公开和合理引导，使得自驾游的游客能合理的分流。还可以对景区停车收费标准进行上调，利用价格杠杆平衡停车位与车辆之间的矛盾。价格上调表面上会使游客减少，实质上却能增加游客的满意度。以上无论是对停车位信息的公开，还是对价格的调整(价格信息起作用)，都是在用信息对经济进行调整，这也是研究信息经济学的重要的意义。

【复习思考题】

1. 信息经济学是研究什么的？
2. 信息经济学研究的主要方法有哪些？
3. 信息经济学研究的理论基础是什么？
4. 信息经济学的产生和演进经历了哪些阶段？
5. 现代社会中有哪些风险转移制度？试选取两种举例说明它们在现实生活中的运用。
6. 什么是完全信息和不完全信息？为什么不完全信息比完全信息更具有经济现实性？
7. 什么是公有信息和私有信息？公有信息与私有信息的关系如何？
8. 什么是对称信息和不对称信息？信息不对称将可能造成哪些不良的经济后果？

第二篇

信息与博弈

资源是稀缺的，经济学就是要研究这种稀缺并且合理的资源。传统经济学认为，理性经济人需要通过合作才能达到自身利益的最大化，但合作往往伴随着冲突，在合作中还需要制定一系列的制度来规范彼此的行为，而价格制度(市场制度)正是市场环境下实现合作和解决冲突的一种最重要的制度。但这样的认识是基于完全信息和完全市场的假设条件的，与现实经济相去甚远。在现实经济中，信息往往是不完全和不对称的，市场往往是不完全竞争的，而且市场参加者之间的行为又相互影响，所以，一个人在做决策或选择行动的时候必须考虑对方的反应，这就形成了博弈。博弈产生于不同的信息环境，它又通过影响行为主体的行为选择来影响行为主体的利益。信息与博弈行为密不可分。中外很多学者认为，信息经济学就是研究在不对称信息条件下的经济主体间的相互博弈以及在这基础上建立的契约安排的，信息经济学就是博弈论(特别是不对称信息博弈论)在经济学中的应用。本篇首先简要介绍博弈论的基本理论，然后再介绍不同信息结构下的契约安排，从而帮助人们更好地理解个人理性和集体理性。

第二章

合作博弈与非合作博弈

第一节　合作博弈

一、博弈的基本要素

博弈的基本要素包括参与者、行动、策略、收益、均衡和信息等。

(一) 参与者

在博弈中，参与者又称局中人、竞争者，指的是一个博弈中的独立决策主体，其目的是通过选择策略(或行动)以最大化自己的收益。参与者可能是自然人，也可能是组织。需要指出的是，只有具有可供选择的行动和容易界定的偏好函数的主体才能被当做参与者，那些不做决策的被动主体只能当做环境参数来处理。除一般意义上的参与者之外，博弈论有时也将“自然”作为“虚拟参与者”来对待(“自然”是指决定外生的随机变量的概率分布的机制)。在市场进入博弈中，对中国联通而言，中国移动的成本情况就是一个随机变量，在博弈开始时，我们可以假定，“自然”以一定的概率来决定中国移动的成本高低。参与者决策的后果依赖于“自然”的选择。在不完全信息博弈中，“自然”选择参与者的类型。一般用 $i=1,2,\Lambda\ n$ 代表参与者，n 代表作为虚拟参与者的“自然”。与一般参与者不同的是，“自然”作为虚拟的参与者并没有自己的收益和目标函数。

根据参与者的数量可以将博弈分为单人博弈、两人博弈和多人博弈。由于博弈问题的根本特征是具有策略依存性，即不同参与者策略之间有复杂的影响和作用，而且参与者的数量越多，策略依存性就越复杂，因此参与者的数量是博弈结构的关键参数之一。

单人博弈是个体的最优化问题。参与者拥有的信息越多，即对决策的环境条件了解得越多，决策的准确性就越高，收益也就越多。

两人博弈是两个各自独立决策但彼此间的策略和利益具有相互依存关系的博弈方的决策问题，是研究得最多的博弈类型。但与直观的理解不同的是，在两人及两人以上的博弈问题中，掌握信息较多并不能保证利益也一定较多。因为，信息较多的参与者往往更清楚过度竞争的危险，为了避免恶性竞争带来的两败俱伤，此参与者可能只能采取较为保守的策略，从而只能得到较少的利益。而那些信息较少，对危险了解较少的参与者却可能因此而得到更大的利益。

多人博弈是多个策略和利益相互依存的参与者各自独立决策的过程。多人博弈中策略和利益的相互依存关系更为复杂。以三人博弈为例，对三人博弈中的一个博弈方来说，其他两个博弈方不仅会对自己的策略作出反应，而且他们相互之间还会相互作用和反应。甚至在此博弈中还可能存在“破坏者”(其策略选择对自身的利益并没有影响，但却会对其他博弈方的收益产生很大的有时甚至是决定性的影响)。

(二) 行动

行动是参与者在博弈的某个时点的决策变量。一般来说，用 a_i 表示第 i 个参与者的一个特定行动，$A_i=\{a_i\}$ 表示可供 i 选择的所有行动的集合。参与者的行动可能是离散的，也可能是连续的。在 n 个参与者的博弈中，n 个参与者的行动的有序集 $a=(a_1,\text{K},a_i,\text{K},a_n)$ 称为行动组合，其中的第 i 个元素 a_i 是第 i 个参与者的行动。

与行动相关的一个重要问题是行动的顺序。行动的顺序对博弈有重要的影响。

首先，依据行动的顺序可以将博弈分为静态博弈与动态博弈。其中，静态博弈就是指参与者同时选择行动，或即便不是同时行动，但后行动者并不知道先行动者采取了什么样的具体行动；动态博弈是指在参与者的行动有先后顺序的同时，后行动者能够观察到先行动者所选择的行动。

其次，行动顺序对博弈的结果非常重要。在参与者与行动集合都一样的情况下，行动的顺序不同，参与者的最优选择也就不同，博弈的结果也就不同，而且，在不完全信息博弈中，后行动者还可以通过观察先行动者的行动来获取信息。

(三) 策略

策略又称战略，是参与者在有关信息给定的情况下的行动规则，它规定参与者在什么情况下选择什么行动，并告诉参与者如何对其他参与者的行动做出反应。因此，策略就是参与者的“相机行动方案”。一般用 s_i 表示第 i 个参与者的一个特定策略，$S_i=\{s_i\}$ 表示第 i 个参与者的所有可供选择的策略的集合。如果 n 个参与者各自选择一个策略，n 维向量 $s=(s_1,\Lambda,s_i,\Lambda,s_n)$ 称为一个策略组合。为了把一个特定的参与者与其他参与者区别开来，可用 $s_{-i}=(s_1,\Lambda,s_{i-1},s_{i+1},\Lambda,s_n)$ 表示由除 i 之外的所有参与者的策略组成的向量。

与行动不同的是，策略是要说明在什么情况下采取什么行动，它是行动的规则而不是行动本身。当然，在静态博弈中，所有参与者同时行动，没有任何人能获得其他人行动的信息，这时的策略选择就变成简单的行动选择，策略和行动是相同的。

另外，需要指出的是，作为行动的规则，策略是完备的，必须给出参与者在每一种可想象到的情况下的行动选择，哪怕有些情况在现实中并不会发生。

(四) 收益

收益是参与者真正关心的东西。收益在博弈论中具有两种含义：一是指参与者得到的确定效用水平，二是指参与者得到的期望效用水平。假定参与者的偏好都可以用冯·诺依曼-摩根斯坦效用函数表示，其目标就是选择自己的策略以最大化其期望效用函数。参与者的收益是所有参与者的策略选择的函数。在有 n 个参与者的博弈中，如果用 u_i 表示第 i 个参与者的收益，则有：

$$u_i = u_i(s_1,\Lambda ,s_i,\Lambda ,s_n)$$

这时，参与者的收益组合为：

$$U = (u_1,\mathrm{L} ,u_i,\mathrm{L} ,u_n)$$

根据各参与者的收益总和来划分，可将博弈分为零和博弈、常和博弈与变和博弈三种类型。其中，零和博弈是一种收益总和为零的博弈，各参与者之间的利益总是对立的，一些参与者的赢必定伴随着其他参与者的输，而常和博弈则是指在不同的策略组合下各参与者的收益之和总是等于一个非零常数。常和博弈中各参与者的利益关系也是对立的，但这种对立性只是体现在利益多少的差别，而不是像零和博弈那样非赢即输。例如，股东之间对固定红利的分配就属于常和博弈。变和博弈指在不同策略组合下各参与者的收益之和是不同的。变和博弈是最一般的博弈类型，常和博弈和零和博弈都是变和博弈的特例。从社会总得益的角度对博弈结果进行分析，可以把各种结果分为“有效率的”、“无效率的”和“低效率的”。这说明有可能使得参与者之间相互合作，从而得到较大的个人利益和社会总利益。

(五) 均衡

博弈中的均衡是所有参与者的最优策略的组合，一般记为：

$$s^*=(s_1^*,\cdots,s_i^*,\cdots,s_n^*)$$

其中，s_i^* 是第 i 个参与者在均衡情况下的最优策略，是参与者 i 的所有可能的策略中使 u_i 或 Eu_i 最大化的策略。在讨论均衡时，需要注意以下几个问题。

首先，博弈论中的均衡概念和一般均衡理论中的均衡概念是不同的。在一般均衡理论中，均衡有可能指的是由个人最优化行为导致的一组价格；而在博弈论里，这样一组价格只是均衡的结果而不是均衡本身(均衡是指所有个人的策略的组合，均衡价格只是这种策略组合产生的结果)。

其次，在博弈论中，均衡策略组合、均衡行动组合与均衡收益组合都可以称为结果，但结果和策略组合并不相同。结果是感兴趣的一组变量的取值集合，策略组合则是一组策略的集合(不同的策略组合有时可能会导致同样的结果)。

最后，均衡可能不是唯一的。一个博弈可能有多个均衡存在。缺乏唯一性是博弈论的一个主要问题。

(六) 信息

信息是参与者在博弈过程中能够了解和观察到的知识，如“自然”的选择、其他参与者的特征和行动等。博弈主要有以下三个方面的信息。

首先是关于收益的信息。博弈中最重要的信息是关于收益的信息，即每个博弈方在每种策略组合下的收益情况。是否了解所有博弈方的收益情况是一个非常重要的问题。一般来说，将各博弈方都完全了解所有博弈方各种情况下收益的博弈称为完全信息博弈，而将至少部分博弈方不完全了解其他博弈方收益情况的博弈称为不完全信息博弈。

其次是关于过程的信息。如果参与者在轮到自己行动时完全了解博弈的进程，我们认为他具有完美信息，而如果动态博弈的所有参与者都有完美信息，这时的博弈为完美信息的动态博弈。而如果参与者在轮到自己行动时不完全了解此前全部博弈进程，我们认为他具有不完美信息，这时的动态博弈为不完美信息的动态博弈。是否具有完美信息，对参与者的决策、行为和博弈结果有很大的影响，因为没有关于博弈进程的完美信息就意味着决策和行动只能依靠对博弈进程的"判断"、概率期望进行决策，具有一定的盲目性。

最后是作为共同知识的信息。共同知识就是这么一种信息，这种信息被所有参与者知道，所有参与者知道所有参与者知道，所有参与者知道所有参与者知道所有参与者知道，如此这般直至无穷。共同知识是博弈论中一个非常强的假定。在现实的许多博弈论中，即便所有参与者"共同"享有某些知识，但可能每个参与者并不知道其他参与者知道这些知识，或者并不知道其他参与者知道自己拥有这些知识。信息结构分类见表 2-1。

表 2-1　信息结构分类

信 息 种 类	含　　义
确定	自然不在任一参与者行动之后行动
完全	自然不首先行动或它的最初行动被每个参与者所观察到
对称	没有参与者在行动时或在终点结处与其他参与者不同的信息
完美	每个信息集都是单结的

二、博弈的基本类型

博弈可分为合作博弈与非合作博弈。区别两者的方式是看参与者能否在彼此的行为相互作用时达成一个具有约束力的契约：如果达成这种契约，就是合作博弈；如果达不成这种契约，就是非合作博弈。合作博弈论强调团体理性、效率和公平；非合作博弈论则强调个人理性，而不管这结果是有效率的还是无效率的。经济学里所讨论的博弈问题基本上都是建立在个体行为理性基础上的非合作博弈。如果没有特别强调，本书提及的博弈也是非合作博弈。

(一) 非合作博弈

1. 非合作博弈的概念

通常说来，非合作博弈就是我们生活中所说的博弈，它是指在一定的策略环境(即相互依赖的情形，表示一个人的行为对另一个人的福利造成影响，不管这种影响是正面的还是负面的)下，所有参与者的行动都是个别行动，所有参与者的决策都是自主进行的，而与这个策略环境中的其他人无关。非合作博弈中突出的是冲突性，但非合作博弈并非只包含了冲突的元素，它还包含了合作元素，即在非合作博弈中，冲突和合作是重叠的。

2. 非合作博弈的类型

因为参与者的博弈与他们拥有的信息结构(即信息条件)以及行动顺序密切相关，所以，可以从这两个角度将非合作博弈划分成不同类型。

(1) 从参与者的信息结构划分非合作博弈

在博弈论中，信息结构(参与者对其他参与者的策略空间与收益函数的知识)一般分为两种。第一种是完全信息与不完全信息。完全信息和不完全信息是针对特定策略下的收益函数而言的，完全信息指的是博弈中参与者完全了解其他参与者的策略空间与收益函数，不完全信息是指在博弈中至少有一个参与者不完全了解其他参与者的策略空间与收益函数。第二种是完美信息与不完美信息。完美信息和不完美信息考察的是参与者对其他参与者的策略或行动选择的了解程度。完美信息指的是参与者对其他参与者的策略或行动选择有准确了解，不完美信息指的则是至少有一个参与者对其他参与者的策略或行动选择不够了解。从信息结构角度来看，博弈可以划分为完全信息博弈和不完全信息博弈。

(2) 从参与者的行动顺序划分非合作博弈

在博弈论中，行动顺序分为两种：静态和动态。相应地，博弈也可以划分为两种：静态博弈和动态博弈。静态博弈指的是参与者在博弈中同时进行策略选择，同时行动，或者即便各参与者做出决策的时间不一致，但在其各自做出选择之前都不知道其他参与者的策略选择，而且在知道其他参与者的策略选择之后也无法改变自己做出的选择。动态博弈与静态博弈正好相反，它的参与者在其选择行动之前一般都能看到此前其他参与者的选择和行动。

(3) 从信息结构和行动顺序结合的角度划分非合作博弈

将上述两个角度结合起来，可以得到四种不同类型的博弈：完全信息静态博弈、完全信息动态博弈(包括完全且完美信息动态博弈和完全但不完美信息动态博弈)、不完全信息静态博弈和不完全信息动态博弈。因为博弈论就是要研究在不同类型的博弈中参与者的行为发生相互作用时的策略选择以及这种策略选择的均衡问题，所以上述四种不同类型的博弈对应着四个不同的均衡：纳什均衡(由纳什提出)、子博弈精炼纳什均衡(由泽尔腾提出)、贝叶斯纳什均衡(由海萨尼提出)和精炼贝叶斯纳什均衡(由泽尔腾、克瑞普斯、威尔逊、弗登伯格、泰勒尔共同完成)。

表 2-2 概括了四种不同类型的博弈及对应的四个均衡概念。博弈论的结构正是建立在上述博弈的分类方法的基础之上的。

表 2-2 博弈的分类及其对应的均衡概念[1]

<table>
<tr><th rowspan="2">信息结构</th><th colspan="2">行动顺序</th></tr>
<tr><th>静态</th><th>动态</th></tr>
<tr><td>完全信息</td><td>完全信息静态博弈
纳什均衡
纳什</td><td>完全信息动态博弈
子博弈精炼纳什均衡
泽尔腾</td></tr>
<tr><td>不完全信息</td><td>不完全信息静态博弈
贝叶斯纳什均衡
海萨尼</td><td>不完全信息动态博弈
精炼贝叶斯纳什均衡
泽尔腾
克瑞普斯、威尔逊
弗登伯格、泰勒尔</td></tr>
</table>

按照参与者的理性程度，博弈论又可以被分为经典博弈论与演化博弈论：如果参与者是完全理性的，则属于经典博弈论；如果参与者是有限理性的，则属于演化博弈论。

3. 非合作博弈的表述

非合作博弈一般可以用两种方式来表述：第一种是标准式表述，第二种是扩展式表述。尽管从理论上讲，任何博弈都既可以用标准式表述，又可以用扩展式表述(两种表述方式几乎完全相等)，但相对而言，标准式表述更适合于静态博弈，而扩展式表述更适合于动态博弈。

(1) 标准式表述

博弈的标准式表述也称为策略式表述或者战略式表述。在标准式表述中，所有参与者同时选择各自的策略，并且共同决定每个参与者的收益(参与者同时选择策略，只要每个参与者在选择行动时不知道其他参与者的选择就可以了，并不意味着所有参与者必须同时行动)。

一般来说，博弈的标准式表述包括以下几个方面。

第一是博弈的参与者集合：$i \in I, I = (1,2,\Lambda\ ,n)$。

第二是每个参与者可供选择的策略空间：$S_i, S_i = \{s_i\}, i = 1,2,\Lambda\ ,n$。

第三是针对所有参与者可能选择的策略组合，每个参与者的收益函数：$u_i = u_i(s_1,\Lambda\ ,s_i,\Lambda\ ,s_n),\ i = 1,2,\Lambda\ ,n$。

综合上述内容，现在博弈就可以完整地用标准式表述来定义了。该定义为：在一个 n 人博弈的标准式表述中，如果参与者的策略空间为 $2i-1$，收益函数为 $u_1,\mathrm{L}\ ,u_n$，则该博弈可表述为 $G=\{S_1,\mathrm{L}\ ,S_n;\ u_1,\mathrm{L}\ ,u_n\}$。

当博弈是有限博弈(特别是两人有限博弈)时，还可以用收益矩阵直观地表示博弈的标准式表述，如表 2-3 所示。

1 张维迎. 博弈论与信息经济学[M]. 上海：上海三联书店，上海人民出版社，1996.

表 2-3　两人有限博弈

		参与者 2: B_1	B_2
参与者 1	A_1	a，e	b，f
	A_2	c，g	d，h

在表 2-3 中，左列是参与者 1 的策略空间$\{A_1，A_2\}$，上行是参与者 2 的策略空间$\{B_1，B_2\}$，每一个字母是对应策略组合下的参与者的收益。其中第一个字母 a、b、c 和 d 都是参与者 1 的收益，第二个字母 e、f、g 和 h 都是参与者 2 的收益。

这样，第一行第一列的$(a，e)$是从策略组合$(A_1，B_1)$中得到的收益，其中，参与者 1 的收益为 a，参与者 2 的收益为 e。

两人博弈的标准式表述可以用“囚徒困境”这一经典案例来说明。在“囚徒困境”中，有两个嫌疑犯，为防止他们串供，他们分别被警察隔离在不同的房间审讯。警察对两人分别讲明了可能的选择和选择的后果：如果其中一人坦白而另一人不坦白，那么，坦白者可获释，不坦白者则将被判刑 10 年；如果两个都坦白，将各自被判刑 6 年；如果两人都不坦白，则各自将被判刑 1 年。这时，两个嫌疑人面临的问题或者说他们的博弈的标准式表述可以用表 2-4 所示的双变量矩阵来描述。

表 2-4　囚徒困境的收益矩阵

		囚徒 2: 坦白	不坦白
囚徒 1	坦白	-6，-6	0，-10
	不坦白	-10，0	-1，-1

两人博弈的标准式表述还可以用中国联通的市场进入博弈来说明。20 世纪 90 年代初，中国移动垄断着中国的电信市场，中国联通则要进入这一市场。这时，中国联通有两种策略可以选择：进入或不进入。中国移动也有两种策略可以选择：默许或阻挠。那么中国移动和中国联通该如何抉择呢？假定中国联通进入之前的垄断利润为 200，进入之后的寡头利润总共为 100(中国移动和中国联通各得 50)，其中，中国联通的进入成本为 10。这个博弈可以用表 2-5 表示。

表 2-5　中国联通的市场进入博弈(1)

		中国移动：默许	中国移动：阻挠
中国联通	进入	40，50	−10，0
	不进入	0，200	0，200

根据表 2-5 分析，当中国联通选择进入时，中国移动应选择默许；当中国移动选择默许时，中国联通应选择进入；只有当中国移动选择阻挠时，不进入才是中国联通的最佳选择。所以，最后的结果可能就是：当中国联通选择进入时，中国移动就选择默许，即(进入，默许)；当中国移动选择阻挠时，中国联通就选择不进入，即(不进入，阻挠)。

再进一步假设中国移动存在两种可能的成本函数：高成本函数和低成本函数。对应于这两种可能函数的博弈，中国联通和中国移动分别又该做何种选择呢？表 2-6 可以给出分析。

表 2-6　中国联通的市场进入博弈(2)

		中国移动：高成本情况		中国移动：低成本情况	
		默许	阻挠	默许	阻挠
中国联通	进入	40，50	−10，0	30，80	−10，100
	不进入	0，200	0，200	0，300	0，300

根据表 2-6，假设中国联通选择进入，高成本的中国移动应选择默许，而低成本的中国移动应选择阻挠(对中国移动而言，低成本情况下阻挠之所以优于默许，可能是由于其成本是如此之低，以至于即使在非常低的价格下，中国移动获得的垄断利润也高于在相当高的价格下分享到的寡头利润)。

(2) 扩展式表述

与博弈的标准式表述给出参与者有什么策略可供选择不同，博弈的扩展式表述要“扩展”参与者的策略空间，要给出每个策略的动态描述，即在什么情况下选择什么行动(相机选择)。具体说来，博弈的扩展式表述包括以下要素。

第一是参与者的集合：$i \in I, I = (1,2,\Lambda\ ,n)$，此外还用 N 代表虚拟参与者——“自然”。

第二是参与者的信息集，即行动时参与者了解的信息。

第三是参与者的行动顺序，即参与者在何时行动。

第四是参与者的行动空间，即参与者每次行动时可供其选择的行动。

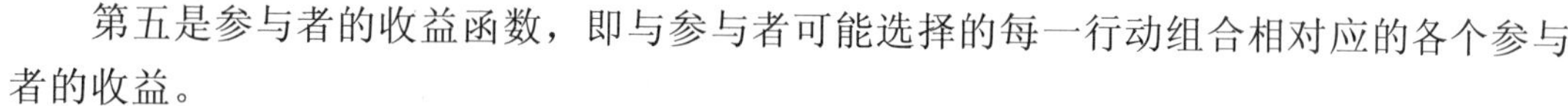

第五是参与者的收益函数，即与参与者可能选择的每一行动组合相对应的各个参与者的收益。

第六是外生事件的概率分布，即“自然选择”的概率分布。

博弈的扩展式表述经常用博弈树表示。下面就用博弈树来说明中国联通的市场进入博弈的扩展式表述，如图 2-1 所示。

图 2-1 的博弈树开始于中国联通的一个决策结(用空心圆表示)。首先，中国联通要从进入和不进入中选择行动。如果中国联通选择进入，就会达到中国移动的一个决策结(用实心圆表示)，这时中国移动要从默许和阻挠中选择行动。如果中国联通选择不进入，就会达到中国移动的另一个决策结，这时中国移动从默许和阻挠中选择行动。无论中国移动最终选择了哪一种行动，都将到达终点结，这时博弈结束，中国联通和中国移动分别得到相应终点结下面显示的收益。

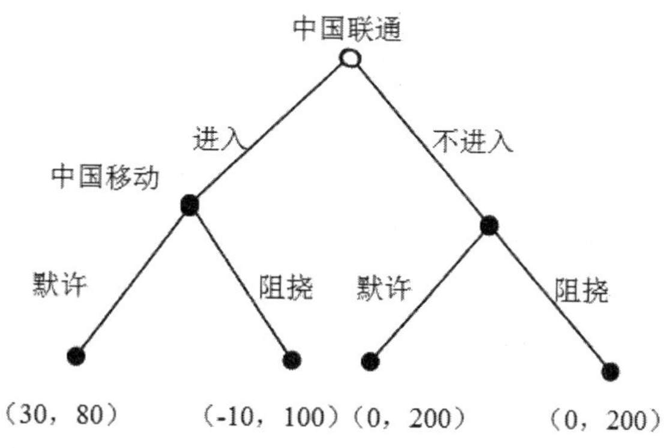

图 2-1　中国联通的市场进入动态博弈

根据上面的分析可以发现，此处的市场进入博弈不同于前面提到的市场进入博弈，这是一个动态博弈：首先中国联通从可选择行动空间(进入，不进入)中选择行动；其次中国移动观测到中国联通的行动(进入，不进入)，然后从自己的可选择行动(默许，阻挠)中选择行动；最后中国联通和中国移动的收益分别为(30，80)，(-10，100)，(0，200)，(0，200)。

当我们将图 2-1 所示的博弈树进行扩展之后，就可以表示所有的 n 人有限策略博弈(主要是动态博弈)。

需要知道的是，博弈的标准式表述和扩展式表述可以相互转化：首先，在静态博弈中，可以将参与者之间的同时行动表述成其中一个参与者首先行动，另一参与者在没有观察到前一参与者行动的情况下再行动，在此基础上，再引入一个参与者的信息集的概念，就可以用扩展式表述静态博弈了；其次，在动态博弈中，如果后行动者在观察到先行动者选择不同行动的情况后，在不同的情况下进行选择，就有了更复杂的策略空间，找出所有参与者的策略空间后，就可以将这个博弈的扩展式表述转化为其标准式表述了(即可以用标准式来表述动态博弈)。

(二) 合作博弈

1. 合作博弈的概念

合作博弈，就是在参与者集合中由若干个参与者组成一个团体并达成一个契约来相互合作，最后以一个既定的分配方案来分配团体的总收益。

合作博弈中有两个重要的概念：联盟和分配。需要先了解这两个概念。

首先说联盟。联盟就是当设ζ为所有参与者集合时($\zeta = \{1,2,\cdots,i\}$)ζ的任意非空子集(如 S，$T \subseteq \zeta$)，而ζ就是一个大联盟。其中，单个参与者是一个特殊的联盟，空集ϕ也是一种特殊的联盟。[1]

其次说分配。合作博弈的分配指的是对I个参与者来说，存在一个向量$x = (x_1,\cdots,x_I)$，满足两个条件。

第一是，$\sum X_i = V(\zeta)$，其中，$V(\zeta)$表示I个参与者的总和收益。这说明每个参与者分配的收益总和正好等于所有参与者的最大总和收益。

第二是，$x_i \geqslant V(i)$，其中$V(i)$表示参与者i不与任何人结盟时的收益。这说明每个参与者从联盟中分配到的收益不小于“单干”所得的收益。

这就说明了合作博弈存在的两个条件：第一个条件是，在联盟中的整体收益大于每个参与者单干的收益之和；第二个条件是，联盟内部应该存在帕累托改进性质的分配机制，使得每个参与者都能从中获得比不参加联盟时更多的收益。而要满足这两个条件，联盟内部参与者之间的信息应该是可以相互交换的，并且达成的契约必须是强制执行的。

2. 合作博弈的类型

与非合作博弈强调个人理性不同，合作博弈强调的是团体理性，这时的理性主体往往为了利益与其他理性主体订立契约，形成联盟。这个联盟一旦形成，就可能使博弈双方的利益都有所增加，或者至少是一方的利益不受损害时，另一方的利益增加，从而使整个社会的利益有所增加。所以这是一种正和博弈。但联盟形成后要面临一个很关键的问题，那就是如何分配获得的合作剩余：如果分配得好，就会增强合作的凝聚力，增加合作的收益；如果分配得不好，就会影响合作的效果，进而出现事实上的不合作局面，甚至导致合作的失败。与之对应，按照合作之后的收益变化可将合作分为本质性的合作和非本质性的合作：当合作后收益有所增加时，此合作博弈是本质性合作；当合作后收益没有增加甚至下降时，此合作博弈为非本质性合作(在非本质性合作中，我国现存的一些低效率的经济合作组织算是典型代表，这是因为这类合作组织并没有真正的发挥合作优势，没有创造出比不合作时更大的社会经济效益)。由此可见，对合作剩余的分配是合作博弈的核心问题。而这个问题的解决取决于博弈各方的智慧和力量的对比，它是博弈各方讨价还价的结果。在这里，合作剩余的分配既是达成妥协的条件，又是妥协的

---

1 黄涛. 博弈论教程——理论・应用[M]. 北京：首都经济贸易大学出版社，2004.

结果。

此外，按参与博弈的参与者的多少，可以将合作博弈分为两人合作博弈和 n 人($n>2$)合作博弈。还可以按参与者之间相互交流信息的程度、契约执行时的强制程度，以及多阶段博弈中联盟的规模、方式和内部分配等的不同把合作博弈分为若干类型加以研究。

3. 合作博弈的表述

前文提及的标准式表述和扩展式表述，它们被用来表述非合作博弈。在合作博弈中，能起类似作用的是联盟型博弈。联盟型博弈一般用特征函数型来表述。联盟博弈形式以每一类参与者集合可以得到的共同的最优结果来表示博弈。如果收益可以比较并且转移支付可以进行，从合作中得到的收益就能用一个单一的数字来表示，比如货币单位。如果不是这样，那么得到的最优结果将会是一种抽象的帕累托最优集。特征函数型博弈对每一种可能联盟给出相应的联盟总和收益，即，给出一种集合函数，这就是特征函数 $V(\cdot)$。特征函数具有超加性，即对任意两个独立联盟 S 与 $T(S\cap T=\phi)$，有 $V(S\cup T)\geqslant V(S)+V(T)$。这样，具有 I 个参与者，参与者集合为 $\zeta=\{1,2,\mathrm{L}\ ,I\}$，并且特征函数为 $V(\cdot)$的特征函数型博弈记为(ζ, V)。

现在举例说明如何通过分析获得特征函数表述。在一个小区中居住着 7 户居民，每户居民每天都产生一袋垃圾。因为该小区中没有空地，所以这些垃圾只能扔在这个小区的某户居民的地里。那么，这些居民该如何处理这些垃圾就构成了一个博弈。如果这时候是合作博弈，则我们可以直接分析这个博弈并得到其中的特征函数。

$V_n(n=1,2,\mathrm{L}\ ,7)$ 表示任意数量的参与者组成的特征函数值。其中，$V_0\equiv V(\phi)=0$；而某 1 个参与者组成的联盟可能遇到的最糟的情形就是收到 6 袋垃圾(即自己将垃圾扔到他人地里，而其他所有参与者都将他们的垃圾扔到自己的地里)，这时他对应的特征函数值是 $V_1=-6$。而如果有两个参与者组成联盟的话，他们将收到 5 袋垃圾(他们将他们的两袋垃圾扔到别人的地里，而其他 5 个参与者都将垃圾扔到这个联盟的地里)，这时，这个联盟对应的特征函数为 $V_2=-5$。以此类推，可以得到 $V_3=-4$，$V_4=-3$，$V_5=-2$，$V_6=-1$，$V_7=-7$(因为这个小区的居民不能把垃圾扔入非联盟成员的地里，所以他们将收到自己产生的全部的 7 袋垃圾)。[1]

特征函数型表述和标准式表述、扩展式表述三者之间的差别主要在于描述信息的多寡。其中，扩展式表述详细说明了博弈的行动次序和信息结构细节，表述最完整；如果去掉其中参与者行动顺序和信息结构等信息，可以简化出标准式表述。在标准式表述的基础上，如果引入合作博弈的假设，省略策略集，就可以更进一步简化博弈的局势，不再有博弈的细节，而是将研究的重点放在合作的价值上，那么，可以 ϕ 为特征函数型表述形式(这三种表述形式的可转化性，表明合作博弈与非合作博弈之间是可以转化的)。现在，可以用一个简单的例子说明从标准式表述向特征函数型表述的转化。表 2-7 假设了一种标准式表述的博弈。

1 黄涛. 博弈论教程——理论 • 应用[M]. 北京：首都经济贸易大学出版社，2004.

表 2-7　标准式表述

	S_2^1	S_2^2
S_1^1	(−1，2)	(5，5)
S_1^2	(0，10)	(0，10)

其中，存在四种联盟，空集ϕ、{1}(参与者 1 独自组成的联盟)、{2}(参与者 2 独自组成的联盟)、{1,2}(参与者 1 和 2 结成的联盟)。现在假设联盟外的参与者将采取行动使该联盟的总和收益最少，就可以用特征函数 V 对这四种联盟求出他们各自的总和收益如下。

第一，$V(\phi)=0$。没有人的联盟不会有收益。

第二，$V(1)=0$。参与者 1 选第一种策略时的最差收益为−1，选择第二种策略时的最差收益为 0，这时候取最大值为 0 的特征函数值。

第三，$V(2)=5$。同上，这时候也取参与者 2 每种策略选择得到的最小收益的最大值。

第四，$V(1,2)=10$。这时候，没有联盟外的参与者，参与者 1 和 2 能取得的最大总和收益是 10。

可以看出，特征函数型表述与标准式表述相比，信息损失很大。在上例中，用 4 个数值取代了标准式表述的双矩阵。对一个具有 I 个参与者的合作博弈，有 2^I-1 个可能联盟，特征函数即为这 2^I-1 个联盟上的函数。

三、两种博弈的关系

(一) 区别

1. 研究前提的不同

在研究前提上，合作博弈是在有约束力的可执行契约的条件下进行，而非合作博弈则是在不存在有约束力的可执行契约的条件下进行。例如，在"囚徒困境"中，为了保证相互不出卖的合作结果，事前两个囚徒之间可以达成一个攻守同盟，签订一个具有约束力的包括威胁和承诺的契约(契约规定，如果长期合作将得到很高的报酬，而如果出卖同伙则将得到被告密的同伙或者黑社会的残酷报复)，这样，就使得没有一个人敢于出卖同伙。这就会导致合作博弈，博弈的结局就是双方都不坦白。而如果这个同盟没有得到外在力量的强制性保证的话，两个囚徒的理性选择就可能是都坦白，这种博弈就是非合作博弈，使得这个同盟没有约束力。

2. 研究内容的不同

在研究内容上，合作博弈是研究人们达成合作时如何分配合作得到的收益，即收益分配问题，而非合作博弈则是研究人们在利益相互影响的局势中如何选择决策以使自己的收益最大，即策略选择问题。通俗来讲就是，合作研究如何把蛋糕做大，而非合作研究如何通过谈判来分配这块做大了的蛋糕。

3. 研究角度的不同

在研究角度上，合作博弈侧重于“做大蛋糕”，强调团体理性、效率和公平，是侧重于宏观角度的研究，而非合作博弈侧重于“抢蛋糕”，强调个人理性，哪怕这结果是没有效率的，是侧重于微观角度的研究。首先，由于受合作收益的诱惑，合作博弈对博弈行为方式和过程的研究相对减少，而着重研究集体行为的特点，研究配置问题和解的概念、类型及特点，其研究可用于回答个体与联盟的能力、公平分配方法及社会稳定模式等有趣的问题，适合于宏观经济领域的研究；其次，出于对个人收益的关注，非合作博弈着重个体行为特征的研究，对行为过程和策略选择等博弈问题非常关注，主要研究信息结构、具体的策略选择等问题，更加适合微观经济领域的研究。

(二) 联系

1. 合作博弈和非合作博弈之间的相互转化

合作博弈和非合作博弈之间在一定的条件下可以相互转化。信息互通是形成合作的首要前提和基本条件，在信息互通的前提下，具有共同利益的单个参与者可以为了相同的目标而结成联盟。然而，能否获得合作的净收益以及如何分配合作的净收益，则是要靠可强制执行的契约来保证的。假设结盟的成本可以忽略不计，联盟内部的分配可以顺利实施，那么，在博弈环境中的联盟完全可以被看做与其他对手同样的单一参与者。这说明可以将合作博弈纳入非合作博弈的研究范围，进而使用非合作博弈的研究方法来研究合作博弈，而这也演变为博弈研究的一种发展趋势。

2. 合作博弈和非合作博弈之间的互为特例

无论是合作博弈还是非合作博弈，都是为了获得更多的利益。如果建立联盟进行合作更加有利于目标的实现，那么部分参与者自然就会以联盟为单位进行博弈(此时只需考虑如何在联盟内部分配这些比成员们单干时所得之和还要多的利益)，否则，参与者宁愿单干。所以，在现实的生活中，参与者不得不经常在合作与非合作之间做出选择。例如在垄断竞争问题和委托代理关系中的激励相容等问题中，合作与非合作相互转化的条件、特点和均衡的实现是其中的关键。因此，从博弈结果和收益分配的角度来看，非合作博弈是合作博弈的特例(即每个联盟内成员个数为 1)，而从博弈过程和策略选择的角度来看，合作博弈又是非合作博弈的特例。

3. 合作博弈和非合作博弈之间的相互混合

从更广泛的意义上来说，合作博弈与非合作博弈是同一类事物在不同条件下，从不同角度观察时的不同的表现形式，二者互相包容，浑然一体。现实中的绝大多数博弈问题其实都可以被看成是合作博弈与非合作博弈的混合物。尽管在理想的完全竞争的经济中，因为参与者的数量足够多，而且策略选择行为发生的次数足够多，所以合作博弈与非合作博弈的差异近乎消失，但这毕竟不是现实，理想与现实的差距是很大的。只要大企业集团和大垄断集团对市场和国际经济的影响仍然举足轻重，合作博弈与非合作博弈的分类研究及结合研究就有重要的应用价值和理论意义。所以，尽管本教材仍然是遵照现在的博弈分析趋势，主要是从非合作博弈出发来进行博弈的分析，但并不代表本教材不重视合作博弈，在具体的内容编排上，本书将尽可能让读者领悟合作博弈作为重要的博弈形式在信息经济中的作用。

四、合作博弈的研究

(一) 合作博弈研究的现状

1. 合作博弈研究的缺失

合作博弈是博弈论的一个重要的组成部分，它对合作的必然性、合作的方式和合作的利益分配等的研究和揭示，能对现实中的经贸合作甚至其他社会生活起到有效的指导。[1]合作博弈研究的起步比较早，其理论早就在约翰·冯·诺依曼(John von Neumann)和经济学家奥斯卡·摩根斯坦(Oskar Morgenstern)于 1944 年出版的《博弈论与经济行为》一书中提出。但因其理论上的缺陷使得其长时间内很难提供一个清晰的标准用来分析现实社会的竞争的均衡解。譬如，合作博弈所反映的现实经济问题一般是信息不完全的。再如，现实中一些参与者可达成契约，另一些人达不成契约；契约可能是一部分可以强制执行，而另一部分不能强制执行；契约在实施过程中，若干步可执行，而其余的则不可执行(因此，虽然合作博弈和非合作博弈看起来仿佛是完全对立的两个主题，但它们常常是“你中有我，我中有你”——实际生活中的博弈大多处于合作博弈与非合作博弈之间)。更有学者认为，合作博弈的契约约束与理性最大化的假设相矛盾。本来，最大化个人效用是博弈论的研究出发点和对参与行为的基本假设，但是参与者之间要达成契约就必须要依靠外在的强制力来迫使参与者遵守契约，而无论这种契约是否能满足所有参与者的个人效用最大化，这样的契约必然会使得其中至少一方的最大化要求得不到满足。而如果理性最大化的参与者能够预见到这个契约对自己目标的背离，就可能不制定这样的契约。所以合作博弈假定存在这样的契约就存在着逻辑上的矛盾。也许正因为这样，早在非合作博弈理论还没有完全建立起来之前就是博弈论专家们研究关注的领域的合作博弈，却随着非合作博弈研究的兴起以及应用而受到冷落，甚至用非合作博弈分析来替代整个博弈分析成了博弈论研究的主流。

然而，合作博弈研究在现今的很多相关的教科书中的缺失是存在问题的，原因如下。

首先，从学理的层面上讲，这种缺失是不合理的。如果没有合作博弈论对整个博弈论研究的前期奠基性工作以及对非合作博弈研究基础起到的必要作用，非合作博弈不一定会取得现在的成绩。无论是合作博弈，还是非合作博弈，它们都是对不同类型的策略的分析，是重要的模型方法。所以，尽管近年来大部分的研究集中在非合作博弈，但这并不能代表非合作博弈就比合作博弈更重要。

---

1 熊义杰. 现代博弈论基础[M]. 北京：国防工业出版社，2010.

其次，从发展的角度来讲，这种缺失是不合理的。合作博弈理论的研究虽然曾经一度停滞不前，但在最近发展较快。因为合作博弈主要研究个人集合，即联盟如何通过合作扩大自己的利益，因此，合作分析的出发点是对每个联盟所能达成的结果进行分析，这不仅是管理学者们高度重视的问题，更是和谐社会的创建者们密切关注的问题。所以最近几年，合作博弈的研究再次被重视，不仅有越来越多的经济学者和管理学者们加入到合作博弈的分析中去，更有经济学家在2012年因其在合作博弈理论等理论和实践上的突破而获得诺贝尔经济学奖。取得如此殊荣的是美国哈佛大学哈佛商学院教授阿尔文·埃利奥特·罗思(Alvin Eliot Roth)和美国加利福尼亚大学洛杉矶分校教授罗伊德·斯托韦尔·沙普利(Lloyd Stowell Shapley)。其中，沙普利为合作博弈研究奠定了当代的基石，被很多专家认为是合作博弈论的化身。[1]

2. 合作博弈研究的发展

长期以来，经济学家在求解合作博弈中多重理性时面临困难，因而放弃了合作博弈的分析。针对这种现实，沙普利先是提出了合作博弈的一般利益分配集合的概念，即“核”的概念(就是所有成员均无法提升自身效用的稳定联盟状态)，然后又进一步在合作博弈框架中加入了一些着眼于公平分配合作利益的公理，并尝试着去寻找满足人们想要的那些公理的可能的解，然后又证明，在这些公理的约束下，存在唯一的效用分配方案，即沙普利值(沙普利值是所有边际贡献的平均值，是根据每个参与者给联盟带来的增值来分配利益的，它不仅计算方法简单明了，而且还能得到合作博弈的唯一解，所以成为合作博弈分析上的突破，并帮助我们研究和讨论合作博弈中的各种各样的解，具有重要的方法论意义，目前被广泛使用)。除此以外，沙普利还提出了稳定匹配理论，认为传统经济学的完全竞争假设无法维持，市场上不相交的对象集只有互相匹配才能进行交易，也就是说，必须把市场一方的代理人与另一方的代理人匹配起来才能进行交易，使代理人之间形成“对”或“集团”(如买家和卖家、学生和学校、劳动者和公司，等等)，从而保证合作。所以稳定匹配理论也是一种关于合作的理论。

(二) 合作博弈研究的意义

前面已经指出，合作博弈是研究人们达成合作时如何分配合作得到的收益的，即研究收益分配问题，而设计公平合理的分配机制正是任何时代和任何社会的重要问题，更是和谐社会创建的重要问题。一个国家在向和谐社会迈进的过程中，不仅要有建立在完善法制基础上的公平竞争机制，也要有公平合理的分配机制。而合作博弈，尤其是沙普利值和盖尔-沙普利算法为我们寻找这样的公平合理分配机制提供了方法参考。

1. 提供讨论公平分配机制的理论框架

沙普利认为，公平并不等于平均(平均只是公平中的偶然现象)，公平分配就是要追

1 张成科，植璟涵，朱怀念. 合作博弈、匹配理论与市场设计实践及其政策启示——2012年诺贝尔经济学奖得主的主要研究贡献述评[J]. 广东工业大学学报：社会科学版，2013,13(1):13-18.

求收益与贡献相等，而帮助企业根据边际贡献进行分配的方法和机制就是沙普利值。由于确定沙普利值的那些公理可以方便地转换为考察公平配置联合成本的问题，而且具有直观上的强烈吸引力及数学上的易处理性，所以在以大型经济模型以及税收模型为代表的研究中，沙普利值经常被重点运用。沙普利值提供了讨论公平合理分配机制的理论框架。

2. 提供讨论公平分配机制的研究方法

沙普利和美国加州大学的戴维·盖尔(David Gale)提出了延迟接受算法来寻找一个稳定匹配，即，市场一方中的参与者先向另一方中的参与者提出要约，然后接到要约的参与者对自己接到的要约进行考虑后再决定哪种要约是应该“抓住”的，哪些要约是要拒绝的。该算法的一个关键之处在于，合意的要约不会立即被接受，而是“延迟接受”，即被“抓住”。而发出要约的一方必须在自己发出的要约被拒绝后，才可以向另一名参与者发出新的要约。整个程序将一直持续到没有机构再希望发出新的要约为止，到那时，被要约的参与者才最终接受各自“抓住”的要约。例如，某个医院首先向被自己列为第一位的医学院学生发出要约，接受其作为自己的实习生，只有当这个要约被拒绝后，这家医院才能向被自己列为第二位的要约对象发出要约，以此类推。在该算法的操作中，发出要约的参与者的预期会随着被要约的参与者所处的偏好排序的降低而下调，但无论如何，要约的发出方不会对不可接受的参与者发出要约；而对于被要约的参与者来说，由于其总是抓着所接收到的要约中最合意的那个要约(且该要约不能被撤回)，因此，其满意度在该算法的操作中是单调递增的。当要约方下降的预期与被要约方提高的意向变得一致时，该算法停止。既然该过程总会终止于一个稳定匹配，就说明稳定匹配是存在的，所以说，延迟接受算法为上述类型的双边匹配问题提供了一个存在性证明，同时也限制了市场主体操纵匹配过程的动机。盖尔-沙普利算法提供了研究公平分配机制的方法。

由此可见，合作博弈研究作为一个研究公平或合理分配机制的有效理论工具，有助于设计出更有效的公平分配机制，有助于帮助我们考虑如何改善原有的契约安排和建立高效的契约安排，减少委托代理关系中的道德风险和不利选择等，推动个人理性和团体理性走向一致。

第二节 非合作博弈

一、完全信息下的非合作博弈

(一) 完全信息静态博弈

完全信息静态博弈是最简单的博弈，指的是每个参与者对所有其他参与者的策略空间和收益函数都有着完全的了解，并且所有参与者同时选择行动且只选择一次(只要参与者在选择自己的行动的时候不知道其他参与者的选择，就相当于他们在同时行动)。为求得完全信息静态下行为主体的博弈解，必须引入一个最基本的概念，即纳什均衡。

在学习纳什均衡前，对另外两类均衡进行了解是有必要的。

1. 纳什均衡的引入

(1) 优势策略均衡

优势策略是指这样一种特殊的博弈：无论其他参与者如何选择自己的策略，该参与者的最优策略选择是唯一的。优势策略均衡原理可以用前文讲述的囚徒困境来说明。在前面的囚徒困境中，警方怀疑两个嫌疑人合伙作案，但手中并没有掌握他们作案的确凿证据，因而，警方对两名犯罪嫌疑人实行隔离关押，隔离审讯，以便获得证据(这时候，每个犯罪嫌疑人都无法观察到对方的选择)。同时，警方明确地分别告知两名犯罪嫌疑人，他们面临以下几种后果(见前表 2-4)。

根据表 2-4，不管同伙选择何种策略，每个囚徒的最优策略都是坦白。比如说，如果囚徒 2 选择坦白，囚徒 1 选择坦白时的收益为−6，而选择不坦白时的收益为−10，所以，坦白比不坦白好；如果囚徒 2 选择不坦白，囚徒 1 选择坦白时的收益为 0，而选择不坦白时的收益为−1，所以，坦白还是比不坦白要好，坦白是囚徒 1 的优势策略。同理，坦白也是囚徒 2 的优势策略。

一般说来，如果对应所有的 s_{-i}， s_i^* 是 i 的严格最优选择，即：

$$u_i(s_i^*,\ s_{-i}) > u_i(s_i',\ s_{-i}),\ \forall s_{-i},\ \forall s_i' \neq s_i^*$$

则，s_i^* 称为参与者 i 的(严格)优势策略，而所有 $s_i' \neq s_i^*$ 被称为劣势策略(其中，s_{-i} 是 i 之外所有参与者策略的组合)。

于是我们就得到了优势策略均衡的定义：在博弈的标准式表述中，如果对于所有 i，s_i^* 是 i 的优势战略，那么，策略组合 $s^* = (s_1^*, s_2^*, \Lambda, s_n^*)$ 称为优势策略均衡。

再进一步还可以证明，如果所有参与者都有优势策略存在，博弈将在所有参与者的优势策略的基础上达到均衡，这种均衡就是优势策略均衡。上面提到的囚徒困境中的(坦白，坦白)就是优势策略的均衡解。

从这个均衡解可以看出，囚徒 1 和囚徒 2 根据个人理性做出的“不合作”(坦白，坦白)选择带来的收益是(−6，−6)，而被他们放弃的“合作”(不坦白，不坦白)给他们带来的收益是(−1，−1)，要明显的好过“不合作”的结果。可既然他们都可以从合作中获得好处，为什么他们却达不成合作呢？一个简单的答案就是：个人理性与团体理性是存在冲突的，个人理性的叠加导致了团体非理性，通俗来说就是聪明的个体加在一起得到的是笨蛋的集体。既然一次性博弈决策取决于个人理性而非团体理性，所以，在一次性博弈中，合作这一最基本的道德现象是难以发生的。

因此，“囚徒困境”在经济学中有着重要的意义：首先，它对完全自由竞争市场能够实现社会利益最大化的理论提出了挑战，它指出了“看不见的手”的失灵，于是，“看得见的手”(政府宏观调控)呼之欲出。第二，它在生活上有着广泛的应用，现实社会经济活动中的许多问题都可以用囚徒困境的分析方法解释，如军备竞赛、交通拥挤、公共产品的供给、中小学生“减负”与各学校的加班补习、市场竞争中的价格战、团队生产中的偷懒等。从囚徒困境中，我们可以得出一个很重要的结论，那就是，一种制度的安排要想发生效力，就必须是纳什均衡，否则这种制度安排便流于形式。

(2) 重复剔除的优势策略均衡

在博弈中，还存在“严格劣势策略”，即在某一参与者可能采取的策略中，对自己不利的策略。理性参与者是不会选择“严格劣势策略”的。因此在不存在优势策略均衡的博弈中，可以利用“重复剔除严格劣势策略”的思路来寻找博弈的均衡解。具体思路是：第一步，寻找某个参与者的劣势策略，把这个劣势策略剔除掉，重新构造一个不包含这个已经剔掉的策略的新的博弈；第二步，剔除新的博弈中的某个参与者的劣势策略，再重新构造一个新的博弈；重复剔除过程，直到只剩下唯一的策略组合为止。这个唯一剩下的策略组合就是这个博弈的均衡解，我们称之为“重复剔除的优势策略均衡”。

重复剔除的优势策略均衡可以用智猪博弈来说明。现有一头大猪和一头小猪共处同一个大猪圈，猪圈的一头安装了供应饲料的踏板，另一头放置了饲料流出的端口和接住饲料的石槽。踏板每被猪踩一次，都会有 10 个单位的饲料流进石槽，但踩踏板的那头猪不仅需要消耗 2 个单位饲料的体力，而且还会由于离石槽远而比另一头猪晚吃到饲料。此时大猪和小猪可以选择的策略都有两种：自己去踩踏板或者等待另一头猪去踩踏板，由此可得到四种策略组合。

第一种是小猪去踩踏板。这时候，大猪将先到石槽吃掉 9 个单位的饲料，大猪的收益为 9，而由于踩踏板消耗了时间的小猪只能吃到 1 个单位的饲料，而小猪为踩踏板付出的成本却是 2 个单位的饲料，小猪的收益为-1。

第二种是大猪去踩踏板。这时候，大猪可以吃到 6 个单位的饲料，扣掉踩踏板的成本 2，大猪的收益为 4，而小猪由于距离石槽较近，可以吃到 4 个单位的饲料，小猪的收益也为 4。

第三种是大小猪同时去踩踏板。这时候大猪会得到 7 个单位的饲料，扣掉踩踏板的成本 2，大猪的收益为 5，而小猪会得到 3 个单位的饲料，扣掉踩踏板的成本 2，小猪的收益为 1。

第四种是大小猪都选择等待。这时候，大小猪的收益都为 0。具体情况见表 2-8。

表 2-8　智猪博弈

-		小猪	
		踩踏板	等待
大猪	踩踏板	5，1	4，4
	等　待	9，-1	0，0

在这个博弈中，小猪的优势策略是等待，但大猪却没有优势策略。大猪的最优选择依赖于小猪的策略：如果小猪选择了等待，那么大猪的最优选择是踩踏板；如果小猪选择了踩踏板，那么大猪的最优选择是等待。很明显，在这个博弈中不存在优势策略均衡，无法应用优势策略找出均衡解来。

那么，这个智猪博弈的均衡解是什么呢？假定小猪是理性的，那么，无论大猪如何选择，小猪的最优选择都是等待，理性的小猪一定选择等待。而假定大猪理性，也知道小猪是理性的，那么，大猪就会正确地预期到小猪会选择等待策略，这时候大猪的最优选择就只能是去踩踏板。如此，(踩踏板，等待)就成了这个博弈的唯一的均衡解。

现在就运用重复剔除法来求得这个博弈的均衡解：第一步，剔除严格劣势策略。假如大猪先做出选择，小猪踩踏板的最大收益 1 小于选择等待的最大收益 4，同时，选择踩踏板的最小收益-1 小于选择等待的最小收益 0，所以，踩踏板是小猪的严格劣势策略。剔除这个严格劣势策略后，小猪唯一的选择就是等待。这时候就得到一个新的博弈，如表 2-9 所示。

表 2-9 剔除小猪严格劣势策略后的智猪博弈

-		小猪
		等待
大猪	踩踏板	4，4
	等　待	0，0

如表 2-9 所示，在这个新的博弈中，小猪只有一个策略，即等待，而大猪却还有两个策略选择：踩踏板和等待，与之对应的收益值分别是 4 和 0。所以，选择等待是大猪的严格劣势策略，应该剔除。这时候就走到了第二步：剔除大猪的严格劣势策略——等待，大猪只能选择踩踏板。这时候。博弈的结果就是“大猪踩踏板，小猪等待”，这个结果就是重复剔除的优势策略的均衡解。这时候，智猪博弈就变成了如表 2-10 所示。

表 2-10 剔除大猪劣势策略后的优势策略均衡结果

-		小猪
		等待
大猪	踩踏板	4，4

这样我们就可以给出重复剔除的优势策略均衡的定义：如果策略组合 $s^* = (s_1^*, s_2^*, \Lambda, s_n^*)$ 是重复剔除劣势策略后剩下的唯一的策略组合，那么这个策略组合就被称为重复剔除的优势策略均衡。如果这个唯一的策略组合存在，该博弈模型就是可解的。

需要强调指出的是，劣势策略和优势策略一样是个相对的概念，是相对于其他策略而言的，即对于参与者 i，假设其可选择的策略有 s_i^α 和 s_i^β，任意其他参与者的策略组合为 s_{-i}，如果参与者 i 选择 s_i^α 的收益严格小于选择 s_i^β 的收益，即

$$u_i(s_i^\alpha, s_{-i}) < u_i(s_i^\beta, s_{-i})$$

则认为对于 i，策略 s_i^α 严格劣于策略 s_i^β，若上式“<”改为“≤”，则策略 s_i^α 相对于策略 s_i^β 为弱劣策略。

前面我们讨论了优势策略均衡和重复剔除的策略均衡，探讨了寻找博弈的均衡解的办法。然而，这些方法的作用是有限的，存在着很多问题。

问题之一就是对“理性是共同知识”的假设。在以上“重复剔除劣势策略”的过程

中，不仅要求每个参与者都是理性的，而且要求把理性作为参与者的共同知识，每个参与者都确信其他参与者会做出最大化自身利益的理性选择，这样，当参与者的策略空间越大时，需要剔除的步骤就越多，对共同知识的要求就越严格。所以，尽管在许多博弈中，重复剔除的优势策略均衡是一个合理的预测，但现实情况并不总是如此，尤其当参与者的收益取极端值的时候，问题就更严重。

问题之二就是，在现实生活中，还有相当多的博弈无法使用优势策略均衡或重复剔除的策略均衡的方法得出均衡解。例如，在某个地区商业地产的开发博弈中，假如甲、乙两个开发商都想开发一定规模的商业地产，但是市场对该地区商业地产的需求只能满足一个商业地产开发商的开发量，而且，每个商业地产商必须一次性开发一定规模的商业地产才能获利。这时候，如果甲选择开发，则乙的最优策略是不开发；如果甲选择不开发，则乙的最优策略是开发。同理，如果乙选择开发，则甲的最优策略是不开发；如果甲选择不开发，则乙的最优策略是开发。在这种情况下，无论是对开发商甲来说还是对开发商乙来说，没有一种策略严格优于另一种策略，也没有一种策略严格劣于另一种策略，也就是说不存在严格劣势策略。要对这类博弈的均衡解进行研究，就需要引入纳什均衡了。

(3) 纳什均衡

纳什均衡由美国普林斯顿大学教授、1994 年诺贝尔经济学奖获得者约翰·福布斯·纳什(John Forbes Nash)在 1950—1951 年提出。纳什均衡是指在均衡中，每个参与者都确信，在给定其他参与者的策略选择的情况下，自己的策略选择是最优的。纳什均衡是完全信息静态博弈解的一般概念，构成纳什均衡的策略一定是重复剔除严格劣势策略过程中不能被剔除的策略。也就是说，没有一种策略严格优于纳什均衡策略(其逆定理不一定成立)。因此，许多不存在优势策略均衡或重复剔除的优势策略均衡的博弈，却存在纳什均衡。

在囚徒困境中，囚徒 1 和囚徒 2 都坦白是唯一的纳什均衡点，除了这个均衡点，囚徒 1 和囚徒 2 任何一方单方面改变策略，都只会得到更糟的结果，他不会这么做：如果囚徒 1 单方面改变策略，选择不坦白，他将被判处无期徒刑，作为理性人，他不会这样做，同理囚徒 2 也不会这样做。而在其他的结果中，比如在两人都不坦白的情况下，任何一方都可以通过单方面改变选择，来减少自己的刑期，从而无法形成或保持均衡：如果囚徒 1 单方面改变策略，选择坦白，他将被无罪释放，作为理性人，他将选择坦白，同理，囚徒 2 也会选择坦白，因此囚徒 1 和囚徒 2 无法维持都不坦白的策略组合的均衡。这就是说，除了都坦白的策略组合，其余情况都无法形成均衡。

如此一来，就可以给出纳什均衡的正式定义：

在有 n 个参与者的标准式表述博弈 $G=\{S_1,\Lambda,S_n;u_1,\Lambda,u_n\}$ 中，如果对于参与者 i，s_i^* 是针对其他 n-1 个参与者所选策略 $\{s_1^*,\Lambda,s_{i-1}^*,s_{i+1}^*,\Lambda,s_n^*\}$ 的最优反应策略，则称策略组合 $\{s_1^*,\Lambda,s_{i-1}^*,s_i^*,s_{i+1}^*,\Lambda,s_n^*\}$ 是该博弈的一个纳什均衡。即：

$$u_i(s_1^*,\Lambda,s_{i-1}^*,s_i^*,s_{i+1}^*,\Lambda,s_n^*)\geqslant u_i(s_1^*,\Lambda,s_{i-1}^*,s_i,s_{i+1}^*,\Lambda,s_n^*)$$

对所有 S_i (策略空间)中的 s_i (策略)成立，也就是说，s_i^* 是以下最优化问题的解：[1]

$$\max_{s_i \in S_i} u_i(s_1^*, \Lambda, s_{i-1}^*, s_i, s_{i+1}^*, \Lambda, s_n^*)$$

纳什均衡的意义在于它是人们对博弈结局的一致性的预测。如果所有参与者都预测认为一个特定的纳什均衡会出现，那么这种均衡就会出现，而不管这种预测是不是符合每个参与者的利益要求。同时，只有纳什均衡才能使每个参与者都认可这种结局，而且都知道其他参与者也认可这种结局。而非纳什均衡的结局并不是一致性的预测，如果参与者预测会出现非纳什均衡，那么或者是参与者的预测相互不统一，或者是参与者在预测别人的策略选择时或者极大化自己的收益时犯了错误。

纳什均衡的最重要的性质是“自我强制性”，这个性质是与契约的概念紧密联系的。如果参与者就纳什均衡达成契约，那么不需要任何外力的帮助，它自身就蕴含着保障契约实现的力量。而任何非纳什均衡的结局则不一样，它只能依靠强制性的外在力量(如道德、法律等)的帮助才能成为契约，否则就会有参与者背叛协定。[2] 也就是说，如果参与者之间能够就如何进行给定的博弈达成一个契约，该契约一定是一个纳什均衡。

2. 纳什均衡的特征

(1) 纳什均衡可能有多重解

纳什均衡的解常常不唯一，当存在多个纳什均衡时，哪一个纳什均衡会在现实中出现是一个难以解决的问题。例如，在性别战博弈中就有两个纳什均衡解。性别战博弈讲的是一男一女正在谈恋爱，且同意共同安排社会活动。假设现在有两种活动可以选择：一是看足球比赛；二是看音乐会。现在按照一般情况假设男的偏好看足球比赛而女的则更喜欢听音乐会。但是，他们不愿意分开各干各的，而是宁愿在一起，就是说，假如一方去看足球比赛，那另一方也一定会去看足球比赛，或者假如一方去听音乐会，那另一方一定也去听音乐会。这样就产生了一个博弈选择问题。这个博弈中，有两个纳什均衡：(足球比赛，足球比赛)，(音乐会，音乐会)。具体哪个纳什均衡会实际发生我们并不知道，在实际生活中，也许是这一次看足球比赛，下次听音乐会，如此循环，最后可能就形成一种默契，这就是合作博弈的情况。当然，这里存在着一个先动优势的现象，比如说，如果假定买票者都是优先买自己偏好的活动的票，那么，如果男的买票，两人就会一起去看足球比赛；如果女的买票，两人就会一起出现在音乐会现场。具体情况见表 2-11。

表 2-11　性别战博弈

-		女	
		足球比赛	音乐会
男	足球比赛	2，1	0，0
	音乐会	0，0	1，2

1 张维迎. 博弈论与信息经济学[M]. 上海：上海三联书店，上海人民出版社，1996.

2 黄涛. 博弈论教程——理论·应用[M]. 北京：首都经济贸易大学出版社，2004.

(2) 纳什均衡可能是高成本

在前面的“囚徒困境”中，策略组合(不坦白，不坦白)对应的两个嫌疑犯的最低总成本是-2(每个嫌疑犯可能最低成本是-1)，但是纳什均衡(坦白，坦白)对应的总成本却是-12，在各种选择组合中的成本最高(每个嫌疑犯的成本是-6，也是高成本)。如果两个嫌疑犯可以达成契约，都不坦白，则两个嫌疑犯的利益都会增加。这说明此时的纳什均衡不是帕累托最优的，存在帕累托改进的方法。这说明个体为最大化自己的收益，有时会带来团体利益的损失，并进而使自己的利益受损。为解决这种个体理性与团体理性的冲突，我们可以重新设计博弈规则，允许两个嫌疑犯串供，这样的话，博弈的纳什均衡就会变成(不坦白，不坦白)，从而提高团体或者个体的收益。当然，让嫌疑犯串供并不现实，但在其他类似情况下，却有可能设计出具有同样效果的制度。纳什均衡的这种高成本说明“合作”能带来很大的利益。

(3) 纳什均衡可能并不存在

纳什均衡可能是不存在的。例如，在猜硬币游戏博弈中，两个学生手里各拿着一枚硬币参与游戏，并可自由决定自己手里的硬币是要正面向上还是要反面向上。假如游戏规定：如果两枚硬币同时正面向上或者同时反面向上，学生甲要付给学生乙一元钱；如果两枚硬币只有一枚正面向上，学生乙要付给学生甲一元钱。这时，尽管两个学生都竭尽全力地猜测对方的策略选择，但因为两个学生的最优行动是不确定的(或者说找不到其优势策略)，所以博弈的结果是不确定的，并不会出现纳什均衡(至少不存在前面定义的标准的纳什均衡)。

(二) 完全信息动态博弈

在完全信息动态博弈中，完全信息动态博弈的每个参与者都有关于各方收益的全部知识(即完全信息)，但参与者的行动却有先后顺序的区别，不过，后行动者能在自己行动之前观察到前行动者的行动，这就意味着完全信息动态博弈的参与者在关于博弈的收益方面的信息是对称的，但在关于博弈过程的信息方面却是不对称的。根据后行动者是否完全了解自己行动之前的博弈过程，可将完全信息动态博弈分为完全且完美信息动态博弈和完全但不完美信息动态博弈。

1. 动态博弈可信性问题

可信性在动态博弈问题中具有重要地位，所有动态博弈的一个中心问题就是“可信性问题”。可信性指的是动态博弈中的先行动者是否应该相信后行动者会采取对自己有利或不利的行动，它直接影响博弈的结果。以中国的电信市场的进入博弈为例。当中国联通拟进入一直被中国移动垄断的电信市场(垄断利润为 200)，中国移动可能会利用自身的先行优势采取各种手段阻挠中国联通的进入(当然中国移动要为这种阻挠付出 80 的代价)。面对中国移动的“阻挠”威胁，中国联通该如何选择和行动呢？图 2-2 给出了分析。

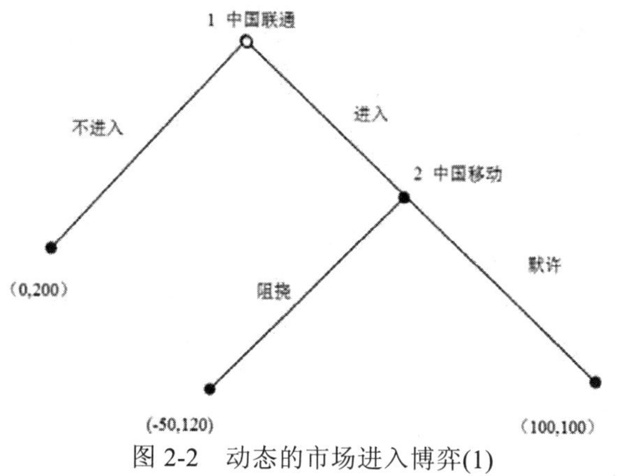

图 2-2　动态的市场进入博弈(1)

现在，有两种选择可供中国联通选择：进入或不进入。如果中国联通选择不进入，则博弈结束，中国联通的收益为 0，中国移动继续独享电信市场的利润，博弈的结果是(0，200)。如果中国联通选择进入，则中国移动的反应决定双方的收益，这时中国移动面临两种选择：阻挠或默许。如果中国移动选择阻挠，则中国移动在付出 80 的成本后获得 120 的利润，而中国联通不仅没有获得任何收益还要付出 50 的成本，其获得的利润为−50(亏损)，这时，双方收益为(−50，120)。如果中国移动选择默许，则二者平分电信市场的既定利润，此时，双方收益为(100，100)。通过比对分析，显然，中国移动的唯一选择是阻挠中国联通的进入，因为选择阻挠的收益 120 要大于选择默许的收益 100。此时，中国移动阻挠的威胁是可信的。在这种可信的威胁下，中国联通一开始就会选择不进入，二者博弈的结果就是中国移动独享电信市场的利润，双方的收益为(0，200)。

而如果中国移动的阻挠的威胁是不可信的，情况就会发生变化。在图 2-3 中，中国移动阻挠的威胁就不再是可信的了。因为这时，中国联通选择进入后，中国移动选择默许的收益 150 大于选择阻挠时的收益 120，中国移动必定选择默许。所以说，中国移动阻挠的威胁是不可信的，中国联通应该选择进入，最后的博弈的结果就是(进入，默许)，双方收益为(100，150)。

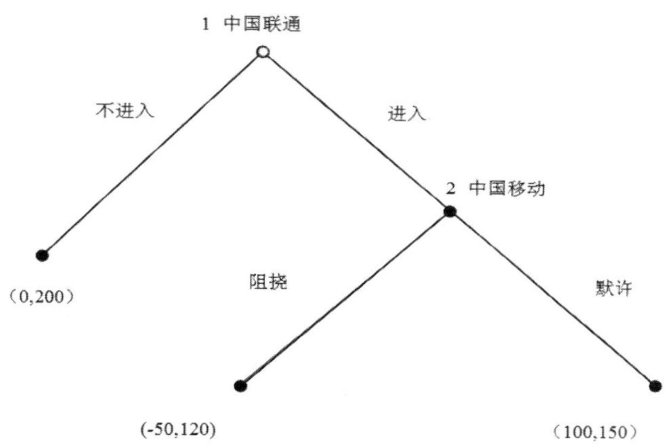

图 2-3　动态的市场进入博弈(2)

博弈的可信性问题带来了动态博弈的“相机选择问题”，其根源在于，博弈双方的策略不过是参与者预设下的，在博弈的各个阶段，要根据不同情况采取不同行为的计划。这些策略不仅实施起来有一个过程，而且实际上并没有强制力，只要博弈的参与者愿意，他们完全可以在博弈的过程中根据自己对利益的计算来改变计划。

相机选择问题的存在会使人们对参与者所设定的各个阶段、各种情况下会采取的策略的“可信性”产生怀疑，而这种怀疑会使预测动态博弈的结果变得很难。为解决这个问题，1994 年诺贝尔经济学奖获得者、德国经济学家莱茵哈德·泽尔腾(Reinhard Selten)在 1965 年引入了“子博弈精炼纳什均衡”概念，力图将那些包含不可信威胁策略的纳什均衡从均衡中剔除，从而给出动态博弈结果的一个合理预测。简单来讲，子博弈精炼纳什均衡要求均衡策略的行为规则在每一个信息集上都是最优的。

2. 子博弈精炼纳什均衡

在了解子博弈精炼纳什均衡前，先要了解一个重要的概念，即子博弈。所谓子博弈就是指从每一个行动选择(即一个决策结)开始到博弈结束这一阶段的行动过程。粗略来说，子博弈是原博弈的一部分，原博弈自身也是自己的一个子博弈。例如，在上面的进入博弈中，中国移动的行动选择过程就是一个子博弈(见图 2-4 中的虚线框部分)。

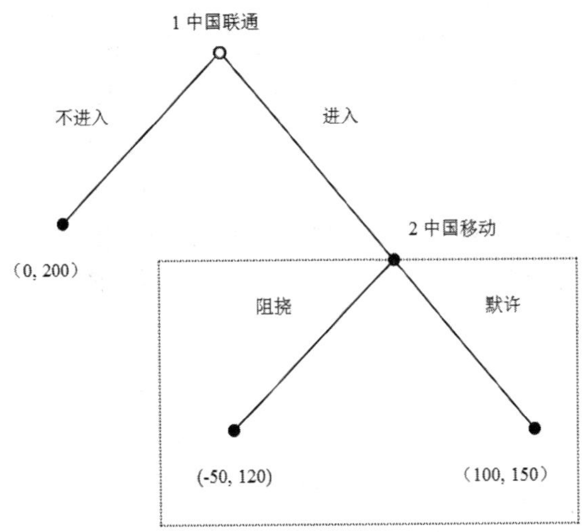

图 2-4　市场进入博弈：中国移动的决策

现在利用“子博弈”的概念继续对中国联通的市场进入博弈进行分析。在这个市场进入博弈中，根据逆向归纳法，中国移动的唯一选择是默许。从这个子博弈逆推到前一阶段中国联通的选择，则可得到图 2-5 的单人博弈。

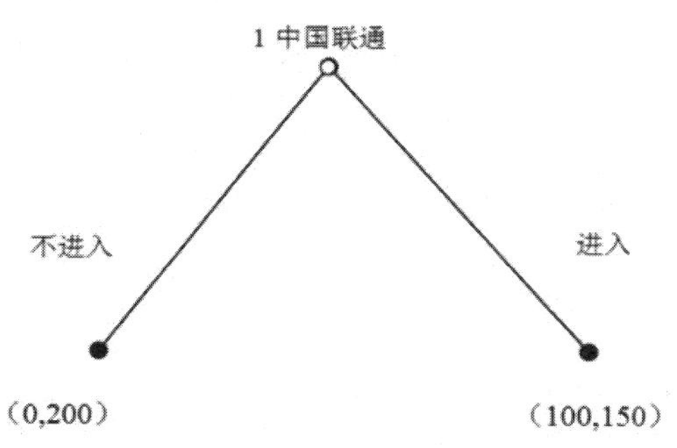

图 2-5 市场进入博弈：中国联通的决策

在图 2-5 的单人博弈中，中国联通的选择有两种：进入或不进入。其中，进入的收益是 100，不进入的收益是 0，显然其最优选择是进入。最后得到的博弈结果为(进入，默许)，双方的收益为(100, 150)。

在这个过程中，中国联通首先预测中国移动可能选择的所有行动，然后选择自己的行动，以最大化自己的收益。这一预测排除了中国移动不可信的威胁：即中国移动将在第二阶段到来时做出不符合自身利益的反应——阻挠。在整个的推导过程用的是逆向归纳法。逆向归纳法是求解子博弈精炼纳什均衡的最简单方法。

现在就给出求解子博弈精炼纳什均衡的过程。现给定博弈到达最后一个决策结，该决策结上行动的参与者有一个最优的选择，这个最优选择就是该决策结开始的子博弈的纳什均衡。然后我们走到倒数第二个决策结，找出倒数第二个决策者的最优选择，这个最优选择与我们在第一步找出的最后决策者的最优选择构成从倒数第二个决策结开始的子博弈的一个纳什均衡。如此不断下去，直到初始决策结，每一步都得到对应子博弈的一个纳什均衡，这个纳什均衡一定是该子博弈的所有子博弈的纳什均衡。在这个过程的最后一步得到的整个博弈的纳什均衡也就是这个博弈的子博弈精炼纳什均衡。

对比完全信息动态博弈和完全信息静态博弈，可以看出，在完全信息静态博弈中得出的纳什均衡并不是完全信息动态博弈的一个合理解。这是因为，在完全信息静态博弈中讨论的纳什均衡假定每个参与者在选择自己的最优策略时所有其他参与者的策略选择是给定的，也就是说，参与者并不需要考虑自己的选择对其他参与者选择的影响，但是在动态博弈中，参与者的行动有先有后，后行动者的选择空间依赖于前行动者的选择，前行动者的策略选择又受制于后行动者的后继选择(也就是说，前行动者在选择自己的策略时不得不考虑自己的选择对后行动者选择的影响)。所以，纳什均衡概念不能完全排除参与者策略中的不可信的威胁。

要排除不可信的威胁，就必须使动态博弈的所有子博弈都构成纳什均衡，这就意味着每一阶段参与者的选择都是按利益最大化原则决策的，即每个子博弈中都只可能采用纳什均衡的策略或行动选择。这就是子博弈精炼纳什均衡。子博弈精炼纳什均衡能将那些包含不可信威胁的策略的纳什均衡从均衡中剔除，得出动态博弈的合理解。子博弈精炼纳什均衡的引入具有重要的意义。一般说来，如果动态博弈中各参与者的策略在动态博弈本身和所有子博弈中都构成一个纳什均衡，那么，这个策略组合就是一个子博弈精炼纳什均衡。子博弈精炼纳什均衡必须是纳什均衡，从而具有策略的稳定性，同时又不能包含任何不可信的威胁。

二、不完全信息下的非合作博弈

(一) 不完全信息静态博弈

前面分析了完全信息博弈问题，尽管完全信息在很多情况下是一个比较好的近似假定，但现实中的很多博弈却并不满足完全信息的要求，很多情况下，至少有一个参与者不知道其他参与者的收益函数。这些不满足完全信息假设的博弈就是不完全信息博弈。而如果在一个博弈中，不仅至少有一个参与者不知道其他参与者的收益函数，而且所有参与者进行决策时不知道其他参与者的行动，这个博弈就被称为不完全信息静态博弈(例如，在前述的市场进入博弈中，中国联通不了解中国移动的收益函数，不知道中国移动的成本函数是高成本还是低成本，并且它们两者同时决策时并不知道对方的策略)。但如果现实是这样，参与者就可能并不知道他在与谁博弈，这时，博弈规则的存在就没有意义了。所以，在 1967 年以前，不完全信息博弈被认为是无法分析的。但 1994 年诺贝尔经济学奖获得者、美籍经济学家约翰•海萨尼(John Harsanyi)在 1967—1968 年提出了用海萨尼转换法来解决这个问题。之后其成为处理不完全信息博弈的标准方法。在海萨尼转换中，重要的是要引入一个虚拟的参与者——“自然”。“自然”首先行动决定参与者的特征(在市场进入博弈中，成本函数就是参与者的特征)，参与者知道自己的特征，而其他参与者并不知道。这样，不完全信息博弈就转换为完全信息博弈中的完全但不完美信息博弈了(在这里，不完美信息指的是：“自然”做出了它的选择，但其他参与者并不知道它的具体选择是什么，仅知道各种选择概率的分布)，就可以用解决完全信息动态博弈的方法来解决不完全信息博弈问题了。

1. 海萨尼转换

现在就可以用海萨尼转换的思路，在完全信息静态博弈的基础上引入参与者类型的概念，并在此基础上建立不完全信息静态博弈的标准表述。一般来说，我们称参与者拥有的私有信息为他的“类型”(由于在许多情况下，参与者的类型由他的收益函数完全决定，所以通常将收益等同于类型)。可以用 θ_i 表示参与者 i 的一个特定类型，Θ_i 表示参与者 i 所有可能类型的集合(类型空间)，即 $\theta_i \in \Theta_i$，$i = 1,2,\Lambda\ n$。又假设 $[\theta_i]_{i=1}^{n}$ 取自某个客观的分布函数 $p(\theta_1,\Lambda\ ,\theta_n)$。在不完全信息中，一个参与者有多个类型，我们假设其中只有参与者 i 观察到自己的类型 θ_i，除 i 外的其他参与者都不能观察到 θ_i。但是，根据海萨尼公理，可以假设分布函数 $p(\theta_1,\Lambda\ ,\theta_n)$ 是所有参与者的共同知识，即所有参与者了解 $p(\theta_1,\Lambda\ ,\theta_n)$，所有参与者了解所有参与者掌握 $p(\theta_1,\Lambda\ ,\theta_n)$，依此类推。

这里，每个参与者都确切地知道自己的收益函数，但可能不能确切地知道其他参与者的收益函数。令参与者 i 可能的收益函数为 $u_i(a_1,\Lambda\ ,a_n;\theta_i)$，其中 θ_i 为参与者 i 的类型，每一个类型 θ_i 都对应着参与者 i 不同的收益函数的可能情况。

在定义完参与者的类型之后，说参与者 i 知道自己的收益函数也就等同于说参与者 i 知道自己的类型；与之相似，参与者 i 可能不确切知道其他参与者的收益函数也就等同于参与者 i 不能确切知道其他参与者的类型。我们可以用 $\theta_{-i}=(\theta_1,\Lambda,\theta_{i-1},\theta_{i+1},\Lambda,\theta_n)$ 表示除 i 之外的所有参与者的类型组合，这样 $\theta=(\theta_1,\Lambda,\theta_n)=(\theta_i,\theta_{-i})$。我们称 $p_i=(\theta_{-i}\mid\theta_i)$ 为参与者 i 的条件概率，即给定参与者 i 属于类型 θ_i 的条件下，有关其他参与者属于 θ_{-i} 的概率(即参与者在知道自己的类型是 θ_i 的前提下，对其他参与者类型 θ_{-i} 的推断)。根据条件概率规则有：

$$p_i=(\theta_{-i}\mid\theta_i)=\frac{p(\theta_{-i},\theta_i)}{p(\theta_i)}=\frac{p(\theta_{-i},\theta_i)}{\sum\limits_{-i\in\Theta_{-i}}p(\theta_{-i},\theta_i)}$$

其中，$p(\theta_i)$ 是边缘概率。如果类型的分布是独立的，则 $p_i=(\theta_{-i}\mid\theta_i)=p(\theta_{-i})$。

现在前面关于完全信息静态博弈的标准式表述中加上类型和推断这两个概念，就可以得到静态贝叶斯博弈的标准式表述：

$$G=\{A_1,\mathrm{L},A_n;\Theta_1,\mathrm{L},\Theta_n;p_1,\mathrm{L},p_n;u_1,\mathrm{L},u_n\}$$

在这个静态贝叶斯博弈中，参与者 i 的一个策略是一个函数 $s_i(\theta_i)$，其中对于 Θ_i 中的每一类型 θ_i，$s_i(\theta_i)$ 包含了自然赋予 i 的类型为 θ_i 时，i 将从可行集 A_i 中选择的行动。

2. 贝叶斯均衡

根据均衡的定义，每个参与者的策略是其他参与者策略的最优反应，也就得到与不完全信息静态博弈对应的贝叶斯纳什均衡。

在静态贝叶斯博弈 $G=\{A_1,\mathrm{L},A_n;\Theta_1,\mathrm{L},\Theta_n;p_1,\mathrm{L},p_n;u_1,\mathrm{L},u_n\}$ 中，如果对每个参与者 i 及其类型空间 Θ_i 中的每一类型 θ_i，$s_i^*(\theta_i)$满足：

$$\max_{a_i\in A_i}\sum_{\theta\in\theta_{-i}}u_i\{s_1^*(\theta_1),\Lambda,s_{i-1}^*(\theta_{i-1}),a_i,s_{i+1}^*(\theta_{i+1}),\Lambda,s_n^*(\theta_n);\theta\}p_i(\theta_{i-1}\mid\theta_{i+1})$$

那么，策略组合 $\{s_1^*,\Lambda,s_{i-1}^*,s_i^*,s_{i+1}^*,\Lambda,s_n^*\}$ 就是一个纯策略贝叶斯纳什均衡。

贝叶斯均衡的一个重要应用领域是拍卖或者招标。在拍卖或工程项目的招投标中，不对称信息是一个关键性的特征因素。以拍卖为例。当一件古董进行拍卖时，参加竞价拍卖的潜在买主们每一个人在心中对古董都有一个估价，这个估价其他买主并不知道，它是每一个潜在买主的“私有信息”。现在假定拍卖一件古董时要求买主们同时将自己的出价密封在一个信封内交给拍卖人。拍卖人根据信封里的出价决定将古董卖给出价最高的买主。如果有两位以上的买主同时报出相同的最高价格，拍卖者会通过掷骰子的方式随机将古董卖给其中一位买主。这时不同买主之间进行的就是一场不完全信息静态博弈。每一个买主在选择自己的报价时就面临着一种交替，即，报价越高，中标的可能性就越大，但报价越高，中标后获得的收益就越小。所以，尽管每个投标人的标价依赖于他的类型(即他对古董的最高估价)，但一般来说，贝叶斯均衡标价往往低于自己对商品的最高估价。但两者之间的差异随潜在买主的人数的增长而减少，买主越多，卖者得到的价格就越高，故让更多的人加入竞争是符合拍卖人的利益的。同样的结论完全适用于招投标。在公共管理中，政府采购和公共工程招投标中通常规定要进行公开招标，并在参加竞标的公司数目上有下限规定，就是因为更多的竞争者参加投标会压低工程报价，从而为政府节省开支。

(二) 不完全信息动态博弈

不完全信息动态博弈也是一种贝叶斯博弈，即动态贝叶斯博弈。动态贝叶斯博弈与静态贝叶斯博弈的区别在于这时参与者的行为不是同时发生的，而是先后发生的。现实中的许多经济问题都是动态贝叶斯博弈，如市场交易中普遍存在的讨价还价等。在多数情况下，交易的一方无法完全知道交易的另一方的诚意，不确定对方估价和收益的信息，所以只能进行讨价还价，以便为自己争取更多的利益。

在不完全信息动态博弈中，“自然”首先选择参与者的类型，参与者自己知道，其他参与者不知道；在“自然”选择之后，参与者开始行动。参与者的行动有先有后。

后行动者虽然不能观测到先行动者的类型，但是能观测到先行动者的行动，而且因为参与者是类型依存型的，每个参与者的行动都传递有关自己类型的信息，所以，后行动者可以通过观测先行动者的行动来推断自己的最优行动。先行动者预测到自己的行动会被后行动者利用后，就会设法传递对自己有利的信息。所以说，在不完全信息动态博弈一开始，某一参与者就开始根据其他参与者的不同类型及其所属类型的概率分布，建立起自己的初步判断，当博弈开始后，该参与者就可以根据他所观测到的其他参与者的实际行动，来修正自己的初步判断，进而选择自己的策略。这就是贝叶斯法则。

1. 贝叶斯法则应用

贝叶斯法则是概率统计中的一种分析方法，是人们根据新的信息从先验概率得到后验概率的标准方法。其中，先验概率是指人们在日常生活中，对某事件发生的可能性作出的判断，后验概率是指人们根据新的信息作出新的判断以修正之前的判断。

现在以不完全信息博弈为例说明贝叶斯法则。假定有一个参与者的类型是独立分布的，参与者 i 有 K 个类型，有 H 个可能的行动，θ^k 和 a^h 分别代表一个特定的类型和一个特定的行动(因为只考虑一个参与者，我们省略了下标 i)。如果我们观测到 i 选择了 a^h，则 i 属于 θ^k 的后验概率为：

$$\mathrm{Prob}\{\theta^k \mid a^h\} \equiv \frac{p(a^h \mid \theta^k)p(\theta^k)}{\mathrm{Prob}\{a^h\}} \equiv \frac{p(a^h \mid \theta^k)p(\theta^k)}{\sum_{j=1}^{k} p(a^h \mid \theta^j)p(\theta^j)}$$

这就是贝叶斯法则。贝叶斯法则并不是一个技术性法则，而是人们修正信念的唯一合理方法。贝叶斯法则可以用生活中的例子来说明。假设人们只有好人(GP)和坏人(BP)两类，并且所有的事只有好事(GT)和坏事(BT)两类，那么，一个人干好事的概率等于他是好人的概率 $p(GP)$乘以好人干好事的概率 $p(GT|GP)$加上他是坏人的概率 $p(BP)$乘以坏人干好事的概率 $p(GT|BP)$，即：

$$\mathrm{Prob}\{GT\} = p(GT \mid GP)p(GP) + p(GT \mid BP)p(BP)$$

假定我们观测到一个人干了一件好事，那么这个人是好人的后验概率是：

$$\Pr ob\{GP \mid GT\} \equiv \frac{p(GT \mid GP)p(GP)}{\Pr ob\{GT\}}$$

如果我们再假定这个人是好人的先验概率是 1/2，那么在观测到他干了好事之后，对他是好人的先验概率的修正依赖于他干的好事好到什么程度。现在我们就从三种不同的情况进行分析。

情况一，这是一件非常好的好事，好人会干，坏人绝对不会干，即 $p(GT \mid GP) = 1$，$p(GT \mid BP) = 0$，则：

$$\Pr ob\{GP \mid GT\} \equiv \frac{1 \times 1/2}{1 \times 1/2 + 0 \times 1/2} = 1$$

情况二，这是一件非常一般的好事，好人会干，坏人也会干，即 $p(GT \mid GP) = 1$，$p(GT \mid BP) = 1$，则：

$$\Pr ob\{GP \mid GT\} \equiv \frac{1 \times 1/2}{1 \times 1/2 + 1 \times 1/2} = 1/2$$

情况三，这是一件介于非常好的好事和非常一般的好事之间的好事，好人会干，但坏人可能会干也可能不会干，概率各为 1/2，即，$p(GT \mid GP) = 1/2$，$p(GT \mid BP) = 1/2$，则：

$$\Pr ob\{GP \mid GT\} \equiv \frac{1 \times 1/2}{1 \times 1/2 + 1/2 \times 1/2} = 2/3$$

再假定我们观测到这个人干了一件坏事。因为我们已经假定，只有坏人才会干坏事（$p > 0$ 是坏人干坏事的概率），好人绝对不会干坏事，所以现在可以肯定他绝对不是一个好人，即：

$$\Pr ob\{GP \mid BT\} \equiv \frac{0 \times 1/2}{0 \times 1/2 + p \times 1/2} = 0$$

从上述例子可知，我们对一个人的看法的改变不仅依赖于我们认为他是好人还是坏人的先验概率，而且依赖于我们认为“好人干好事”和“坏人干坏事”的条件概率。这种认识对理解精炼贝叶斯均衡概念十分重要。

2. 精炼贝叶斯均衡

精炼贝叶斯均衡是不完全信息动态博弈均衡的基本均衡概念，它是完全信息动态博弈子博弈精炼纳什均衡和不完全信息静态博弈贝叶斯均衡的结合。精炼贝叶斯均衡要求，给定有关其他参与者的类型的信念，参与者的策略在每一个信息集开始的“后续博弈”上构成贝叶斯均衡，并且，在所有可能的情况下，参与者使用贝叶斯法则修正有关其他参与者类型的信念。

上述定义的要点是，精炼贝叶斯均衡是均衡策略和均衡信念的结合。给定信念 $\tilde{p} = (\tilde{p}_1, \ldots, \tilde{p}_n)$，策略 $s^* = (s_1^*, s_2^*, \Lambda, s_n^*)$ 是最优的；给定策略 $s^* = (s_1^*, s_2^*, \Lambda, s_n^*)$ 和信念 $\tilde{p} = (\tilde{p}_1, \ldots, \tilde{p}_n)$ 是使用贝叶斯法则从均衡策略和所观测到的行动得到的。所以，精炼贝叶斯均衡是一个对应的不动点：$s \in s^*(\tilde{p}(s))$；$\tilde{p} = \tilde{p}^*(s^*(\tilde{p}))$。

第三节 委托代理博弈

一、委托代理问题的产生

(一) 不对称性市场

前文已经交代过，根据市场上有关事件的知识或者概率分布在相互作用的市场参与者之间的对称分布与否，可以将信息分为对称信息和不对称信息。对称信息与不对称信息作为经济信息的基本形式，是完全信息与不完全信息的一种结构延伸。其中，由不对称信息产生的不对称性市场是现实中普遍存在的市场形式，而由对称信息产生的对称性市场则是一种极端特殊的市场形式(在信息经济学里，对这类市场的研究一般是为了更好地了解现实中普遍存在的不对称性市场)。所以，对不对称性市场的研究才是信息经济学研究的重点所在。

1. 典型不对称性市场的类型

不对称性市场因为不对称信息的形式和种类的不同而具有不同的形式，典型的不对称性市场大体上可以划分为三种类型：一是建立在买者和买者之间的信息差别上的不对称性市场，二是建立在卖者与卖者之间的信息差别上的不对称性市场，三是建立在买者和卖者之间的信息差别上的不对称性市场。在现实经济中，在卖者比买者拥有更多私有信息的不完全信息条件下的不对称性市场是最典型、最普遍存在的不对称性市场，是不对称信息经济学研究的主要内容。

2. 不对称性市场研究的意义

尽管不对称性市场是如此重要和普遍，但在传统的经济理论中，市场的不对称性(即不对称性市场)这个普遍存在的基本特征却几乎被完全忽视了，原因主要有两点：首先，在传统经济中，社会劳动分工和专业化的特征并不明显，市场参与者之间的信息差别并不十分明显；其次，传统经济学假设市场是完全竞争市场，所以只能假定市场参与者之间不存在信息差别，从而排除建立在信息差别上的市场垄断，但这在现实中是不可能的。20 世纪 80 年代，阿克洛夫、斯彭斯和斯蒂格勒等人均从现实的制度安排和经济实践中发现，行为者不仅拥有的信息不充分，而且其信息的分布也不均匀、不对称，这些都严重影响市场的运行效率并进而导致市场的失灵。[1]这一理论发现构成了信息经济学产生和发展的重要基础。后来，信息经济学逐渐形成了包括信息的价值、委托代理理论、激励机制及市场安排、市场信号以及产业组织等在内的微观分析领域，而这一领域，恰恰是今天被我们称为不对称信息经济学的研究领域。

简单来说，不对称信息经济学是在不对称信息的前提下，研究交易关系和契约安排的理论，是从不对称信息的角度对相关经济问题进行分析的理论成果。不对称信息概念

1 高红阳. 不对称信息经济学基础理论研究评述、反思与创新[J]. 情报资料工作，2006(1)：17-20.

的引入，不仅使以信息为基础的策略选择更加符合实际，而且使得利用信息改变经济参与者的决策环境并进而影响其经济行为的分析取得了前所未有的突破。[1]可以说，在不对称信息的前提下取得的理论研究成果已经形成了极富特色的当代信息经济学的研究领域。但由于不对称信息经济学的研究范围非常宽，本书不可能一一罗列，只能选取重要的理论加以简单介绍。

(二) 委托代理博弈

随着博弈论的不断发展，经济学家们不断将博弈论纳入一些应用经济领域的分析，并提出了许多与博弈论有关的模型，所以，尽管这些来自不同的应用领域的模型几乎是相对独立的发现，但却具有相同的理论背景，即，它们几乎都是信息不对称下参与者之间的博弈的结果。从方法论的角度来说，这些模型就是博弈论在不完全信息条件下的应用。于是许多西方学者将这些独立做出的模型整合在一起成为一个经济学的分支体系，从而构成了当代西方的主流信息经济学体系，有人甚至认为信息经济学就是不对称信息博弈论在经济学领域应用的结果。此外，很多学者认为，如果博弈的一个参与者(委托人)有能力支配其他参与者(代理人)去接受其设计的博弈规则，那么这个参与者怎样去设计对其最有利的博弈规则就是一个更广义上的契约问题，或者说是机制设计和委托代理问题。所以契约理论、委托代理理论、机制设计等通常说的是一回事。而根据信息经济学的不同的特征，信息经济学又常常被称为委托代理理论、契约理论等。委托代理理论是现代经济学中很重要的理论问题，委托代理理论与博弈论的结合可以解决经济关系中信息不对称情况下的委托代理博弈问题，即具有特定经济关系的双方间的动态博弈问题。所以委托代理博弈理论和一般性博弈理论是有着很大差别的，具体差别可见表 2-12。

表 2-12　委托代理博弈理论和一般性博弈理论的区别

博弈理论类型	一般性博弈理论	委托代理博弈理论
差别	给定信息结构求解均衡结果	给定信息结构求解契约安排
	均衡理论	契约安排理论
	实证研究	规范研究
	方法论导向	问题导向

如果将前面所研究的问题归纳为：给定信息结构下，什么是可能的均衡结果。那么这里要研究的内容则是：给定信息结构下，什么是最优的契约安排。博弈论已经告诉我们，在经济活动中，人与人之间发生各种各样的联系，彼此之间的行为都需要由契约来协调，但这些契约是如何达成的，它们的效率如何，人们又该如何改进和限制这些契约的经济作用，等等，这些问题都是在委托代理的理论框架下讨论的。委托代理问题的产生是由于委托人和代理人的收益函数常常不一致，且两者的信息不对称。代理人对工作的详细信息非常了解，而委托人对代理人的能力、品德和偏好等信息的了解却不充分，

1 高红阳. 不对称信息经济学研究现状述评[J]. 当代经济研究，2005(10)：23-28.

所以导致度量代理人的成本昂贵，导致无法很好地了解、监管和约束代理人，从而使代理人产生机会主义行为。所以，委托代理问题的解决方法是研究建立一种激励机制，使代理人的行为决策始终是为了委托人的利益最大化。因此说，委托代理理论就是要讨论博弈论在具体的契约安排过程中的具体应用，主要是研究如何设计一个最优的契约安排来使代理人为委托人的利益行动。[1]委托代理博弈问题牵涉到信息不对称情况下的利益分配问题，属于现代经济理论研究和实践应用的前沿领域，也是现代博弈论中最基本、最重要、最困难的问题之一。但随着博弈论研究的飞速发展，委托代理理论出现了和出现着一系列突破性的发展。

(三) 委托代理关系

1. 委托代理关系的基本概念

委托代理理论研究的是不对称信息下的委托代理关系。因为当代社会中经济的许多参与者之间的行为活动都是通过契约关系来协调的，所以只要在建立契约的前后，市场参与者双方所掌握的信息不对称，这时在参与者双方之间形成的经济关系就可以被称为委托代理关系(其中，处于信息优势的市场参与者可被称为代理人，处于信息劣势的市场参与者可被称为委托人)。委托代理的关系也就是处于信息优势与处于信息劣势的市场参与者之间的相互关系。因为信息不对称的现象广泛存在于现实的经济活动中，很多契约安排都是在不对称信息条件下建立的，所以经济活动中的很多经济关系都可以归结为委托代理关系。譬如，买者与卖者、雇主与雇员、股东与经理、病人与医生等之间的关系都可以称为委托代理关系。表 2-13 就列出了一些典型的委托代理关系。

表 2-13　典型的委托代理关系

委托人	代理人	委托人	代理人
政府	垄断信息企业	个人电脑用户	网络服务商
厂商	零售商	证券投资者	经纪人
股东	经理	百货公司	生产厂商
病人	医生	保险公司	投保人
选民	议员	顾客	百货公司

2. 委托代理关系的主要表现

委托代理关系主要表现为委托人力图使代理人按照委托人的利益选择行动，但委托人不能直接观察到代理人到底选择了什么行动，而只能观察到另外一些变量。因为这些变量是由代理人的行动和其他的外生随机因素共同决定的，所以，这些变量不能完全反映代理人的行动，其更多是关于代理人行动的不完全信息。譬如，在病人与医生之间的

1 赵红强，谭屹然，石柱鲜. 信息不对称下的委托代理博弈[J]. 现代情报，2011，31(4)：116-117，120.

委托代理关系中，医生掌握大量的市场信息和私有信息，包括医院的实际实力状况、医生自身的专业能力及努力程度等，而这些信息是病人不能完全掌握的。医生和病人之间的信息不对称就会使医生可能利用自己的信息优势敷衍和欺骗病人以从中获利，包括开贵药、虚开药。这就是一些医学院的学生一度要学习写让病人难以辨识的病历单和开药单的原因(因为这会导致医生和病人之间的信息不对称，从而给医生带来潜在收益)。所以，现实生活中，病人经常会从自身利益出发要求掌握这些信息，这就导致病人和医生之间的讨价还价，从而达成双方都能接受的契约并据此行动。因为这种契约以及这种契约约束下的行动是不对称信息条件下的参与者之间的策略及策略均衡的结果，所以可以称为均衡契约。

3. 委托代理关系的构成条件

构成委托代理关系的基本条件有五个。一是委托人与代理人双方都具有谈判、立约和履约的行为能力。二是委托人的利益受代理人的私有信息的影响。委托人和代理人是彼此独立的追求利益最大化的市场参与者，二者地位不同，利益导向也并不完全相同，代理人很可能利用委托人的授权来增加自身的利益而损害委托人的利益，这意味着，委托人的利益直接受代理人的私有信息的影响，委托人不得不为代理人的决策行为承担一定的风险。三是委托人必须有良好的收益函数。在市场经济条件下，只有委托人真正关心自身资本的增值，所以在委托代理关系与资本相联系的时候，委托人必须是资本的所有者或者代表者，必须拥有付酬的能力和规定付酬方式及数量的权利。四是委托人和代理人双方在信息不对称的条件下共同面临市场的不确定性和风险，而信息不对称和不确定性带来了委托代理问题。其中，委托人不能直接观察代理人的具体行为，代理人也不能完全控制自己行为的最终后果(其行为的最终后果是一种随机变量，其分布状态取决于代理人的行为)，所以，委托人不能完全从对代理行为的观测结果来判断代理人的绩效。另外，在共同的风险下，双方可能会在努力地创造合作收益的同时尽可能减少己方的风险。五是委托代理关系必须是规范和高效的经济代理关系，委托代理关系不是封闭和缺乏效率的，双方都没有被契约“锁定”。这意味着委托人和代理人双方中任何一方在另一方违反契约的时候，可以自由地退出契约关系。

二、委托代理关系的特点

在满足以上条件的基础上形成的委托代理关系有以下几个特点。

(一) 信息的不对称性

在委托代理关系中，信息对称还是不对称具体指的是代理人掌握的信息是否为委托人所知：当信息对称，代理人的行为处于可以被观察到的状况时，委托人就可以根据实际观测到的代理人的行为对代理人进行奖励或惩罚；当信息不对称，代理人的行为处于不可被观测到的状态时，委托人只能根据观测到的相关变量对代理人进行奖励或惩罚。其中，这些被观测到的变量由代理人的行动和其他外生随机因素共同决定。但现实的委托代理关系中，信息往往是不对称的，对称只是一种完美的假想状态和特例。

(二) 利益的不对称性

委托人与代理人的利益不对称是指委托人和代理人的利益不完全一致，代理人有可能会利用自己的信息优势选择最大化自己利益却损害委托人利益的行为。要防止这种可能的损害，委托人有两种选择。一是对代理人进行监督。但因为监督是要付出成本的，所以，如果监督过于严格和苛刻，会导致成本过高，如果监督过于松懈，又会导致委托人的权利得不到很好的保护。二是建立一套既能有效约束代理人的行动，又能激励代理人按照委托人的目标和利益而努力工作的激励机制和契约安排。这个选择的成本相对较小，并且效果更好，所以相对第一种选择来说，是较好的选择。

(三) 契约的不完全性

在委托代理关系中，契约的不完全性是一个非常关键和根本的问题。我们一般都希望建立一个完全契约，通过准确地描述与交易有关的所有未来可能出现的状态，详细地列明每种状态下契约双方的权利、责任以及风险的分配，明确契约的履行方式和违约后的处理程序，来减少摩擦和成本以增加收益。但是，在现实生活中，由于不确定性、有限理性和代理成本的存在，要预先了解和明确针对这些可能的反应的成本和履约的成本是相当高的，所以，委托人不可能向代理人提供一个能面面俱到的规定代理人的权利、义务以及未来可能出现的情况的完全契约，在契约中总有未指派的任务。当然，当契约完全时，委托代理关系的研究就失去了意义，因为这时候的委托方和代理方完全可以根据订立的契约的相关条款来处理各种情况。

三、委托代理的基本模型

一般说来，根据不同的划分方式，委托代理关系有三种模型。

(一) 基于人数多寡的模型

根据委托人与代理人的人数的多寡而建立的委托代理关系的对策模型有如下几种。

1. 单个委托人与单个代理人的对策模型

单个委托人与单个代理人博弈的对策模型是一种最简单的对策模型，较为常见。例如病人与医生，理发师与顾客之间的对策模型。

2. 单个委托人与多个代理人的对策模型

单个委托人与多个代理人博弈的对策模型相对上一种对策模型来说稍微复杂一些，但在生活中较为常见。例如一家国际品牌生产商与若干地区产品销售代理商之间的对策模型。

3. 多个委托人与单个代理人的对策模型

多个委托人与单个代理人的对策模型和前一种对策模型很相似，也较为常见。例如数以千计的计算机个人网络用户与一个网络服务商公司之间的对策模型。

4. 多个委托人与多个代理人的对策模型

多个委托人与多个代理人的对策模型相对前面的对策模型更为复杂些，但生活中也比比皆是。例如多家保险公司对众多投保人的争夺战。

5. 参与者之间互相委托代理的对策模型

与上面情况不同的是，在有的博弈中，参与者中的委托人和代理人的身份和地位不是绝对的，这种情况下的单个或多个委托人与代理人之间是彼此互为委托人和代理人的关系。分析的角度不同，他们的地位也就不同，也就是说他们的身份和地位可以互换。这是一种比较特殊的情况。例如当瞎子背瘸子时，他们彼此互为委托人和代理人。

(二) 基于行动收益的模型

在委托代理关系模型中有三个基本变量：一是代理人的产出，即代理人为委托人工作时所产生的贡献，用 y 表示；二是代理人在工作过程中所选择的行动，用 a 表示；三是那些委托人和代理人都无法控制的影响代理人工作过程的外部因素(即不以人的主观意志为转移的客观性事件)，用 n 表示。这样我们就可以用数学模型来描述委托代理关系了。

假设代理人的产出函数为：

$$y = a + n$$

在公式中，n 服从正态分布，其数学期望值 $E(n)=0$，方差为 σ^2。σ^2 的值越大，说明客观因素对代理人生产过程的影响就越大。

假定代理人的薪酬是其行动的线性函数，表示为：

$$w(y) = s + by$$

公式中 s 表示代理人的固定工资，b 代表代理人的产出所获得的浮动工资比率。代理人在签订契约之后就会选择行动并努力工作来获得相应的工资报酬，但是其付出的努力是有成本的，即代理人的代理成本，可以记为 $C=C(a)$。这个成本函数中代理人付出的努力越多，代理成本也就越大，函数是绝对递增的。因此代理人的实际收益函数为：

$$u_1 = w - C(a)$$

在代理人付出努力的同时，委托人得到的收益就是代理人的产出 y，但是委托人同时需要根据契约支付给代理人相应的薪资报酬 w，w 是委托人为获得收益 y 而支付的成本，这时委托人的收益函数为：

$$u_2 = y - w$$

假定委托人是风险中性的(不喜好风险也不躲避风险)，即：

$$E(u(x)) = u(E(x))$$

其中，x 代表随机的收入变量，u 代表效用函数。对于风险中性的委托人来说，他追求自身期望收益的最大化，其期望收益为：

$$E(u_2) = E(y-w) = E(y) - E(w)$$

同样，假定代理人也是风险中性的。如果代理人不努力或者偷懒，那么 a=0，$C(0)$=0，从而代理人的产出为：

$$E(y) = E(a+n) = E(0+n) = E(n) = 0$$

根据代理人的收益函数式 $u_1=w-c(a)$，其期望收益为：

$$E(u_1) = E(w - C(a)) = E(w) - E(C(a))$$

在上式中，C 的值由 a 确定，代理人的努力多大，成本就多大。因此相对于代理人的行动而言，这个成本是确定的，其期望值即为成本 $C(a)$ 本身。但是薪资报酬是由 $y(y = a + n)$ 确定的(其中 n 是不确定的外部事件)。

因为在委托代理模型中，代理人追求的是自身利润的最大化，即以最少的努力获得最大的报酬，而委托人也在追求自身利润的最大化，所以，代理人如何采取行动以保证自身利润最大化的同时还能保证委托人的利润最大化以及委托人如何采取策略以激励代理人在追求自身利润最大化的同时不损害委托人的利益是委托代理模型所要研究的问题。因此，激励是委托代理模型的核心。

(三) 基于时间内容的模型

从不对称信息发生的时间先后看，不对称信息可能发生在签约前，也可能发生在签约后。与之对应，研究事前不对称的模型是不利选择模型，研究事后不对称的模型是道德风险模型。从不对称信息的内容看，不对称的可能是参与者的信息(知识)，也可能是参与者的行动。与之对应，研究不可观察知识的模型为隐藏信息(知识)模型，研究不可观察行动的模型为隐藏行动模型。但不管是哪种模型，代理人都可能损害委托人的利益。所以，委托人必须设计一定的激励机制，使代理人从自身利益最大化出发的同时，自愿选择与委托人利益最大化目标相一致的行动。当然，委托代理关系不同，激励的目的就不同，激励机制的设计也就不同。表 2-14 是几种不同的委托代理模型以及针对这些模型的激励目标。

表 2-14　委托代理模型的基本分类及激励目标

信息不对称的时间及激励目标	隐藏类别	
	隐藏行动	隐藏信息(知识)
事前信息不对称	-	不利选择模型 信号传递模型 信号甄别模型
事后信息不对称	隐藏行动的道德风险模型	隐藏信息的道德风险模型
激励目标	如何让人不偷懒	如何让人说真话

1. 不利选择模型

不利选择模型指的是，在委托人和代理人签约之前，“自然”选择代理人的类型，代理人知道自己的类型，而委托人不知道，信息不仅是不对称的，甚至代理人的有关信息还可能对委托人不利，代理人可能利用这些对委托人不利的信息签订对自己有利的契约，而委托人则可能因为处于信息劣势而做出对自己不利的选择。比如，在市场上的买卖双方的关系中，卖者(代理人)在产品的质量上拥有比买者(委托人)更多的信息和知识，卖者可能会将自己的假冒伪劣产品以高价卖给买者，从而损害买者的利益。

不利选择理论是阿克洛夫在 1970 年对旧车市场(次品市场)的分析中开创的。人们进行交易时，首先关注的是产品的质量。在旧车市场，不利选择来自买主与卖主关于旧车的质量信息的不对称：在许多情况下，买主不了解产品质量，真正了解产品质量的是卖主。不同的卖主提供的产品质量不同，那些质量差的产品(次品)的卖主为了自己的利益而“隐藏”起自己的旧车的质量信息。当所有的卖主都说自己的产品好时，买主无法区分谁在说真话，谁在说假话，所以就只能根据对整个市场的估计以及车的平均质量来决定购买的数量以及支付价格。而在好产品与次品被顾客以同样方式对待时，那些旧车的质量高于平均质量的卖主就可能因为不愿出售自己的车辆而退出交易，而那些次品旧车的卖主因为在成本上具有优势，所以继续留在市场里。所以博弈的结果就是：只有那些次品旧车的卖主进入市场，市场上出售的旧车的质量下降。而当买主发现所购产品并非自己估计的那样好时，他们会进一步降低对产品质量的估计水平，从而进一步降低愿意支付的价格。而这种价格的进一步下降意味着质量的迅速恶化，导致消费者的购买量也迅速下降，最终导致市场萎缩，更多的较高质量的旧车退出市场。所以最终的结果就是：好产品在竞争中失败，而次品却留在市场中，从而违背市场竞争中优胜劣汰的选择原则。这说明“假冒伪劣”对市场具有极强的破坏作用，它可能在将好产品挤出市场的同时摧毁消费者对市场的信任，导致市场萎缩。

将刚才的分析扩展到整个信息经济学理论研究中，可以发现，在市场中存在着两种“隐藏”私有信息的可能：首先，卖主有“隐藏”私有信息的可能。卖主具有“私有信息”，他们知道质量的内情，而顾客不具有信息，这时关于产品质量的信息是不对称的。当质量的信息被隐藏起来时，一些企业利用消费者无法将他们的产品同其他企业的好产品区别开来这一点，通过降低产品质量来降低成本，从而可以在价格上占据竞争的优势。但因为这不是真正的价格竞争，所以这种行为对市场是有害的。其次，买主有“隐藏”私有信息的可能。这种情况下，能够隐藏信息的是买主，而不是卖主。保险市场就属于这种。在保险市场上，保险公司出售保险，承诺当顾客发生意外后会支付一定的赔偿金给顾客。但顾客发生意外的可能性是不同的，譬如，在医疗保险中，那些最有积极性购买保险的往往是那些知道自己身体状况不佳、随时都可能住院的人，而那些不愿意购买保险的人反而身体状况良好。在这种情况下，保险公司提高保险价格(降低赔偿金额)很可能会将风险较小的顾客(好顾客)逐出保险市场，而最后留下的往往是随时会发生危险或需要赔偿的顾客。

所以说，无论是买主的不利选择还是卖主的不利选择都会降低市场效率，不利于市场的健康发展。必须认真地解决好这个问题。不利选择问题广泛存在于经济生活中，尤其在信贷市场、保险市场和二手车市场表现明显。下面就从这三个方面出发来了解不利选择对经济生活的影响并力图寻找解决对策。

(1) 信贷市场不利选择模型

信贷配给是信贷市场上的常见现象。在现行的贷款利率下，信贷市场是非均衡的，在这个市场上存在着过度需求，并不是所有的贷款申请人都能如愿以偿地获得贷款。而根据新古典经济学的价格理论，这时信贷市场的价格(贷款利率)就应该上涨以便使供给等于需求，并最终出清信贷市场。那么，银行会不会按照新古典经济学的理论指示来提高利率以便出清市场呢？

可以说，银行放款的时候要考虑两个重要的因素：贷款利率的高低和借款人的私有信息。这是因为，当银行面对的是只承担有限责任的借款人时，如果借款人没有足够的担保且银行无法辨别每个贷款项目的风险大小，贷款项目一旦失败，银行往往不能收回全部的本息。因此，银行放贷的期望收益既取决于贷款利率的高低，也取决于借款人的私有信息。假如市场上存在两种类型的借款人：高质量客户和低质量客户(高质量客户这类借款人的投资项目收益率较低，但回报更为稳定，因而还款风险较小，借款人不太可能违约；低质量客户这类借款人的投资项目具有较大的投机性，其投资项目一旦成功，借款人就能获得较高的收益，但这类项目失败的可能性也相当高)。如果银行提高利率，那些低收益、低风险项目的借款人(即高质量客户)将难以支付贷款利息，从而可能退出信贷市场，而那些高投机性、高风险项目的借款人(即低质量客户)却可能仍然会贷款(因为对于这类人而言，既然抵押或担保金额是固定的，所以即便项目失败了，也不会多赔付更多的东西，但是一旦项目成功，将会带来巨额的收益，相比较而言，这点利率的上升实在无足轻重)。所以，银行提高利率会赶走高质量客户而留下低质量的客户，从而降低贷款的质量。这就是信贷市场的不利选择。

对信贷市场这一不利选择的解决方式就是信贷配给，银行通过信贷配给来甄别客户质量，并提供差异化贷款利率，这就是信贷市场不能出清的原因。

(2) 保险市场不利选择模型

在保险市场上也存在不利选择。如果保险市场上的信息是对称的，保险公司可以很容易地按照投保者的不同风险类别给予不同价格的保险单。现假设保险市场有高风险和低风险两类投保者，他们各自的最初财富为 W_0(对应于图 2-6 中的位置 E)，发生的损失为 L。这样，在没有损失的状态 1 时，收益为 W_0；在发生损失的状态 2 时，收益为 W_0-L。假设高风险投保者面临的损失概率为 π_H，低风险投保者的损失概率为 π_L，其中 $\pi_H<\pi_L$。显然，如果信息对称且保险市场是公平且有效率的，那么，高风险的投保者将从 E 点沿着市场保险线 EG 移动而选择 G 点，低风险的投保者将从 E 点沿着市场保险线 EF 移动而选择 F 点。这样，高风险投保者在 G 点获得最大效用，而低风险投保者在 F 点获得最大效用。

但保险公司面临的问题是无法区别高风险投保者与低风险投保者，因为无论是高风险还是低风险的投保者都选择 F 点，这使得保险公司所确定的平均损失概率高于 L，由此形成不利选择，保险公司每出售一张保险单平均都会有损失。即图 2-6 中的解是不确定的。

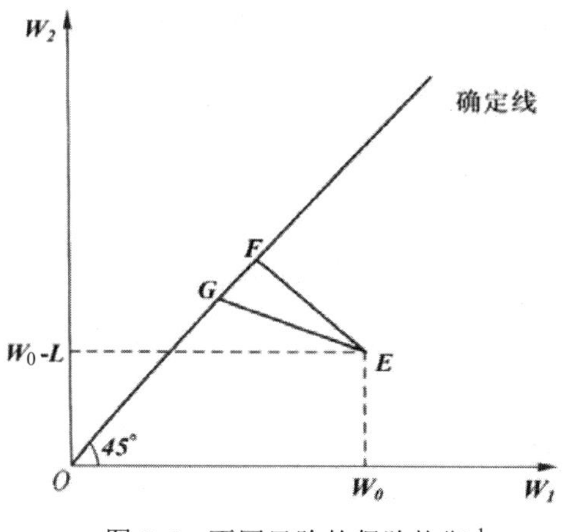

图 2-6 不同风险的保险均衡 [1]

(此图中，W_1 表示没有损失时的收益，W_2 表示有损失时的收益。由于高低风险的投保者的损失概率不同，效用最大化的点也不同，这就为保险公司区别投保者带来了难题。)

(3) 旧车市场不利选择模型

1) 模型分析——不利选择

假设有这样一个旧车市场(如图 2-7 所示)，高质量与低质量旧汽车各占 50%，其中，S_H 和 S_L 分别代表高质量和低质量旧汽车的供给，D_H 和 D_L 分别为高质量和低质量旧汽车的需求。在可以卖得好价钱和买到高质量旧汽车的期望下，S_H 和 D_H 分别高于 S_L 和 D_L，因此，高质量旧汽车的均衡价格(10000 美元)高于低质量旧汽车(5000 美元)，但高质量旧汽车的均衡交易量(50000 辆)等于低质量旧汽车的均衡交易量。

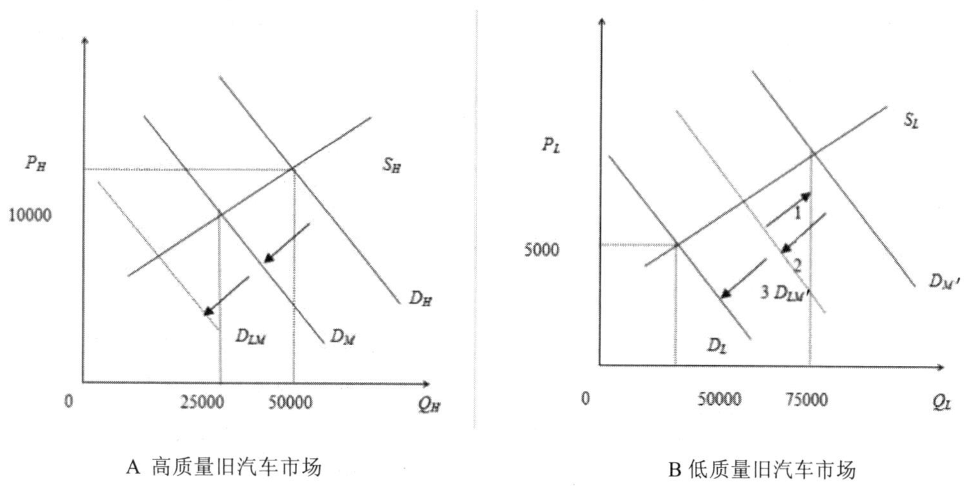

A 高质量旧汽车市场　　B 低质量旧汽车市场

图 2-7 旧汽车市场的变化 [2]

由于现实经济中信息分布是不对称的，旧汽车的卖主比买主更了解产品的质量。如

1 乌家培，谢康，肖艳华. 信息经济学[M]. 北京：高等教育出版社，2007.

2 乌家培，谢康，肖艳华. 信息经济学[M]. 北京：高等教育出版社，2007.

果买主原先认为买到高质量旧汽车的可能性为 50%，即买主预期旧汽车的质量为平均质量，将使图 2-7A 中高质量旧汽车市场的需求线向左移动到 D_M，而图 2-7B 中低质量旧汽车市场的需求线将向右边移动到 $D_{M'}$，结果，高质量旧汽车的交易量减少为 25000 辆，低质量旧汽车交易量增加到 75000 辆。市场上低质量旧汽车的比例高达 75%，高于买主的预期。

在图 2-7 中，高质量旧汽车市场随着买主对预测价格的修正而逐步萎缩，低质量旧汽车的市场份额逐步扩大。于是，买主进一步修正预期为：在旧汽车市场中购买到高质量旧汽车的可能性为 25%，即市场中的旧汽车的质量为中下等。结果，图 2-7 中高质量旧汽车和低质量旧汽车市场的需求曲线分别移动到 D_{LM} 和 $D_{LM'}$，但这时市场出售的高质量旧汽车依然低于买方的预期，造成市场需求曲线继续向左边移动，直到市场上仅有低质量旧汽车为止。结果，旧汽车市场最终出清时仅仅有低质量旧汽车在市场上。

2) 解决思路——信号显示

当质量不同的产品被混杂在一起导致消费者无法区别时，经济主体就面临着不利选择。这个问题可以用信号显示的方式来解决。高质量产品的企业可以通过主动显示有关信号的方式来反映自己产品的特征(即通过显示表明自己产品的高质量)，这样消费者就可以把自己的高质量产品和别人的低质量产品区别开来。而企业要向消费者发出“我的产品质量好”或“我有这样的产品”的信号，并且要让对方相信自己的信号是真实的，企业就需要有能影响消费者的判断。因而，企业应根据消费者的思维方式发出信号，让消费者根据这些信号得出它的产品质量好的结论。

① 信号显示方式

企业借以显示自己的产品质量好的信号显示方式有很多。打广告就是一个很好的显示方式。因为尽管消费者看不到企业的生产过程，但巨额的广告费用会使消费者相信企业有雄厚的资金保证生产中的投入，所以，生产会是正规的，产品的质量也会是可靠的。另外，维持产品的高价也是一个比较好的信号显示方式。因为消费者往往认为高价格与高成本和高质量等同，所以，将自己的产品价格维持在一个较高的价格水平上，会使消费者认为自己的产品质量好。

具体到旧车市场上。虽然信息在买主与卖主之间的不对称分布会降低旧车市场的市场效率，但高质量旧车的卖主并不会就此罢休，他们会向所有买主显示自己旧车高质量的种种信号，以将买主的眼球吸引到其高质量的旧车上。一个通常的做法是，高质量旧车的卖主经常会向买主提供质量保证，保证如果买主在发现所购买的旧车质量有问题时可以在规定时间内退货或得到卖主一定的经济补偿，而这种保证是低质量旧车的卖主无法做到的。这样，高质量旧车的卖主就成功地将自己的旧车质量信号显示给买主了。质量保证构成卖主向买主显示信号的一种重要形式。

因为信号显示能够使具有不利选择(和道德风险)的市场运行得更好，所以，一般说来，在信息不对称的市场上，优质品生产企业的唯一和最好的选择就是主动发送信号，使消费者能够根据这些信号识别优质品。具体说来，这些信号显示策略可以分为以下两类。

首先是品牌策略。要使自己的产品长期保持一定的市场份额，企业必须创立自己的名牌产品，使消费者能够依据品牌将自己的产品辨识出来。当然，开创名牌需要长期的努力，要耗费大量的成本，但一旦品牌的信誉建立起来，就会有非常丰厚的回报。因为在消费者心目中，名牌就代表着优质。不管名牌产品的实际质量是否真的优于非名牌产品，消费者在购买名牌产品时的风险还是要小于购买非名牌产品的风险的，所以消费者通常会优先考虑名牌产品。

其次是质保承诺。质保承诺就是对质量的保证和承诺，包括包退、包换、包修等。这种质保承诺对增加消费者对企业产品的认同感以及增加消费者对自己产品的需求，短期效果非常明显。但这样的质保承诺的成本并不很高，因为真正的优质产品因质量原因退换的概率非常小，保修期内的返修率也很低，从整体上并不会增加很多费用。因此，虽然劣质产品生产者不能提供这种保证，但对优质企业来说，这却是一种短期效果明显且成本低廉的信号显示方式。

② 信号显示失灵

尽管信号显示方式可以帮助高质量产品的卖主将自己的产品质量显示出去，但在一些因素的干扰下，信号经常会失灵，高质量产品的卖主并不能总是成功地进行信号显示。这是因为，其他低质量产品卖主可能会在高质量产品卖主竭力显示自己产品质量信号的时候去竭力地干扰这种信号。这些卖主可以分为两类：第一类是劣质品的卖主，第二类是冒牌品的卖主。首先看劣质品卖主的做法。劣质品卖主的产品质量低劣，所以经常会试图掩盖和混淆不同品牌之间的质量差异，从而扰乱消费者的视线，将优质品的质量优势消失于无形。针对这个问题，可以采取权威性的政府机构或者民间组织对产品进行等级评定的方法来减少消费者的信息阻隔，使之获得充分有益的信息。在现实中，那些获得“中国驰名商标”、“消费者信得过产品”、“十大名牌”和“金质奖”等称号的商品肯定更容易获得消费者的信任，这是最为经济有效的方式(当然，劣质品卖主通过赞助或者贿赂等不正当手段也可以使自己的产品获得“优质”称号，这时候，等级评定的信号作用就丧失了)。其次看冒牌品卖主的做法。因为名牌能够带来高销量和高收益，所以一些不法厂商往往选择捷径，生产仿冒名牌商品。他们的做法不仅抢占了真正的名牌产品的市场份额，还会因为其仿制的名牌产品的质量经常十分低劣，从而严重地损毁被仿冒的名牌产品的形象，对真正的名牌产品构成严重威胁。当消费者发现自己买到的“名牌”竟然是劣质品时，他可能会对该品牌的质量产生怀疑，并停止购买此品牌。或者，即便消费者坚信此名牌产品的质量并知道自己买到的是冒牌货，但却因为无法识别产品的真伪而最终放弃对该品牌的购买。所以消费者对上述两种情况的最终的反应结果都是放弃购买该品牌。所以，如果市场上的假冒伪劣产品多到一定的程度，真正的优质产品将不得不退出市场，市场信号严重失灵。

③ 信息维护方法

既然市场信号失灵会导致严重的问题，就必须想办法对信息进行维护，保证信号的高效显示。具体说来，可以从以下三个方面来进行。

首先，利用经济制度对信号进行维护。在经济社会中，对“制度”的信任是“信任”信号的首要基础，为提高市场效率，经济制度应该对信号尽力进行维护，从而保证经济社会中的活动者能够通过经济制度显示自己的真实信号，具体来说就是要加强非价格制度对市场经济中的真实信号的甄别管理。具体方法包括：第一是要严格区分政府和法律部门的制度组织与市场的经济组织，使全体社会成员能够辨识哪些信号是通过政府和法律部门认证的和甄别的信号(这类信号一般说来是全体社会成员绝对可以依赖的第一信号)；第二是要坚决杜绝政府和法律部门在信息管理活动中的寻租交易现象，使经济制度成为有效地传递信息的基本工具或手段。

其次，通过合作方式对信号进行维护。虽然名牌商品的生产者难以保证自己的产品不被仿制，但销售商的处境却有利得多，只要他愿意，他完全有能力避免在自己的柜台上出售假冒伪劣商品。所以，将名牌产品放在名牌商场的柜台上出售，能使消费者更加放心购买。所以名牌商品生产者应该尽量争取与名牌商场合作与联姻，借助后者的名誉来维护自身的名誉。

最后，使用技术手段对信号进行维护。利用技术手段对信号进行维护主要是指使用防伪标志或包装，经常的作法是增加激光防伪商标和条码标志。这种方式对高质量生产者来说，费用并不算高，具有可操作性。但这种方式具有较高的技术要求，其仿制成本很高，仿制者在仿制时会受到技术的限制。而且仿制者一般生产批量小，即便他们能突破这些技术限制将防伪标志或包装仿制出来，却也会因为增加这些防伪标志从而提高了仿制成本，最终失去成本优势。

当然，市场信号的显示既有促进交易和改善市场效率的一面，也有刺激社会资源消费和导致市场低效率的一面，所以在努力显示信号、修补失灵的时候，要注意社会总成本的控制，做到以尽可能少的成本获得尽可能多的收益。

2. 道德风险模型

道德风险也翻译为背德风险，它最初来自保险行业。保险业的产生原本是为了分担风险和降低突发性破坏事件对个人造成的损害。但是人们观测到，投保人的投保行为会改变投保事件发生的概率。例如，与没有投保火险的人相比，投保火险的人更不注意防火，在防火设施的建设上更不愿意投入，因为他们的火灾损失能得到保险公司的赔偿，于是，人们不希望看到的后果就产生了。火险本来是为了分担火灾风险的，但火险的出现却反而使得火灾的风险更大。这一现象被保险业归结为道德问题。

阿罗首先将道德风险引入了自己的经济学分析，认为这会导致市场失灵，即，本应存在的对人们生产、生活有利的某些保险市场会因为道德风险问题的存在而消失，这是一种道德问题。后来学者们发现道德风险问题在现实中普遍存在，于是，道德风险问题成为信息经济学研究的一个重要方面得到迅速发展。

(1) 道德风险模型的种类

一般说来，经济学家们将道德风险模型分为两类。

1) 隐藏行动的道德风险模型

隐藏行动的道德风险模型指的是，委托人和代理人在签约时，信息是对称的完全信息；签约以后，代理人选择行动(如是否努力工作或努力的程度)，“自然”选择“状态”，代理人的行动和自然状态共同决定某些可观测的结果，委托人只能观测到结果，而不能直接观测到代理人的行动和自然状态，不完美信息问题出现。这时，委托人的问题是设计一个激励合同以使代理人从自身利益出发选择对委托人最有利的行动。例如在企业股东与经理之间的关系中，企业的股东不能观测到经理是否努力工作，但可以通过观测企业的实际经营业绩如何来判断经理的努力程度。因此，经理的报酬与企业的实际经营业绩应该密切关联。

2) 隐藏信息的道德风险模型

隐藏信息的道德风险模型指的是，委托人和代理人在签约时，信息是对称的完全信息；签约以后，“自然”选择“状态”(可能是代理人的类型)，代理人观测到自然的选择后选择行动(如向委托人报告“自然”的选择)，委托人只能观测到代理人的行动，但不能观测到自然的选择，不完美信息问题出现。这时，委托人的问题同样是设计一个激励合同以使代理人在给定自然状态下选择对委托人最有利的行动(如真实地向委托人报告“自然”状态)。例如在企业经理与销售人员的关系中，销售人员知道顾客的特征，企业经理不知道，这时经理设计的激励合同就应该是要激励销售人员，使其针对不同的顾客选择不同的销售策略。

(2) 股东与经理间的道德风险

道德风险问题产生的根源以及可能存在的解决机制可以用企业股东与经理之间可能存在的利益冲突来说明。

1) 股东与经理之间的利益冲突

在传统经济学理论中，企业被认为是追求利润最大化的行为主体。然而，在现代经济中，随着企业经营活动的日益复杂化，企业的所有权日益分散化，随之而来的就是企业的所有者(股东)往往需要聘请职业经理人来经营企业，从而出现了企业所有权与经营权的分离，这时候就出现了企业经理偏离利润最大化目标的可能。企业经理目标之所以偏离所有者目标主要在于经理的个人利益与企业利益之间存在潜在的冲突。这些冲突主要表现为以下几个方面。

① 费用偏好冲突

追求利润最大化的企业极为重视成本费用问题，希望将费用压到最低以实现成本最小化和利润最大化。但是经理们却有追求奢华工作环境的动力，希望借助公司的资金和实力等满足自己的私人消费欲望，而这些都会增加企业的成本，对股东的利益造成损害。

② 闲暇偏好冲突

企业为追求利润最大化总是希望尽可能多地利用企业的资金和人力以实现价值增值。但是作为独立的受生理周期限制的个体，即便是那些被称为“工作狂”的经理们也不可能无限度工作，所以总会有对闲暇的偏好。而这在股东看来就可能会降低股东的潜在收益。

③ 抗险能力冲突

股东与经理的抗风险能力不同。股东抗风险的能力相对较强，因为他们可以通过一定的资产组合来化解纯粹的非系统性风险。相对于股东来说，经理的抗风险能力更差些。这是因为，经理的职业生涯与他所经营的企业的业绩息息相关。如果该企业破产，他就可能会背上不良的经营记录，从而影响他未来的收入。因此，企业经理比较喜欢追求稳定，在预期收益率比较高但风险比较大的投资项目以及预期收益率比较低但风险比较小的投资项目之间，经理往往更倾向于选择后者。而这种选择可能与股东的利益相背离。

④ 时间偏好冲突

股东拥有企业的所有权，所以目光相对来说比较长远。但经理的收入取决于企业的经济绩效，所以更注重自己在任期内的企业业绩，就会采取一些短期化的经营行为去损害企业的长期利益。

2) 经理道德风险行为的控制

既然经理与股东之间存在上述的利益冲突，所以，如果股东在聘用经理的时候不能有效地观测经理的活动，经理就有可能从自己的利益出发损害股东的利益。这就需要设计一系列的奖惩和监督机制来控制经理的道德风险。具体说来，可以从企业内部和外部市场两个方面来设计道德风险的控制机制。

① 企业内部控制机制

企业内部的控制机制可以从三个方面入手。

首先是奖励努力行为。为了使经理能尽可能为企业工作，通常股东会将经理的报酬与企业的经营业绩挂钩。因为在股东不能直接观测经理的行为的时候，他们是可以观测企业的经营业绩的，而企业的经营业绩往往部分取决于经理的努力。所以通过给予经理一定的利润分成、年终分红和股票期权等形式将企业的业绩和经理的报酬挂钩有可能激励经理按照符合股东利益最大化的目标来经营管理企业，降低经理的道德风险。

其次是惩罚偷懒行为。惩罚偷懒行为和奖励努力一样也能够起到降低经理道德风险的作用，一旦经理被发现有偷懒行为，就会被惩罚甚至被解雇，当然，要发现经理的偷懒行为需要付出一定的监督成本，这会降低企业的利润。所以部分企业规定，经理必须支付一定数量的风险抵押金，一旦其偷懒行为被发现，这笔风险抵押金将会被没收。这种做法不仅能在发现经理偷懒以后弥补该经理给企业带来的损失，而且还能降低经理的道德风险。

最后是完善工资机制。工资安排也是一种具有可行性的机制安排。譬如，在工资与工龄正相关的情况下，经理在前期拿的工资可能较少，这部分少拿的工资就相当于该经理的一种风险抵押金，这笔抵押金只有在到达一定的工龄以后才能拿到。所以，如果经理因偷懒而被开除，那么他就难以拿到日后的工资补偿。考虑到这一因素，经理就可能会倾向于努力工作而不是偷懒。

② 外部市场控制机制

市场也会起到约束经理的作用，市场对经理的约束大致上可以表现为三个方面。

首先是市场声誉的隐形激励。经理的能力与企业的绩效之间往往联系密切，所以一个经营业绩良好的企业的经理就会被认为具有较强的业务能力和良好的职业道德，就会具有良好的市场声誉，从而在以后的职业生涯中获得丰厚的薪酬。与之相反的是，如果该经理在经营管理一个企业的时候有不良的经营记录甚至导致企业破产，就会影响其市场声誉，并影响其未来的职业生涯。所以，经理的行为经常在这种来自经理市场的隐形激励下更加符合企业的利润最大化要求。

其次是银行贷款的监控约束。银行也会对经理的行为构成约束。因为一家企业的贷款往往只来自于少数几家银行，为降低银行的贷款风险，银行会积极地对企业进行监控，如果企业难以按时还款，银行就会迫使企业履行破产手续，这就会对经理的行为构成威胁。

最后是市场接管的潜在威胁。除了银行的威胁之外，经理还会受到其他企业对自己企业的接管的威胁。因为一旦自己企业经营不善，自己企业的股票价格就会下跌，一些潜在的接管者就会低价购入企业股票并最终获得企业的控制权，并解雇原来的经理，使企业重新走到利润最大化的轨道上来。这种潜在的接管威胁就可能会迫使经理努力地经营管理企业，最大可能地保证股东的利益。[1]

3. 信号传递模型

信号传递模型指的是，在委托人和代理人签约前，“自然”选择代理人的类型，代理人知道自己的类型，而委托人不知道，信息是不对称的。为了显示自己的类型，代理人选择传递某种信号，委托人在观测到信号之后与代理人签订契约。例如，在企业雇主与雇员的关系中，雇员知道自己的能力，雇主不知道，为了传递出自己有能力的信号，雇员选择接受教育，雇主收到这个信号后，可能就会雇用雇员并根据雇员的教育水平支付其工资。

4. 信号甄别模型

信号甄别模型指的是，在委托人和代理人签约前，“自然”选择代理人的类型，代理人知道自己的类型，委托人不知道，信息是不对称的，这时，委托人会提供多个合同供代理人选择，代理人可以根据自己的类型选择一个最适合自己的合同，再根据合同选择行动。譬如在保险公司与投保人的关系中，投保人知道自己的风险，公司不知道，因此，保险公司可以针对不同类型的潜在投保人制定不同的保险合同，投保人根据自己的风险特征选择一个适合自己的保险合同。实际上信号传递模型和信号甄别模型是不利选择模型的特例，更确切地说，信号传递和信号甄别是解决不利选择问题的两种不同但相似的方法。

【复习思考题】

1. 合作博弈和非合作博弈的概念分别是什么？二者之间有什么联系和区别？
2. 请用囚徒困境博弈解释个人理性与集体理性之间可能存在的冲突。
3. 什么是纳什均衡？举例说明纳什均衡提出的意义。
4. 试述委托代理博弈论和一般性博弈论的区别。

---

1 陈钊. 信息与激励经济学[M]. 上海：上海三联书店，上海人民出版社，2005.

5. 简述道德风险模型的种类。

6. 试举例说明委托代理关系中的委托人与代理人，同时，请指出他们之间信息的非对称并提出解决的方案。

7. 两人就 100 元进行分配，双方同时提出各希望得到的金额，且金额分别为 a 和 b，如果 $a+b\leqslant 100$，则分配有效，两人分别得到他们所要的那一份，否则，两个均一无所获，请求出该博弈的纳什均衡解。

第三篇

信息与经济

人类社会的三个最基本的要素是物质、能量和信息，在我们处理的信息中，经济信息占据了最大量、最主要的部分，经济活动是人类最基本的社会活动，而经济活动包括物质和精神产品的生产活动以及为物质精神生产提供的服务。在开始经济活动之前必然要有很强的计划性，在活动中必然伴随着大量信息的收集、处理及利用。

对于经济活动来说，信息尤为重要。一般来说，一种产品所含的信息量越大，其价值也越大。纵观人类文明史，经济发展是一个不断发现新资源、更有效地运用资源的过程，而信息资源是人类在经济发展中发现的新资源，它能更有效地使其他资源得以运用。经济活动是一种自觉的、有组织的、有目的的活动，经济活动系统各组织之间除了物资、人力、资金、设备等方面的联系之外，还有着复杂的千丝万缕的信息联系。现代社会，社会经济系统的元素数以亿计，其联系之错综复杂是前所未有的，联系越多，信息就越重要，社会越向前发展，经济系统的结构越复杂，在物资、人力、资金等方面的联系越广泛、越密切，信息的流通量就越大。

信息是以经济活动为载体的，是隐含在经济活动之中，能够反映经济活动本身的一种表征性的东西。在当今数字化、网络化、智能化的信息环境中，人类整个生存方式发生了根本性的变化，信息是发展经济的基础，经济又是信息发展的基础，二者是互动的关系。没有不发生信息的事物，也没有不是来自事物的信息。人类的最基本的社会活动——经济活动，无时无刻不在产生着大量的信息，反过来这些信息又推动着经济的发展。

信息是人们活动所必需的知识，不同学科、不同领域从不同视角对信息进行研究和描述，然而，由于信息本身所具有的复杂性，随着使用环境的变化，人们对于信息概念的界定也不断变化。从信息经济分析的角度，我们可以做出以下描述：信息是内在的生产要素；信息是有成本的，是最基本的交易成本；信息可以被看成是经济商品，作为商品，它可以被生产、储存、消费、投资或者销售；信息及其处理已经成为经济学发展的基础。

从历史上看，信息商品脱胎于物质商品，伴随着商品经济的发展，逐步演变成独立的商品形态登上了历史舞台。在数字和网络化时代，数字商品逐渐成为信息商品的一种重要形式。正是由于信息商品在商品经济中的地位越来越重要，信息与经济的关系也日益密切，因此研究信息与经济的关系就成为信息经济学的主要研究内容。

本篇从信息商品的特征、价格、流通入手，通过对信息市场的营销和管理、对信息产业的演进与运行、对信息经济的测度与运行、对信息经济系统基本理论问题的探讨，从宏观视角对信息在经济发展中的意义和作用进行了梳理和总结。

第三章

信息商品

第一节　信息商品概述

一、信息商品的形成

按照马克思主义的观点，商品是用来交换且能够满足人们某种需要的劳动产品。所以，按照这个思路分析，信息商品就是用来交换的信息产品，是人们通过搜集、加工、传递和存储所形成的，并且用来交换的信息。当人们通过感官或仪器，花费一定的时间和精力，对观察、感知所得的信息资源进行分析整理，形成信息产品，且这些信息产品有助于人们的理解、认识，并交换给他人的时候，这些信息产品就变成了商品。信息是人们适应外部世界，并且在这种适应外部世界的过程中同外部世界进行交换的内容。从商品发展的历史来看，相对于生活必需品来讲，信息并不是最早的商品，信息是在特定的经济、历史、制度与技术条件下成为商品的。

（一）信息商品形成的经济条件

信息在人类世界广泛存在，但并不是所有的信息都可以成为信息商品。作为用于交换的商品必须同时具备三个条件：一是必须是劳动产品，二是必须能满足人们的某种需要，三是必须用来交换。从经济特性来看，信息之所以成为商品，是因为它具备了以下几个方面的条件。

1. 具有使用价值

信息能够满足人们某个方面的需求。信息商品的使用价值是指信息商品所包含的信息内容的自然属性，即能够为消费者带来一定的效用满足程度的性质。有些信息可以满足人们的日常生活需要，如气象信息；有些信息能满足人们的娱乐需要，如商场的打折信息；有些信息可以满足人们科学研究的需要，如某些统计数据等。

2. 具有价值属性

马克思主义经济学认为，商品凝结了人类无差别的抽象劳动。信息商品亦不例外。信息在生产、采集、传递、存储、加工以及利用过程中凝结了人类无差别的抽象劳动，因此它具有价值。

3. 具有稀缺性质

根据西方经济学的观点，一种产品只有稀缺时才有价值，也才是商品，所以稀缺性是产品进行交换的必要条件。在一定的经济发展历史时期，信息变得相对稀缺，因此有了交换的必要。从信息经济学研究的领域看，用于交换的信息具有这三个条件。首先，市场参加者总能够获得某些其他市场参加者没有获得的私人信息，因而市场参加者可以对该信息采取垄断或独占行动。实际上，公共信息是以私人信息的大量存在和传播为基础的，私有信息才是经济信息存在的最根本形式，也是信息作为商品存在的直接原因。其次，信息之所以能够作为一种特殊的商品而存在，在于信息使不确定性的因素减少了。而不确定性导致经济成本的加大，减少不确定性因素也就是减少经济成本而相对地提高了经济活动效率。信息最终是在这个过程中获得了自己的市场价值。如在物流管理中“牛鞭效应”(即随着向供应链上游前进，需求变动程度增大的现象)的产生，原因就在于供应链上各个环节的信息的不确定性。只有通过构建完善的物流管理信息系统，有效地整合上、中、下游的生产、供应、销售等信息资源，最终才能有效地降低或消除“牛鞭效应”带来的危害，使各方的效用最大化。因此，信息商品的市场价值来源于信息在经济决策和管理控制中具有的效用。

(二) 信息商品形成的历史条件

信息并不天生就是商品，信息产品商品化的直接原因是社会生产力发展的推动。因为从人类历史发展来看，生存是第一位的，如果食不果腹、衣不蔽体，其他一切都无从谈起。因此，物质资料的生产就成为人类社会发展早期的基本保障，而这一时期人类的经济活动也是紧紧围绕物质商品的生产、分配和交换。从认识论角度看，人类的认识能力和本身所具有的信息能力(感觉、神经系统、大脑的功能等)也是一个逐步进化的过程。在人类社会早期，这一能力也只能基本上保证生存的需要。历史上人类社会有三次大的社会分工是行业之间的分工。从第一次产业革命开始，随着科技的发展、生产力的进步，社会分工开始在行业内部进行，大行业分为小行业，再进一步划分为各个单位、部门，而到了信息经济时代，与生产力发展相适应的社会分工越来越细，小到以零部件生产或生产工艺为标准进行划分。在直接生产过程中脑力劳动和体力劳动相分离，并导致一种专门开发和利用信息的行业或产业出现，物化于商品之中的信息(技术)成分的比重逐渐加大，在许多情况下超过了物质成分。而且分工导致了市场上的经济主体越来越多，随着经济主体的增多，不仅信息量大大增加了，而且对信息的需求也增加了。不同的经济主体，由于经济利益不同，其信息的交流要求做到信息商品化，以满足不同经济主体对经济利益的不同诉求，于是信息开始向商品转化。

(三) 信息商品形成的制度条件

信息具有公共物品的性质，具有非竞争性与非排他性，信息的所有者具有私有产权。信息的独占性和不可剥夺性使信息商品的交换成为可能。在商品市场中，一方面，由于一部分参加者总能够获得某些其他市场参加者目前还没有获得的私人信息，于是他们可以对这些信息采取垄断行动，即通过私人信息形式使信息充分表现出其个人私有权特征；另一方面，以信息商品为基础的信息经济逐渐将信息的公有转变为私有，信息在这种转变中通过商品交换给个人带来私人收益。所以，信息以商品形式出现，是人类社会经济发展到一定历史阶段的产物和必然趋势。为了使信息商品像物质商品那样能在更大的范围内进行交换，扩大信息的供给，保护信息生产者的生产积极性，需要建立保护其私有产权的制度。知识产权制度、专利制度的建立就是信息商品正式得到社会承认的标志。专利制度建立之后，科学技术情报的交流就开始以法律形式来确定它们的经济价值。按照专利法有关规定，创造发明类的科技信息必须通过交换方式进行交流。这样，以交换为目的的信息产品的生产开始出现，并相继出现了相当规模的信息商品的生产。

(四) 信息商品形成的技术条件

信息在世界范围内成为商品，并在此基础上发展出信息产业，直到整个经济形态变成信息经济，都与信息技术的进步息息相关。人类利用信息资源提供物质和技术支持源于印刷术、望远镜、显微镜、测量仪器等的发明和使用，这为信息产业最终从社会生产中独立出来奠定了基础。从 19 世纪开始，英国等国家开始出现以提供信息服务为目的的咨询业，标志人类利用信息资源的实践活动开始深化，也大大推动了信息商品化的进程。20 世纪初通信技术的出现，进一步扩大了信息交流的范围和规模，相继出现的半导体技术、计算机技术及卫星通信等技术，为信息在整个经济活动中发挥商品的作用提供了更加坚实的物质和技术支持。正是现代通信技术、信息处理技术等各种信息技术的迅速发展，推动了信息商品化的进程，从而完全确立了信息商品的地位。

二、信息商品的特点

作为商品，信息商品具有一般商品的共性，比如具有价值与使用价值，具有稀缺性等。此外，信息商品还具有与物质商品不同的特征。

(一) 非物质性

在信息生产中，注重的是信息的内容而不是形式。信息商品包含着负载于某种物质载体上的信息内容，与普通商品相比，信息商品的主要特征之一是表现非物质的信息功能，可以说信息商品具有非物质性。信息商品的非物质性与任何信息都具有物质载体并不矛盾。没有物质载体，信息就不能存在，更无法传递和存储，但信息商品一旦生产出来，就可以在大范围内交换流通，而其物质载体可以不随之移动，即内容相对于物质载体具有独立性。作为商品的信息，是一种知识性、科技性、专业性很强的劳动产品。其是以科学技术成果知识为原料，由智力型的劳动者加工处理而成，其实质表现为动态性知识形态。因此，其知识和技术含量极高。要高效地使用信息商品，使用者需要具有较好的文化素质和修养。

(二) 非消耗性

信息商品在消费或使用过程中，表现为信息内容从一种物质载体转移到另一种物质载体。但是，无论怎样转移，信息内容都不会被消灭，也不会失去原来的使用价值和效用，即信息商品消费具有非消耗性和无损耗性。时间的推移与信息的重复使用都不会使信息的内容有所损耗。同一信息可以为同一个人或不同的人共同使用或重复多次使用，可以大量复制，而其获得的效用既不会被分割，也不会被削弱。这使得信息消费与信息价值无关，信息在多次传播中其价格可能会越来越低于价值。大多数信息商品对物质载体都具有独立性，其消费和使用表现为载体的转换。但这种转换一般不会引起信息商品的损耗或丧失，交换的结果不是转递实物而是信息共享。

(三) 非排他性

对普通商品而言，交换必须以物质实体的转手来实现，此时从生产者到消费者，无论谁占用，普通商品都是私人物品。私人物品的消费不能共享，即排他性。但信息商品可以反复使用、反复交换，这种非排他性消费也使得信息商品有了共享性。如某人将自己的信息产品或发明创造转让给他人，并不一定以失去其所有权为前提。因而，信息商品可以反复使用、多次交换，并在使用和交换中进行改进和创新，这就是信息商品的共享性。萧伯纳对信息的共享性有一个形象的比喻：你有一个苹果，我有一个苹果， 彼此交换一下，我们仍然是各有一个苹果。如果你有一种思想，我也有一种思想，我们相互交流，我们就都有了两种思想，甚至更多。这个例子说明了信息不会像物质一样因为共享而减少，反而可以因为共享而衍生出更多。

(四) 强独创性

信息商品是一种非重复性商品，一般商品可以重复生产，而信息商品的内在的新颖性、时效性和机密性，使得它必须在一定范围内是独一无二的，即具有独创性。同时形成信息商品的劳动也是独创性的劳动，因此，某种信息商品一旦生产出来，就会受到知识产权的保护，任何信息机构和个人就不可能再开发基于相同内容的信息商品，也就是指信息商品开发具有一次性、非重复性。

(五) 强时效性

随着科技的发展和人民知识水平的提高，某一特定的信息商品会逐渐丧失作用，表现为价值下降或失去价值。在时间面前，信息是易碎品。即使是十分真实的、很有价值的信息，一旦失去了时效，它就会变成无人问津的东西。大众媒介中的昨日消息、今日早闻等会迅速地被刚刚发生的、正在发生的甚至即将发生的信息所取代。人们对时效性的追求，是没有止境的。例如，在咸阳出土的一个两千年前的秦国军书，从信息的角度来看，现在已经是废纸一张了，由于距离现在的时间太长了，其军事价值几乎为零。

(六) 不对称性

这里说的不对称性主要指的是买卖双方在交换过程中的不对称性。由于信息商品具有共享性，在信息商品的交换过程中，卖方在出售信息商品之后，不仅能获得等同于该信息商品价值量的价值，而且仍拥有信息商品的使用价值；而买方在得到信息商品的使用价值的同时要支付等同于该信息商品价值量的价值。因此，与普通商品的交换过程不同，信息商品的交换对买卖双方都是不对称的。

(七) 间接实现性

信息商品并不能立即独立地给使用者带来直接的利益，其使用价值具有间接实现性。其间接实现性表现在信息商品的使用价值无法通过它的物质载体本身的性质表现出来，它实际上是人们对信息在使用后的客观效果所做的主观评价，信息商品的使用必须与使用者的智力劳动相结合，它具有一个再认识、再制造的过程。信息商品使用价值的实现离不开使用者的智力劳动，所以信息商品使用价值的实现具有间接性。

第二节　信息商品的定价

信息商品是信息生产者在掌握一定信息资料和具备一定的物质条件的基础上，通过脑力和体力劳动创造出来的，因此，与物质商品的成本一样，它也是由材料成本和劳动力成本等构成。然而信息商品的成本有其自身的特点，价格是商品价值的货币表现，所不同的是，信息商品价格在反映其价值时远比物质商品复杂和多样化。

一、信息商品的成本

(一) 信息商品的成本概念

成本是经济学中的一个重要概念，同样道理，信息商品的成本亦是信息商品问题中的重要概念。成本的概念在不同的经济学分支学科中，其含义不完全相同。西方经济学中，成本是指生产商品或劳务时，为使用生产要素而付出的费用的总和，由于生产要素包括劳动力、资本、土地、原材料、能源和企业家才能等，所以成本也就包括地租、工资、利息以及材料、动力、燃料、管理费用和利润等。西方经济学成本中所包含的利润主要是指“正常利润”，即社会平均利润，而经济学中的利润则是指超额利润，即高于社会利润水平的利润。我国学术界对成本概念的观点主要有“劳动耗费论”和“资金耗费论”之争。从马克思“劳动价值论”学说出发的观点“劳动耗费论”认为成本包括物化劳动转移价值(C)以及必要活劳动创造价值(V)，这一观点长期以来为经济理论界普遍接受。不足之处是没有明确划分抽象劳动与具体劳动的界限以及个别劳动与社会必要劳动的界限。“资金耗费论”弥补了这一不足，它认为“成本是生产一种产品所需的全部费用”。这一定义使得成本得以更好被量化，并使成本从抽象走向具体。不足是它混淆了成本和费用之间的关系，也没有严格区分生产性资金耗费和非生产性资金耗费。在我国，大部分经济学学者认为成本是商品价值构成中的 C 和 V 之和。

信息商品的成本是制定信息商品价格的基本依据和最低经济界限。信息产品作为商品，其价值包括消耗的生产资料价值、信息生产者所创造的价值、为本单位(或社会)创造的价值。价格是价值的货币表现，价格的三个部分是：物质资料的耗费支出、劳动报酬(工资、奖金等)支出和赢利(包括利润和税金)。前两部分的和就是信息商品的成本。就是说，信息商品的成本是由物化劳动的消耗和活劳动的消耗构成的。

(二) 信息商品的成本类型

信息商品的成本类型有很多。下面就以不同的划分标准来分析一下信息商品的不同成本类型。

1. 根据成本的变化来划分

根据成本变化情况，信息商品的成本可划分为可变成本、半可变成本和不变成本。首先，可变成本是指随信息产品产量的增减而成比例增减的费用，如出版社雇用职员的成本、影印的纸张成本、图书的印刷成本等；其次，不变成本亦称固定成本，是指在信息产品生产中，在一定时间内和一定生产规模限度内，不随产品产量而变化的费用，如出版社的建筑成本、设备的折旧费、管理人员的工资等(其特点是，当产品产量增加时，费用总额保持不变，而单位产品成本减少，同样，当产量适当减少时，费用总额并不减少，而反映在单位产品成本上却有所增加)；最后，半可变成本是指其费用总额随产量增减而变化，但非成比例地变化，如产品的运输费用等。

2. 根据成本的功能来划分

根据成本的功能，信息产品的成本可划分为开发成本、初始成本、操作成本和维修成本。首先，开发成本是指在进行新的信息产品、信息系统和信息服务项目的设计或创新中所花的费用；其次，初始成本是指新的信息产品或信息系统实施投产阶段的费用；再次，操作成本主要是指信息系统投入运行后所需的费用；最后，维修成本是指信息系统维护和修理的费用。

3. 根据成本的性质来划分

根据成本的性质，信息商品的成本可划分为直接成本和间接成本。直接成本就是直接用于信息产品的开发、生产和开展信息服务的成本；间接成本就是除直接成本以外的用于信息生产、信息服务的开支，如税收、管理费等。

4. 根据生产利用过程划分

根据信息产品的生产和利用过程，信息商品的成本可分为生产成本、用户成本和外在性成本。首先，生产成本包括信息产品生产过程中使用的材料、投入的劳动力及信息流通费用等；其次，用户成本是指用户在获得某一信息的使用权时支付的费用；最后，外在性成本是指由信息经济活动中的外部效应引起的成本，指的是用户在利用某一信息产品或服务时，给其他用户的使用带来的另外的成本耗费(如阅览室里的一本书被某人借走，其他人要借该书必须等待而耗费的时间成本等)。

5. 根据成本变化周期划分

根据成本的变化周期，信息产品的成本可划分为重复性成本和非重复性成本。首先，重复性成本是指每隔一定时间就必须按时交付的费用，如信息资料采购费等；其次，非重复性成本多是指一次性的费用，也包括仅在某一段时间内需要付出的费用，如基建费、设备安装费等。

(三) 信息商品的成本特征

通常情况下，成本一般分为两大类型：不变成本和可变成本。但在实际中，我们常用到的还有边际成本、平均成本和总成本等概念。边际成本是指增加一单位产出的可变成本。如软件的生产在研发阶段需要投入大量的资金和人力，这个投入是固定的，视为不变成本。而当软件开发出来之后，每复制一套软件的费用是边际成本，这个边际成本很低。因为总成本是边际成本之和，而平均成本则是指在一定时期内的总成本除以总产量，所以有：

$$总成本=\sum 边际成本=平均成本\times 产量$$

在经济学中有一个假定：边际成本随产量的增加而增加。这是由于随着产量增加，会加重磨损和折旧，同时还需要投入更多的劳动力。这些可变成本的投入量虽然不会使固定成本发生变化，但会膨胀并挤塞固定成本。而对于大多数信息商品和信息服务而言，这种假定是不成立的。信息商品的成本结构与一般物质商品不同，它具有高固定成本和低边际成本的特性，因此，信息商品和信息服务能以极低的边际成本进行再生产。因为生产信息商品和提供信息服务的边际成本极低，有时甚至忽略不计，因此，在再生产过程中，信息商品和信息服务的固定成本比可变成本重要得多，经常在商品总成本中占有很大的比重。

(四) 信息商品的成本结构

信息商品的成本结构可以从两个方面来分析。

1. 成本结构的生产角度分析[1]

从生产领域来看，信息商品成本的主要构成部分有以下几个。

(1) 物质材料消耗费用 C_1

由于大部分信息商品必须以物质为载体,信息商品生产也必须有相应的基础，必须使用仪器和设备等，所以信息商品生产离不开物质材料和能源的支撑。信息商品生产成本中的物质材料消耗费用包括生产信息商品所使用的原材料(如纸张、油墨、色带、磁盘等)费用、燃料动力费用和各项固定资产(如房屋、计算机、通信设备、印刷设备、试验设备等)费用。其中原材料和燃料动力消耗费用可一次性计入生产成本中，而固定资产并非一次性消耗，其费用通过折旧的方式计入信息商品的生产成本。

(2) 信息材料消耗费用 C_2

信息商品生产实际上是对信息材料进行不同程度的加工。为了生产信息商品，信息商品生产者必须花钱购买信息资料和搜集信息。用于搜集信息和购买信息资料的费用就

1 汪英，方小玉. 对生产领域信息商品成本核算的探讨[J]. 当代经济，2008(5)：82-83.

是信息商品生产中的信息材料消耗费用。这类费用包括：第一，购买信息资料和信息的费用，如购买图书、报刊资料、文献数据库、内部信息资料、专利信息等的费用；第二，信息调研费用，如围绕信息商品开发和生产进行实地调查和考察的差旅费和咨询费等；第三，通信费用，即在信息商品生产过程中与外部进行信息交流的电话费、传真费、网络使用费、联机检索费等；第四，信息材料时效损失费用，即信息商品生产者掌握的信息材料因时效问题而损失的费用。由于信息材料是非消耗品，不会在一次使用中消耗掉，因此其费用可采取折旧的形式计入成本。与固定资产折旧不同的是：信息材料费用折旧系数并不固定，而是根据材料使用次数进行相应折旧，折旧系数随使用次数的增加而逐渐减少。

(3) 劳动力消耗费用 K_1V

信息商品生产需要花费信息人员的劳动，用于补偿信息商品生产人员及其辅助人员的劳动力消耗的费用也是信息商品成本构成的主要部分。这类费用包括参与信息商品生产的各类人员的工资，信息商品生产企业所发放的各种奖金、津贴和补贴，信息生产人员的教育培训费用等。在确定一般商品劳动力消耗费用(V)时，我们通常以简单劳动时间为计量基础。而信息商品生产是一种高智能和高创造性、探索性的复杂劳动，它在同样的劳动时间内所创造的价值远高于简单劳动所创造的价值。因而在确定信息商品劳动力消耗费用时，必须将复杂劳动时间转化为简单劳动时间，式中 K_1 即表示信息商品开发研制复杂性系数。

(4) 其他费用 C_3

其他费用主要包括银行贷款利息、管理费用和废品损失费用等。在信息商品生产过程中，有时因资金不足需向银行贷款或向其他部门和个人借款，借贷款必须付利息。信息商品生产部门还需要支付管理费用或向有关部门缴纳一定的管理费用。利息和管理费用等都是信息商品生产成本的组成部分。

由此，现在我们可以根据马克思的成本价格理论来建立一个信息商品生产成本模型，即：

$$W = \frac{C_1 + C_2 + K_1V}{(1 - K_2)} + C_3$$

其中，K_2 表示开发研制风险系数。信息商品区别于一般商品的重要特点是它在开发研制过程中充满了风险和不确定性，某一科研项目的失败很可能导致信息生产方式的利润丧失殆尽，影响信息研究的生产和扩大再生产。因而，存在一个风险系数的问题。一般来讲，信息商品开发研制越复杂，其风险性就越大，反之，就越小。因此，K_1 与 K_2 成正比例关系。

信息商品成本的主要构成可见图 3-1。

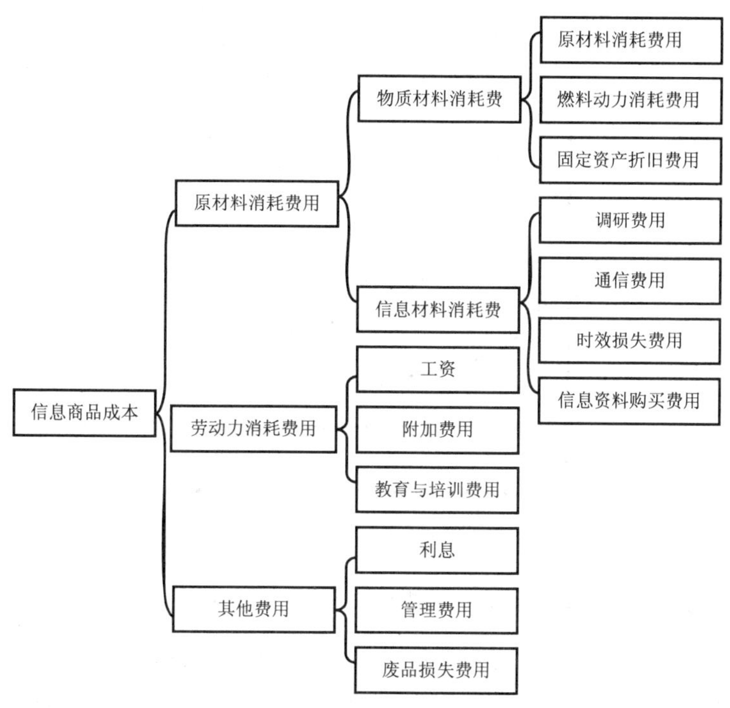

图 3-1　信息商品成本的构成[1]

2. 成本结构的规模经济分析

从规模经济的角度来看，信息经济的成本可以分为固定成本和可变成本。其中，固定成本与生产规模无关，并对于某个较短的时间跨度而言是被锁定的成本，即在一个时期内企业为了生产所必须承担的与产量多少无关的成本。因此，为更方便分析问题，作以下假定：即假定固定成本为 F，单位产品可变成本为 c（常数），产量为 q。则企业的总成本函数为：

$$C = F + cq$$

由此可求得平均成本函数为：

$$\mathrm{AC} = c + F / q$$

显然，当企业产量 q 增大时，平均成本 AC 下降，即生产越大，单位产品分担的固定成本越少。这样，在可变成本一定的条件下，平均成本必然越接近于边际成本 MC 或单位可变成本 c。

假设有两种产品，其固定成本分别为 F_1 和 F_2，且 $F_1 > F_2$，可变成本相等，若固定成本较小，则平均成本就会越接近边际成本 MC，因而产量增大时平均成本下降的速度也就越慢；反之，若固定成本较大，平均成本下降的速度就会较快。因此，在这种假定下的成本函数，固定成本越大，规模经济就越显著，即在该行业中，生产规模越大的企业，其产品的固定成本与规模经济成本越低，企业也相应可以制定更有竞争力的价格，如图

---

1 汪英，方小玉. 对生产领域信息商品成本核算的探讨[M]. 当代经济，2008(5).

3-2 所示。

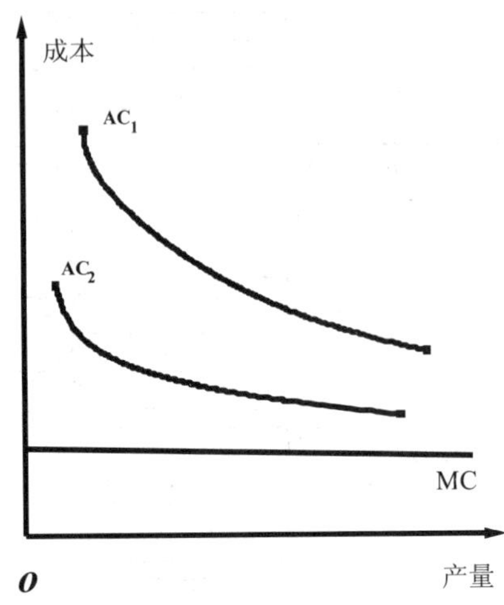

图 3-2 软件业平均成本随产量变化图

固定成本和可变成本都是影响规模经济的重要因素。如在有线电视、光纤通信和芯片等信息商品的生产中，固定成本相当大，而要连通一个额外用户的成本(即可变成本)就相对低得多。该行业容易出现垄断现象，国家必须通过相关的法律进行调节，并对其价格进行必要的限制。而在物质资源依赖型经济产业中，随着企业产量的扩大，可变成本将会大幅度增加，最终必然导致收益变化(如图 3-3)。在信息商品的生产中，可变成本几乎可以忽略不计，这样，平均成本总是随产量的增加而下降，但下降的速度将会越来越慢(如图 3-4)。这种情况说明，在可变成本非常小的行业，固定成本可能不太大，但规模经济效益也是明显的，这在软件行业中表现非常明显。因此，对于信息商品来说，其成本将随着产量的增加不断下降，价格也能够随之下降。

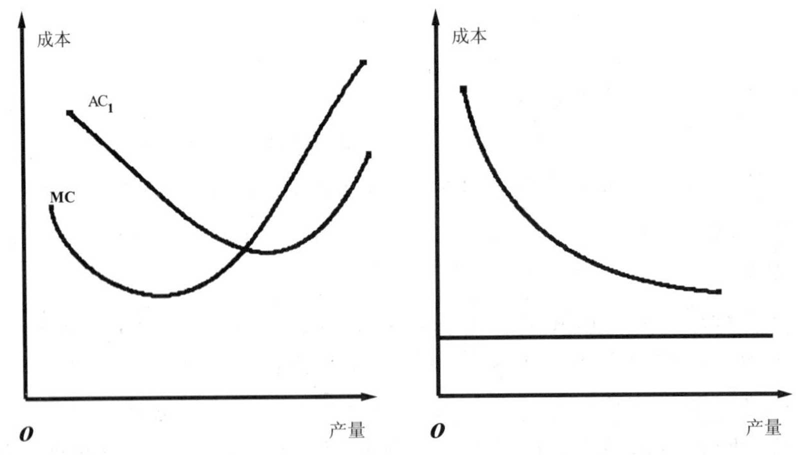

图 3-3 物质型产业平均成本随产量变化图　　图 3-4 软件业平均成本随产量变化图

信息商品的这种成本结构造成一个问题，即软件等信息商品的最初生产需要相当高的固定成本，而非法盗版者则可以以极低的边际成本进行该种产品的“再生产”。这样，盗版者就可以用很低的价格向市场提供信息商品，进而影响到合法的信息产品的正常流通，使其投入的成本难以回收，投入的工作得不到相应的市场回报，最终将会影响到信息商品生产者的生产积极性，不利于信息市场的成长。因此，国家应通过相关的法律、法规和行政手段对信息产品(如专利、版权等)实施保护，加大打击盗版的力度，从而有效地推动信息商品的生产和流通。

二、信息商品价值观

(一) 马克思主义信息商品价值观

按照马克思的观点，商品是使用价值和价值的矛盾统一体。同样信息商品也是使用价值和价值的矛盾统一体，但信息商品作为特殊的商品形态，其使用价值和价值又具有物质商品所不具备的特性。

按照劳动价值论，商品的价值不是由个别劳动时间决定的，而是由社会必要劳动时间决定的。因此，信息商品的价值是指凝结在信息产品中的人类抽象劳动，其也必然是由社会必要劳动时间所决定。这样，根据经济学中的商品价值构成可以将信息商品的价值用数学关系式表述为：

$$W = c_1 + c_2 + V_1 + V_2 + M$$

$$c_1 + c_2 = C$$

$$V_1 + V_2 = V$$

式中：W——信息商品的价值；

C——不变成本；

V——可变成本(必要劳动)；

c_1——生产信息产品时物质材料的价值；

c_2——生产信息产品时信息材料的价值；

V_1——同类性质的体力劳动者的体力劳动支出；

V_2——创造性脑力劳动支出；

M——信息商品的剩余价值(由体力劳动和脑力劳动共同创造的)。

(二) 马尔萨克的信息商品价值观

不同环境状态下的信息生产成本各不相同，信息效用也千差万别，因而不同的环境中的信息价值也应有所不同。1959 年，马尔萨克提出：由于信息量并不完全等于信息价值，而且在一般情况下信息量是供给价格的衡量标准，因此，申农的信息量测度公式并不完全适用于经济学研究。马尔萨克还认为：信息的价值应当是获取信息之前与之后的最大效用之差。阿罗也赞成这种从需求意义上定义信息价值的方法。对此，他进一步分析：在对数效用函数条件下，H 能够被解释为信息的价值。设 X_i 为环境状态 i 发生时打赌的机会收益，否则，收益为零；P_i 为环境状态 i 的主观概率。假定 a_i 为代理人对环境状态 i 发生时所下的赌注率，并规定 $\sum_i a_i = 1$。正如一般情况那样，假设个人使边际效用递减的效用函数的预期最大值最大化，即$\sum_i P_i U(a_i X_i)$。阿罗在 1971 年证明：第一，代理人选择使上式在$\sum_i a_i = 1$的约束下达到最大化，上式的最大值就是没有信息时获得的效用；第二，代理人的最优决策不包括机会收益，其最优值为$\sum_i P_i \log_2 P_i + \sum_i P_i \log_2 X_i$。如果代理人完全了解事件状态并对之下赌注，那么，代理人的收益就为X_i，效用为$\log_2 X_i$。于是，该代理人的预期收益为$\sum_i P_i \log_2 X_i$。因此，在这种情况下，H恰好就是信息的价值。同年阿罗又证明：在上述情况下，信息价值与报酬无关，也就是说，当信息价值与报酬相互独立时，效用函数一定是对数函数。

(三) 施蒂格勒的信息商品价值观

斯蒂格勒的信息价值观则是建立在他所创立的信息搜寻理论基础上的。尽管斯蒂格勒对信息价值的分析比他对于搜寻的分析要简单得多，但他对信息价值的分析思想却富有启发意义。斯蒂格勒在 1962 年指出，信息的价值可以用购买行为中买者预期成本的减少额来表示。设买者搜寻 1,2,3…次的预期减少额为$\Delta c_1, \Delta c_2, \Delta c_3, \cdots\cdots$那么，对于买者而言，信息的价值$V$近似于：

$$V \approx \sum_{m=1}^{r} \frac{r!}{m!(r-m)!} \lambda^m (1-\lambda)^{r-m} \Delta C_m$$

其中，r代表卖者人数，m为搜寻次数，λ为任意一个卖者的信息被任意一个买者接收到的概率，也就是已识别卖者的买者在买者总人数中的比例，斯蒂格勒的信息价值并非马尔萨克所讨论的那种信息价值，但二者信息经济学的思路是相近的。斯蒂格勒也注意到，由于买者所占有的信息不单纯是一个机会问题，一般来说，掌握有较多信息的买者将会做更多搜寻，所以，信息的实际价值平均比上式所表达的数值要高一些。

斯蒂格勒的分析表明：从不同的角度，信息价值的表现形式及影响价值的因素将有所变化。格罗斯曼和斯蒂格利茨在 1980 年也曾经证明，在市场不稳定条件下，信息灵通的市场参与者将比信息不灵通的市场参与者占有更大的市场优势。但是，信息灵通的市场参与者所掌握的信息的价值，与掌握同样信息的市场参与者的人数成反比。因此，仍然会有人对信息搜集感兴趣，他们持续搜寻信息直到边际收益等于边际成本。这里，信息价值不仅与搜寻该信息的收益相关，而且还与掌握该信息的人数相关。

(四) 阿托·雷柏的信息商品价值观

从上述讨论中可知，对信息价值的分析需要结合代理人的决策及决策效用等因素来综合考虑，具体来说，信息价值依赖于个人所面对的决策问题及采取的方式或手段。所以，信息价值的分析可以作为一个典型的统计决策问题来处理，这就需要运用阿托·雷柏所说的统计决策分析方法。雷柏 1989 年指出，信息商品价值的研究方法总体上可以划分为四种，即均衡分析方法、统计决策分析方法、多维价值分析方法和认识分析方法。信息经济学意义上的信息价值分析方法，一般多属于前两种分析方法(尤其是第二种方法)

的范畴。[1]

假设决策者希望其决策行为的预期效用最大化，且其效用为 X 和 Y 的函数 $U(X,Y)$。其中，X 在个人的控制之下，而 Y 不受个人行为的控制，即 Y 是一个随机变量；且 X 与个人的选择相一致，Y 与环境状态相一致；$U(X,Y)$属于冯·诺依曼-摩根斯坦效用函数。假定个人对于随机变量 Y 的认识能够用概率密度函数(PDF) $f(y)$ 表示，并且规定 $y \in R$ 且 $f(y)$ 为非零值。于是，个人的最优决策将是选择 X，使预期效用最大化，即：

$$\max EU(X,Y)=\int_{y\in R} U(X,y)f(y)dy$$

用 X^* 定义 X 的这个价值，即对于所有 X，则有：

$$EU(X^*, Y)\geqslant(X,Y)$$

现在，考虑完全信息的情况，也就是个人在做出决策之前已经了解 Y 将具有何种价值的情况。如果个人了解到 Y 将等于 y，那么，个人的最优决策就是使 $X=X_y^*$，在此，使 $U(X,y)$最大化。对于所有 X，则有：

$$EU(X^*, Y)\geqslant(X,y)$$

这样，$EU(X^*,y)$就是个人在了解 Y 等于 y 时，且在该信息指导下采取最优行为的条件下将获得的效用。

接下来，考虑在接收到完全信息之前个人所获得的预期效用。该项效用可以简单地表示为：

$$\int_{y\in R} U(X,y)f(y)dy$$

由于 $f(y)$ 表示个人对 Y 的价值的认识。于是，根据：

$$EU(X,y)=\int_{y\in R} U(X,y)f(y)dy$$

得出完全信息的预期价值为：

$$\int_{y\in R}[U(X_y^*,y)-U(X^*,y)]f(y)dy$$

这里，完全信息的预期价值为非负数。这是因为，在一般情况下，即使是免费获得的信息也不会使个人的境况变得更差。

综上所述，在统计决策过程中，信息价值本质上是一种依据概率对预期收益进行计算的预期价值。因此，在统计决策领域，分析信息的价值主要是通过计算各种不同形式的信息的预期价值来实现的。

三、信息商品的价格

为什么信息商品被赋予一定的价格，这是讨论信息商品价格之前必须回答的问题。

1 陈瑞华. 信息经济学[M]. 天津：南开大学出版社，2003.

按照标准的经济学解释，因为信息商品属于社会的稀缺资源，也就是说，相对于人们无限多样的需求而言，信息资源是有限的。由于信息商品价值的多维性，信息的市场价格也表现为不同的类型及特征。在信息搜寻环境中，搜寻边际成本等于搜寻预期边际收益时点上的信息商品价格，是信息商品市场上消费者愿意支付的最高信息价格；在最优信息系统选择环境中，决策者获得最优信息系统后采取最优行为获得最大预期效用，与获得该系统前采取最优行为获得的最大预期效用之差，构成信息商品市场上决策者愿意支付的最高信息价格；在信息商品价值理论中，完全信息与信息经济学不完全信息的预期价值，均可以作为信息购买者购买信息商品时愿意支付的价格的上限。

在信息商品市场上，对于中间商或信息经纪人来说，信息商品是他们赖以生存的基础。从表面上看，中间商或经纪人似乎不进行任何“生产”而获得收入，但实际上，他们在“生产”和“销售”一种特殊商品，即信息商品。中间商或经纪人比一般市场参与者拥有更多的市场信息，可能是因为他们有更广的社交圈，或者可能他们比一般市场参与者将更多的劳动放在信息搜寻上，如进行市场调研等。由于中间商或经纪人都是职业搜寻者，因此他们比一般市场参与者搜寻相关信息的成本要低得多。

当市场信息具有稀缺性或不完备性时，消费者和生产者双方为了从中间商或经纪人那里获得信息商品，都愿意从自身的效用中让渡一部分效用给中间商或经纪人，从而避免更多的效用损失。显然，生产者和消费者让渡出来的那一部分效用构成中间商或经纪人的收入，而这部分收入正是依赖信息商品而形成的。具体来说，如果生产者掌握消费者的完全信息，而消费者也掌握生产者的完全信息，那么，生产者的供给价格就等于消费者的需求价格，中间商或经纪人从中得不到任何收益。但是，当生产者仅掌握消费者的不完全信息、消费者也仅掌握生产者的不完全信息时，生产者与消费者之间形成的信息差别可能导致双方在总体效用上的损失，这时，中间商或经纪人的出现显得十分重要。中间商或经纪人既了解生产者信息，也掌握消费者信息，并且往往以双重身份出现：对于生产者，他们是买方；对于消费者，他们是卖方。生产者依靠中间商或经纪人将产品卖出，所以愿意以“佣金”形式支付报酬给中间商或经纪人；消费者依靠中间商或经纪人买到高质量的商品，因而也愿意以一定价格购买他们掌握的卖方信息，其支付方式就是商品的加价。从理论上分析，中间商或经纪人获得的收入就是其获得的“佣金”和商品的加价之和，这就是中间商或经纪人“销售”其信息商品的价格。信息商品的价格不应超过消费者需求价格与生产者供给价格(生产成本)之差，即二者之差构成中间商或经纪人的收入的上限。

当然，在市场交易中可能不止存在一个中间商或经纪人，而是存在多个中间商或经纪人。从理论上分析，无论有多少个中间商或经纪人，他们获得的收入总和应等于生产者供给价格与消费者需求价格之差，如果超过这一限度，消费者将宁愿自己搜寻信息而不愿意借助中间商或经纪人。由于信息的稀缺性或不完备性的差别，不同的中间商或经纪人在信息总价格中所占的比例可能不同，一般来讲，在生产者的信息相对稀缺时(如在紧缺商品市场上)，越靠近生产者的中间商或经纪人获取“佣金”的份额就越高；在消费者信息相对稀缺时(如在滞销商品市场上)，越靠近消费者的中间商或经纪人获得的商品加价的比例也就越大。因此，信息的完备性程度是影响信息价格的一个直接因素。

信息商品价格是信息商品价值的货币表现，信息商品的价值是其价格形成的基础。因此，信息商品的价值决定了信息商品价格的形成和构成，信息商品的价值特性也必然会导致产生信息商品的价格特性。

(一) 信息的价格分析机制

1. 价格和价格机制的作用

价格是商品经济的产物，产品的价格是其价值的货币表现。在社会主义条件下，价值是价格的基础，产品的价值是由生产过程中所消耗的生产资料价值和劳动者生产的必要产品价值以及劳动者为社会生产的剩余产品价值所构成。所谓价格以价值为基础，是指以产品的社会价值(即社会必要劳动消耗)为基础，而不是以个别企业的劳动消耗为基础。与传统的物质商品一样，信息商品的价格，可定义为信息商品价值在信息产品市场上的货币表现。当然，信息商品的价格也是以信息商品价值为基础的，并受到供求关系等多种因素的影响而形成。以价值为基础形成的价格具有以下几个作用：首先，作为商品交换的依据；其次，测度商品的稀缺程度；最后，作为商品运行中的信息指令。斯蒂格利茨全面论述了价格的本质和作用：价格是交换商品或服务所必须支付的代价。当供给和需求力量可以自由发挥作用时，价格乃是稀缺程度的度量标准。对经济学家来说，价格本身是非常美好的东西，因为它能传递关键性的经济信息。

价格机制是指价格变化与市场供求变化之间相互影响与相互制约的作用和联系。当一种商品价格下降时，消费者就会提高消费，增加购买，而生产者则会缩减生产，减少供给；反之，当一种商品价格上升时，消费者就会节约使用，降低购买，生产者则会扩大生产，增加供给。因此，在市场经济中，一般通过价格而非行政手段来调节生产活动与购销活动。同时，供求关系的变化，也会影响或制约商品的市场价格。当一种商品的生产总量增加时就会使其价格降低；反之，则会使其价格上升。价格机制的作用主要表现在：首先，价格机制可以调节社会资源在不同商品生产中的配置。一般而言，商品的市场价格以生产商品所耗费的社会必要劳动的数量为基础，但会受到供求关系的影响。对消费者而言，价格机制是控制需求方向和需求规模的指令性信息。价格的高低直接影响消费者的购买力及购买兴趣，从而调节市场的需求方向和需求结构。当供不应求时，其市场价格就会上涨，超过以货币表示的商品的价值量，生产者有利可图，将会加大投入，从而使更多的社会资源配置到这种商品的生产中去。反之亦然。因此，价格机制可以调节社会供需平衡。但必须注意，虽然价格机制对资源的配置是有效的，但仅有市场调节却是不合理的，且有一定时滞。因此，必要的宏观调控，有利于整个市场资源的合理配置。其次，价格机制能促进厂商提高劳动生产率，降低生产成本。商品的价格本质上取决于商品的价值，但也受到供求关系等因素的影响。简单而言，商品的价格等于成本与利润之和，而成本则取决于生产某种产品所耗费的必要劳动。对生产者而言，当生产某种产品所耗费的必要劳动量高于社会同质同类产品的平均价值时，即其生产成本高于社会同质同类产品的平均成本时，则其在市场竞争中处于不利地位。若以社会平均价格出售，其利润必然低于市场平均利润，甚至发生亏损。要改变这种局面，扭亏为盈，生产者只能通过改进生产技术、提高劳动生产率及改善经营管理，从而降低生产经营成本来寻找出路。

2. 信息商品价格分析依据

信息商品价格分析，主要是依据信息商品的特点及与有关方面的利益关系。信息商品与普通商品就其性质而言有许多不同的特点：首先，信息商品的非物质性、非消耗性、非占有性以及作为准公共物品的相关特性(经济外部性等)；其次，信息商品价值的不确定性及测度困难等；最后，信息商品使用价值的共享性、再开发性、与用户的相关性、时间滞后性和时效性等。

因此，普通商品的价格理论或价格机制，很难直接引申到信息商品的定价理论上来，必须针对信息商品的特点对其价格的有关问题进行重新分析与审视。只有透彻地分析与研究信息商品的价格并合理地制定信息商品的价格，方能最终使信息商品的生产者和消费者实现共赢，进而推动信息市场健康而迅速地发展。

(二) 信息商品的价格基础

由于信息商品价值的特性(如不统一性和多维性)，使得信息商品的价格在反映其价值时也比物质商品更复杂。根据信息商品的产生和形成过程不同，不同的信息商品其价格形成的基础也有差异。

对于一次信息商品，即通过人类思维的创造性劳动而产生出的新思想、新原理、新设计、新方法、新工艺转化的现实的科技成果，由于在其寿命周期内，不需再生产就可以满足多次需要和使用，其价格主要取决于信息产品效用价值或效益价值。对于二次信息商品，由于它是在已经积累的一次信息基础上进行生产的，是对一次信息的整理、综合和精炼，具有确定性和通用性，可按一定的标准和要求，由指定的机构一次性生产加工，其他机构无需重复生产就能满足多方面的需求，进而实现多方共享。根据二次信息商品的生产过程及其特征，它虽然不像物质商品那样按某一标准重复加工，但同一类二次信息商品(按不同的性质和功能划分为文摘、索引和各种不同的数据库等)生产的难度是相近的，工作程序和方法基本上是定型的，持续时间是均衡的，消耗基本上是相同的，投入与产出的联系是确定的。据此就可以对二次信息商品进行分类，计算其生产成本和消耗，并综合考虑劳动时间来制定出价格标准。事实上，目前国内外信息机构生产的各类二次信息商品基本上都是按这种方法来确定价格的。我国各科技信息机构在有偿服务中编制的各种“专题资料”和“信息荟萃”等二次信息商品，也是按这种方法定价和收费的。二次商品以劳动价值为基础形成价格，有时也考虑效用，但其不作为决定因素。三次信息商品具有生产上的一定的确定性和可重复性以及形式内容上的不可重复性的特性。即便生产主题相同，作为原材料的一次信息也相同，但生产者的侧重点和水平高低不同，生产出来的三次信息产品就不同。三次信息商品在生产过程中应满足既定的质量指标，从而保证其产品兼有一次信息商品和二次信息商品的特性，因此其价格的形成要充分考虑其劳动价值和效用价值。

信息商品消费过程表明，无论它被利用于哪一部门、哪一种活动，其现实使用价值或效用的取得除了与信息商品本身固有的使用价值有关外，还取决于消费者本身的物质条件、技术条件和智力条件，尤其是消费者本身的创造性劳动对信息商品在消费过程中效用的实现往往起着决定性作用。因此，同一信息商品虽有不变的总效用，但对于不同的用户来说，从中获得的实际效用往往不同。用户在购买或消费信息商品中所获得的效用，成为确定信息商品价格的基础和依据。目前，大部分信息商品在交易时，基本上都是按这一原则来定价和支付费用的。例如在科研成果的有偿转让和技术贸易中普遍采用的利润分成法、产值分成法、销售额分成法，以及专利许可证贸易中按给予的使用权的专有度支付费用的方法，都是以效用或效益为定价依据的典型。此时，效用表现为信息商品在消费中已经获得的或者将要获得的实际收益，用户支付的是这一收益的一定份额。一般而言，收益越大，提取的份额越大。由于信息商品的非消耗性和共享性，在其寿命周期内，其可以多次出售、多次消费。虽然每一次收取的费用不一定很高，不能补偿信息生产的劳动耗费，但多次出售、多次提成，就可以补偿信息商品的生产消耗，实现信息商品的总效用。多次提成的累加即构成信息商品的价格，每次的支付可以看做信息商品的分价格。

如同物质商品的价格以其价值为基础但又不完全取决于价值一样，在指出信息商品价格形成的效用指标的同时，我们并不排除和否认其他因素对信息商品价格形成的影响。如信息商品生产的成本、生产的难易程度、供求关系、用户的支付能力、市场的垄断程度、信息市场的环境和特性等，都是重要的影响因素。有时某些因素甚至起着决定性的作用，但由于它们不是经常性地起作用，并且不是内在的本质上的作用，因而不能成为确定信息商品价格的基础和依据。

(三) 信息商品的定价方法

信息商品定价方法是信息企业在国家价格政策的指导下，根据本企业的定价目标，计算和确定具体的信息商品价格的方法。信息商品定价的方法较多，不同的信息商品应有不同的定价方法，具有不同竞争能力的信息企业及处于不同营销环境中的信息企业也有不同的定价方法。

1. 成本导向定价法

成本导向定价法是以信息商品成本为中心并兼顾其他因素的定价方法，是一种按卖方意图定价的方法。在确定信息商品价格时，首先考虑的是收回信息商品生产经营中投入的全部成本，然后再考虑取得一定的利润。其具体定价方法有以下四种。

(1) 收支均衡定价法

收支均衡定价法是以销售信息商品的总收入与其总成本的支出相平衡来确定信息商品价格的一种定价方法。其计算公式为：

$$P_c = (C + V \times Q_c)/(1 - T_x) \times Q_c \tag{3-1}$$

公式中，P_c 为保本价格；C 为固定成本；V 为单位可变成本；Q_c 为保本产量；T_x 为税率。

此法重视总成本的补偿，由于以保本价格出售信息商品无利可图，不利于信息企业的发展，不宜长期采用，但可利用其原理来制定收益大于成本的获利价格。获利价格的计算公式如下：

$$p = (R + C + V \times Q_c)/(1 - T_x) \times Q_c \tag{3-2}$$

公式中，p 为获利价格；R 为预期利润量；其他符号同上式。

(2) 边际成本定价法

边际成本定价法是信息企业在销售最后增产的那部分信息商品时，以边际成本为基础制定价格的方法。其计算公式为：

$$P = \text{MC} \times (1 + r) \tag{3-3}$$

公式中，P 为信息商品价格；MC 为信息商品的边际成本；r 为利润率。

在信息市场竞争激烈时，采用边际成本定价法有利于增强信息企业的经营灵活性和市场竞争力，能够充分挖掘信息企业的生产潜力并充分利用其信息资源。

(3) 总成本加成定价法

总成本加成定价法就是在单位产品总成本的基础上加上一定比例的利润，作为信息商品的价格。其计算公式为：

$$P = \text{TC}(1 + r) = \text{TC} + R \tag{3-4}$$

公式中，P 为信息商品的价格；C 为单位信息产品的总成本；R 为单位信息产品的预期利润，r 为预期成本利润率，可根据市场供求与竞争状况来确定 r 的大小。

总成本加成定价法简单易行，可省去根据需求变化频繁调价的麻烦，避免同行间过多的价格竞争，也能保证在市场环境诸因素基本稳定的情况下，信息企业可获得正常的利润。但是，这种定价方法忽视了市场竞争和供求因素对信息商品价格的影响，不能适应买方市场的需要，由于未考虑商品的销售量，预期成本利润率的确定缺乏科学依据。

(4) 变动成本加成定价法

变动成本加成定价法是在信息产品变动成本的基础上加上预期的边际贡献来确定信息商品的价格。所谓边际贡献是指预期的销售收入减去变动成本后的收益。其计算公式为：

$$P = (V + M)/Q \tag{3-5}$$

公式中，P 为信息商品的价格；V 为信息产品的总变动成本；M 为预期的边际贡献总量；Q 为总产量。

变动成本加成定价法可降低信息商品的价格，减轻用户的负担，有利于扩大市场，但是其没有考虑固定成本。如果边际贡献不能补偿固定成本，信息企业就会亏损。在某些特殊情况下，企业停产、减产时，仍要如数支出固定成本，倒不如维持生产，只要产品售价大于变动成本，就有边际贡献，若边际贡献超过固定成本，则可盈利；在信息产品降价出售时，只要售价不低于变动成本，还可以维持生产。这是一种在市场竞争激烈时采用的定价方法。

2. 效益导向定价法

效益导向定价法是不考虑信息商品的成本，而只按照用户利用信息商品后所获得的经济效益来确定信息商品价格的方法，一般是按用户使用某信息商品后在若干年内所得经济利益的某个比例，逐年提成。这类定价方法可减少用户对信息商品有效性的担忧和一次性支付信息商品价格的经济负担，还能将买卖双方的经济利益联系在一起，有利于信息商品使用价值的实现。根据衡量用户经济效益的依据不同，效益导向定价法又有以下四种具体方法。

(1) 入股分红定价法

入股分红定价法是以信息商品作为投资入股，与信息商品用户联营开发新项目，以该项目的收益按双方的投资比例分成的一种定价方法。其计算公式为：

$$P=\sum_{i=1}^{n}d_iR_i \tag{3-6}$$

公式中，P 为信息商品价格，即信息商品作为投资入股所得的红利；R_i 为与用户联合开发的项目第 i 年所获利润；n 为分红年限；d_i 为信息企业第 i 年提成的比例。其中，d_i 可按下式计算：

$$d_i=k\frac{c_q}{c_q+c_y}R_i \tag{3-7}$$

公式中，c_q 为信息企业每年投入的信息商品所扣算的金额，一般按信息商品的成本计算；c_y 为信息用户每年的投资额；k 为分配系数，由双方协商确定，一般情况下，k 应大于 1。

入股分红定价法适用于由信息商品生产者与信息用户共同开发的项目，在现实生活中有着重要的意义。

(2) 产值分成定价法

产值分成定价法是以利用信息商品后所获得的产值作为用户的经济效益，从产值中提取一定比例的资金作为信息商品价格。其计算公式为：

$$P=\sum_{i=1}^{n}a_iG_i+E \tag{3-8}$$

公式中，P 为信息商品的价格；a_i 为信息商品使用后第 i 年所创产值的提成比例，由信息商品供求双方协商确定，一般是逐年减少；G_i 为使用信息商品后的第 i 年所创造的产值；n 为分成的年限，一般取 3～5 年；E 为入门费，或称预订金，在信息商品成交时由用户支付给信息商品生产者，以后在各年的分成中扣除。

产值分成定价法能保证只要信息用户使用信息商品后获得了产值，信息商品生产者就能得到报酬，对信息商品生产者较为有利，也便于计算，但是，该法没有考虑用户利用信息商品后所生产的产品是否能卖出去，是否能获得利润，用户有时难以接受。

(3) 利润分成定价法

利润分成定价法是以利用信息商品后所获得的利润作为用户的经济效益，从利润中提取一定比例的资金作为信息商品价格。其计算公式为：

$$P=\sum_{i=1}^{n}c_iR_i+E \tag{3-9}$$

公式中，P 为信息商品的价格；c_i 为信息商品使用后第 i 年所创利润的提成比例，确定原则同式(3-8)中的 a_i；R_i 为使用信息商品后第 i 年的所创利润；n 和 E 同式(3-8)。

采用此法定价时，若用户在生产经营过程中不加强管理或出现其他情况，导致用户获得的利润很少或不能获得利润，甚至亏损，就会降低信息商品的价格，甚至信息商品的价格为零，对信息商品生产者即造成不利。

(4) 销售额分成定价法

销售额分成定价法是以利用信息商品后所获得的销售额作为用户的经济效益，从销售额中提取一定比例的资金作为信息商品价格。其计算公式为：

$$P = \sum_{i=1}^{n} b_i M_i + E \tag{3-10}$$

公式中，P 为信息商品的价格；b_i 为信息商品使用后第 i 年销售额的提成比例，确定原则同式(3-8)中的 a_i；M_i 为使用信息商品后第 i 年的销售额；n 和 E 同式(3-8)。

采用此法定价时，若用户使用信息商品后所生产的商品积压，信息商品生产者就不能及时得到出售信息商品的费用。

3. 需求导向定价法

需求导向定价法是以信息用户对信息商品价格的理解程度以及信息市场供求状况为依据来确定信息商品的价格。其具体定价方法如下。

(1) 习惯定价法

习惯定价法是按照早已被用户接受并已形式习惯的价格来定价的一种方法。有些信息产品或信息服务，由于人们的长期购买习惯，可能已被用户认同和接受，在确定这类信息商品的价格时，就需要参照这种习惯，否则，其价格不能被用户所接受，甚至会引起同行的不满。

(2) 协商定价法

协商定价法是指根据信息商品买卖双方自由协商而确定信息商品的价格的方法。采用此法确定的信息商品价格，可避免现有计算公式的约束，买卖双方均可接受，同一信息商品的价格会随着信息市场供求关系的变化而变化。

(3) 观念价值定价法

观念价值定价法就是根据用户观念上所认同的价值来确定信息商品的价格的方法。用户观念上的价值并非信息商品的实际价值，而是用户对信息商品价值的评价与判断。每一种信息商品在用户心目中都有一定的评价，当价格水平与用户对信息商品价值的理解和认识水平大体一致时，用户就能接受这种价格。由于信息产品的成本往往难以准确计算，一些信息商品也不是用于商业目的，用户利用后所产生的不是经济效益，而是社会效益，这时，就可采用观念价值定价法。

(4) 可销价格倒推法

可销价格倒推法是先根据用户可能接受的价格或信息商品生产者愿意认可的利润水平确定信息商品的可销零售价，再据此向后推算出信息商品批发价和出厂价的一种定价方法。因为可销价格是根据市场供求状况而对信息商品价格进行估算，所以可销价格是信息商品生产者和用户都能接受的价格。此法的优点是体现了以用户为中心的定价思想，能促进信息企业降低生产成本并提高经济效益。但是，这种定价方法不利于核算信息产品中的物质及信息以外的劳动力消耗。确定可销价格要进行大量的市场调查，比较费时费事。

4. 竞争导向定价法

竞争导向定价法是以信息市场竞争状况为主要依据，根据应付或避免竞争的要求来制定信息商品价格的一类定价方法，其具体方法如下。

(1) 随行就市定价法

随行就市定价法又称通行水平定价法，是将本企业生产经营的信息商品价格维持在同行业一般或平均价格水平上的一种定价方法。采用此法可利用全行业的集体智慧来确定价格，通行价格可被用户接受，可减少信息企业的经营风险，能保证实现全行业的合理利润，通行价格对行业协调的破坏性最小，信息企业可与同行和平相处，但难以了解用户和竞争对手对信息商品价格差别的反应。

(2) 竞争模仿定价法

竞争模仿定价法也称尾随法，是信息企业生产经营的信息商品价格与主要竞争对手的价格保持同一水平的定价方法。采用此法时，只要竞争对手的价格不变，即使本企业的成本或需求状况有所变化，也不改变价格；如果竞争对手的价格变动，即使本企业的成本或需求状况没有变化，价格也作相应的变动。

(3) 招标投标定价法

招标投标定价法也就是招投标定价法，它是先由信息商品购买者提出招标内容和要求，信息商品生产经营者根据招标的内容和要求，在预测竞争对手实力和报价的基础上，决定本企业的投标价格，而不是根据价格与本企业成本或需求的固定关系报价。一般说来，标价越低，中标的可能性越大。有些科研项目的招标投标属于这种类型，科研主管部门是买主，科研人员是卖方。

(4) 拍卖定价法

拍卖定价法是信息商品生产者或代理人事先不规定信息商品的价格，采用公开叫卖方式，引导信息用户报价，从信息用户的报价中选择最高价格成交。这种定价方法可使信息商品卖得很高的价格。名人字画、专利信息和一些文学作品手稿等可采用拍卖方式定价。

5. 价格歧视定价法

(1) 完全价格歧视定价法

完全价格歧视定价法是指向每一位消费者收取其刚好愿意支付的价格。在现实经济生活中，很难做到完全的歧视。如果商品是以一种价格卖给所有人，那么就没有价格歧视。

(2) 一级价格歧视定价法

一级价格歧视定价法是指信息商品在其销售中采用点对点的个性定价策略。这在信息商品的实际销售中也很难做到。

6. 版本划分定价法

版本划分是信息商品的生产者提供一个产品系列，由不同的消费者根据自己的实际情况自己选择需要的产品。版本划分定价法和价格歧视定价法一样都属于差别定价法(对于信息商品而言，版本划分是最典型的差别定价方式)。所谓信息商品的差别定价，是指质量品种完全相同的同一信息商品对不同的用户和消费者其价值不同的现象。差别定价可以使信息商品供应商从消费者剩余中获取更大的利润，从而给予创造性活动的参与者更大的物质刺激。例如对于同一计算机软件而言，商业用户对计算机程序的最新版本需求大，因而他们愿意为软件支付较高的价格。普通用户，由于资源有限，边际收益较低，他们愿意支付的价格就低于商业用户。而早期版本的用户不太愿意为软件升级支付费用，因为他们只要继续使用旧版本照样可以完成工作，因此，此类消费者购买升级软件希望支付的价格更低。差别定价的条件有两个。首先，要将消费者适当地分类。因为其消费行为的差别足以使他们想要或愿意承受不同质量等级、不同价格的产品。其次，选择正确的产品关键特征调整质量，并保证质量调整不会被聪明的中介或消费者利用，即能够有效地避免消费者以低价格购买商品又在高价位的市场上转卖，从而降低产品生产者的利润。

(1) 版本设计原则

信息商品在进行版本设计时应该遵循以下原则。首先是要根据不同的顾客需求提供不同的版本。一个完整的产品系列是使所提供的信息商品的总价值达到最大化。其次是版本设计必须突出不同顾客的需求特征，每位顾客可以选择得到其最适合的版本。版本划分成功的关键在于识别出信息商品中那些对某些顾客有极高的价值，而对其他顾客则没有什么重要性的各个方面，基于此信息商品的供应商才能对不同的消费群体提供有差别的版本，并实行差别定价。

(2) 版本划分的主要因素

根据国内外的研究发现，可用来对信息商品进行版本划分的主要因素有以下几种。

第一，延迟。例如，在推出一本新书时，那些对产品评价高的读者没有耐心等待，而对产品评价低的读者而言，等待就容易得多。因而对书进行版本划分的关键就是优先推出精装本，以便以较高的价格售卖给那些对其评价高的读者，过一段时间后再推出便宜的平装本，卖给那些对其评价低的一般读者。

第二，容量。生产商可以根据产品内在的容量大小来进行版本划分。如电子词典产品，可按照总词汇量和专业词库设计系列产品。

第三，打扰。一些免费发放的软件，在开始使用或结束时在屏幕上显示出要求缴纳注册费的字样。如果是出钱购买的产品，则不会出现这样的“打扰”。

第四，方便性。信息产品供应商可以通过对信息服务使用时间和地点进行限制，控制它的方便程度，从而识别出不同类别的顾客。

第五，用户界面。对于一些软件产品，用户界面在销售中显得尤为重要。对于偶尔使用的消费者，简洁的界面已经足够，而对于经常使用的消费者，可能需要更为复杂、更强大的功能以及更友好的界面。因此，可以通过用户界面的不同配置为那些愿意付出更高费用的顾客提供更复杂、功能更强大、界面更友好的信息商品。

第六，操作速度。产品供应商可以通过设置不同的操作速度，制定相应的价格，来满足不同消费者的需求。惠普激光打印机正是通过改变芯片的等待时间，进而改变打印速度，实现版本划分。其激光打印机以具有相当竞争力的价格向家庭和商用市场出售，而不会影响到其专业型产品市场。

第七，图像分辨率。利用图像分辨率可以对产品进行差别定价。例如，打印商业杂志图像的专业用户需要的分辨率高，对其提供的产品的价格就高；而普通用户需要的分辨率低，对其提供的产品的价格就低。

第八，使用灵活性。许多信息产品在使用上提供多种可选择使用的功能。如打印机同时提供储存、复印、打印、播放音乐等功能。根据功能的多少划分不同的版本，可供需求不同的消费群体灵活选购。

应该注意，版本划分对任何类型的产品都适用，但信息商品的版本划分有其特殊性。对实物产品而言，产品质量的高低意味着生产成本的高低；而对于信息产品而言，高级版本和普通版本其生产成本往往是无差别的。相反，低版本的产品可能还会引起额外的费用。

7. 其他几类定价法

除上述几大类定价方法外，以下两种方法也常用于信息商品的定价。

(1) 计时定价法

计时定价法是根据占用信息服务的时间或利用信息商品的时间多少来计价的一种方法。联机检索、书刊影碟出租、上门服务等都是采用计时定价方法。

(2) 参照定价法

参照定价法是参照其他相关商品和服务的价格来确定信息商品价格的一种方法。对于难以用上述方法定价的信息商品、新型的信息商品或信息服务项目可参照相关物质商品或科技服务项目的价格来定价。

信息商品的价格受多种因素影响，相当复杂。尽管许多学者在考虑到不同影响因素的前提下，提出了许多信息商品的价格模型。但由于这些模型不仅考虑的因素多，且本身也难以计量，故除了理论研究价值外，没有多少实际意义。下面仅在价格形成的基础上初步讨论信息商品成交价格的确定。

(四) 信息商品的成交价格

1. 信息商品的市场交换过程

信息商品要形成价格首先要进入市场交换。多年来，信息商品如何实现交换是学者们关注的焦点。虽然各种具体的交换方式可能很多，但最终成交价格的确定代表着交换过程的共同特征和规律，是信息商品交换得以实现的关键和前提。

信息商品的交换过程，和物质商品一样，本质都是在一定条件下，交易各方权衡利弊得失，最终作出合理选择的过程。其目的在于以最小的费用获取最大的效用。应该说，信息商品的买卖双方对其效用指标的追求是一致的，即都是希望最大限度地实现信息商品的效用。这样，买方的实际收益增加，卖方也随着买方的收入增加相应提取更多的份额。但问题的关键在于买卖双方都希望以最小的费用实现最大效用。因此买卖双方必然会产生价格上的矛盾，这种矛盾的、反向的报价目标又必然导致信息商品要通过买卖双方讨价还价，形成“均衡”价格才能最终成交。

2. 信息商品成交价格的确定

买卖双方在讨价还价之后形成的均衡价格，总是在一定范围内展开的。卖方既不能漫天要价，买方也不能无限压价，因此价格必然有一个波动的上下限。上限是“信息商品的开发成本+该信息商品利用之后所获得的所有利润”，下限是“信息商品的生产成本”。取上限，买方无利可图；取下限，卖方无利润空间，这两种情况买卖双方一般都不能达成交易，信息商品也就不能进入消费领域。因此，交易双方各自均有一个基本价格标准，该标准是在充分考虑效用指标的前提下形成的。

根据卖方对信息商品效用指标的要求，其基本价格标准可表示为：

基本价格标准=生产成本+适当利润

当生产成本可以精确计量时，直接加上期望获取的利润即可。当生产成本无法精确计量时，可以可见消耗进行估算，估算值加上适当利润即可(适当利润是买方利用信息商品获得的所有总利润的某一份额，其具体份额的多少视具体情况而定。当卖方出售的是信息商品的使用权时，提取利润的份额可适当低一些)。

一般情况下，考虑到信息商品可以多次出售、多次转化等特性，只要能补偿生产时的投资和消耗，又能适当增加收入，应当采用薄利多销的策略。但必须注意，信息商品的出售次数是有限的。一般而言，信息商品的价格随着转让次数或出售数量增加而降低。

对于买方，也根据其追求的效用指标提出基本价格标准。买方根据对信息商品的消费模式将按照下述条件权衡消费结果，提出确定基本价格的原则：

预期收入-信息商品的价格-使用成本≥原有利润水平

即，信息商品的基本价格≤预期收入-使用成本-原有的利润水平。

在实际交易中，买卖双方常常根据各自的基本价格标准提出报价范围，这一价格范围可能有以下三种情况：第一种情况是双方范围完全重合；第二种情况是双方范围部分重合；第三种情况是双方范围完全不重合。其中，第一和第二两种状态称为价格均衡状态，在该状态下，只要从重合部分取值，一般都能成交；而第三种状态是信息商品交换的非均衡状态，在该状态下，从双方各自的报价范围中取值都不能成交，只有经过买卖双方的协商，最终达到双方的基本价格范围有重合部分(均衡)时，再从重合部分取值，才能最终达成交易。

四、信息商品的收益

首先我们要明确收益的概念。有的学者认为：收益是指厂商或经济主体在某个经营期内通过销售或生产货物，提供劳务或从事构成该厂商(经济主体)不断进行的主要经营活动的其他业务所形成的现金流入或其他资产的增加与负债的清偿。收益包括总收益、平均收益和边际收益概念。总收益是厂商出售各种不同数量的产品所得到的全部货币收入，即厂商的货币销售额，它等于该产品的价格与销售量的乘积。平均收益是厂商出售一定数量的产品时每单位产品所得到的收益。边际收益是指厂商增加一个单位的产量所带来的总收益的增加量。在任何市场条件下，厂商的平均收益曲线可以由它的产品需求曲线来表示。[1]有的学者对收益的定义是生产者(厂商)出卖其产品而得到的收入。它是单位产品价格和销售量的乘积。它包括利润和成本。当代西方经济学认为，需求价格对于生产这一商品的厂商来说，就是他卖出这一数量商品时每单位商品的销售价格，或出售每单位商品所得的平均收益，即商品的卖价就是平均收益，是随价格变动而变化。卖出数量乘以卖价，即为总收益。每增售一个单位商品而使总收益增加的值，即为边际收益。[2]

从上述分析中，我们可以说信息商品的收益取决于信息商品的价格、取决于信息商品的成本，我们知道，信息商品的价值包括三种不同的含义，即效用价值、劳动价值和效益价值，三者构成了信息商品价格的基础。而在实际中，信息商品的卖者和买者由于利益的不同，使得双方在定价上存在分歧。对于卖者，他更多地愿意以信息商品的成本费用定价；而对于买者而言，他更愿意以信息商品的效用价值定价。

从前面的信息商品成本结构分析中我们看到，信息商品的成本构成中，其固定成本所占的比例很高，而可变成本则极低。这就必然造成了信息商品的价值要受到市场供求关系变化的影响。大量的研究表明，信息商品市场是依靠需求拉动市场价格，即在信息商品市场上，买方价格比卖方价格对信息商品的最终成交价格具有更大的影响力。

由于信息商品的平均成本与市场需求量的大小相关，即根据其最终打开的市场有多大而定，是不确定的，同时，其成交价格也是始终在买卖双方提出的基本价格标准相重合的区域内变动，这就决定了信息商品的定价不可能像普通的有形商品那样，完全以成本加利润方式确定其价格。另外，信息商品本身的特性，如时效性、共享性以及对消费者自身素质的要求等因素，也使得信息商品最终发挥的效用是不确定的，即其效用价值也具有不确定性。这就决定了信息商品的收益具有不确定性。

信息商品的未来收益的不确定性以及由此产生的价格风险，使买方往往愿意与卖方共同承担这种经济风险。于是出现了信息商品的风险与利润分担持续交易模式，即多次让渡交易模式。卖方以一定的方式(如按比例或提成)分享买方的预期利润，并承担相应的风险责任。这实质上是多次或无限次分割信息商品的交易价格，这种价格分割的基础是风险分担的经济行为。

在实际中，一些信息商品的价格是以拍卖、价格协商和投票等方式形成的。以这种方式形成的信息商品的价格是一种风险价格。如名画、古董等的交易价格中绝大部分是风险价格，而非其本身的价值或使用价值。

1 胡代光，高鸿业. 西方经济学大辞典[M]. 北京:经济科学出版社，2000.

2 韩双林，马秀岩. 证券投资大辞典[M]. 哈尔滨:黑龙江人民出版社，1993.

总之，信息商品本身价值的不确定性和特征决定了其交易价格和交易方式远比物质商品复杂和丰富得多。

第三节　信息商品的交易

信息商品是能够满足社会某种需要并用于交换的信息产品，它具有不同于物质商品的特殊性，因此信息商品的交易也同样具有独特性。

一、信息商品的交易成本

(一) 交易成本理论

1. 交易成本的基本内容

交易成本理论是新制度经济学的理论基础，美国制度经济学家科斯最早提出“交易成本”的概念，此后阿罗、奥利弗·威廉姆森(Oliver Williamson)、张五常等学者进一步发展和完善了该理论。科斯认为：交易成本“是利用价格机制的费用，包括为完成市场交易而花费在搜寻信息、进行谈判、签订契约等活动上的费用”。威廉姆森将交易作为经济分析的基本单位，认为交易是通过契约进行的，特别是从交易的维度分析了交易的特性，使交易分析更具有可操作性。他认为“交易成本是物理学中的摩擦力在经济学中的等价物”，“资本主义的各种经济制度的主要目标和作用都在于节省交易成本”，“经济组织的问题其实就是一个为了达到某种特定目标而如何签订合同的问题”。张五常认为：“在最广泛的意义上，交易成本包括一切不直接发生在物质生产过程中的成本”，“交易成本看做是一系列制度成本，包括信息成本、谈判成本、拟定和实施契约的成本、界定和控制产权的成本、监督管理的成本和制度结构变化的成本等”。

2. 交易成本的分类

由于交易成本泛指所有为促成交易达成而产生的成本，因此很难对它进行明确的分类。威廉姆森将交易成本分为事前交易成本和事后交易成本。前者包括起草、谈判和维护执行一项协议的成本。后者包括：第一，适应性成本，即当交易偏离了所要求的准则而引起的不适应成本；第二，讨价还价的成本，即若出现偏离准则的事情后交易双边为纠偏而引起的争论不休的成本：第三，构建及运营成本，即为解决双方的纠纷与争执、伴随建立和运作管理机构而来的成本；第四，抵押成本，即保证交易安全和生效的成本。

(二) 交易成本细分

信息商品的交易成本是指“买卖双方完成信息商品交换所付出的费用”，是除信息商品生产过程中消耗的信息材料、物质材料和投入的劳动力成本之外的一切费用。信息商品的交易成本与传统商品的交易成本没有本质的区别，仍然包括供需双方搜寻信息的成本、协商谈判费用、契约签订费用、契约监督费用、契约执行费用、维护交易秩序费用、售后保障费用、转换成本等，对于卖方来说通常还包括信息商品的广告费用。

1. 信息商品交易前的交易成本

信息商品交易前的交易成本是指在交易之前，由于信息不对称，信息商品的交易双方都需要进行信息搜索，以找到合适的交易对象。例如，双方为了减少信息不对称、创造潜在交易机会所付出的成本。随着全球一体化的发展、世界市场的形成，信息商品在交易之前所发生的成本在整个交易成本中占的比例越来越大。

2. 信息商品交易中的交易成本

在信息商品供需双方完成交易前的信息搜寻之后，便开始接触，进行交易条款的协商，最后达成交易契约。这个过程涉及的协商、决策成本和契约成本即为信息商品交易中的交易成本。信息商品交易中的协商、决策的成本是交易双方为达成交易所做的议价、协商、谈判并做出决策所产生的成本。信息商品供需双方完成了交易条款的协商，达成了交易意向之后，则开始订立契约。供需双方需进一步对下列情况做出明确表述：某一价格下，信息商品的品质和数量的检验、律师的聘请与咨询、合同的起草与修改、保证条款的规定、信息商品的转移与交易的登记、对违约行为的处罚规定等。因为签约行为受到未来预期对交易双方的影响，因此契约条款必须充分反映双方利益的权衡，且签订的契约内容需反复修改多次。这其中就包括完成签约过程的沟通成本、签约所需的设备和材料成本、完成签约所需的服务性成本以及人工成本等。

3. 信息商品交易后的交易成本

在交易双方完成契约签订之后，交易者要实施其契约条款和内容，以实现信息商品的价值转移和空间位移，这就是信息商品的交易后成本，交易后成本包括契约的执行成本、监督成本和转换成本等。信息商品的执行成本主要包括信息商品的物流成本(有形信息商品的物流成本)、取货成本、售后服务成本等。监督成本是交易双方订定契约之后，为了预防对方由于“投机主义”产生违背契约的行为而相互监督所产生的成本。信息商品的监督成本体现在对信息商品的物流过程、完整性、有效性进行的监督，对信息商品售后服务的监督以及对方违约时提出起诉发生的诉讼成本等。信息商品的转换成本是指当信息商品需求方从一个供应商转向另一个供应商时所发生的一次性成本。例如，对新供应商的评估成本、掌握新产品使用方法的学习成本等。

(三) 交易成本变动

1. 信息商品交易成本与交易量的关系

在新制度经济学中，交易成本的测度是一个有争议的问题，从宏观角度来看，交易费用是指制度或体制的差异引起的交易费用，不同的制度下交易费用是存在差异的。从微观角度来看，交易费用是指在既定制度下测量商品或劳务的标准及技术变化引起的交易费用。本书从微观角度研究信息商品交易成本和交易量的关系。

为了研究交易成本与交易量的关系，将固定成本、可变成本和边际成本的概念引入信息商品的交易环节，分别表述为固定交易成本、可变交易成本和边际交易成本。单位商品的固定交易成本与交易量成反比关系。可变交易成本随交易量的变动而变动，是交易量的增函数。边际交易成本是每增加 1 单位交易量所带来的总交易成本的增量，边际交易成本是总交易成本对交易量的导数或者总成本曲线的斜率。

2. 信息商品交易成本与交易模式的关系

伴随着现代信息技术的飞速发展，尤其是网络技术的普及，信息商品的交易模式的变化日新月异。目前，信息商品的交易模式主要包括信息商品展会交易、信息商品拍卖、信息商品邮购交易和信息商品的电子商务交易等模式。信息商品的易于传播性和易于实验性等特性，决定了信息商品更适合电子商务交易模式，因此我们以电子商务交易模式为例来探讨信息商品交易成本与交易模式的关系。

传统交易活动中，交易双方在成交前的沟通需要经过很多中间媒介，交易前成本较高，但是在电子商务条件下，交易双方交易前的信息搜索成本、沟通成本等都大大降低。从交易中交易成本的角度来看，传统交易过程中协商成本、决策成本和契约成本都要高于电子商务交易成本。同样的，由于信息商品可以通过网络技术直接传输，也可以实现网络传输验货、网络监督及售后服务等，使得在交易后成本中，传统交易模式的执行成本和监督成本也要高于电子商务模式。通过上述分析，我们可以看到，信息商品采用电子商务方式交易的交易成本相比传统模式下的交易成本是大大降低的。因此，信息商品的日益发展促进了信息商品交易模式的转变，交易模式的转变更加丰富了信息商品的类型，同时降低了信息商品的交易成本。

二、信息商品的交易方式

交易就是消费者获得商品某种使用权的过程，信息商品的特殊性致使信息商品呈现出独特的消费特性，这些消费特性比如商品本身的时效性和消费者的自身素质等都会影响信息商品的交易，因此，信息商品最终发挥的效用是不确定的，效用价值也是不确定的，这种未来收益的不确定性以及由此出现的价值风险，使买方往往希望或愿意与卖方共同承担经济风险，因此也就使交易出现了一次交易、多次交易和捆绑交易等多种模式。

(一) 信息商品的一次交易

一次交易是信息的使用价值进行一次性转移，风险也一次性转移。形式包括购买、拍卖、投标、价格协商。一次交易的买方可以是唯一一方，即买方买断，也可以是卖方同时拥有多家买方。一次交易方式中，卖方将信息商品的使用权一次性交付买方，也存在两种情况：一种是买方完全买断使用权，卖方不能再次将信息商品的使用权出售给任何第三方，即卖方丧失对信息商品的所有权。如传统信息商品中对专利的买卖多数属于此类交易方式；一种是买方通过购买仅仅获得信息商品的使用权，卖方可以不断将信息商品的使用权继续出售给任何需要的买方，即卖方仍然拥有对信息商品的所有权。如对计算机软件、电子书籍等新型信息商品的买卖就属于此类交易方式。

(二) 信息商品的多次交易

多次交易是信息商品的风险和利润分担的持续交易模式，即多次让渡交易模式。卖方以一定的方式(如按比例或提成)分享买方的预期利润，并在此期间承担相应的风险责任，包括出租、价格分割、订金和风险分担。多次交易是多次或无限次分割信息商品的交易价格。多次交易方式中，同样也存在完全买断和非完全买断两种情况，不过完全买断的情况较少，一般只有软件的委托开发才会采用这种交易方式。由于计算机软件需要不断升级，数据库也要不断充实完善，所以卖方多采取多次交易的方式与买方共同承担信息商品的成本和风险。多次交易是信息商品交易的特殊方式，是由信息商品的特殊性决定的，它不同于传统物质商品的分期付款，信息商品的多次交易不但是资金的分次到位，而且商品也是分次交付的。

(三) 信息商品的捆绑交易

捆绑交易和多次交易正好相反，是指不同功能的信息商品捆绑在一起，一次性出售，比如微软的 Office 套装软件采用的就是这种交易方式。捆绑交易方式中，卖方在销售某一信息商品时将另外的信息商品一同交付买方使用，最典型的就是微软将 Office 组件和 Media Player 捆绑在 Windows 中一起销售。买方只要购买安装了微软的 Windows 平台系统就自动使用与之捆绑在一起的 Office 组件和 Media Player 播放器。这种交易方式表面上是为买方提供免费软件，但实际上却是对买方的锁定，也是一种不正当的竞争行为，容易导致垄断的产生。RealOne Player 就曾因此将微软告上法庭。

三、信息商品的交易障碍

信息商品的不对称性会阻碍信息商品的消费者和信息商品的生产者交易的积极性，从而导致市场运作的效率低下，甚至会出现根本就无法运作的情况，这种情况为信息商品的交易设置了天然的障碍，另外，信息商品的服务水平和质量等因素也是影响信息商品市场交易的重要因素。

(一) 基于不对称性的交易障碍

1. 基于消费者信息不对称的交易障碍

由于信息产品的质量不确定性而带来的信息不对称现象在消费者方面表现尤为突出。这种不对称性，不仅会影响消费者自身的利益，同时也会影响其购买决策和厂商的利益。分析其出现的具体原因，主要是由于信息商品的效用后验性所造成的。我们知道，信息商品是经验产品，消费者必须在使用信息商品后才可以知道它是否适合自己，因此，消费者对信息商品质量信息了解就存在滞后性和不确定性，如何规避这一风险，消费者就要加大其信息搜寻的成本以减少产品质量的不确定性，或者通过暂缓交易以回避交易风险。

2. 基于生产厂商信息不对称的交易障碍

生产厂商的信息不对称主要有以下几种情况。首先，对于信息商品的生产厂商来讲，信息商品的规模需求较难预测。其次，由于信息商品属于知识密集型产品，其价值一方面取决于商品本身的质量，同时还在很大程度上取决于消费者的使用水平和使用方式，这在不同的消费者中呈现出很大的差异。因此厂家在做信息商品营销时，如何识别具有不同能力的消费者，以便采取针对性的销售策略非常困难。最后，信息商品的公共物品特性使得信息商品的消费群体存在隐性丧失的可能性。由于信息商品的不可破坏性和可共享性，不能轻易地排除其他人的消费(复制、盗版等)，使得它可以同时为多人消费，而价值不一定有损耗，也就是说，信息产品没有耐用和不耐用之分，从厂家那里买到的产品和二手货没有区别。在产权保护不健全或者监测成本昂贵时，消费者会更愿意选择搭便车从而放弃购买愿望，这种消费群体的隐性丧失不易察觉但却普遍存在。

(二) 基于商品服务的交易障碍

1. 基于信息商品质量的隐蔽性因素的交易障碍

信息商品是非常典型的经验商品，因为信息商品是无形的，所以其难以像有形的物质商品那样供消费者在消费前进行观察和测量等。信息商品的质量信息在消费者和生产者之间存在着信息不对称性。由于这种不对称性的存在，生产者和消费者很可能对信息商品的价值做出不恰当的判断，因而不愿意出售或购买商品和服务，市场也就不可能达到最优的效率水平。当然，相应的市场机制已经用于解决这一问题。例如，用户评价、第三方组织的成员资格等为消费者提供了判断的线索。并且一些专业的产品和服务，例如广告、评论等的产生，也是为了缓解信息商品质量的隐蔽性而带来的对信息商品交易的阻碍作用。

2. 基于信息商品定价的复杂性因素的交易障碍

信息商品的定价问题十分复杂，诸多学者从不同角度对信息商品的定价问题进行过论述，说明其复杂性和难度。但是一种信息商品如果缺乏公认的较为准确的定价标准，就会影响该交易市场的稳定性，此种情况下，无论是买方还是卖方，在市场参与上都会持保守和观望态度，从而影响信息商品的交易。

3. 基于信息商品交易的安全性因素的交易障碍

支付是完成商品交易的重要环节，与其他商品交易相比，信息商品尤其是网络信息商品交易存在着更大的安全性风险。交易安全问题涉及商家身份的确定、网上支付安全、个人信息的安全等诸多方面，更多消费者出于对交易支付、安全、商家信用等诸多问题的考虑，而很可能放弃网络信息商品的交易。

4. 基于信息商品交易的外围性因素的交易障碍

信息商品的交易需要好的外围服务支持。如果信息商品交易的服务项目不健全、技术帮助和支持不到位、客户关系管理不能有效实施、服务人员素质不高和效率低下等，就会对信息商品的交易产生重大的影响，就难以培养忠诚性消费群体，即使在消费者对于信息商品的价格、质量都很满意的前提下，其也会因为交易过程中不良的服务因素而影响再次交易。

【复习思考题】

1．什么是信息商品？

2．信息商品成为商品的条件有哪些？

3．与物质商品比较，信息商品的使用价值具有哪些不同特征？

4．信息商品的定价方法有哪些？

5. 影响信息商品成交价格的因素有哪些？

6. 从生产领域角度分析信息商品成本的主要构成。

第四章

信息市场

第一节　信息市场的含义

信息市场的出现是信息商品化的必然产物，信息市场的形成和发展与商品经济的发展有着密切的关系。商品经济的发展使不同规模、不同形式的信息市场应运而生，激烈的市场竞争促进了技术与经济的紧密结合，加速了产品的更新换代和科技成果的商品化，信息市场在社会、经济生活中所起的作用比以往任何时期都更为巨大。本节主要讨论信息市场的含义和构成、类型与发育程度的判断标准、特征和功能以及信息市场的运行机制、营销和管理。

一、信息市场的概念

真正意义上的、独立的信息市场是在20世纪70年末在世界范围内发展起来的。在此之前，信息市场以一种“隐性”形式与物质市场同时存在着，并一直发挥着信息交流和传播的功能。

关于信息市场的含义有狭义和广义之分。狭义的信息市场是指进行信息商品交换的场所。实际上，信息市场不仅涉及信息商品、信息商品交换场所，还涉及信息生产者、经营者、使用者及其经济活动和经济关系。因此，广义的信息市场是指信息产品生产者、信息服务经营者和信息产品需求者之间在市场上所进行的信息商品交换关系的总和，它涵盖了商品化的信息产品从生产到交换、分配、消费的整个流通过程和流通领域。

信息市场既是产品市场，又是生产要素市场；既是独立的、有形的市场，又是高于其他市场的无形市场，是一个多方位、多层次、多形态的市场体系。

二、信息市场的构成

与其他市场体系相比，信息市场交易的是一种知识型产品，即信息商品。信息商品相对于物质商品的特殊性，就决定了信息市场应该是一种适应社会对信息的需求，运用价值规律进行经营服务的市场，它在经营方式、组织结构以及管理等方面都应具有自己的特点。在基本结构上，信息市场与其他市场体系一样，都由四个部分组成，即供给方、需求方、中介方和管理方。其中的供给方是信息产品与信息服务的生产者和经营者，是信息市场实现交易的前提；需求方是信息产品和信息服务的消费者，信息市场的交易活动最终要通过消费者的消费行为实现。因此，需求方是使信息市场的交易从可能变成现实的条件；中介方主要指信息市场的经纪人，主要职能是传递供需信息、疏通供需渠道，他们是联系供给与需求的桥梁；管理方是指信息市场的监督者和执法者，其任务是对信息市场实施微观和宏观的管理活动，保证信息市场的合理运行。这四个部分是信息市场必不可少的。它们之间要合理构成和有机联系，才能保证信息市场功能的正常发挥。

三、信息市场的特点

同物质商品市场相比，信息市场具有诸多特性，所以在描述信息市场的特点时，不同的学者从不同的角度进行了描述。有的准确反映了信息市场的特性；有的则只是抓住一点而不顾其他，反映的只是所有市场的共性，并不能准确反映信息市场的特征。市场是所有商品交换关系的总和，从这一点出发，信息市场与物质商品市场都是市场的组成部分，两者并没有本质区别。认识信息市场的特点，一是要抓本质属性，从本质上认识其与物质商品市场的不同；二是要合理选择角度，应该从信息市场的交换客体和交易形式上去认识其特点。

(一) 交易方式具有多样性

信息商品不同于物质商品，其在生产、流通、消费的过程中都表现出鲜明的个性。从信息生产来看，许多信息商品的生产具备唯一性，这就使得信息商品在交换过程中，往往是一个卖者面对多个买者，交换主体不是一一对应关系，为使交换顺利进行，可能是竞价拍卖的形式，也可能是交换关系发生在生产过程之前，即提前订货、投资开发、买卖双方联合生产等形式。从信息商品的本质看，其实质是知识、信息，而知识、信息具备共享性特征，这影响到交换关系上，信息商品的买卖可能是所有权的全部或部分转让，也可能是使用权的全部或部分转让。而转让权限的不同，决定了交换关系的不同。

(二) 交易次数具有有限性

物质商品的交换意味着所有权的转让，信息商品的交换则不尽然。由于信息商品的共享性，使得信息商品的卖方在出售信息商品之后还拥有对信息商品的所有权甚至使用权，因此，同一信息商品在交换过程中，对于其第一所有者而言，虽然可以多次出售，直至信息商品的使用价值完全丧失为止。但是，信息商品的交易次数并不是无限的，其交易次数的多少主要取决于信息商品的新颖性、适用性、区域性、服务质量及有关制约因素。表现为当某个信息商品失去新颖性时，其交换次数会显著下降，直至终止。适用性越强的信息商品，其总的交换次数越多。有的信息商品区域性很强，只限于某地区或某部门传播，比如内地与山区市场的信息商品拿到沿海的信息市场，农村信息市场的商品拿到城市信息市场，交易次数可能很少，或无人问津。

(三) 交换关系具有广域性

信息商品的实质是知识、信息，它在流通的过程中不会像物质商品那样受商品技术因素的影响。物质商品由于受技术因素的影响，流通的时间和空间范围都是有限的。如鲜活鱼类，为使其不变质，只能在最短的时间内就近销售。信息商品则不同，只要其使用价值存在，它就有流通的可能，而且其使用价值并不随流通次数的增加而减少，也不随载体的改变而改变，这就为信息商品的广域传播创造了条件。而现代通信技术的广泛运用又使信息商品的广域传播变成了现实。所以，信息市场交易的广域性是其他商品流通无法比拟的。

(四) 供求关系具有扩张性

由于信息市场起步较晚，市场上流通的信息商品无论是品种还是数量，都还不是很多。随着信息产业的发展与信息商品化程度的提高，信息商品的供给将呈扩张之势。信息商品的需求源于政府的决策与管理需要，企业生产经营、开发新产品、开拓市场、竞争的需要，也源于公民学习、研究、生活、投资的需要，随着市场经济的发展，政府、企业以及公民将产生越来越多的信息需求，而且其信息需求的满足将主要依赖信息市场，因此信息商品需求也呈扩张之势。信息市场供求关系的扩张性，还表现在信息商品消费的连带性上，对某类信息商品的需求一经产生，这种需求将演变为连续性需求，因为信息只有通过累积才会更加系统，其效用才会更大。而且，对某类信息的需求还会引发对相关信息的需求。重视信息市场供求关系的扩张性，是搞好信息产品生产、开展信息服务的有力保证。

(五) 市场形态具有复杂性

信息市场形态的复杂性是由多重因素决定的。首先，从交换的对象看，不仅有有形的信息商品，而且还有无形的信息商品，受此因素的影响，信息市场有有形信息商品市场和无形信息商品市场。信息商品的内容十分丰富，不同的信息商品，在交换的过程中又表现出不同的个性，这影响到市场形态上，使信息商品的市场形态复杂多样。其次，从交易的形式看，由于信息技术等现代通信手段运用于交换过程，使交换关系可以不在同一时间、同一地点发生，因而信息服务也呈多种形态，有店铺式服务、信函式服务、网络式服务，等等。

四、信息市场的类型

任何事物的分类，都要依据一定的标准，依据的标准不同，就会划分出不同类型的信息市场。划分信息市场依据的标准与信息商品的供给方、需求方以及信息商品本身关系密切，因为信息商品的供给方、需求方及信息商品本身决定着信息市场的类型和性质。

(一) 按信息市场的功能作用划分

1. 书报信息服务市场

书报信息服务市场是指图书馆或情报中心利用自己生产的信息产品和拥有的信息商品或信息设备在特定的时间内满足各类型信息用户需求的活动，如图书馆咨询、图书馆检索、打印与复印业务等。图书馆和情报中心积极参与信息市场营销活动，目的是为了通过各种促销来满足用户多方面的信息需求，为用户提供越来越满意的信息服务。

2. 信息技术服务市场

技术服务市场是随着技术商品化的发展而发展起来的一种市场形态，也是信息市场最重要的方面。而技术服务的内容主要包括技术成果转让、课题招标、人才交流、技术开发、技术咨询等。

3. 专门信息服务市场

专门信息服务市场主要是指各式各样的现代信息咨询服务市场。专门信息服务包括工程咨询、法律咨询、审计咨询、股票咨询等内容。

4. 电子信息服务市场

电子信息服务市场是以知识为主体的信息市场。电子信息服务包括电子计算机机器商用设备服务、数据库及其网络、电子计算机服务等内容。

(二) 按信息市场的竞争程度划分

1. 完全竞争型信息市场

信息市场要具有完全竞争的性质，必须同时具备下述四个条件：一是信息产品供给者和需求者都很多，也就是某信息产品供给方所能提供的信息产品数量占同一领域的信息产品总量的很小一部分，需求者也只能购买其中的很小一部分，因而其交易额占某种信息产品销售总额的比重微不足道；二是信息产品无差异，即生产某种信息产品的所有厂商所供给的产品都是同质的；三是信息供给方自由进出信息市场，即各个信息供给方进入或撤出某个信息市场丝毫不受限制；四是生产者和消费者对于有关的市场信息有“完全的”知识，双方不存在相互欺骗。由于信息市场中没有完全相同的信息产品存在，就同类信息产品而言，明显存在差异，因而完全竞争的信息市场只存在于经济分析的假设中，在现实经济活动中是不存在的。

2. 完全垄断型信息市场

完全垄断型信息市场是与完全竞争型信息市场相对立的。其特征是某种信息产品在市场上只有一个供给者，而且几乎没有什么可替代的信息产品，供给方能够决定信息产品的价格和数量，并能获得超常的利润。深化型信息产品，比如专利技术信息常出现在完全垄断型信息市场之中。在这类信息市场中，由于生产的唯一性，竞争主要体现在供给者与需求者之间的价格竞争上。不过，完全垄断型信息市场的价格确定不同于完全垄断物质商品市场的价格确定。在完全垄断信息市场中，生产经营者并不能完全了解需求者对信息产品的需要程度，因为这类信息产品主要靠其效用来吸引需求者，而其效用是指使用后可能带来的经济效益，带有不确定性，而不确定性因素的存在可能动摇需求者的信心，且需求者还可能从其他市场上寻找到替代品而放弃对该产品的需求。除此以外，供给者还存在自身产品使用价值降低或丧失的担心，因为信息产品的时效性很强，一旦新的替代产品问世，其效用可能会全部丧失，垄断地位不复存在。正是因为如此，供给者与需求者之间讨价还价的竞争会更激烈，而不是简单的卖方说了算。

3. 垄断竞争型信息市场

垄断竞争型信息市场是一种既有垄断又有竞争、既不完全垄断又不完全竞争的市场。物质型、扩张型信息产品市场大多属于垄断竞争型信息市场。在这类市场中，由于物质型信息产品可以批量生产、重复生产，就某一种信息产品而言，虽然只有一个生产者，但却存在着许多供给者，生产者按照生产成本和平均利润率核定的价格使供给者很难在价格上展开激烈的竞争。他们之间的竞争主要体现在争夺消费者和提高服务质量上。如图书类信息产品，为争夺消费者，将销售点选在尽量靠近更多读者群或交通便利的地方。同一类信息产品虽然存在着差异，但相互替代性很强。扩张型信息产品，虽然不能重复生产，但由于其生产的确定性，这种竞争可以是同类信息产品的竞争也可以是扩张型信息产品与物质型信息产品之间的竞争。

4. 寡头垄断型信息市场

寡头垄断型信息市场中少数信息产品提供者所供给的信息产品数量占了市场上所有信息产品的绝大部分。其中任何一个供给者的行动都会引起竞争对手的反应。邮电通信、网络信息等信息服务作为特殊的信息商品大多出现在寡头垄断型信息市场中。如中国电信 139 数字移动通信网与中国联通 130 数字移动通信网的竞争即属寡头垄断型竞争。

(三) 按信息市场的客体性质划分

1. 产品型信息市场

产品型信息市场是指信息市场上交易的是以某种物质形态存在的信息产品。该信息产品中的信息内容及其信息载体一起在市场中流通，如书刊、图片、磁盘、光盘、音像制品、多媒体信息等。

2. 服务型信息市场

服务型信息市场是指信息市场上交易的是某种智力型的劳务，如信息咨询服务、技术培训服务、专利代理服务、信息检索服务等。信息商品与信息服务在很多情况下合为一体，同时在市场中流通。例如，在开展信息咨询的同时，其咨询报告一般会以文献的形式向用户提供，因此，存在信息产品与服务混合型信息市场。

(四) 按信息市场的经营范围划分

1. 综合性信息市场

综合性信息市场是指信息市场上交易的信息商品和服务涉及各个领域、各个专业，这类信息市场一般规模很大。

2. 专业性信息市场

专业性信息市场是指信息市场上交易的信息产品和服务只涉及某个领域，具体可以分为科技信息市场、商业信息市场、交通信息市场、金融信息市场、人才信息市场等各种专业市场。

(五) 按信息市场的时间结构划分

1. 现货信息市场

现货信息市场主体之间的权利让渡和交易对象的空间易位是同时进行的，即“当面成交，银货两清”。

2. 期货信息市场

期货信息市场主体的权利让渡和交易对象的空间易位在时间上不同步，即成交在先，交货在后。期货信息市场上，交易双方除了具有买卖关系以外，还要履行各自的义务，即买者有到期履行接受所购信息商品的义务，卖者有到期履行交付允诺信息产品的义务。

(六) 按信息市场的空间结构划分

1. 场所型信息市场

场所型信息市场具有具体的信息交易场所，它又可分为固定型信息市场和临时型信息市场。固定型信息市场有固定的交易时间和地点，是一种常设的市场，如各类信息公司的固定营业、信息书刊的固定发行、固定的广告经营市场等；临时型信息市场没有固定的时间和地点，而是根据需要临时安排时间与地点，市场延续的时间也不是固定的，如成果展览会或博览会、流动广告宣传、信息发布会等。

2. 网络型信息市场

网络型信息市场利用国际互联网的便利，在网络上开展信息产品的交易与信息服务，成为电子商务的一部分。提供这类信息商品与服务的机构既可以是纯粹的网上的公司，也可以是同时经营电子商务和一般“地面”商务的公司。

(七) 按信息市场的产权性质划分

信息市场与物质商品市场在所有制性质上是一致的，因此，可以划分为公营型信息市场和民营型信息市场两类。

1. 公营型信息市场

公营型信息市场是指国家设置的常设性信息机构。

2. 民营型信息市场

民营型信息市场主要是指个体劳动经营的信息市场，包括私营信息公司、信息服务站、信息旅店等。

(八) 按信息商品的需求程度划分

1. 潜在需求型信息市场

潜在需求型信息市场是指市场上消费者对某种信息商品或服务有了明确的需求，而这种产品尚未研制出来，服务尚未有人开展。比如许多人都想拥有一台真正的既能看电视又能随时上网的 PC/TV 机，但现在尚未开发出来；再如新一代智能化的、个性化的、集成化的搜索引擎也很受人们期待等。

2. 饱和需求型信息市场

饱和需求型信息市场是指市场上的需求水平和需求时间与信息企业预期的需求水平和时间基本上一致，供需之间大致趋于平衡。这是信息市场营销的理想状态，但这种情况的出现是相对的或短暂的。由于信息产品需求受多种因素的影响，而客观环境在不断变化，再加上竞争的存在，供求水平协调平衡的现象随时都可能被打破，从而出现新的不平衡情况。特别是信息产品更新换代的加速和消费者兴趣点的增多，使得任何一种信息产品的畅销都只能是短时期的现象。例如，趋于饱和的 MP4 市场被 MP5 的出现取代。

3. 退却需求型信息市场

退却需求型信息市场是指市场上对某种信息商品或服务的需求逐渐减少，出现了动摇性退却的现象。这种情况大多是由于新的信息产品或服务的加入和冲击造成的。例如：由于网络数据库的迅速发展，光盘型数据库的需求产生动摇。

4. 过度需求型信息市场

过度需求型信息市场是指市场需求超过了信息企业的供应能力，呈现供不应求的现象。这类市场上一般以紧俏的信息商品或暂时短缺的商品居多。信息企业面临超饱和的需求，等于自己的产品市场出现了“空档”，如不能及时补充，根据市场竞争的规律，其他领域的企业就会适时跟进，甚至最终取而代之。

5. 不规则需求型信息市场

不规则需求型信息市场是指市场需求量和供应能力之间在时间上或地点上出现了不吻合或不均衡的现象。一般来说，市场上的需求和供给水平大致上是均衡的，但由于地域、时间的差异，往往会造成局部的需求不均衡。

(九) 按信息商品与服务的层次划分

1. 一次信息市场

一次信息市场提供具体的一次信息，其传统的信息产品是书刊类出版物和属于一次信息的源数据库(即包含原始信息的文本全文、数值信息和“全文—数值”混合信息的数据库)，以及属于大众传播的服务(广告、信息发布等)。

2. 二次信息市场

二次信息市场不提供直接利用的信息，而提供获取信息的线索，这种线索可以通过二次出版物和二次数据库查询来实现，就提供信息的线索而论，它可以分为题录、索引和文摘服务。

3. 三次信息市场

三次信息市场主要提供软件开发和系统技术服务。

上述信息市场的划分并不是绝对的，还可以从其他角度划分。但是，无论怎样划分，信息市场的共同结构是相同的，即都由信息商品的供给方、需求方、中介方和管理方四个方面构成，四者缺一不可。

第二节 信息市场的运行

一、信息市场的发育推进

(一) 发育程度的判断指标

市场发育是指在商品经济不断发展和逐步完善的基础上，通过市场内在机能的变化而使市场从低级阶段向高级阶段、从不发达状态向发达状态发展的过程。而信息市场的发育是指信息市场从低级阶段走向高级阶段，从不发达状态走向高级状态的过程。具体其表现在信息市场的活动日渐频繁，信息市场由传统的、自发的、零散的信息服务等向系统化、专门化、深层化的方向发展(如网络组织、咨询、交易场所、中介服务、公司实体、专项经营等的发展)。

在不同的经济环境中，信息市场发育有其自身的特点。由于人们自觉或不自觉地采用各种不同的衡量标准，从不同角度、不同侧面对信息市场发育程度进行描述，所以人们对信息市场发育特点的认识往往不尽相同。从信息市场结构状态的角度，自由竞争的市场结构是早期市场形态，竞争与垄断并存的市场结构是现代信息市场形态；从信息市场交换状态的角度，越能贯彻等价交换原则，表明信息市场发育程度越高；从信息市场秩序的角度，用竞争的不规则与规则、无序与有序来衡量信息市场的发育程度；从信息市场交易方式的角度，单一的、短期的、初级的交易方式是信息市场的低级形态，多样化的、长期化的交易方式是信息市场的高级形态；从信息市场功效的角度，低效的信息资源配置是低级的信息市场形态，高效的信息资源配置是现代信息市场形态。

目前，判断信息市场发育程度的指标主要是五个，这五个指标的关联程度无论是从单项效应，还是从整体效应上讲，都可以比较充分地说明信息市场发育的程度。

1. 依赖紧密度指标

依赖紧密度指标即信息市场主体相互依赖性的反映，相互依赖性越强，联系就越紧密。这一指标体现了市场主体之间密不可分、相互促进的特点。

2. 连锁深度指标

连锁深度指标即信息市场主体互相影响产生的连锁反应，连锁反应越是强烈，联系就越深入。连锁深度指标体现了信息市场各个主体要素构成了一个相互制约、相互促进的系统。

3. 联系稳定性指标

联系稳定性指标即信息市场相互作用的反映，相互作用力越是均衡，联系的稳定性就越良好。

4. 信息透明度指标

信息透明度指标即信息市场互相沟通方式的反映，沟通方式越是规范和简明，信息的透明度也越高。信息透明度指标体现了信息市场管理的水平。

5. 空间广度指标

空间广度指标即信息市场主体相互选择的空间的反映，相互选择的余地越大，联系面就越广泛。信息广度指标标志着信息市场内部发展的丰富性。

(二) 发育推进的经历阶段

一般说来，信息市场的发育和推进要经历三个阶段。

1. 启动阶段

信息市场发育的启动，从某种意义来讲就是对传统体制的“松动”。但是由于这种“松动”并不是真正意义上的模式转化，所以传统体制的根本问题并没有得到解决，因此这种“松动”未能使信息市场最终形成。启动阶段的信息市场是无秩序的，无秩序的基本标志就是市场具有双重性：既要代表自身利益，又要体现它的保护人的利益。因此，从本质上说，启动阶段的信息市场并不能称为真正意义上的市场主体。它所表现出来的基本特征是：对市场信号做出歧视性反应；局部的、封闭的信息资源约束；信息商品供求系统的讨价还价；公益性、营利性等多元动机；技术设备落后、信息商品的滞后性等。这些基本特征构成了这个阶段信息市场活动的四个特殊形态：第一，各主体之间的交换关系受制于保护人利益的约束，表现为松散、割裂、局部性封闭特征，尤其是信息商品也受到限制，不能得到充分流通；第二，各主体之间的关系表面上是市场交换关系，但已受行政手段的扭曲；第三，各主体之间缺乏有效的均衡机制，难以维持市场结构的合理性，市场信号比较混乱、质量较低；第四，各主体对其保护人的依赖妨碍了它们之间的相互依赖，从而使它们之间的直接交换关系受到极大限制，互相选择的空间显得十分狭小。总之，在信息市场的启动阶段，各主体由于关系不够协调，相互之间难免会产生强烈摩擦，这种摩擦不利于经济发展和信息市场的发育。

2. 大步推进阶段

大步推进阶段是我国信息市场发育确立了新的“结构”的阶段，即国家与企业之间、中央与地方之间以及经营者和生产者之间形成新的经济关系。这一阶段从根本上改变了传统体制的基础，并对市场的发育产生了强大推动力，但并不意味着新的体制已经最终确立。该阶段的信息市场呈现的特征是逐步明晰化的，明晰化的基本表征就是信息市场主体有了相对独立性。独立性表现为有较强的利润动机和较弱的发展动机、对市场信号的反应灵敏和重视信息市场活动。这一阶段信息市场活动呈现出四个特殊的形态：第一，各主体之间的联系基本上受自身利益的约束，从而表现为较紧密的联系方式；第二，各主体之间的交换关系在一定程度上仍然带有行政约束的痕迹；第三，各主体之间往往形成低水平的过度竞争，难以维持长期稳定的市场结构，市场震荡较大，承受力较为脆弱；第四，各主体在一定条件下摆脱了对保护人的依赖，从而加强了它们之间的相互依赖关系。它们之间选择的空间大大扩展，交换范围不断延伸。因此，在这一阶段的信息市场关系中，开始体现出信息商品交换规则，此阶段的市场形态还只是一种刚形成的原始形态，还有待进一步发育。

3. 独立发展阶段

独立发展阶段的信息市场所呈现出的基本特征是市场主体具有真正独立性,具体表现为：能够真正自负盈亏、自主经营；能够兼顾利润动机和发展动机；能够对市场信号做出积极反应；能够完全注重各种价格竞争和非价格竞争的市场活动。这些市场主体活动的特征是：第一，各主体互相依赖程度加深，同时也提高了互相选择的要求，从而市场调节空间达到最大限度，形成全国统一的信息市场；第二，各主体之间产生了真正的商品交换关系，它们之间的互相依赖成为彼此生存和发展的唯一条件，这种交换关系完全受价值规律和供求关系的约束；第三，各主体的长期行为的互相作用使信息市场的竞争保持在一个较高的水平上，而高水平的适度竞争，使信息市场的震荡较小，承受力较强；第四，各主体之间不仅以商品为媒介发生联系，而且以一切生产要素为媒介发生全方位的联系。呈现出这些特征方能标志一个完整的信息市场体系的形成。只有到了这个阶段，突破了信息交流的地域性和部门性的人为限制，拓宽了信息流通范围的现代化网络模式的信息市场才算形成，信息市场的发展才算成熟。

二、信息市场的运行机制

机制是指复杂系统结构的各个组成部分相互联系、相互制约、相互作用的联结方式，以及通过它们之间的有序作用而完成其基本目标，实现其整体功能的运行方式。信息市场是由供给方、需求方、中介方、管理方等各相关要素组成的系统体系。信息市场运行机制是指信息市场系统结构的组建机能以及系统内部各结构要素之间相互联系、相互作用、相互制约的联结方式及其体系中各个环节紧紧相扣的运行过程。具体来说，它是信息市场系统各要素在一定系统目标的引导下，在一定动力的驱动下，在一定条件的保障下，相互作用、相互制约、相互联系，共同构成系统整体结构体系，并维持这一系统整体的正常运行，实现信息市场整体目标和功能的运行方式和工作方式。一般说来，信息市场的运行机制主要有供求机制、价格机制、竞争机制和风险机制四种。

(一) 信息市场的供求机制

信息商品的供给与需求，是信息市场上相互联系和相互对立的两个概念，也是信息市场运行和发展的决定性因素。信息供给要求有信息需求，而信息需求又需要通过信息供给来满足。供给制约需求又必须适应需求，需求依赖于供给又给供给以出路。供给与需求都需要对方与之相适应。如果相适应了，供求就平衡了、协调了，否则就是供求不平衡、不协调。

由于信息产品生产者和信息消费者具有不同的目的和动机，具有不同的要求和利益，使得信息商品的供给和需求常常发生错位。这种错位现象则表现在信息市场的供求矛盾上，由于实际情况的变化和差异具体表现为三种形态，即供过于求、供不应求和供求平衡。近年来，随着社会信息化水平的不断提高和人们信息意识的增强，信息产品的生产、开发、流通日益呈现出专业化分工协作的趋势，人们的信息商品需求大大增加，这种趋势将逐渐改变信息产品生产与消费的传统格局，强化供求机制对信息市场的作用。

(二) 信息市场的价格机制

价格机制是指价格变动与市场供求变动之间相互制约的作用和联系。价格机制对信息市场运行的作用是多方面的，在不同的作用层次上价格机制有不同的功能。价格机制对生产同种信息商品的企业来说是竞争的工具，因为生产同种商品的企业为了在市场上占据更有利的地位，必须在保证质量的前提下尽量压低价格，以商品的价廉物美取胜。价格机制对生产不同商品的企业来说，是调整生产方向和生产规模的信号，从而促进信息商品生产的各部门大体上按比例协调发展。

信息商品的价格形成虽然受到商品成本和市场上供求关系、竞争状态、垄断程度等因素的影响，但决定信息商品价格的最基本的因素是其效用。效用实质上是信息商品使用价值的综合表现形式。运用价格机制，不仅要考虑商品的供求关系，还要考虑商品的需求弹性。所谓需求弹性，简单来讲，就是指需求对价格的感应性。需求弹性提供了衡量价格下降或上升一定比率所引起的需求增加或减少之间关系的数据。对不同商品来说，价格变动所引起的需求量变动幅度是不同的。信息商品的需求弹性较小，其价格与总收益成正比，即价格上升，总收益增加；价格下降，总收益减少。

(三) 信息市场的竞争机制

竞争机制是信息市场发展的动力机制。因为竞争源于供求不平衡，竞争的出现，又会推动供求由不平衡向平衡发展。信息市场的竞争主要有三种类型。

1. 信息商品供给者之间的竞争

当某一类信息商品的生产能够获得很高的利润的时候，必然会有不同的生产者竞相开发，这样就形成了信息生产者之间的竞争，这种竞争不仅会给需求者带来好处，而且也能推动产业结构向合理化发展。

2. 信息商品需求者之间的竞争

当信息需求者为了满足自身的某种需要，不惜放弃更多的价值而追求信息商品的使用价值时，购买者之间就会产生竞争。信息需求者之间的竞争的结果是抬高价格，但没有需求者之间的竞争，就不可能给生产以反作用力，而且也不可能推动生产向合理化方向发展。

3. 信息经纪人之间的竞争

《美国情报科学学会学报》1972 年 2 月在“信息经纪人”专号上给信息经纪人作了界定，认为信息经纪人就是利用各种可以利用的信息源来回答问题，以获得一定利润的个人或组织。信息市场上的许多交易需要通过信息经纪人来进行，信息经纪人之间的竞争结果是为信息市场提供了更多的供需信息，促进信息商品的交易，同时其自身也会取得更大的收益。

信息商品的生产与消费具有的鲜明个性特征，使得信息市场被多元分割为许多相对独立的部分，这样就削弱了信息市场竞争的激烈程度，同时，信息商品的所有权和使用权在交易过程中又受到有关法律的保护，所以信息市场的竞争对于信息商品的供求量和价格的作用是相对较小的。

(四) 信息市场的风险机制

信息产品是一种智力型劳动的产物，它不像一般物质产品那样可以直接用于消费，需要经过一定的物化过程，才能产生收益，才能评价出最终的效果。这样，就使信息商品交易双方陷入一个循环的怪圈。因此，生产者在生产、经营、销售，以及用户在利用、开发信息产品的时候，都在承担一定的风险，这也就直接影响到信息商品在信息市场中的交换，以及在交换中的价格等。

1. 信息商品生产者要承担的风险

信息商品作为一种不能直接体现效用的商品，其预测的失误、生产过程中的失误或研究方法的不当，将直接影响到信息商品的销售，从而导致产品积压，使生产者资金无法正常运转，最终导致生产者严重亏损或破产。

2. 信息商品经营者要承担的风险

经营者在信息市场中起到疏通营销渠道，以及将信息商品交易活动由现实可能性转化为必然性的作用。中介人的利益与交易额息息相关。因此，他们在经济活动中承担的风险主要来自供给方和需求方。因为需求方从中介方购得信息商品以期待发挥其效用，如果信息商品质量不高、效益不好，将会使需求方追究中介方的责任。同时，又因为需求方不一定将信息商品的成交费一次性付清，而是在该信息商品发挥作用、取得经济效益之后才付清。因此，当需求方因某种原因不能从信息商品中取得效益，或没有足够的资金，其往往拒付费用，使中介方不能及时收回资金，也就不能向供给方付款。信息商品转让与使用是受一定法律约束的。中介方也可能要承担一定的法律责任。这样看来，中介方的风险是与其参与的交易活动的交易额成正比的。

3. 信息商品使用者要承担的风险

一般需求者都追求最大效益，但效用大的信息商品价格也高。这就使购买信息商品给需求方带来风险。风险因素包括：信息商品本身的质量、需求方本身能否利用该信息商品、需求方对某信息商品的垄断性等。

第三节 信息市场的营销

在传统的计划经济模式下，信息产品通常是作为一种公益性服务免费提供使用的，信息机构不是以营利为目的的企业，因而也不需要过多地考虑市场需求问题。随着市场经济的发展，信息产品生产者已不可能完全依赖政府的财政资助，因而，盈利性目标就成为关系到其生存和发展的重要问题，就需要重视信息产品的市场营销工作。如今，信息市场营销是信息市场供给方和中介方所开展的信息市场活动的主要内容，其好坏直接关系到信息企业生产经营的成败，影响着信息市场供给方和中介方的利益，制约着信息市场的运行和发育。信息企业要想在激烈的市场竞争中求生存、图发展，就必须重视信息市场营销工作。

一、信息市场的营销观念

信息市场的营销观念是信息机构从事信息市场营销活动的基本思想。树立正确的信息市场营销观念，有利于坚持正确的信息市场经营方向，科学地组织信息市场营销活动，提高信息市场营销的社会效益和经济效益。因此，信息企业必须在明确信息市场营销含义的基础上，树立正确的信息市场营销观念。

(一) 市场营销观念发展时期

要理解信息市场营销，首先要理解市场营销。提到市场营销，一般人很容易将它与市场销售和推销等同起来。其实这是对市场营销的一种误解，或者说是对市场营销的一种狭义的理解。现代市场营销学认为，推销只是市场营销活动的一个组成部分。市场营销是指在迅速变化的市场环境中，企业为适应和满足消费者的需求，从产品出发，通过市场调查、产品开发决策、价格定位、宣传推广等多种手段和途径将产品从生产者处送到消费者处，并开展售后服务和收集消费者反馈意见的一整套经营活动。当然，这样的观念也是经过长期的发展得来的，因为任何观念都是不断发展变化的，市场营销观念也不例外。随着商品经济的发展，市场营销观念也经历了生产观念、推销观念、市场营销观念和社会营销观念的四大发展时期。

1. 传统营销观念时期

(1) 市场营销的生产观念时期

生产观念是“卖方市场”形势下产生的一种营销观念，其主要表现为企业生产什么就卖什么。这是一种重生产、轻营销的指导思想，这种观念在资本主义国家工业化初期颇为流行。

(2) 市场营销的推销观念时期

推销观念是在由于科学技术进步而引起商品产量迅速增加，卖主之间竞争日益激烈的形势下产生的一种营销观念。这种观念认为，消费者一般不购买非必需的商品，若企业采取适当的措施，加强促销工作，就能激发消费者的购买欲望，消费者就有可能多购买商品，从而使企业增加销售量，提高市场占有率。1920—1945年，推销观念在资本主义国家的企业营销观念中占主要地位。

2. 现代营销观念时期

经历了长期的发展之后，如今的信息市场营销已经走入现代营销观念时期。现代的信息市场营销就是信息机构为激发和满足用户的信息市场需求，采用多种方式和策略，将适销对路的信息产品从生产者送达到用户，再将用户的意见反馈到信息机构的活动。其内容主要包括以下三个方面：首先，信息商品生产和形成之前的信息市场需求调查预测活动以及制定信息产品开发战略和策略的活动；其次，信息商品生产出来后的促销、分销、定价及交易活动；最后，信息商品出售以后的服务及信息反馈活动。具体可以分为以下两个阶段。

(1) 市场营销的市场营销观念时期

第二次世界大战以后，随着买方市场的出现、市场竞争的加剧和企业经营管理水平的提高，营销观念由推销观念发展为市场营销观念，这种观念的主要思想是，用户需要什么就生产什么、销售什么，企业应做好市场调研工作，从市场需求出发，采取相应的竞争对策，合理而有效地组织生产和销售。

(2) 市场营销的社会营销观念时期

20世纪60年代以后，西方国家一些有识之士认为，单纯的市场营销观念会使许多企业为了牟取暴利，损害消费者利益，加剧满足眼前利益与长远福利之间的矛盾，于是，提出了社会营销观念。社会营销观念强调将企业利润、消费需要和社会利益三方面统一起来，企业的生产经营活动不仅要满足消费者的需要，而且应符合消费者和社会的长远利益。

(二) 现代信息市场营销观念

1. 现代信息市场营销观念的优点

从上述观念中可以发现，传统营销观念与现代营销观念在经营活动起点、方法和目标方面都有较大的差别。传统营销观念以产品为经营活动的起点，主要依靠增加生产和加强推销来获取利润，属于“亡羊补牢”、“后知后觉”式的对策性营销活动，这种营销管理具有滞后性、盲目性、被动性等缺点；现代营销观念以用户需求为生产经营活动的出发点，强调通过整体营销活动从满足用户需求中获利，属于“先知先觉”式的战略性营销活动，这种营销管理则具有超前性、主动性、战略管理性的优点。所以更加有利于在市场竞争中获胜。

2. 现代信息市场营销观念的内容

在现代市场营销环境中产生并进行的信息市场营销活动必须适应时代潮流、树立现代信息市场营销观念，而且，信息商品与信息市场本身的特点也决定了信息市场营销应树立现代信息市场营销观念。树立现代信息市场营销观念有利于引导信息企业进行市场调查与预测，激发信息企业的创新务实精神，提高信息市场营销的经济效益和社会效益，促进信息市场的开拓与发展。具体说来，现代信息市场营销观念的内容如下。

(1) 以满足社会信息需求为导向

信息是一种特殊的资源，可应用于各行各业和人们的日常生活中，也有着广泛的社会需求。信息市场营销不能以生产或推销为中心，而应以用户的客观信息需求为导向，以需定产。以社会信息需求为导向的首要环节是做好调查研究，掌握用户的信息需求规律，了解不同的历史条件和特定环境下不同用户的信息需求特点，并以此为依据，合理确定信息产品开发的战略规划和具体方案。

(2) 以组合四大营销要素为手段

四大市场营销要素即产品、定价、分销和促销，这四个要素相互联系、相互作用，只有围绕这四个要素，综合运用各种可能的营销方法和手段，形成最佳的信息市场营销组合，才能保证信息企业的整体营销活动井然有序，业务部门各司其职，信息市场营销活动正常而有效地进行，较好地满足用户的信息市场需求。否则，如果信息企业在营销中没有能够制定出完整的信息市场营销战略，各种营销策略未能达到最佳的组合状态，那么，信息企业就有可能在具体的营销活动中步履维艰，甚至造成亏损。

(3) 以提高营销综合效益为目标

信息市场营销的综合效益既包括社会效益，也包括经济效益；既包括信息生产经营者的效益，也包括信息利用者的效益。信息生产经营者的社会效益主要是通过信息市场营销，树立良好的信息企业形象，提高信息企业乃至整个信息行业的社会地位，其经济效益主要是降低信息商品生产经营中的消耗，增加利润。信息利用者的社会效益主要是通过信息市场营销活动获取和利用信息商品后，增加精神财富，其经济效益是利用信息市场营销活动所传递的信息增加物质财富与经济收入。在信息市场营销活动中，应兼顾各方面的效益，不可偏废。

(4) 以激发信息市场需求为归宿

信息市场营销不是一般的信息提供与传递，而是围绕商品化的信息产品流通而开展的市场活动。搞好信息市场营销工作，首先应设法使用户的客观信息需求尽可能转化为现实信息需求，其次要设法使用户的现实信息需求转化为信息市场需求，并尽可能满足用户的信息市场需求。因此，激发用户的信息市场需求是信息市场营销的出发点，满足用户的信息市场需求是信息市场营销的归宿。

二、目标信息市场的选择

(一) 目标信息市场的选择过程

在信息时代，信息用户量大面广，结构复杂，用户的信息需求形形色色，千变万化。任何一个信息企业，无论其规模多么大，实力多么雄厚，都不可能满足各类用户的所有信息需求。有战略眼光的信息企业家应根据信息市场的需求状况和本企业的经济实力，选择并进入合适的市场，以便发挥本企业现有的人力、物力、财力等优势，实现企业的营销目标。因此，目标信息市场的选择是信息市场营销活动中必不可少的一项内容，这个过程大约要经历两个阶段。

1. 信息市场的先期细分

所谓信息市场细分，就是依据用户信息市场需求的不同特征，把整个信息市场划分为若干个具有类似性的用户购买群体。其实质是按不同用户的信息市场需求划分信息用户群，是把庞大而存在着差异的总体市场具体划分为基本特征趋于一致的若干个细分市场。通过信息市场细分，信息企业能够全面地了解信息市场概况，掌握信息市场需求的特点，这样有利于发现新的市场机会，确定经营方向，调整营销策略；有利于选择目标信息市场，集中人力、物力和财力，生产或组织更多更好的信息商品投入目标信息市场。信息市场细分的标准较多，可按地理因素、职业因素、用户个人情况、经济收入等来细分信息市场。可按自然地理、行政区划、文化地理、经济地理等因素划分为若干区域，或者按两个以上的地理因素相结合来把信息市场划分为沿海、内地、城市、乡村、国内、国外等细分信息市场。职业是对信息市场进行细分的一种主要标准，因为用户的信息市场需求与其职业紧密相关。用户按职业不同，可划分为科学研究用户、技术开发用户、经营管理用户、教师用户、学生用户、工人用户、农民用户和其他职业用户等，也就是说可以将信息市场划分为与这些用户相对应的细分市场。用户的年龄、性别、文化程度、专业结构、职务职称等也对用户的信息市场需求有较大的影响，可以按照这些个人因素来划分信息市场。用户的经济来源和收入高低也在一定程度上决定着用户的市场需求，可按用户的经济来源将信息市场划分为有经费资助的信息用户市场和无经费资助的用户信息市场，按收入高低将信息市场划分为高、中、低收入的信息用户市场。根据一定标准划分出的细分信息市场，应有适当的规模、购买力和发展潜力，有相对的稳定性，而且细分信息市场之间应有明显的区别。

2. 目标信息市场的选择

目标信息市场是指在信息市场细分的基础上，信息企业决定要进入的细分信息市场，即信息企业的产品和服务所要满足的特定用户群。任何一个信息企业的能力和条件都是有限的，没有一个信息企业拥有足够的人力、资源和财力来追求过大的盈利和社会效益，也没有一个信息企业能独立地满足整个信息市场的全部信息需求，而且不同的细分信息市场之间可能存在着矛盾，同时去满足这些信息市场，必将导致效率的下降和人、财、物的浪费。信息企业应通过市场调查与预测，在按照一定的标准对信息市场进行细分之后，合理地选择和确定目标信息市场。

(二) 目标信息市场的选择策略

在选择目标信息市场时，根据产品与用户的不同组合，有以下五种目标信息市场选择策略。

1. 专业集中化策略

专业集中化策略也就是产品—用户集中化策略，即信息企业只生产一种信息产品，供应给某一信息用户群，也就是信息企业的目标信息市场无论是从产品的角度还是从用户的角度，都只集中于一个细分信息市场，如图 4-1(1)所示。

2. 产品专业化策略

产品专业化策略即信息企业向各类信息用户同时供应某种信息产品，是一种无差异性策略。当然，面对不同的用户群，信息产品在质量、形式等方面会有所不同，如图 4-1(2)所示。

3. 用户集中化策略

用户集中化策略即信息企业向同一用户群供应不同的信息产品，如图 4-1(3)所示。

4. 选择性市场策略

选择性市场策略即信息企业有选择地进入几个不同的细分信息市场，为不同的用户群提供不同的信息产品，如图 4-1(4)所示。

5. 全面进入型策略

全面进入型策略即信息企业全方位地进入各个细分信息市场，为所有的用户提供不同的信息产品，如图 4-1(5)所示。

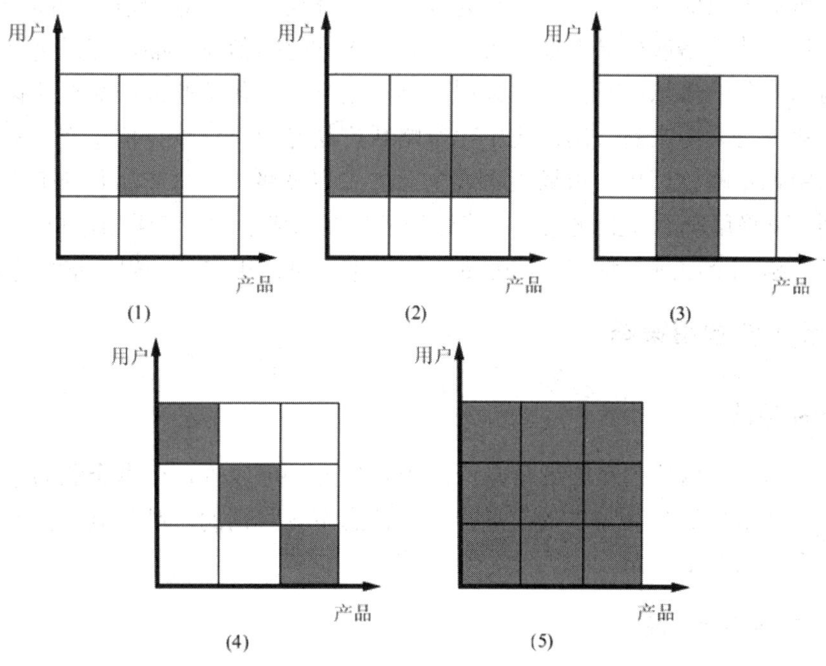

图 4-1 目标信息市场选择策略

(三) 目标信息市场的选择因素

选择目标信息市场和制定目标信息市场策略应考虑如下因素。

1. 竞争对手的实力情况

信息企业应根据竞争对手的数量、能力、市场占有率等情况和本企业的条件选择合理的目标信息市场策略。如果竞争对手的竞争力度大，可采用产品—用户集中化策略，产品专业化策略或用户集中化策略；若竞争对手的竞争力度小，则可采用选择性市场策略或全面进入型策略。

2. 信息企业的经济实力

信息企业的经济实力包括信息企业在信息资料、人力、技术和资金方面的实力。如果信息企业的经济实力较强，可采用选择性市场策略或全面进入型策略；若信息企业的经济实力较弱，则可采用产品—用户集中化策略或产品专业化策略。

3. 信息市场的需求状况

信息企业所选择的目标信息市场应有较大且相对稳定的信息市场需求，有一定的购买能力和发展潜力。当一定范围内的信息需求比较单一时，可采用产品—用户集中化策略或产品专业化策略；当一定范围内的信息市场需求具有多样性时，可采用用户集中化策略、选择性市场策略或全面进入型策略。

4. 现有信息产品的情况

信息企业的产品若为小型的、比较容易开发的信息产品，可采用用户集中化策略、选择性市场策略或全面进入型策略；若为大型的、开发比较困难的信息产品，则可采用产品—用户集中化策略或产品专业化策略。若为大众化的信息产品，可采用产品专业化策略；若为专业化的信息产品，则可采用产品—用户集中化策略或产品专业化策略。信息产品单一化，可采用产品—用户集中化策略或产品专业化策略；信息产品多样化，可采用用户集中化策略、选择性市场策略或全面进入型策略。信息产品若处于产品生命周期的投入期，可采用产品专业化策略；若处于成长期和成熟期，可采用用户集中化策略、选择性市场策略或全面进入型策略；若处于衰退期，可采用产品—用户集中化策略。

三、信息市场的营销策略

(一) 产品策略

信息市场营销是以适销对路的信息产品为基础的，可以说，信息企业的市场营销活动就是为用户提供能满足其需求的信息产品。信息市场营销的产品策略包括产品开发策略和产品组合策略两个方面。

1. 信息产品开发策略

信息企业开发信息产品可采用以下几种策略。

(1) 补缺策略

信息企业有意回避供过于求或供求平衡的信息产品的诱惑，把注意力集中到发现信息产品的空缺上，积极开发国家建设急需的短线缺门的信息产品，以及社会需要而又供不应求的信息产品，这就是信息产品开发的补缺策略。在信息产品中，有些产品由于技术条件的限制、市场暂未形成或经营利润较少等方面的原因而被人们忽视或抛弃，但其中也不乏很有前途的信息产品。由于开始时，许多信息企业不愿意开发和生产这类产品，所以，生产这些产品的企业的竞争对手少，容易受到人们的关注和得到有关方面的支持，容易在技术、经济、市场等方面处于领先地位。

(2) 配角策略

配角策略就是信息企业主动地用自身的技术经济实力，为主导部门服务，大力发展主导企业所需的配套产品。在现代社会经济系统中，部门之间存在密切的互补性。如果某一信息企业不能在社会经济系统中就某一类信息产品的生产经营取得主导地位，就可以采用配角策略，通过主导企业的力量，带动本企业的生产经营活动。当然，采用配角策略时应防止对主导企业的过分依赖，要甘当配角而又不做附庸。

(3) 创新策略

信息企业除了采用上述产品开发策略外，还应采用创新策略，即不落俗套地走新路子，不断开发出富有特色的新信息产品，包括开发市场上没有的全新型信息产品、市场上已有但当地却没有的地区性新型信息产品、市场上已有但增加了新的信息内容或深化了原有内容的增新型信息产品。创新是信息产品的生命，只有在创新的基础上开发信息产品，不断推出与众不同的“新”、“高”、“奇”、“特”信息产品，才能使信息企业在市场竞争中立于不败之地。

(4) 延伸策略

当信息企业在某一种信息产品开发、生产和经营取得成功后，以获得成功的信息产品为中心，开发出各种延伸变形的信息产品，这就是信息产品开发的延伸策略。这种策略有利于信息企业利用已有的信息资源，利用已形成的声誉和已占领的市场，利用原有的销售渠道和方式，进一步扩大市场，取得更大的营销效益。具体来说，延伸方式有扩展、配套和变形三种。

1) 扩展

扩展是在原有的基础上加以扩充，它有两种形式。一种是同类扩展，即不断开发同类型的延伸信息产品，如武汉大学图书情报学院在开发成功《湖北省地方志全文检索系统》的基础上，充分利用和发挥全文检索系统的技术优势和声誉，随后又开发了《中国人民解放军大事记》、《中国名胜诗词大辞典》、《市场经济大辞典》等电子出版物；湖南省社会科学院情报所等单位在编写了《当代湖南社会科学手册》的基础上，又编辑出版了《湖南社会科学年鉴》。另一种是同种扩展，即对同一信息产品进行不断修订、补充，增加内容和信息量，有再版、续编等具体形式。

2) 配套

配套就是开发与已获得成功的信息产品相配套的信息产品。例如，武汉大学图书情报学院在开发成功的电子出版物的基础上，同时又开发出与电子出版物相配套的论文数篇、《电子出版物及其制作技术》一书和技术报告多份。

3) 变形

变形就是当某种信息产品开发成功后，在此基础上以新的形式生产出其他形式的信息产品，包括载体变形、文种变形和分合变形三种变形方式。有许多检索刊物都以多种载体形式出版发行，如美国的《化学文摘》、《工程索引》等都在出版发行印刷型版本的基础上，又发行电子版；英国图书馆协会编辑出版的《图书馆学情报学文摘》同时发行机读版、印刷版和密集磁盘版。一些信息产品在本国市场上打开销路后，又以多国文字出版，在国外打开市场。还有一些信息产品以先合后分或先分后合的变化，扩大销路，如我国的《辞海》在整体出版的基础上又分集出版；每月一期的《全国新书目》组合成一年一期的《全国总书目》。

2. 信息产品组合策略

产品组合是指一个信息企业生产经营的全部产品的结构。产品组合包括产品系列的宽度、深度和关联度三个因素。产品组合的宽度是指产品组合中包含的产品系列的数量。产品系列数量多，则产品组合宽度大。扩大产品组合宽度，可扩展信息企业的经营领域，充分发挥信息资源的潜力，分散投资风险，增强应变能力。产品组合的深度是指同一产品系列内包括的产品项目数。每个产品系列中品种规格越多，产品的组合深度越大。挖掘产品组合深度，可以迎合更多用户的不同爱好和特殊需求，提高市场占有率。产品组合的关联度是指各种产品系列在最终用途、原材料、生产技术条件、销售渠道等方面相互关联的程度。加强产品组合关联度，可以增强信息企业的市场地位，提高信息企业的知名度。

(1) 单一产品组合策略

有的信息企业只向一个目标市场或多个目标市场提供某一类信息产品，如某些信息机构只提供信息处理服务，某些出版社只出版普通图书或工具书，很多期刊编辑部只编辑出版一种期刊。单一产品组合策略是指根据信息产品整体概念和用户的实际需求，对信息商品的实质品、形式品和附加品进行组合的策略。信息商品的实质品是其能满足用户实际需要、能给用户带来实际利益的部分，一般是指信息商品的内容。信息商品的形式品是指其载体形态、生产者、出版者、形成时间等。信息产品的附加品是指其为满足用户的需求而提供的附加利益和服务，如信息商品的免费或有偿传送、售后服务，以及对大宗信息商品购买者提供必要的信贷等。单一信息产品组合策略主要有四种类型。

1) “三品”全优的组合策略

“三品”全优的组合策略即信息商品的实质品、形式品和附加品全是最优的一种组合策略。此策略运用成本较高，运用效果较好，是一种创名牌的优质高价策略，适合于高层次信息商品的市场营销。

2) 侧重于实质品的组合策略

侧重于实质品的组合策略即突出信息商品的实质品，而将其形式品和附加品置于次要地位的组合策略。有些信息用户只讲究信息商品的实质效用，而不太注重其形式和附加服务，有的信息商品的形式和售后服务没有多大的意义，用户只希望用较少的资金买到具有较高实用价值的信息商品，这时可采用此策略。这种单一产品组合策略并非完全忽视信息商品的形式品和附加品，只是将它们放在次要位置上。

3) 侧重于形式品的组合策略

侧重于形式品的组合策略即在一定信息商品内容和质量的前提下，侧重于有独特风格的形式品的组合策略，若有两种内容和质量相近的信息商品，其形式新奇、美观、别致者则更受用户欢迎。此策略适合于内容较为简单而形式相对重要的信息商品，或只注重形式而不太注重其内容或附加服务的用户群。

4) 侧重于附加品的组合策略

侧重于附加品的组合策略即在一定的信息商品内容和形式的前提下，重点是突出信息商品的附加品的组合策略。大宗、大件、高档或使用复杂的信息商品宜采用这种组合策略。此策略也适合于市场疲软、竞争激烈的信息市场营销环境。

(2) 多种产品组合策略

生产经营多种信息商品的信息企业，可采用以下产品组合策略。

1) 系列化产品组合策略

系列化产品组合策略即信息企业生产经营同一类型不同内容、不同深度、不同形式的信息产品，形成系列产品。如中国人民大学书报资料中心编辑出版的《报刊复印资料》系列包含了 100 多个专题；中国社会科学院文献情报中心编辑出版的国外情报刊物系列有《国外社会科学论文索引》、《国外社会科学动态》、《国外社会科学快报》、《国外社会科学》等；某些出版社出版学术著作、教材、工具书、期刊等系列产品。

2) 配套化产品组合策略

配套化产品组合策略即信息企业围绕某一产品开发与之配套的产品和服务。如出版电子出版物，又生产与之配套的检索软件、使用操作规程、学术论著等；编辑出版大型文献数据库，又生产与之配套的年度累积索引和多年累积辅助索引；生产经营技术商品，又开展与该技术商品有关的安装调试、技术培训等售后服务。

3) 多样化产品组合策略

多样化产品组合策略即信息企业生产经营多种关联度较小的信息商品，分主辅型组合和均衡型组合两种类型。主辅型组合是以一种信息产品为主，兼营其他信息产品。均衡型组合是生产经营多种信息产品，且不分主次。多样化产品组合策略可以综合利用信息企业的信息、人才、技术资源，满足多个细分信息市场的需要，扩大销售量，分散和减少市场经营风险，但对信息企业能力和条件的要求较高。

(二) 价格策略

价格是信息市场营销中的一个十分重要且敏感的因素，信息商品的定价方法和信息市场营销中的价格策略直接关系着信息商品需求量的多少和信息企业利润的高低，并制约和影响着信息市场营销的其他要素及其策略。价格策略是信息企业为了在市场上实现其定价目标，根据自身条件和市场环境变化，给本企业的信息商品制定一个关于基本的价格幅度或浮动幅度及定价方法等方面的对策。

1. 垄断价格策略

垄断价格策略是在有限范围内，没有相应的参照价格可供用户对比，用户别无选择，信息企业可以随意定价的一种价格策略。信息商品生产的非重复性与一些信息商品使用的不可替代性使信息企业采取垄断价格策略成为可能。当某种信息商品只有一家信息企业生产经营，且用户又急需时，可采用垄断价格策略来确定其价格。

2. 免费价格策略

为了达到某些特定的目的，信息企业对非公益性信息商品和信息服务中本来可以收费的商品和服务实行免费供给。免费价格策略适用于信息系统试运行阶段的信息服务、刚投入市场的新信息商品、国家政策规定必须免费的信息商品等。运用此策略时应严格限制免费信息商品的范围，并预先声明免费只是暂时的、照顾性的，以免以后收费时引起用户的不满和抱怨。

3. 折扣价格策略

折扣价格策略这是信息企业在一定的市场范围内，以目标价格为标准，为保持和扩大市场占有率而采取的降价促销价格策略。折扣价格策略计算简单，折扣率灵活多样，适用范围较广。信息商品的折扣主要有两种：一种是数量折扣，即用户在一定时间内购买的信息商品数量越多，给予的折扣越大；另一种是现金折扣，当用户的货款一次性付清时，折扣可大些，分期付款时，折扣应小些。

4. 声望价格策略

声望价格策略这是信息企业依据其在用户中的声望，对同类信息商品实行高价的一种价格策略。如有些出版社和学术期刊编辑部在用户中已有了良好的声誉，所出版的图书和期刊的质量得到了学术界的认同，用户对这些编辑出版机构有了信任感，则这些机构编辑出版的书刊价格可定高一些。

5. 区别价格策略

区别价格策略是信息企业将同一信息商品根据不同的情况制定不同的价格的一种策略。同一信息商品的价格可从四个方面进行区分。一是按信息商品的质量等级确定不同的价格，质量好的信息商品，其价格也高。二是按使用时间确定不同的价格，如有的信息服务项目在投入使用初期的价格较低，以后价格提高；有些信息服务在晚间、节假日的价格较低，其他时间价格较高。三是按用户类型确定不同的价格，如正式用户可享受优惠价格，临时用户则不能优惠。四是分地区确定价格，同一信息商品在经济发达地区的价格高于经济不发达地区的价格。

6. 厚利限销价格策略

信息企业对资源稀缺、严重供不应求的信息商品实行高价销售，以便抑制需求，调节供给，获取高额利润，这就是厚利限销价格策略。这种价格策略适用于资源短缺的信息商品，容易造成精神污染或产生不良影响的限用信息商品，具有较大心理价值和观赏价值的字画等信息商品，严重供不应求的信息商品。采用这一价格策略必须正确处理厚利与限销的关系，不能只顾厚利，而抬高非限销的信息商品的价格。

7. 薄利多销价格策略

薄利多销价格策略是信息企业有意识地以相对低廉的销售价格来刺激需求、促进生产、扩大市场占有率的一种价格策略。对于社会需求量较大、信息资源丰富、值得推广的信息商品可采用此价格策略。

8. 零、整数价格策略

零、整数价格策略是当信息商品价格处于整数与零数的分界线时，价格取零数或取整数的一种价格策略。取零数而不取整数可以迎合用户的求廉心理，给用户一个价格较低的印象，有些地方也常将尾数定为合乎当地风俗习惯的数字，以博得用户欢心。取整数而不取零数能迎合用户“价高质优”的心理，也能给交易带来方便。

(三) 促销策略

促销是信息企业为了激发用户的信息市场需求、影响用户的信息市场行为、扩大信息产品的销售而进行的一系列宣传、报导和说服工作。良好的促销活动，可以传播信息商品信息，沟通信息商品生产者与信息用户的联系；激发用户的信息市场需求，引导用户合理购买与使用信息商品；提高信息企业的声誉，塑造信息企业的形象。促销的方式主要有人员推销、广告宣传、公关活动和营业推广等。

1. 人员推销

人员推销是一种具有较强人性因素的、独特的促销手段。它具备许多区别于其他促销手段的特点，可完成许多其他促销手段所无法实现的目标，其效果是极其显著的。相对而言，人员推销比较适于推销性能复杂的产品。当销售活动需要解决更多的问题和做更多的说服工作时，人员推销是最佳选择。说服和解释能力在人员推销活动中尤为重要，它会直接影响推销效果。人员推销有沟通直接、信息反馈及时、可当面促成信息商品交易等优点，但也存在着占用人员较多、费用较高、影响范围较小、传递信息速度较慢等不足。

2. 广告宣传

在现代，广告被认为是运用媒体而非口头形式传递的具有目的性信息的一种形式。它旨在唤起人们对商品的需求并对生产或销售这些商品的企业产生了解和好感。广告宣传的信息传播面广，信息传播速度快，节省人力，但难以立即促成信息商品交易。

3. 公关活动

公关活动是指公关活动策划与实施。它是企业策划部、公关公司、策划公司、广告公司在工作中常用的技术手段。成功的公关活动能持续提高品牌的知名度、认知度、美誉度、忠诚度、顾客满意度，提升组织品牌形象，改变公众对组织的看法，累积无形资产，并能从不同程度上促进销售。公关活动的最大优点是能提高信息产业及其产品的声誉，但见效较慢。

4. 营业推广

营业推广是一种适宜于短期推销的促销方法，是企业为鼓励购买、销售商品和劳务而采取的除广告、公关和人员推销之外的所有企业营销活动的总称。营业推广的形式多样，短期效益明显，能迅速得到市场的反馈，促成当面成交，但使用过多，会引起用户的怀疑和逆反心理，降低信息商品的身价。

因此，信息企业应根据信息产品本身的特点和信息市场的情况，选择有效的促销方式，形成科学的促销组合，充分发挥促销的作用，避免促销过程中的不良影响。对于用户需求量大且所需用户分布广泛的信息产品、价格低廉的信息产品，宜以广告促销为主，辅以营业推广；对于用户需求量小的信息产品和一些比较专业的信息产品，宜以人员推销为主，辅以广告宣传和营业推广。网络信息服务的促销可以广告宣传为主，辅以人员推销；技术咨询服务则应以人员推销为主，辅以广告宣传。在各类信息产品的促销中，都应注意运用公共关系手段，以发挥促销的长远效应。

(四) 分销策略

信息市场分销策略是指信息企业合理地选择分销渠道的策略。分销渠道又称销售渠道或分销途径，是信息产品从信息生产者向信息用户转移时所走过的路线。分销渠道的合理与否，直接关系到信息商品传递速度的快慢、传播面的大小、信息的失真程度以及生产者的获利多少。

1. 分销渠道的类型

(1) 长渠道和短渠道

按分销中间层次的多少不同，信息市场分销渠道有长渠道和短渠道之分。短渠道所经过的中间环节较少，可使信息商品能够较快地转移到用户手中，可减少信息商品在流通中的失真，可在总体上减少信息商品流通费用，降低信息商品的市场价格。长渠道所经过的中间环节较多，能扩大信息商品的销售面，但流通费用较高，在流通过程中可能会引起信息商品的严重失真。

(2) 直接渠道和间接渠道

总体说来，信息市场分销渠道有直接渠道和间接渠道两种。直接渠道是信息商品生产者直接向信息用户销售信息商品，其优点是信息失真少，传递速度快，生产者获利多，便于生产者直接了解信息市场需求和控制市场价格。间接渠道是信息商品生产者通过中间商向用户销售信息商品，其特点是信息商品传播面广，节约生产者的时间和费用，方便用户购买信息商品，有利于提高信息商品的市场占有率。分销又可按不同的标准划分为不同的类型。

(3) 密集、选择和独家分销

按分销中同一层次中间商的数量不同，信息市场分销渠道有密集分销、选择分销和独家分销三种。密集分销是信息商品生产者在同一区域市场内的各个层次的中间环节中广泛选择尽可能多的中间商，其特点是能使用户及时、就近、方便地购买信息商品，可在更大的范围内推销信息商品，但中间商的专一性不强，难以承担专业的信息商品的经销，生产者需增加促销费用。选择分销是信息商品生产者选择少数中间商为其销售信息商品，其特点是有利于中间商与生产企业维持产销关系。独家分销是信息商品生产者只选择一家中间商为其销售信息商品。这对信息商品生产者来说，易于与中间商达成促销协议，易于控制中间商，易于决定信息商品的市场价格，可提高中间商的推销积极性，但难以物色到理想的中间商，对信息市场变化的适应性较差。

2. 分销渠道的选择

合理选择分销渠道，必须考虑到信息企业的条件、信息商品和信息市场的状况。

(1) 考虑企业条件

就信息企业的条件来说，规模大、信誉好、营销水平高的信息企业可以直销为主，并选择适当的分销渠道，反之，则应充分利用中间商的作用，以路径较短的选择分销为主。

(2) 考虑商品状况

就信息商品的类型而言，深化型信息产品宜采用短、窄分销渠道，物质型信息商品可采用长、宽分销渠道，独创性和垄断性信息商品宜直销。就信息商品的生命周期来说，处于导入期和成长期的信息商品宜采用短、宽分销渠道，处于成熟期的信息商品宜采用长、宽分销渠道。

(3) 考虑市场状况

就信息市场状况而言，市场需求量大、需求面广的信息商品宜采用长、宽分销渠道，市场需求量小、需求面窄的信息商品宜采用直销或短、窄分销渠道。在选择分销渠道时，还应避免使用与竞争对手相同的销售渠道。

第四节 信息市场的管理

一、信息商品市场管理的内容

信息商品市场管理是指由国家政府机构依靠经济组织、行政组织和法律组织以及消费者群体，按照客观经济规律的要求，运用科学的方法对在市场上从事信息交换活动的单位和个人，在商品、价格、合同、税收、利润、场地等各个方面所进行的计划、组织、调节和监督。其目的是为了维护信息商品市场的正常秩序，保障供方、需方、中介方的合法权益，使信息商品市场更加稳定、繁荣。信息商品市场是一种新型的市场结构，同物质商品市场相比，它的管理要复杂得多。

信息商品市场管理的内容很广泛，主要包括：管理信息流转总量和主要信息流转量的供需平衡，管理信息流通渠道、调整信息流通结构、制定信息购销政策、颁布并实施有关市场管理的规章制度和经济法规等。其具体内容如下。

(一) 管理信息商品

因为信息商品市场实际上就是信息买卖，所以信息商品管理就是信息商品市场管理的基本内容。进行信息商品管理，不仅可以保证信息商品市场稳定，信息商品市场繁荣兴旺，还可以满足科研、生产、行政决策等各方促进信息商品流通的有计划发展，对信息商品市场的商品管理，包括对非保密信息的正常流通管理和对保密信息的限制流通管理。作为商品的信息具有非消耗性和共享性，可以进行多次转让，信息商品市场管理部门应采取必要的手段，保证信息的正常流通，防止个别经营者或用户对某种信息商品的垄断，以便充分发挥信息的作用，促进科技和生产的发展。

(二) 管理信息商品的价格

价格问题是信息商品市场管理中的重要问题，加强信息商品市场价格管理主要包括三方面的内容：对价格制定的管理、对价格调整的管理和对市场价格的监督与检查。由于价格的制定与调整在前面已有论述，所以这里着重讲一下市场价格的监督与检查。对于市场价格的监督与管理，首先要监督各类商品价格的执行情况，尤其是一些重要信息商品的价格必须坚决执行，不得随意涨价。其次，要建立和健全各种物价管理制度；健全责任制，明确价格管理部门和价格管理人员的职责；建立价格台账制度，登记价格的执行情况；建立自上而下的物价检查和自下而上的群众监督制度，及时发现和纠正物价执行中的差错。

(三) 管理信息商品的合同

在信息商品流通过程中，合同是一种经济上的契约，是由买卖关系的双方，为了实现信息商品交换而签订的书面协议。为了保证信息商品流通的顺利进行，为了维护信息经营者的经济利益，为了巩固交易双方的经济联系，有经济联系的各方是要签订合同的。信息合同对于发展信息生产和信息流通，保证信息商品市场商品的供应，改善生产者的经营管理，实现信息流转计划有着重要意义。加强合同管理就要在签订合同时，坚持各方在经济上的平等地位和自愿原则；在合同的内容上要具体详尽，文字清楚；在合同的执行过程中，要严肃认真，重合同，守信用。对不执行合同者要区别情况，令其承担法律责任和赔偿经济损失。

(四) 管理信息商品的专利

专利是指发明者对自己研究成果所享有的权利。在信息商品市场管理中，在竞争存在的条件下，为了保护发明创造者的权利，一方面要鼓励其积极发明创造，推动科学研究发展；另一方面又能使其研究成果得到广泛地推广和应用。为此，就必须加强专利管理。加强专利管理主要是指：第一，对发明创造者应给予奖励。即凡是具有一定发明创造的，经过有关部门鉴定，国家要予以表彰和奖励。第二，其他单位和个人需要使用其研究成果时，必须付一定的报酬，不得无偿使用。第三，对于那些不经允许、通过不正当途径获取专利者，市场管理部门应予以制裁以保护发明者对研究成果的专用权。

(五) 管理信息商品的经营者

对在市场上从事信息交换活动的一切团体和个体的管理，是信息商品市场管理的首要内容。对信息经营者进行管理，有利于统筹兼顾、综合平衡、通盘考虑和合理安排产业布局、购销渠道和网点建设，防止可能出现的盲目性。对信息经营者进行管理，有利于保持合法经营，制止非法活动。对信息经营者的管理，主要包括三个方面，即进行经营者登记注册的管理，对经营者经营范围、经营手段的监督检查和对信息经济效益的评价。首先是进行经营者登记注册的管理，是指凡是参加信息商品市场交换活动的一切企业，无论是国营、集体、私营企业，还是中外合资企业，都必须经过主管部门批准，再到政府有关信息商品市场管理部门进行登记，经允许后，方可开业。企业登记注册的主要条件是：有营业场地、购销渠道畅通等。进行企业登记后，还要继续加强对企业经常性的管理和监督，只有这样，才能真正达到登记发证的目的。其次是信息商品市场管理部门要对企业的经营范围、经营手段进行监督检查，防止企业经营非法产品或以不正当的手段牟取利润，引导企业以优质的产品、周到的服务赢得用户，从而使信息经营沿着健康的轨道发展。最后是进行经济效益评价，是指对信息经营产生的社会效益、经济效益进行评价。一方面可以把评价结果提供给经营者，为经营者的经营内容、方式的选择，企业发展方向(或增加投资、发展壮大，或减少投资、转产)的选择等提供依据，另一方面还可以根据评价的结果，督促经营者上缴利税。

总之，信息商品市场管理的内容是十分广泛的，它涉及信息流通的各个方面。明确市场管理的主要内容，从不同的方面采取相应的措施，有利于保证信息商品市场的稳定，并促进信息商品市场的繁荣，

二、信息商品市场管理的作用

(一) 指导干预信息市场总体

由于单个信息生产者或信息机构往往只掌握局部信息，如市场商品、需求、价格资源等信息，特别是往往容易偏向于单纯地追求经济效益而忽视商品的社会效益，忽略社会信息总需求以及需求的各个层面，往往使某些信息需求得不到满足，这就需要国家行政机构从总体上予以客观的指导和干预，使信息商品市场的商品生产适应社会信息需求各个层面，并通过信息商品市场的控制和管理促使其健康合理的发展。同时，随着生产力的发展、社会分工的不断细化，信息商品市场也不断扩大，这使得信息商品市场管理也必须加强。

(二) 限制诱导信息市场结构

我国信息商品市场交换对象、范围随着商品流通的不断扩大而有明显扩大的趋势，其结果必然是信息商品化程度日益提高，而这与我国当前信息有偿服务与无偿服务并存的信息政策显然有较尖锐的矛盾，这也必然导致信息供需关系以及信息经济活动的复杂化，因此，需要国家主管部门适时管理、限制和诱导信息商品的范围和市场结构。

(三) 协调组织信息生产项目

社会需求的信息产品项目品种繁多，而且同一信息产品因为信息流通渠道和信息产

业分布等原因往往有可能有多个信息机构同时进行生产，这必然造成人力、财力、物力的浪费。因此，为了避免重复生产，进行有效的分工协作，需要对信息生产项目进行协调组织，特别是对于国家或地方重点科研项目、生产项目所必需的信息产品的生产，客观上也需要国家进行统一的协调、组织和管理。

(四) 维护管理信息市场秩序

众所周知，在信息商品市场中，市场主体是一个个独立的实体，它们都有自己的目的和动机，都希望获得最大限度的利润。信息商品提供者之间，信息商品生产者与信息商品消费者之间，既存在协作关系，又存在相互对立的矛盾。为了维护信息商品市场秩序，国家管理部门必须运用各种管理手段，协调生产者、经营者、消费者之间的关系，维护正常权益，保护合法经营，同时对一些危害性行为做出限制，惩治违法行为。

(五) 沟通管理信息商品供求

信息商品市场管理是对信息商品生产和流通各个环节进行管理，通过对信息用户的需求进行调查研究，消除供求双方之间的障碍，并指导信息商品生产者生产出更多适销对路的信息产品，从而最大限度地发挥信息商品市场的作用。

三、信息商品市场管理的职能

(一) 信息商品市场管理的职能

信息商品市场管理的职能是指管理机构执行与其主要目标相连的、有一定程序的特殊职责。其目的是认识信息商品市场，制定和实行保证其以社会规定的目标运行的措施。信息商品市场管理的职能表现了管理的实质、内容、目标和任务，它是合理建立管理组织结构的依据，是确定管理机构职能范围和隶属关系的基础。管理职能只有借助于与其相符的管理组织结构才能实现相应的信息商品市场管理任务，管理机构则是为执行一定的职能而存在的。

信息商品市场管理的职能包括计划、组织、调节、核算、监督、教育等方面的内容，各项职能相互联系、相互作用，从而达到管理目的。

1. 计划管理职能

在市场经济条件下，信息商品市场的计划管理必须自觉地遵循国民经济按比例发展的规律，认识信息商品市场的客观规律和运行机制，明确市场的具体条件和要求，确定目标、任务和计划拟定达到的水平并确定实现的手段。其内容包括信息商品市场发展纲要，即总体构思、长期规划、年度计划以及实现战略目标而采取的政策、策略和技术途径等。在现阶段，我国信息商品市场计划管理应具备以下特点：指令性计划逐步缩小，指导性计划不断加强；以经济手段为主，行政手段为辅；以市场调节为主，以计划指导为辅。市场实现资源配置，通过价格调节生产与需求，使得计划管理的价值规律和经济效益得以发挥。因此，计划应具有一定的动态性，目标与市场需求应紧密联系。

2. 组织管理职能

组织职能同计划职能一样在信息商品市场管理中占有重要地位，因为只有建立起稳定同时又灵活的市场组织结构并不断地完善它，才能把市场的各种要素有效地结合起来，才能合理地利用系统资源。组织职能的实现是有效地组织市场要素分布的条件，它是借助于规则、命令以及其他标准行为等来实现的，其行为应以客观要求和现实条件为依据。

3. 调节管理职能

如果说计划职能和组织职能是确定目标、拟定任务和选择完成任务的方法，调节职能则是对信息商品市场的直接管理，通过对信息商品市场各要素、信息商品市场行为和信息商品市场有序状态的维持，保证信息商品市场正常运行。

信息商品市场与任何系统一样，其内部各要素的作用都必然产生两种相反的趋势——受有目的的行为保障的系统稳定状态和因偏离目的而导致的混乱状态。调节的任务便是以可能性和具体情况为转移，及时地中和外来干扰或内部干扰，使信息商品市场这一系统回到最小熵的动态平衡。目前，调节职能采取的主要方式有：各种强制性的命令、限制和规划，经济手段、行政手段和法律手段，提高社会信息意识、利用社会道德舆论宣传等。

4. 核算管理职能

核算职能与调节职能一样服务于计划和组织职能，其目的在于对信息商品市场活动结果(中间和最终结果)进行数量上的测量、登记和分类。缺乏核算信息，管理机构就无法掌握信息商品市场的状况及管理实施的结果，无法实施定量化管理。目前我国信息商品市场由于产业和产品的分类标准未确定，导致信息商品市场核算中指标难以确定、统计材料难以计量，解决这些问题是管理面临的重要任务。

5. 教育管理职能

教育职能是对所有信息商品市场参与者进行道德、法律、业务等方面的教育和培训，以便提高其业务水平，适应环境及工作的要求和约束，以熟练的工作技能完成市场运行的目标和任务，这是促进信息商品市场健康发展的必要条件。

以上各职能相互联系、相互作用、缺一不可，共同组成信息商品市场管理的职能体系，据此可以构建信息商品市场管理的组织结构。

6. 监督管理职能

监督职能的发挥实质上是以管理信息为依据，检查信息商品市场管理实施的情况，削弱监督职能就意味着减少管理的责任。监督所需的信息来源于调查和核算，它与核算都是系统的参数，通过信息反馈，保证管理者在系统参数偏离预定目标的情况下能够及时干预，并保证管理系统有条不紊地发挥职能。

监督职能的发挥应该建立在高度的原则性和实事求是的基础上。监督从形式上可分为：内部监督和外在监督、自我监督和互相监督、自上而下的监督和自下而上的监督等；又可分为事先监督、业务监督和事后监督。其中，事先监督是评价提出的任务和选择完成任务的手段和依据；业务监督是通过运用组织措施和技术措施系统地评价管理状况并对它们进行控制；事后监督是最流行、最普通的监督形式，通过评价管理结果，接收反馈信息，改进管理质量。

对信息商品市场组织结构体系中的各层次逆行监督可以使管理者借此评估活动结果，并采取有效措施预防错误发生，有助于积累经验和改善管理方法。监督信息商品市场的管理不同于对误差的登记和补救，不能把对管理活动的积极检查当做是听取管理汇报和了解情况，应克服监督的重复性、矛盾性，有效地做好管理监督。

(二) 信息商品市场各方的职能

信息商品市场管理是根据市场经济运行规律的要求，运用经济、行政及法律手段对信息商品市场各方及各项活动进行监督、协调、保护等，从而使信息商品市场健康、稳定发展。信息商品市场整体可以抽象描述为包括信息商品的供给方、需求方、中介方和管理方四个要素在内的一个共同结构。利用建模思想把市场中各方(供给方、中介方、需求方、管理方)的职能框和所利用的不同手段(经济、行政、法律)的功能框组合起来，可以形成图 4-2。

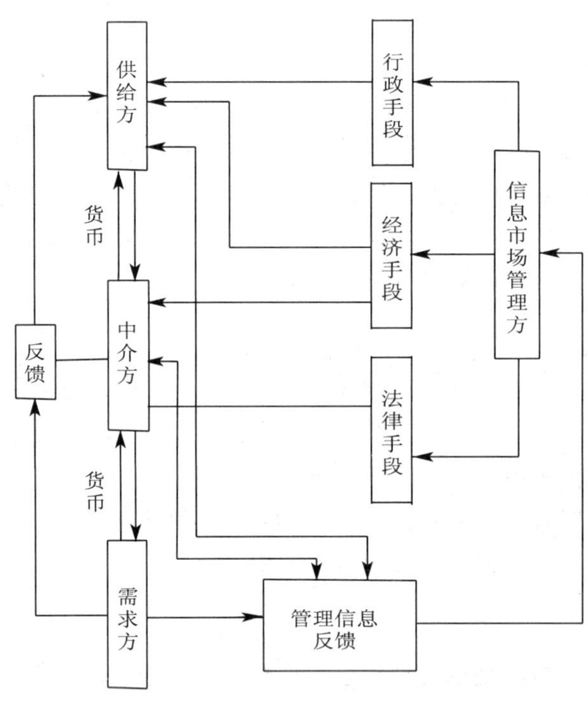

图 4-2 信息商品市场各方关系图

众所周知，信息商品市场管理的具体实施，是通过经济、行政、法律手段进行监督、协调和保护的。根据前面对信息商品市场管理的论述，这个模式将建立在从信息商品市场管理方对市场其他各方以及对信息产品从生产到消费整个过程的管理这一角度上。其目的不仅是为了体现出运用各种手段对信息商品市场各方的管理，而且还要突出在整个市场运行过程中管理的作用。

1. 信息商品市场管理方的职能

(1) 管理职能

管理方主要通过行政手段、经济手段和法律手段对市场各方及各项经济活动进行管理。管理方对整个过程的管理作用渗透到各个环节，其管理的对象包括人、财、物、时间、信息本身等诸要素在内的信息商品市场整体系统。管理的目的是要实现从确定目标到制定计划、组织实施、协调控制的整个过程总体目标最优，提高效率，最大限度地增加经济效益和社会效益。

(2) 协调职能

在供给方完成市场调查和市场预测，准备进行开发决策的时候，管理方通过自己掌握的各种产品的生产信息，对生产同类产品的不同部门进行协调，从而避免不同部门开发同类产品所造成的人、财、物的浪费，同时管理方还应根据有关政策条例，督促供给方遵守关于信息商品范围的限制。在供给方进行信息产品定价过程中，管理方对其制定的价格进行监督、检查，防止乱收费现象的发生，指导供给方按适当的比例获取利润和计划依法纳税等。

(3) 培训职能

管理方要负责对经营管理人员的培训，以使中介方的营销活动更为积极、活跃、灵活。在信息商品交换的过程中，管理方必须采用法律手段，保障产品的质量，保护开发者与消费者的产权利益，还应创造公平竞争的环境，限制垄断，鼓励公平竞争。合同是供给方、中介方、需求方三方利益的最有效保障，管理方要依据有关法律，保证合同正确执行。交换结束后，管理方还要加强对中介方、需求方的利润、资金、税收的管理，以防资金分配不合理或偷税、漏税。

2. 信息商品市场供给方的职能

供给方要想生产、开发某种信息产品，首先必须进行市场调查，以便了解和掌握市场对该产品的需求程度。然后根据所掌握的情况，对市场的未来趋势做出预测。之后根据预测的结果，遵守国家有关条例对信息商品的限制，并注意到生产同类产品的部门间的相互协调，对某产品的开发做出决策。决定开发某产品以后，生产者组织人力，引进设备对该产品进行开发。根据该产品的成本，按照一定的定价方法，并与中介方协商，制定出该产品的价格。考虑到信息产品的效用往往不能在商品的物质载体上直接体现出来，用户往往对其效用持怀疑态度，因此，产品生产者要采用广告、公关等积极的促销策略使用户了解信息产品，这是使商品占领市场的有效手段。

3. 信息商品市场需求方的职能

(1) 评价职能

信息商品到达需求方以后，被直接利用或经过进一步的开发，可以转化为物质利益。需求方于是对使用信息商品后产生的效果进行评价，然后把评价的效果反馈给信息供给方和信息中介方。

(2) 监督职能

需求方的需求信息、中介方的营销信息、供给方的供应信息都应反馈给信息商品市场管理方，以便统一管理、协调。需求方还应充分发挥对市场的监督作用，协助管理方管理信息商品市场。

(3) 引导职能

信息商品需求的过程就是信息商品从供给方到需求方的功能流向过程，就是信息产品从生产到消费的全过程，用户的需求引导着生产品的不断革新与深化。譬如在如今的浏览器市场，激战正酣，要获得关键一役，各大巨头要不断根据用户需求调整作战策略。

4. 信息商品市场中介方的职能

(1) 组织职能

信息商品市场的中介方通过对信息产品进行存储、分类，然后根据信息产品的特点，对其进行组织，以促成信息商品的交换。

(2) 服务职能

信息商品市场的中介方运用传统的产品策略、价格策略、销售渠道策略、促销策略以及更适合信息商品的直销策略随时为其他各方提供有关市场的一切信息，对信息商品市场起到服务的作用。

(3) 协调职能

信息商品市场的中介方利用掌握的信息商品的供需关系，市场供求、价格的发展变化等信息，引导和协调信息商品的生产和消费，对信息市场起到协调引导的作用。

四、信息商品市场管理的方法

为了加强对信息商品市场的管理，除了认识信息商品市场的必要性，以及明确市场管理的主要内容外，还要掌握信息商品市场管理的方法。其方法主要有以下几种。

(一) 经济办法

用经济办法管理信息商品市场，是指国家依靠经济组织，运用经济手段和经济利益来指导、调节和发展信息商品市场。用经济办法管理信息商品市场具有十分重要的意义。它可以促进信息经营，改善企业经营管理。由于经营信息商品的目的是为了用一定的劳动耗费取得较大的经济效果，因而用经济办法管理信息商品市场，必然能促进企业加强调查研究和扩大信息经营，降低费用水平，提高劳动效率，改善服务态度，增加服务项目，以实现更多的信息流转，获得更多的物质利益。

用经济办法管理信息商品市场，主要是指要发挥经济杠杆的作用。因为经济杠杆是连接经济利益的纽带，是调节经济利益的基本工具。信息商品市场管理中的可供利用的经济杠杆方法主要有以下几种。

1. 利用价格杠杆

在信息商品市场管理中，利用价格可以鼓励生产，从而为增加信息商品市场供应提供基础。利用价格工具就是利用价格的稳定与浮动，促进信息经营活动，实现信息商品市场的统一与繁荣。

2. 利用税收杠杆

税收杠杆是信息商品市场管理的重要经济杠杆，因为税收可以配合价格制定，调节生产者的利润水平，指导经营，促进信息流通发展。税收可以改善生产者管理，排除因经营分工和产品价格与价值背离幅度不同等客观因素对信息生产者利润的影响，使生产者纳税后的利润真正反映其经营的好坏。

3. 利用资金杠杆

随着信息机构体制改革的进一步深入，信息制度的进一步完善，信息机构成为完全经济独立形式之后，信息机构资金将大部分由银行贷款。因而在信息商品市场管理中，为了促进信息流通的发展，就可能通过贷与不贷，多贷与少贷，贷款期限长短和不同的利率等手段控制资金，指导和调节信息流通，从而鼓励先进、带动中间、鞭策落后，以及提高资金使用效果。

4. 利用利润杠杆

在信息商品流通中，利用利润手段就是利用利润在国家和企业之间的合理分配，来调动企业的积极性。因为任何企业都担负着为国家积累资金的任务。因此，它的经营成果应该一部分以税收的形式上缴国库，同时企业也应该得到一部分利润。企业的经营成果既不能全部上缴国家，也不能全部留给企业，而必须在国家和企业之间进行合理分配，才能发挥其积极性。换言之，就是：企业实现的利润越大，它分成的利润越多。这也是利用利润手段鼓励信息生产者、经营者的意义所在。

(二) 行政办法

用行政办法管理信息商品市场是信息商品流通的客观要求。为了统一计划、综合平衡协调各方面的关系，有关领导部门要对信息商品市场实行统一的行政管理。没有集中统一的行政管理和严格的纪律，就不能协调生产过程中产、供、销之间的关系和信息流通领域内购、销、调、存之间的关系。用行政办法管理市场，也是发挥信息经营者主观能动性的需要。信息商品市场是由分工协作的企业等经济组织构成的有机整体。为了使各经营企业在国家统一领导下，充分发挥其业务活动的主观能动性，客观上也需要通过政策、指令、办法，以确定它们的经营范围、业务活动原则、权利和义务关系以及物质利益调节等。由此可见，用行政办法管理信息商品市场是完全必要的。要用行政办法管理信息商品市场，就必须做到以下几个方面。

1. 细致调研

细致调研就是为指示和命令的下达提供科学依据，防止市场管理中的主观主义和盲目性，避免对市场活动造成不良影响。在信息商品市场管理中，进行深入细致的调查研究，就要通过普遍的、个别的或专门的调查，运用经验的、统计的或数学的方法，掌握大量第一手材料，然后经过深入研究分析、去粗取精、去伪存真、由此及彼、由表及里，最后做出准确的判断，形成正确的决议，并在下达后付诸实施。这样就能使行政办法具有科学性，也使行政命令具有严肃性。

2. 赏罚分明

在市场活动中，凡是执行政策、完成计划、保证质量、文明经商、为国家提供积累多的企业或个人，都应该给予精神和物质的奖励。反之，凡是违背国家政策规定，不执行国家指示、命令和计划，扰乱信息流通的正常经济秩序，损害人民群众经济利益，给国家财产造成一定损失的企业和个人，都要进行批评教育或经济处罚甚至法律制裁。在用行政办法管理市场的过程中，坚持有赏有罚、赏罚分明，是搞好行政管理的重要保证，对于促进企业改善经营管理、执行国家政策，促进信息流通，都起着非常重要的作用。

(三) 法制方法

法制，尤其是经济法，在信息市场的管理方面发挥着重要的作用。经济法就是在社会经济中比较成熟、稳定的原则、制度和方法，由国家以经济法律的形式固定下来，作为调整国家、地方、企业和个人经济关系的法律规范，并由国家来强制实施。信息商品流通作为信息经济的重要组成部分，同样每天重复着信息质量、信息价格、购销合同、等经济现象，这些现象有其运动的客观规律。把这些客观规律用一个共同的条例固定下来，要求人们去遵守，这是信息流通发展的客观需要，是信息商品市场管理中经济法产生的客观必然性。一般说来，用法制的方法治理信息市场，就是要发挥经济法在市场管理中的作用。在信息商品市场管理中发挥经济法的作用，是因为它比行政办法更成熟、更稳定，因而能在一个很长的时间内发挥作用。同时，因为奉行“法律面前，人人平等”的原则，因此，无论对任何经济纠纷，都可以得出公正而准确的判决。所以在信息商品市场管理中除了用经济办法和行政办法外，还要发挥经济法在信息商品市场管理中的作用。信息商品市场管理中经济法的本质在于以平等、等价和有偿为原则。就是说在调整信息流通经济关系时，要维护交易双方的正当权益。对于那些以种种手段损害他人利益的行为，要以法律形式追究经济责任，赔偿经济损失。具体说来，信息市场管理的法制方法主要包括两个方面。

1. 加强信息商品市场管理的经济立法

要规范信息商品市场的行为，一个很重要的方面就是要有法可依，所以必须加强信息商品市场管理的经济立法。世界各国都高度重视这个问题。譬如，为了加强对互联网信息服务活动的管理，2011 年 12 月 29 日，我国工业和信息化部令第 20 号公布了《规范互联网信息服务市场秩序若干规定》，加强了互联网信息服务市场的秩序，使这类服务有法可依。

2. 加强信息商品市场管理的经济司法

在现实世界中，不仅要有法可依，还要有法必依、执法必严、违法必究。因此加强信息商品市场的经济司法同样重要。例如河北省人大常委会 1997 年 6 月发布关于修改《河北省经济信息市场管理条例》的决定。湖南省人民代表大会常务委员会于 2004 年 7 月 30 日通过《关于修改＜湖南省经济信息市场管理条例＞的决定》。

(四) 用户监督方法

发挥用户对信息商品市场活动的监督作用是十分重要的，要发挥信息用户对市场活动的监督作用，要分两步走。

1. 明确用户监督的目的和任务

信息用户监督市场活动的根本目的就在于维护自身的物质利益，保护用户的经济权利，真正实现其在交换关系中的平等地位。要明确信息用户监督的任务：首先，接受用户来信和接待用户来访，通过各种形式收集广大用户的意见和要求，并作为用户利益的真正代表将这些意见、建议和合理要求通过一定的渠道反映给经营单位或相关部门；其次，对那些给用户利益造成损失的企业进行监督、教育和批评，甚至向司法部门起诉，通过和有关部门的相互配合，使用户的正当利益真正得到保护；最后，制定有关保护用户利益的具体政策规定，约束生产经营单位的不法经营活动，同时也作为信息用户监督活动的法律依据。

2. 建立专门的信息用户监督组织

要发挥信息用户在市场活动中的监督作用，就必须建立专门的用户监督组织。可以通过各级信息领导部门来保证用户监督；也可以通过报刊、广播、电视来保证信息用户监督；还可以通过用户的自发组织来保护信息用户利益。为了保证信息用户监督的实施，还必须制定出保护用户利益的相关法律，使供应一方和使用一方以及各级用户协会有章可循和有法可依。

(五) 国际开发方法

开发国际信息商品市场主要包括以下几个方面。

1. 开放本国信息市场

信息市场的发展与完善要有公平的竞争，在当前的国际信息市场发展的大环境下，为提高国内信息市场的国际竞争力，我国应向世界各国信息业开放市场，在不影响我国国家利益的前提下，应允许中外合资或外国投资企业在我国兴办咨询产业。这样不仅提高了我国信息市场的竞争力，同时也为新兴的信息市场提供了多样化参考方向。

2. 打入国际信息市场

开放本国信息市场的最终目的是提高我国信息市场的国际竞争力，如果允许中外合资或外国投资企业在我国兴办咨询产业是引进来的话，那么更为重要的是我国的信息产业要走出去。因此，我国的信息产业和产品应力争打入国际市场，建立我国咨询公司在国外的分公司并承担国外用户的咨询等业务。

五、信息商品市场管理的手段

根据我国的实际情况，信息商品市场管理者在对市场进行计划、组织、监督、调控的过程中，一般是采用政策与法律、行政、经济等管理手段实现对信息商品市场的管理。

（一）经济手段

经济手段要遵循市场经济的客观规律，充分考虑到信息商品本身的特点，运用经济杠杆、经济责任、经济计划对信息商品市场进行组织、协调、控制、引导和监督。主要内容包括：首先，控制发放贷款，以防止那些不成熟、不可靠的信息商品进入交换领域和消费领域，促成那些成熟的、先进的、可靠的、使用价值大的商品尽快进入市场交换和消费，取得收益；其次对交易双方的支付和结算进行监督管理，制止无偿使用、拖延和拒付现象；再次，对消费者的经济活动进行监督，促使其履行合同；最后，利用税收杠杆扶持或限制信息商品的交换和消费，使其与其他经济活动相互协调等。银行可以通过信贷、结算和现金管理业务，对信息商品市场经营活动中所需要的信贷资金及信息商品市场运行中的货币流通情况进行管理和监督，实现对信息商品市场的管理和监督。

（二）法律手段

法律手段是指以经济规范为内容、法律强制为形式的信息商品市场法规，如信息商品市场管理法、信息商品市场竞争法等，同时也包括版权法、专利法、商标法、合同法等法规。当前的问题是要适应信息商品市场发展的需要，制定尽可能完善、健全、系统的信息商品市场政策与法规。

（三）行政手段

行政手段主要是通过国家和地区颁布的有关政令、命令、条例、制度、办法、措施等对信息商品市场实施管理。主要内容包括：首先，通过签证的方式监督和检查合同，即管理机构对信息商品交换中签订的合同的主要条款的合法性、事实的真实性和履行的可能性进行检查，保证符合要求的合同进入市场交换，取消和纠正不符合要求的合同；其次，查处违犯法律的合同；再次，调解和仲裁合同纠纷；还有，对信息商品的经营活动进行检查和监督；最后，对信息商品的经营机构实行经常性的监督管理。行政管理是一种具有明显强制性的调节与控制手段。

与普通商品市场相比，信息商品市场确实要复杂得多。尽管目前已为建立信息商品市场的正常秩序制定了相应的法律和一整套管理措施，并且这些法律和管理措施在实践中不断地得到发展和进一步完善，取得了良好的效果，但仍然不能排除信息商品市场中的某些混乱现象和不合理现象。这一方面是由于参与交换的人们违犯有关法律和管理制度造成的；另一方面，也可能是主要的一方面，是由于信息商品自身的特性所造成的。法律和各种管理制度对信息商品市场的管理，可以使一些混乱现象和不合理因素减少到最低限度，但不能完全克服和消除。然而，从实践出发，只要我们在信息商品市场管理中既重视信息商品的特殊性及其交换和消费的规律，又严格地使用法律、经济，行政等手段，就完全能够维护信息商品市场的正常秩序。

【复习思考题】

1. 信息市场的含义和特点是什么？
2. 信息市场管理的内容是什么？为什么要对信息市场进行管理？
3. 信息市场与其他市场有哪些区别和联系？
4. 简述信息商品市场管理的手段。
5. 如何对信息商品的经营者进行管理？
6. 简述信息商品市场管理方的职能。

第五章

信息产业

第一节 信息产业概述

一、信息产业的含义

(一) 信息产业的认识分歧

信息产业概念的提出是建立在对知识产业的研究的基础上的，所以要想了解信息产业，首先要了解知识产业。1962年，提出了知识产业概念的美国经济学家马克卢普指出，知识产业是为他人或自己而生产知识、生产信息产品或者提供信息服务的机构、厂商、组织和部门，有时是指个人和家庭。他将知识产业划分为五个部门，即教育、研究与开发、通信媒介、信息处理设备、信息处理服务。马克·波拉特在马克卢普研究的基础上正式提出了信息产业、信息经济等概念，并将从事信息活动的部门分为两大信息部门(其中，第一信息部门直接向市场提供信息产品和信息服务；第二信息部门则是把信息劳务和资本提供给内部消耗而不提供给市场)。后来，对于信息产业的含义界定，世界各国的学者都进行了不同程度的研究。但由于研究的目的、研究的角度和研究的深度不同，人们对信息产业的理解也是不同的。

一种观点认为，信息产业是指依靠新的信息技术和信息处理的创新手段，制造和提供信息产品和信息服务的组合。持有这种观点的以美国信息产业协会(AIIA)为代表。

一种观点认为，信息产业是指提供信息产品和服务的电子信息工业。持有这种观点的以欧洲信息提供者协会(EURIPA)为代表。

一种观点认为信息产业是为一切与各种信息的生产、采集、加工、存储、流通、传播和服务等有关的产业之总和。持有这种观点的主要是一部分日本学者。

还有一种观点认为，信息产业是从事信息技术设备制造以及信息的生产、加工、存储、流通与服务的新兴产业部门，由信息设备制造业和信息服务业构成。持有这种观点的主要代表人物是我国学者乌家培等。

(二) 信息产业的含义界定

上述对信息产业的定义各有特色，同时也各有不同程度的局限性，但总体说来，对信息产业的理解呈现出外延扩大的趋势。因此，综合来说，信息产业是社会经济活动中专门从事信息技术开发，设备、产品的研制生产以及提供信息服务的产业部门的统称，是一个包括信息采集、生产、检测、转换、存储、传递、处理、分配、应用等众多门类的产业群。

二、信息产业的分类

(一) 按信息活动来分类

分类的目的和原则不同，对信息产业的范围的认识也就不同。

1. 从信息活动的科技含量分类

从信息活动的科学技术含量来看，信息产业可分为：以传统技术为主的信息传播和管理活动，以高技术为主的计算机服务、软件等活动，以及支撑信息产业发展的电子信息产品的制造活动。

2. 从信息活动的历史演变分类

从信息活动的历史演变来看，信息产业可分为：传播信息活动和现代信息活动。前者包括报纸、杂志、广播、电视及通信媒体。后者包括计算机服务、软件、无线通信和网络等活动。

3. 从层次和规模上来进行分类

信息活动又可以分为个人信息活动、组织信息活动和社会信息活动。

(二) 国内外的分类概述

1. 国外对信息产业的分类

国际经济合作组织与发展组织是较早涉足研究信息产业部门内容与分类标准的组织。在认定信息产业的时候特别侧重于与电子技术相关的活动，例如利用电子技术进行的信息传播和服务活动以及与电子产品相关的一系列的生产、销售、租赁活动等，但图书馆、档案馆等信息部门的部分相关活动被排除在外。

2. 国内对信息产业的分类

以我国产业分类标准为基础，按照研究的需要，将信息密集服务业分为传统信息密集服务业(主要包括社会福利事业、教育、医疗、广播电视业)和现代信息密集服务业(主要包括房地产业、信息咨询服务业等)。

三、信息产业的特征

(一) 战略型的新兴主导性

信息是现代社会的重要战略资源，在各国的政治、经济、军事、科技等领域的地位十分重要，作为能促进和实现社会信息化和信息社会化的信息产业已经成为今天和明天社会发展中的最大的战略产业。如今，不仅在发达国家，信息产业正在取代其他产业，并成为社会经济发展的主导和战略产业，而且很多新兴工业国家和地区也都将信息技术视为振兴经济、实现第二次飞跃的主导产业。

(二) 技术型的快速变动性

信息产业以知识、智力和信息的采集、开发、录存、传播为主要职能，其资源主要是知识、智力和思维，因此，人类社会的知识、技术和智力大都集中于或出自于信息产业。信息产业的形成与发展，始终与信息技术的发展紧密相连，信息技术发展越快，信息产业的发展也就越快。

(三) 无烟型的利于社会性

信息产业是有利于经济的可持续发展的产业，因为信息产业是以知识、智力为资源的产业，是无物资能源消耗或少物资能源消耗的“无烟产业”和“智力产业”。信息产业在产业结构中的比例越大，整个社会对资源和能源的消耗就越少。另外，信息产业还可以通过向社会和其他各种产业和领域提供信息技术和信息设备而起到直接或间接节省资源和能源的作用。信息产业的成果和服务给社会各领域带来的巨大的社会效益是无法衡量的。

(四) 高增长型的高成本性

由于信息技术的研究开发费用较高，所以，信息产业中的许多行业都需要大量的投资。美国在信息产业上的投入是在传统产业研发上的投入的 1.5 倍。当然，由于技术和资金密集，信息产业的发展较快、增值也较高，所以其也是高产值和高回报产业。不仅其产值占 GDP 的比重在逐年提高，而且在美国等发达国家，其增长速度也已经远远超过其他传统产业，而且这增长速度还有不断加快的趋势：第二次世界大战以后，在各个产业中，信息产业始终以高于其他任何产业增长的速度发展，到 20 世纪 90 年代以后，信息产业更以年均两位数的增长率快速发展，其中一些产业年增长率甚至超过 30%。

(五) 高渗透型的促就业性

信息技术与信息产业的高智力特点决定了信息产业对就业者的知识水平要求很高，这些知识的专用性很强，一旦脱离本行业或者部门，就可能“英雄无用武之地”，从而带来不同程度的结构性失业。但另一方面，信息产业的发展也可以开辟许多新兴的职业门路，从而形成更大的就业需求。另外，信息技术的最大特点就是其高渗透性，以信息技术为依托的信息产业以信息的扩散和反馈为途径，高度渗透于其他产业的结构和形态中，这使得其他产业的产品和服务中都或多或少地包含信息产业的价值，从而使信息产业成为典型的高渗透型产业。

第二节　信息产业的演化

一、信息产业的形成

信息活动古已有之，但信息活动不等同于信息产业。不靠媒介传播的各种信息活动向社会提供的是难以计量的价值，不能形成信息产业，而以纸张为媒介的信息活动(如图书馆、档案)虽能产生价值，但其对于社会经济增长的作用是有限的，也不能形成信息产业。只有当新兴的科学技术融入信息传播活动中，使信息的传播和处理呈几何级数增长，并带动社会经济的快速发展时，才能形成信息产业。判断信息产业是否形成可以从以下四个方面入手：一是看信息产业部门是否独立化，信息产业的经济活动是不是还从属和依附于第一、二、三产业；二是看其是否整体化，其部门门类是否比较齐全，成为一个有机整体；三是看其劳动是否具有职业性，其劳动者是固定还是偶然地从事该工作；四是看其核心技术是否基本产业化和自主化。只有具备了独立化、整体化等特征才能说信息产业已经形成。

(一) 信息产业形成的原因

任何一种产业的形成都取决于需求和供给两方面的力量。信息技术的革命性发展为信息产业的形成提供了技术上的支持，构成信息产业发展的供给条件。而社会的需求则是推动信息产业形成和发展的重要力量。纵观各国产业结构的演化，都是由技术革命引起产业革命，从而形成新的社会分工，推动产业结构的高级化。

1. 信息技术的支持

信息技术是能够扩展人的信息器官功能的技术。现代计算机延伸了人类大脑的功能，把大批量、高速度加工处理和存取信息变成现实。第一类是感测技术，即感觉功能的延长，包括遥感和遥测等技术。第二类是通信技术，即传导神经功能的延伸，包括一般意义上的通信技术和跨时间区域传递信息的存储技术。第三类是智能技术，主要表现是由于微电子技术的加速发展，芯片的运算能力及性能价格比继续按几何级数的定律增长，从而带动软件、通信、信息等技术的应用达到了一种前所未有的发展水平。第四类是控制技术，即效应器官功能的延长，包括一般的调节技术和控制技术。所以说，从信息技术本身来看，它包括人们对信息的获取、存储、传输及处理，它的发展主要在信息载体、信息工具和信息内容上增强了人类信息能力：信息载体促进了信息设备制造业的形成和发展；信息工具增强了开发与利用信息的广度和深度；信息内容扩展了信息服务业的范围和服务方式。信息技术与信息产业的联动关系见表 5-1。

表 5-1 信息技术与信息产业的联动关系[1]

信息技术	作用	信息产业
感测技术	扩展人类感觉器官	信息产品加工制造和服务业
通信技术	扩展人类记忆器官	信息收集、储存与提供产业
智能技术	扩展人类思维器官	电子计算机、信息控制与处理设备制造和服务业
控制技术	扩展人类效应器官	电信、网络设备制造与服务业

自人类发明文字以来，信息技术的发展经历了印刷术、电报、电话等的漫长过程。但自进入现代社会以来，信息技术的发展取得了重大突破，譬如在半导体技术、微电子技术、集成电路技术等领域中的重大突破，使现代信息技术取得了革命性的发展，如信息处理技术因为计算机技术的产生和发展取得的重大突破，信息传输技术因为计算机技术与通信技术的结合取得的重大突破。而每一个时期的每一个重大科学技术进步和突破，都会不同程度地引起社会经济的深刻变化，催化着社会制度和经济结构的变迁，现代信息技术也不例外。

首先，现代信息技术革命催生了一大批新兴产业，传统产业的体系逐渐衰退，世界的产业结构发生了巨大变化。现代信息技术可以改造传统产业，使其获得新生，现代信息技术可以增强生产要素结构中知识与技术的作用，减弱物质资料以及资本的作用，从而引起产业结构的变化，而这又会进而引起投资结构、贸易结构、就业结构和消费结构相对应的变化。总之，许多信息技术使整个经济结构发生了巨大变化。

其次，信息技术发展通过技术革命→产业革命→经济结构→社会结构的联动效应，引起整个社会结构的变动。经济结构是社会结构的基础，经济结构变了，社会结构也必然随之发生变化。但技术革命→产业革命→经济结构→社会结构这个链条并不是一条单向决定链，而是一条互动的链条，当技术影响产业、经济、社会等各个领域并引起相应的变化的同时，社会因素也深刻地影响着技术的发展和应用，不同的环境和产业发展政策，也对信息技术的发展起着反作用。在二者的相互作用下，信息产业从形成开始便不断地发生着变迁。

2. 社会需求的拉动

任何产业的形成都是靠社会需求来拉动的，信息产业也不例外。人类在生产和生活上日益增长的对信息的需求促进了信息产业的产生。

首先，人们的精神需求促进了信息产业的产生。恩格尔定律指出，当人们的物质需求满足达到一定程度的时候，即当恩格尔系数降低到一定程度时，对其他方面的需求就会不断扩大。在当代社会，恩格尔系数已经大幅度降低，人们已经不再满足于传统的简单的物质产品，而对门类众多的非实物性产品产生需求。一个重要的表现就是对信息类

1 靖继鹏. 赵筱媛. 信息产业的形成机制剖析[J]. 情报科学，2004，22(5)：513-516.

商品和服务的消费欲望迅速提高。在人们看来，信息产品及服务，不仅能够满足基本的物质生活的需要，满足精神生活的需要，带来高效率和高智能，提高生活质量，还可以帮助人们适应日益复杂的社会生活，满足自身发展的需要。

其次，复杂的生产需求促进了信息产业的产生。随着经济的发展和人们对信息的消费需求的快速增加，对信息进行专业化生产就成了必然，因为只有专业化生产才可以达到规模经济和范围经济，从而满足人们对信息的膨胀性的消费需求。同时，计算机技术的发展要求对大量信息数据进行快速有效的传递，要求建立现代化的网络，这些需求也就带动计算机业、网络通信业、信息服务业的产生和发展。而网络市场的开拓，又刺激对其设备的需求，从而推动国家及各系统信息网络的建设，进而形成对光纤线、信息传输、交换设备、计算机软件管理系统、计算机网络操作系统及用户终端设备的大量需求。而这些又需要大量的技术人员、维修人员、管理人员和服务人员，推动了信息服务业的发展。

(二) 信息产业的地位作用

信息产业带动了其他产业部门的发展，同时也具有一定的出口创汇能力，其产品在出口额中占有的比重很大，在经济建设中的地位不断上升，已经成为国民经济第一支柱产业。信息产业是国民经济的新的增长点，是具有战略性的新兴带头产业，信息产业的成长也是可持续发展的重要条件，具有重要的作用。

1. 信息产业的发展对国民经济起着推动作用

随着经济的发展和人民生活水平的提高，新的需求将会出现，从居民需求来看，对消费类信息产品的需求旺盛；从信息商品和服务的出口需求看，信息化浪潮的不断发展使全世界对信息商品与服务的需求进一步增长，出口需求进一步扩大。因此，信息产业已经成为现在和未来社会发展中的战略产业。

2. 信息产业的发展对经济结构起着演化作用

信息产业的发展对经济结构起着重要的演化作用，首先是产业结构方面的软化。产业结构的软化表现为两个方面：第一是软产业的兴起，第二是硬产业的软化。其次是就业结构方面的演化。在就业结构方面，从事第一产业和第二产业的人数在不断减少，而从事研究、开发等所谓的“软职业”的人数呈现上升趋势。再次是消费结构方面的演化，在消费结构方面，随着我国经济的快速发展，物质生活水平的不断提高，信息技术的发展已经改变了人们利用信息的方式，特别是近些年来，电子商务的发展，给人们提供了更多的便利，提高了人们的生活质量。最后是投资方面的演化，在投资方面，投资结构发生了很大的变化，人们更加注意人才和信息服务等方面的投入。

3. 信息产业的发展对扩大就业起着促进作用

由于信息产业是高就业型的产业，一方面它对就业型知识水平要求很高，在某种程度上会带来结构性失业问题，另一方面信息技术对传统产业的改造可能会提高传统产业资本的有机构成，使劳动力从传统产业中分离出来，但是它的发展带动了教育、文化、服务产业的发展，新增很多再就业的机会，因而形成了对新职业的更高层次的需求。目前，在信息产业部门就业的劳动力，在经济发达国家的就业结构中占有很大比重，这些高素质的就业人员适合信息产业的差异经济特征，可以为本国厂商提供更多的有差异的产品和服务，提高本国的竞争力从而促进整个国民经济的持续快速健康发展。

4. 信息产业的发展对基本资源的节省作用

社会经济的基本资源是原材料、能源和信息。信息的发展可以开发出新的资源，并且还可以节省资源，从而防止资源的消耗，这样在一定程度上可以促进经济的发展，同时，信息资源的节省在一定程度上还可以改善环境的质量，可以对人们的健康有一定的好处。

5. 信息产业的发展对生活方式的影响作用

信息产业的发展，对人们的生活方式将产生更加深远的影响。特别是近些年来，网络技术和多媒体技术的发展，譬如，电视电话、电子商务、E-mail、电视会议、网络信息的高渗透率和覆盖率，可以使一些在没有很好教育资源的学校学习的学生通过信息共享接受较好大学的教育，同时，还可以使家庭条件十分困难的孩子能够接受到世界优质大学的教育资源，可以使孩子们自学去掌握先进的知识。通过电视会议，可以使各地的入会者在自己的办公室里甚至是家里开会，一方面节省了大量的资金和时间，同时又减少了人们“飞来飞去”的奔波之苦。信息产业的发展大大减轻了人们繁重的体力劳动，使人们可以有更多的自由支配的时间，而且可以更好地发展自身的个性化需求。

二、信息产业的发展

(一) 信息产业的发展条件

1. 信息产业的发展需要充足的社会需求

前面已经谈过信息产业的发展需要需求的拉动，信息的社会需求(包括生产消费需求和生活消费需求)的水平是与信息产业的发展水平紧密相连的，只有当国民经济发展到一定的水平、经济活动的信息需求增加到现代信息技术所要求的经济规模、人均收入水平提高到能支付相应的信息成本，信息产业才能得到迅速的发展。从凯恩斯革命之后，各国政府都认识到了需求对经济的拉动作用，都非常重视从提高投资需求和消费需求的角度来拉动经济，很多国家更是通过增加国防力量的方式来促进经济的发展。我国国务院办公厅 2014 年 1 月 22 日发布的《国务院办公厅关于促进地理信息产业发展的意见》中就提出，地理信息产业的发展要“坚持经济社会需求与国防需求相结合”，要“充分发挥地理信息对维护国家安全的重要支撑作用，走军地统筹、军民融合的发展路子，在基础地理信息生产和技术创新等方面兼顾国防需求”。[1]

---

1 国务院办公厅. 国务院办公厅关于促进地理信息产业发展的意见. 中央政府门户网站.[2014-01-30].http://www.gov.cn/zwgk/2014-01/30/content_2578694.htm.

2. 信息产业的发展需要强大的传统产业

信息产业的发展需要强大的物质基础、雄厚的发展资金以及高质量的信息人才等，这些都需要传统产业来提供，没有雄厚的、高度发展的农业经济和工业经济基础，就很难形成信息产业发展的条件和良性循环。因此，传统产业的成熟程度是信息产业发展的重要制约因素。正因为发展中国家和发达国家在这点上相比存在巨大的差距和不足，所以想减小二者在信息产业中的巨大的鸿沟是很难的。此外，传统产业力量的强大还为信息产业的发展提供了强劲的市场需求。

3. 信息产业的发展需要相应的信息能力

信息产品的消费特点决定信息产业的发展还应与国民的信息能力相适应，这是因为，在创造物质财富的活动中，信息只是一种要素，它只有同人的实践活动相结合，通过结合带来的乘数效应，才能发挥出巨大的作用。信息从本质上讲是外部事件作用于信息接收者的知识结构，使其利用新知识做出正确的决策。所以，从实际的效果来看，信息产品的消费主要取决于使用者的素质，使用者的信息能力是关系到信息产业发展的关键因素。与购买力不同的是，信息能力的本质是一种操作知识的能力，包括信息获取能力、信息吸收能力、信息使用能力等，它取决于使用者自身的知识存量水平。信息产业的发展与国民信息能力的提高是一个互动的过程，信息产业的发展不能脱离本国当前的信息能力。也正因为如此，信息产业的发展极大地依赖人脑智力资源的开发，依赖于人的创造性思维、熟练技能和价值取向，这使得人力更加不可能被机器所代替，人才成为信息产业发展的灵魂。信息产业和信息企业更重要的就是拥有无形资产，拥有特定人才和技术组合所迸发出的持久的创造能力。具体说来，信息产业的发展需要关键的两种人，一种是具有企业家胆识的科学家，另一种是具有科学眼光的企业家。在信息产业中，技术能力和管理能力要么是同等重要，要么是前者更重要。因为在信息产业中，技术起着推进性的作用，不精通技术，就不能很好地提高管理能力，就不能很好地判断市场机会和制定正确的竞争策略。技术能力是管理能力的基础。

4. 信息产业的发展需要有效的投资工具

信息产业是一个高风险的产业，其研究与开发的耗资巨大，其技术和产品的生命周期也随着技术变革速度的加快而不断缩短，从而导致其销售产品的困难也很大。因此，信息产业靠自身积累进行筹资是很困难的。证券市场虽然汇集了大量的资金，但高科技企业证券的高风险性又使得许多人对信息产业的投资望而却步。所以，传统企业在现代市场经济中的三种筹资方式(企业内部积累、向银行借贷、通过证券市场融资)在信息产业这里都存在困难。在这种条件下，建立风险投资机制便成为解决信息产业资金问题的重要渠道和选择。作为风险投资的发源地，美国被公认为是风险投资最发达、风险投资机制最完善的国家，许多国际知名的高科技企业，如苹果公司和英特尔公司，都是依靠风险投资发展起来的。风险投资对美国的经济产生了和正在产生着深刻的影响，20 世纪高新技术领域的许多重要成果都离不开风险投资，从 20 世纪 50 年代的半导体硅材料到 20 世纪 70 年代的微型计算机，再到 20 世纪 80 年代的生物工程技术，风险投资不断为美国经济注入新的活力。风险投资对经济的促进作用还不止于此，它对于信息产业的发展还有另一个重要的作用，那就是它掀起了竞争和创新的狂飙，不断为美国经济注入新的活力。风险投资的作用巨大，因为它不仅能够扶持符合技术和市场潮流的企业迅速发展，而且还能有效分散更大的风险。

5. 信息产业的发展需要有效的创新机制

在获得充足资金的基础上，信息产业的发展还需要有一套健全的创新机制，其包括技术创新机制和制度创新机制。

首先，信息产业的发展离不开有效的技术创新机制。只有具有一套有效的技术创新机制才能有力地促进技术的快速更新，才能跟得上不断变化的市场需求和快速增长的生产力。这要求通过国家创新体系的建立而建立起有效的技术创新机制来促进“产学研”的有效结合。目前，发达国家和地区早已形成了“官产学研”相结合的R&D投入格局，在针对那些对民族产业成长有重要影响的关键技术上，政府主导着技术创新，在企业间合作进行技术创新的时候，产业间组织和企业起着重要的作用。但无论从 R&D 的来源上还是支出上，企业都是技术创新的自主行为主体。企业为了赢得竞争更加激烈的市场，不约而同地把 R&D 投入作为企业发展和提高竞争力的重要活动来统筹安排和组织，企业技术创新能力的提高，大大提高了发达国家和地区企业的竞争力。发展中国家应该学习发达国家和地区的经验，建立起宏观、中观和微观上发挥作用的技术创新体系和机制，增加研究和科研开发的力度，促进产学研的相互促进。

其次，信息产业的发展离不开有效的制度创新机制。制度对信息产业发展的影响是强大的，它不仅可以通过影响信息产业及企业的发展机制和环境发挥作用，而且可以直接推动信息产业的发展。而随着信息产业和经济的快速发展，信息产业面临的外部环境和发展条件也会迅速发生变化，这时，原有的信息产业制度和政策就会逐渐出现一些与信息产业的发展不协调的问题，比如缺乏竞争政策、企业政策不够配套等，这就需要国家及时地推出新的制度政策以满足信息产业的发展需求，所以具有一个能够不断自我补充、自我否定的制度创新体系和机制尤为重要。

(二) 信息产业的发展规律

信息产业的发展依赖于信息技术的发展，而信息技术的发展有其内在的规律性——瓶颈转换规律。虽然由于构成的分支部门多，信息产业在发展过程中并不呈现明显的瓶颈规律，但在信息产业中，无论是信息产品制造业还是信息服务业，都明显存在收益递增、规模经济、范围经济、成长经济和差异经济等现象，影响着信息产业的发展方向。

1. 信息产业中的收益递增

信息产业之所以能够快速发展并迅速扩散的一个重要的推动力就在于信息产业的发展改变了传统产业的边际收益递减规律，实现了产业中的边际收益递增。边际收益递增规律作为信息产业快速发展的内在动因和发展规律，其原因可以从生产和消费等方面进行解释。

(1) 信息产业收益递增的原因

信息产业所依赖的资源是具有共享性的知识资源，随着开发的强度逐渐加大，知识和信息越来越丰富，促进开发成本的降低，并对竞争者形成一种壁垒。与传统的物质资源开发上存在的收益递减规律相反，在知识、智力资源的开发应用上占优势的国家和企业，无论在以下内部因素还是外部因素上都在竞争中占优势，呈收益递增趋势。其主要原因如下。

1) 比较高的固定生产成本导致了信息产业的收益递增

在信息产业中，无论是对信息产品的生产还是消费，都存在着较高的“成本”。由于信息产品研发阶段的初始投入较高，结果导致了固定成本就很高。而一旦推向市场增加产量后，可变成本却相对较低。因此，信息产品的产量越高，平均成本越低，利润就会越大。成本结构的这种特点也就促使了信息企业不断扩大市场占有份额，不断增加产量，有效降低成本，提高自身质量，以获得更大的市场和更长远的利益。

2) 比较高的顾客适应成本导致了信息产业的收益递增

在对信息产品的消费和使用上，高技术的信息产品通常难以使用，顾客一旦选择了某一产品并在培训上进行了投资，在适应之后就不会再轻易地转移到其他产品上去，因为这种转移需要较高的转换成本。譬如，在微软宣布要在 2014 年 4 月 8 日结束对Windows XP的支持后，尽管使用该系统的用户们知道继续使用此系统可能会使个人的电脑面临很大的风险，但仍有相当大一部分用户，尤其是中国的用户，因为习惯于 XP 的使用，所以没有马上放弃使用 XP 系统。这种高的顾客适应“成本”使得占据先机的信息产业有着比较稳定的用户群体，促进了其收益的递增。

3) 注意力经济的信息蔓延导致了信息产业的收益递增

虽然目前信息的处理和获取能力较强，但在浩如烟海的信息爆炸时代，人们真正利用的信息比例并不高。这种不平衡使得消费者的注意力成为一种十分宝贵的财富。在当今快节奏的生活环境中，消费者的注意力是有限的，其只能把注意力集中在顶尖的竞争者身上。这种注意力在信息经济中的地位类似于一种货币单位，能够吸引顾客注意力的企业就在一定程度上锁定了顾客，从而创造收益递增的开端。而一旦某个企业或者产业获得了比较多的买者，那么，在买者询价、还价的过程中，该企业或行业的相关信息便开始扩散和蔓延。无论买者是否主动参与这种信息的蔓延和推荐，买者众多的产品比买者较少的产品总是具有被更多人了解的机会。而风险厌恶者倾向于购买了解较多的产品，故早期占据市场份额较多的企业就具有信息反馈优势。在某些情况下，凭借这种优势，一种产品就可能最终控制市场。这就是信息蔓延对信息产业起到的收益递增作用。

(2) 信息产业收益递增的表现

信息产业的边际收益递增从硬件、软件和网络经济等方面都可以表现出来。

1) 硬件业发展中的边际收益递增

著名的摩尔定律认为，计算机硅芯片的处理能力每 18 个月就能翻翻，但其价格却要下降一半，所以，其边际成本曲线是不断下降的，这导致了以 IT 硬件业为代表的信息产业硬件业的边际成本的下降，从而实现了边际收益的递增。

2) 软件业发展中的边际收益递增

和硬件业一样，软件业的发展也遵循边际收益递增规律，因为软件程序在编写成功后的复制成本几乎为零，因此，随着软件产量的增加，边际成本下降，边际收益递增。而因为产品标准问题带来的消费路径依赖，在软件业的市场开发中更体现出软件业的边际收益递增。

3) 网络业发展中的边际收益递增

在信息网络中，其成本的三大块，网络建设成本，信息传递成本和信息的收集、处理和制作成本综合起来的结果是：信息网络的平均成本随入网人数的增加而明显递减，边际成本也随之缓慢递减。因此，网络的规模越大，边际收益就越高。[1]

2. 信息产业中的规模经济

(1) 规模经济与生产成本

规模经济是指在一个给定的技术水平上，随着生产规模的扩大和产出的增加，平均成本逐步下降。规模经济的不断发展是产业成熟的重要标志，是促进经济增长、提高资源优化配置的重要手段。而规模经济的实质在于成本，在于长期平均成本与边际成本之间的关系。当不变成本和可变成本经过调整后，随着产量的增加每单位产出的平均成本下降这是产生规模报酬递增的基本条件。信息产品的生产成本结构的主要特征，是在初期投入成本很高，再生产成本极低，即高的固定成本，低的边际成本，甚至是趋近于零的边际成本；或高的首创成本，低的传播成本。图 5-1 显示了成本与规模经济之间的关系。

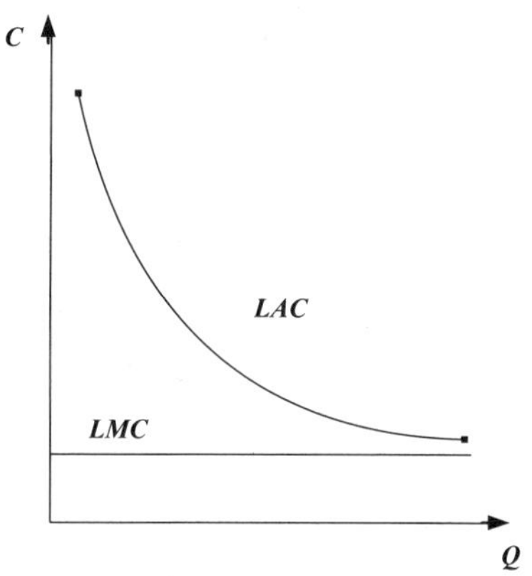

图 5-1 成本与规模经济的关系

(2) 信息产业的规模经济

信息产业的规模经济是指在一个重复的或相同种类的活动中，可用信息的平均共享成本(包括机构成本、组织成本、搜寻成本、交易成本、编码成本和接受成本等)随着共享次数的增加而下降。信息生产有着非常特殊的固定成本和可变成本结构，从而有助于形成信息生产的规模经济，这对于信息企业的经营决策意义深远。这一点可以从信息产

1 王人辉. 信息产业边际收益递增趋势及原因[J]. 现代企业，2008(10)：54-55.

品生产和投资回报方式与物质产品的生产与投资方式的区别中看出来。在物质产品的生产上，投资的回报方式是多种多样的。假设当某人投资于某一房地产(物质产品)时，出于价钱原因而改变了主意，他可以通过将它出售而收回部分成本。但如果他把钱投资在软件开发上，如果项目失败了，他的投资是无法收回的——信息产品生产前期的投资有着巨大的风险。譬如，在现实生活中，拍一部电影甚至需要上亿的投资，而投资中的绝大部分是沉淀成本(沉淀成本是因过去的决策而发生但不能由现在或将来的决策而改变的成本)，如果此电影没有票房，投资人就无法收回前期的高昂投入。当然，与物质产品生产的可变成本随着产量的提高而发生成本的增加不同，信息产品在可变成本上具有很大的优势，那就是，如果在前期生产了一种产品，如果后期需要，即使复制很多，其可变成本也不会有所增加。[1]所以如果企业投资方向正确，就会在生产中形成规模经济。

3. 信息产业中的成长经济

成长经济是指企业在成长的过程中，通过充分开发自身未利用的经营资源的潜力而获得的经济性。而要了解成长经济的特点，就需要知道企业中总是存在着未利用的资源的原因。

(1) 企业资源未充分利用的原因

企业资源未充分利用的原因主要包括以下几个方面。首先，资源间的永不平衡性导致了资源的未充分利用。企业生产经营一般都是利用现有的资源的，但是随着生产的进行，企业又会增加利用更多新的资源，而在这个过程中，企业未必会完全利用新资源，这就导致了资源间的不平衡。其次，资源的不可无限分割性导致了资源的未充分利用。要想充分利用不可分割的生产资源，最低的生产水平是必需的，而这个最低的生产水平应该与由各种资源的最小可能单位生产的各种产品的最大生产量的最小公倍数相等，但是市场环境总是复杂的，企业未必能够达到这个最低的生产水平，因此未利用资源总是存在。最后，活的经营资源的存在导致了资源的未充分利用。作为一种活资源，智力资源和知识资源能够通过“干中学”效应而自动积累，于是无形中就增加了企业内的未利用资源。

(2) 信息产业成长经济的形成

因为上述原因的存在，很多未利用资源沉积在信息企业中。为了充分发挥这些资源优势，信息企业总是在最大限度地进行生产和改进，挖掘自身潜质，这就导致了信息企业的不断成长和发展(企业拥有的未利用资源越多，成长经济就越明显。大企业因为拥有更多的未利用资源，所以成长经济在大企业中的表现比在小企业中的表现更加明显)。而当信息企业都在不断地向前发展的时候，在信息产业内部就形成了表现比较突出的成长经济。在这个过程中，新兴信息企业为充分利用资源而不断进行的技术创新使得自身迅速发展为整个行业中有竞争力的公司。图 5-2 体现了信息产业的生长经济特性。

---

1 李国锋，崔琳，于洪良. 对信息产业发展规律的新认识[J]. 山东经济，2001(5)：10-13.

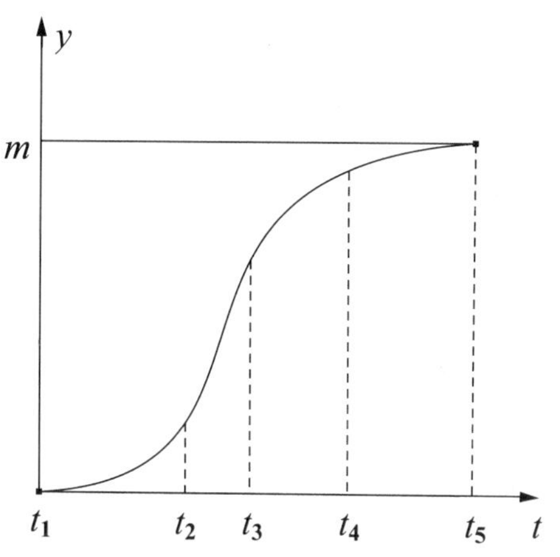

图 5-2 信息产业的生长曲线[1]

在图 5-2 中，$[t_1,t_2]$为孕育期，$[t_2,t_3]$为成长期，$[t_3,t_4]$为全盛期，$[t_4,t_5]$为成熟期。信息产业生长曲线表述了一个国家或地区的信息产业产值占其 GDP 的比重变化，它能通过对历史年度的序列数据判断一国信息产业所处的阶段，并对信息产业演进的阶段作出合理的划分，从而指导相关部门制定相应的产业政策来服务于经济，所以信息产业生长曲线具有重要的理论意义，信息产业的成长对经济的发展具有重要的理论意义。

4. 信息产业中的范围经济

(1) 信息产业范围经济的成因

范围经济是指因企业经营范围而带来的经济优势，只要把两种或更多的产品合并在一起生产比分开来生产成本要低，就会存在范围经济优势。范围经济形成的原因有合成效应、内部市场、企业关联和空间扩大。首先看合成效应。如果不同的产品在技术、生产和销售过程中可以互相借鉴和优势互补，就能产生合成效益，从而大幅度降低生产成本。其次看内部市场。当许多种产品和企业集聚在一起时，可以在企业内部之间形成一个内部市场，在这个市场内部通过对人、财、物等资源的合理配置和协调组合，从而获得巨大经济收益。再次看企业关联。当不同企业关联在一起以后，彼此之间就能建立一种合作和信任，从而极大地降低经营风险，增加收益。最后看空间扩大。目前，单一的产品的生产和经营往往会受到市场和法律的制约，企业的发展空间非常有限，但进行多种产品的经营却能够回避这种制约，从而有效地扩大企业的发展空间，增加企业的竞争优势。

(2) 信息产业范围经济的优点

信息产业的范围经济是指信息企业在信息共享范围扩大的过程中，由信息的使用范围的增大而带来的经济优势。我们可用成本函数来表示，设 $C(Q_1)$为企业独立生产 Q_1 数量的第一种产品的平均成本，$C(Q_2)$为独立生产 Q_2 数量的第二种产品的平均成本，而

1 李国锋，崔琳，于洪良. 对信息产业发展规律的新认识[J]. 山东经济，2001(5)：10-13.

$C(Q_1, Q_2)$为联合生产数量分别为 Q_1、Q_2 的第一种和第二种产品的联合平均成本。令 SC 为范围经济程度。则有：

$$SC=\frac{C(Q_1)+C(Q_2)-C(Q_1,Q_2)}{C(Q_1,Q_2)}$$

当 SC>0，表示独立生产成本之和大于联合生产成本，联合生产获得了范围经济优势。SC 值越大，范围经济程度越高。当 SC<0，则表示联合生产不具有范围经济优势。

SC 说明对于一个企业来说，分别使用不同主体的信息的成本必然大于联合使用不同主体信息的成本。譬如，当企业建立了包含不同专家的知识库后，就可以在扩大专家知识使用范围的同时明显降低各自单独使用专家知识的成本。总之，随着信息使用用途的不断增大，信息使用者和信息被使用次数的增多，信息共享的范围经济优势就会不断增大，信息产业就会得到大量的潜在利益。[1]

5. 信息产业中的自然垄断

(1) 信息产业自然垄断的成因

与其他产业的自然垄断相同，信息产业的自然垄断也是市场自由竞争的产物。市场的自由竞争过程可能会消除竞争，引起信息商品(或服务)生产的集中，而当集中达到一定的程度，或者说当信息企业的平均成本在市场可能容纳的产量范围内不断下降的时候，自然垄断就会出现。正是生产一种信息商品或服务所使用的技术最终导致了这个信息市场上只有一个或很少的几个企业。自然垄断行业有一个明显的特点，就是高额的固定成本和微小的边际成本，而新进入的企业因难以达到一定的规模，所以平均成本很高，难以和先进入的企业进行竞争。所以，自然垄断是必然结果。如图 5-3 所示，当平均成本随着生产规模的扩大而下降时，存在着规模经济。

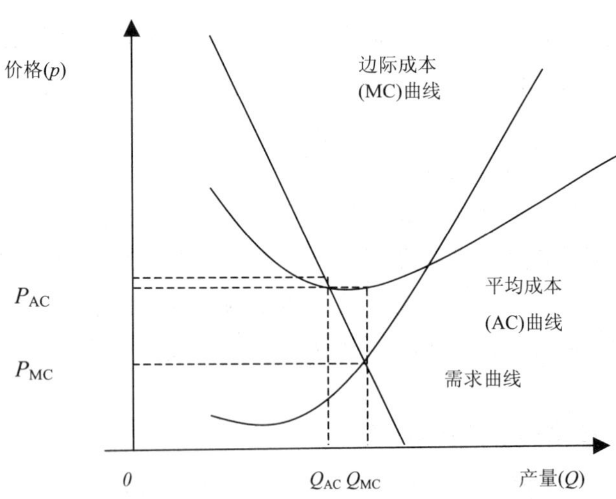

图 5-3 自然垄断下的成本曲线示意图

1 任志安. 知识共享与规模经济、范围经济和联结经济[J]. 科学学与科学技术管理，2005(10)：119-124.

(2) 信息产业自然垄断的影响

由于信息产业中存在自然垄断，几乎所有国家的政府都把信息产业部门看成是政策管制的对象，借以使信息产业的自然垄断发挥有利影响。因为，一方面，当信息产业在财政的支持下进行了高额的初始投资后，必将带动其他相关部门的投资，从而扩大整个社会的投资需求；另一方面，当这个垄断的信息产业部门开始进行产品和服务的生产时，其边际成本的低廉又会引发社会其他生产部门的生产和服务成本的大幅下降，从而刺激全社会的大幅度的经济增长。

(三) 信息产业的发展趋势

从产业的组织结构、企业的组织形式、技术的融合和人才的培养应用等不同的角度纵观国际和国内信息产业的发展历史，可以发现信息产业的发展呈现以下几个明显的趋势。

1. 从产业的组织结构来看，信息产业的结构越来越高级化

信息产业结构的高级化指的是现代信息产业部门以及生产经营高层次信息产品的信息产业部门在整个信息产业中所占的比重越来越大，高层次人才是信息产业从业人员的主体，高新信息技术是信息技术结构中的主导，信息企业越来越集中化、大型化和专业化。就我国来看，我国从改革以来就已基本完成了合理化产业结构的任务，三次产业增加值在宏观经济总量中的比例关系随着时代的发展而发生着巨大的变化，由 1978 年的 28∶48∶24 变成 1989 年的 25∶43∶32，变成 2001 年的 15∶51∶34，又变成 2012 年的 10∶45∶45。[1]推动信息产业结构走向高级化主要有两方面的因素：一是与其他产业部门相比信息产业更具有专门化的特点。在信息产业中，提升部门效率的最主要的方法就是优化组织结构。二是社会信息需求的多样化促使信息产业结构变动频率加快。结构转换能力对信息产业的发展也是至关重要。

2. 从企业的组织形式来看，跨国公司的作用越来越主导化

在当今世界，以信息网络为基础的高新科技企业模式初露锋芒，跨国公司的主导作用更加突出。跨国公司在几十年的短短时间内就获得了迅猛发展，它凭借着自身掌握的资金优势和核心技术，逐渐主导了整个行业，变成世界经济发展中分量很重的一支力量。如今，在电信等信息产业领域，跨国公司已经掀起了一股席卷全球的兼并之风，跨国公司主导竞争规划势不可挡。例如，阿里巴巴在近期就动用超过 20 亿美元资金大举入股并购了包括地图软件制作商高德、社交媒体网站、智能手机浏览器制作商 UCWeb 和电子商务配送集团 ShopRunner 等 10 多家规模较小的公司。

3. 从人才的培养应用来看，产业课题的研究越来越民生化

当今世界，随着经济和科学技术蓬勃发展，人才在经济社会发展和综合国力竞争中的地位和作用显得尤为重要，人才资源已经成为国家的重要战略资源，国家之间的竞争

1 郑金帆. 我国信息产业的发展趋势与重要作用浅析[J]. 情报探索，2007(1)：114-115.

主要体现在科技、知识以及人才方面的竞争。信息产业技术发展快，产业门类齐全，渗透能力极强，市场竞争尤为激烈，人才资源显得越来越重要。目前，虽然我国信息产业规模总量已进入世界大国行列，但是与国际先进水平相比，我国信息产业在核心技术、产业结构、管理水平、综合效益等方面与国际先进水平相比，差距还是依然存在的，产业发展“大”却不“强”。要想实现信息产业持续、健康、快速发展，就必须培养和建设一支适应产业发展需要的高素质人才部队，这对提升我国信息产业的核心竞争力，实现信息产业由大到强的战略转变具有十分重大的战略意义。信息产业不仅仅是高新技术产业，而且也是现代服务业，与老百姓的生活息息相关。随着信息产业发展的不断深入，信息产业的课题也越来越与人民联系在一起，选择和制定的标准都与人民的日常生活息息相关，像移动通信的 3G 标准、音频视频的 AVS 标准、绿色能源等，这些项目都正在不断地改善着人民的生活质量。市场经济条件下，企业、行业的发展在讲经济效益的同时，也要讲社会效益，坚持经济效益和社会效益的统一，只有坚持社会利益最大化，才能使得行业和整个社会的发展齐头并进。

4. 从产品竞争的发展来看，信息产业的核心竞争力明显化

从产品竞争的发展来看，信息产业的核心竞争力呈现加剧趋势。信息经济条件下，国际分工日益明显，资金、市场和技术走向国际化，而在这国际竞争中，传统的资源和产品的竞争变成技术、品牌和市场份额等的竞争。其中，自有品牌和核心技术成为竞争力的关键因素，只有核心品牌发展了，一个国家才可能在全球化的信息产业竞争中获得胜利。因此，当今世界的每个国家都在努力地打造本国的核心品牌，信息产业的核心竞争力越来越明显。[1]

5. 从技术的融合发展来看，信息产业的结构越来越紧密化

首先，从计算机的发展看，计算机与通信、传媒、信息服务的结合越来越明显。在经历了单机、多机和网络时代等阶段后，如今的计算机已经实现了和网络通信的结合，计算机、网络、通信等最终实现了一体化。譬如，当前，家电、计算机和通信在多媒体技术的作用下已经形成统一的整体，数字图像交互技术、手写识别技术等有了很大的适用性，多媒体技术在微机中得到高效运用，电脑甚至出现了拟人化及个性化的发展趋势。[2]其次，从电信的发展看，通信与计算机、广播电视、信息服务的融合越来越深。在电报、电话诞生 100 多年后的今天，有线通信和无线通信、固定通信和移动通信、数字通信和模拟通信成功结合，促进了电信业的迅猛发展。

6. 从生产的国际分工来看，信息产业的发展越来越多极化

信息产业发展正不断地走向多极化、国际化，这与世界政治经济格局的多极化相一致，也与信息产业自身发展的一些特点相适应。信息产业在社会政治中的战略地位，决

---

1 姚聪，孟禹彤. 电子信息产业发展趋势及我国发展状况分析[J]. 黑龙江科技信息，2014(3)：100.

2 杨清林. 浅谈电子信息技术的发展趋势[J/OL]. 电子制作，2013(19)：120. http://www.cnki.net/kcms/detail/11.3571.TN.20131125.1641.098.html.

定了世界各国都期望能够快速地发展本国强大的信息产业，并拥有专业的人才，开发出本国先进的信息技术，所以当今世界在信息产业领域出现了激烈竞争，改变了过去由美、日、欧等发达国家一统天下的发展格局，并逐步向发达国家、经济次发达国家、新兴工业化国家(地区)和发展中国家相互竞争的多极化方向发展，中国已经成为其中的重要一极。同时，世界各国、企业集团和信息机构正在不断完善其遍布全球的信息网络，让信息迅速在全球范围内进行快速传递，所以信息产业走上了立体多维的国际大舞台。

三、信息产业的演进

(一) 信息产业组织的演进

1. 信息产业组织的特征

信息产业作为一个新兴的产业，与传统产业相比，其组织有着本身独有的特征。

(1) 信息产业组织是知识创新型的组织

由于信息企业的规模经济与竞争能力很大程度上依赖于技术创新与知识创新的能力，任何信息企业都极其重视技术创新和知识创新，必须派专人负责企业组织的知识管理。于是，在现代信息产业组织内部就出现了“知识主管”这一职位。[1]知识主管主要是通过创造、收集、组织、传播、运用和转让知识资源来使智力资本得到很好经营和管理，其工作重点就是企业的知识创新和集体创造力。在日常的管理实践中，知识管理和信息管理往往是交织在一起的，知识主管要利用已有的知识资本从信息技术、技能、战略等诸多方面对组织进行规划和管理，一方面消除企业内部知识交流的障碍，另一方面建立企业与外部信息交流的通道。为此，知识主管要营造一个能够相互学习和共享信息的氛围，使组织成员能群策群力，最终实现从智力资本向知识产品的转化，实现组织利润的增加。[2]

(2) 信息产业组织呈现虚拟化发展趋势

现代信息技术的发展，特别是 Internet 技术的发展，导致了与网络紧密联系的信息企业的组织形态的重要转变，使其在生产、销售和管理等环节上的灵活性越来越强。近年来，不少信息企业为了能让组织的运作更有效率，从而创造更大的价值实行了“虚拟化生产”与“虚拟化管理”，虽然这些信息企业没有固定的生产场所与办公场所，但是企业所创造的销售额与营业利润却很高，将一些传统大企业远远地甩在后面。因此，“虚拟化”组织因其特殊的优越性，对于信息企业来说至关重要。

(3) 信息企业的平均寿命呈下降趋势

信息产业是正处于高速发展阶段的知识与智力密集型产业，信息企业的产品更新换代速度快，具有较强时效性与较高的淘汰性。只有不断使技术进步，加快技术创新的步伐，不断地向市场推出有竞争力产品，企业才能在市场上站稳脚跟，才能不断地向前进

1 刘清泉. 论企业知识主管[J]. 经济，2007(3)：235-236.

2 赵友芬. 知识主管(CKO)与信息主管(CIO)之比较研究[J]. 图书馆建设，2004(1)：88-90.

步，否则很容易被迅速发展的经济市场淘汰掉。信息产业特点是其具有高竞争性、高技术性以及强时效性，这些特点使信息企业被认为是一种高风险型行业，信息企业的平均寿命呈下降趋势。譬如，柯达、诺基亚，它们都曾贵为行业领头者，但是在这个大浪淘沙的时代，却慢慢地走到了市场的边缘。如今，全世界每天都有无数的信息企业诞生，同时也有无数的信息企业消亡。

(4) 在兼并重组中出现大量创新基地

随着技术的不断进步，人们却也面临另一个难题，主流技术创新所需的研发资金越来越多，技术的创新变得也越来越艰难，创新失败的风险也变得越来越大，单个的企业已经难以承担如此高的风险，并且在资金投入方面也存在着巨大的问题。企业间的兼并和重组也就成了必然的选择。随着信息企业之间的兼并重组越来越广泛，出现了越来越多的知识创新基地和技术创新基地。纵向、横向和混合等兼并重组方式增强了信息企业的技术创新能力，减少了市场风险程度。同时不少信息为了增强自身的创新能力积极依托高新技术开发区、高新技术园区以及高校科研院所等机构部门或基地，来提高其技术创新能力和市场开拓能力。在国外信息企业中，兼并重组已得到广泛和成功应用，譬如，今天的微软公司就是在市场中不断壮大的结果。

(5) 标准的抢滩已成为组织成败的关键

产品差异化是产业组织理论中决定市场结构的一个重要因素。产品差异化导致产品间替代的不完全性，从而形成一种非价格壁垒，提高本企业的市场支配力。传统的竞争方式主要是通过产品设计、销售、服务等环节来实现产品自身的差异性。使其成为企业在竞争中制胜的一种主要手段。而如今信息行业企业对行业标准的抢滩成为企业竞争成败的新的关键点。可以说“得行业标准者得天下”，就像在产品间相互依赖度很高的计算机行业中，如果某企业一种核心产品的标准成为行业标准，那么其他厂商的产品必须一律与之兼容才能够拥有自己的市场。也正因为如此，譬如，微软公司才会不断地更新换代其产品，努力打造市场上的新标准。与其他产业相比，在信息产业中的行业标准之争表现得尤为突出。信息技术系统标准的采用存在着显著的路径依赖及先入锁定的现象，从而导致信息产业谁率先推出权威的系统标准，谁就能“抢滩”占领新市场。同时，如今社会信息泛滥的现象十分普遍，人类的注意力已经成为一种稀缺资源，创立行业标准的实质是抢夺市场上的注意力资源，使得社会上，大多数人的注意力都集中在少数几个创立行业标准的顶尖企业身上，结果造成其他大多数参与竞争者的悄然泯灭。因此说行业标准的抢滩成为信息产业组织竞争成败的关键。

2. 信息产业组织的演进[1]

信息产业的演进直接表现为信息产业组织和信息产业结构的演进。信息产业组织是指信息产业内部企业之间的相互关系。既然产业组织属于产业结构中的微观结构，产业组织的合理化是产业结构合理化的必要前提，那么要想研究信息产业的演进是否合理，

---

1 陶长琪. 信息经济学[M]. 北京：经济科学出版社，2009.

就必须首先讨论信息产业组织的演进。[2]信息产业组织的演进可以从市场结构、市场行为与市场绩效这三个现代产业组织理论的基本范畴上体现出来。

(1) 信息产业组织的演进在市场结构上的体现

市场结构指的是某一市场中各种要素之间的内在联系及其特征，包括市场供给者之间、需求者之间、供给和需求者之间以及市场上现有的供给者、需求者与正在进入该市场的供给者、需求者之间的关系。它一般可分为完全竞争的市场结构、完全垄断的市场结构、垄断竞争的市场结构和寡头垄断的市场结构四种。受集中度、产品的差别化、市场进入退出壁垒等各种因素影响，作为知识与智力密集型的信息产业，它的三大组成部分(信息工业、信息服务业和信息开发业)之间有着不同的市场结构和演变方式。

1) 信息工业的发展较稳，垄断性突出，规模性突出，市场集中度较高

由于信息工业本身投资相对来说较大，规模性也十分突出，所以常常由政府部门或一些大型企业集团出资兴建，从而导致该类企业的市场集中度较高，甚至少数几个企业就可以占据一个地区、一个国家甚至整个世界市场的大多数份额。这样，一方面形成了较高的市场进入壁垒，新企业要想进入信息工业就会遇到圈内原有企业各种阻碍甚至当地政府各种政策限制，另一方面，也会带来产品的差异化，使产品在设计、结构、质量、售后服务与研发上的差异增大。所有这些都给信息工业企业带来极强的市场垄断性，另外，随着国际贸易的深化，信息工业的国际化程度也会越来越高，跨国经营的信息工业企业也越来越多，信息工业逐渐从区域垄断向国际垄断演进。

2) 信息服务业的发展较快，垄断性较强，规模性突出，市场集中度较高

由于信息服务业的市场进入壁垒高，产品存在差别性，所以通常少数几家企业就可能占据较大市场甚至全部的市场份额。在我国，除信息咨询业外，其中的出版业、邮政业与电信业一般都是由政府部门或一些国有控股企业进行经营。随着国际化的趋势加强，信息服务业的市场结构格局也开始变化，从完全垄断到寡头垄断演进。虽然我国的信息咨询业在目前市场上的分布还较为分散，竞争性较强，集中度不高，但是发达国家的信息咨询业已形成规模，集中度也有很大增长，可以预计，信息咨询业将随网络信息技术的发展而形成从完全竞争到垄断竞争的趋势。

3) 信息开发业的发展较快，市场分散，经营企业较多，市场竞争很激烈

信息开发业主要由软件开发业、数据库开发业与电子出版业等构成，是信息产业发展的高级阶段。同时信息开发业也是信息产业发展最快的类型，一般私人经营居多。在发展开始时期企业一般规模都较小，生产也比较专业化。投资规模也较小，市场进入与退出壁垒也低，在市场上同种行业也较多。随着市场竞争的加剧，不断有企业失去市场竞争力而退出市场，同时也不断有新企业进入市场。那些在市场上逐渐站稳脚跟的企业通过不断增加人才、资金和技术等要素投入使自己不断发展壮大，从而形成规模经济，在一定程度上有了垄断性，并有不断从行业垄断到地区垄断再到国际垄断的趋势。这种企业靠着本身的实力和强大的市场竞争力在某些领域形成相当大的市场占有力。在产品

2 何亚琼，左美云，李一军. 信息产业演进的合理性评价方法初探[J]. 情报理论与实践，1998，21(5)：271-272，297.

方面具有明显的质量优势与价格优势，譬如，美国的微软公司就是这种企业的典范。然而在市场中，信息开发业中大多数都还是未形成规模的中小型企业，它们在某些方面也有一定的比较优势，随着社会分工的细致化和复杂化，需要这类能适应这种分工协作生产的中小型企业存在。但是，中小企业的生存空间很小，要想持续地发展下去，就必须加快自身的创新步伐，加快人才的培养。所以说，未来的信息开发业应该逐步由完全竞争向垄断与竞争并存的趋势发展，由中小型企业逐步向大、中小型企业并存的方向演进。

(2) 信息产业组织的演进在市场行为上的体现

在我国，市场行为主要包括价格行为、非价格行为与企业组织调整行为，是企业在市场上为了能获得更大利润和获得更高的市场占有率所采取的战略性行为。从市场行为来看，信息产业组织将会从价格行为向非价格行为发展，然后从非价格行为向兼并重组行为发展。

1) 在价格行为上的体现

在信息产业中，由于大多数企业因为财力物力实力不够、技术创新能力薄弱和经营销售理念落后等原因而处在初级阶段市场中的较低层次，处于竞争的不利地位，所以，它们往往把竞争视为一种威胁，想方设法防止竞争者的进入并在与竞争者的对抗中扩展自己的市场份额，而价格策略就成为其可以有效运用的策略，通过降低价格来吸引消费者成为其首选。当然，恶性或过度竞争会损害所有竞争者的利益，所以当市场竞争者比较稳定的时候，企业也可能会采取成本加目标利润的方法为产品定价，这时候，信息产业的价格行为就从不合理逐步走向合理。

2) 在非价格行为上的体现

经过第一阶段的过度价格竞争之后，企业会发现这样的不合理的竞争行为不仅会引起整个市场的低效率，还会影响企业的技术进步，无益于企业产品质量的提高。所以，这时的企业就会更加关注产品的技术创新和质量好坏，就会通过不断引入新的技术，不断创新营销方式，通过针对顾客的不同需求提供差别性产品来满足消费者的需求，这种创造“差别”的方式有利于建立和强化自己的优势，树立自己的企业形象和产品品牌。所以第二阶段在非价格行为上的典型体现就是通过技术创新形成产品的差别化从而扩大企业市场占有份额，这时候信息产业的非价格行为会从不明显向明显演进。

3) 在组织调整行为上的体现

随着市场的大容量化、高层次化、细分化和成熟化，企业的技术创新变得非常艰难，创新项目成功的概率变得非常的小，风险越来越高，单个企业很难抵御这种巨大的风险而得到很好发展，所以必须建立企业间的联盟和合作，进行企业间的兼并重组，通过在创新方面的优势互补、风险共担和成果共享实现共赢。以电信市场为例，因为世界各国在电信管制上的松弛，各国电信企业加速进行分化重组，从而形成几大全球战略联盟，如 Concert、Global one、World Partners 等，这些战略联盟的存在使全球的电信网实现了无国界方向的发展，电信业的发展走进了全新的时代。

(3) 信息产业组织的演进在市场绩效上的体现

市场绩效是指在一定的市场结构下，某一产业通过一定的市场行为在品种、质量、费用、价格、利润及技术进步等方面所达到的状态，能反映出产业运营的实际效果。市场绩效一般用技术进步程度、产业的规模效率、资源配置效率等指标来进行反映。

1) 在技术进步程度上的体现

从技术进步程度来看，信息产业组织从对技术进步创新的逐步依赖向高度依赖演进。作为高技术密集型产业，信息产业非常依赖技术进步与创新，在企业的高度重视下，技术因素对企业经济的贡献率也逐渐递增。尤其是顶尖大型信息企业每年都会拿出大量的资金来不断创新本身的技术，不断地进行新产品的研制与开发，增加其产品差异化程度，增强其在同类产品中的竞争力，所以能够成功地抢占市场。然而，中小型企业不具备大型企业在资金和人力资源上的优势，中小型企业不仅资金相对短缺，而且在人才方面也没有很大的优势。不过中小型企业也会努力地进行技术创新，不断地逐步壮大，因而从技术进步的角度看，信息产业组织从对技术进步创新的逐步依赖向高度依赖演进。

2) 在产业规模效率上的体现

从产业的规模效率来看，信息产业组织实现了从中小企业向大企业单向演进的方式向中小企业与大型企业双向演进的方式的转换。在激烈的市场竞争过程中，中小型信息企业有可能被兼并，也有可能发展成大企业，而大型信息企业的规模有可能进一步扩大，也有可能衰退为中小型企业，甚至倒闭。譬如，微软公司的操作系统在早期也是非主流技术，但得到风险投资基金的支持很快就成长为大企业的微软的技术也随着企业规模的扩大而相继成为主流技术。所以，从市场规模结构来看，一方面是大企业的数量越来越多，另一方面是中小型企业的数量随着非主流技术创新的散点的增多而增多，同时，大企业与中小型企业的双向演进也越来越频繁，信息产业组织实现了从中小企业向大企业单向演进的方式向中小企业与大型企业双向演进的方式的演进。

3) 在资源配置效率上的体现

从资源配置效率来看，信息产业组织从低效率配置的企业占主导向高效率配置的企业占主导演进。这是因为，信息产业是高增值和高风险的新兴产业，一旦赶上了技术创新的浪潮并抓住了机会，就会呈现出很高的成长性，一旦没赶上技术创新的浪潮或者无视了技术创新，就会被这技术创新的浪潮淹没。但技术创新需要资金，所以能够使资产得到有效利用的兼并重组受到企业界的重视。为了最优配置资源，信息产业中的企业间的兼并重组现象越演越烈：中小型企业之间的兼并重组、大型企业与中小型企业之间的兼并重组，大型企业之间的兼并与重组都不再稀奇。这导致信息企业不仅在企业进出率指标上比传统企业高出 3～4 倍，在要素和资源的流动比率上也比传统企业高出 2～3 倍。所以，从资源配置效率来看，信息产业组织从低效率配置的企业占主导向高效率配置的企业占主导演进。

(二) 信息产业结构的演进

信息产业结构的演进是指信息产业内部生产力层次高的子产业产值占整个信息产业

的比例越来越大的过程。由于需求与供给在信息产业各子产业中的差别很大，所以导致了子产业在量上的不均匀扩展，当这种差别积累到一定程度时，生产力层次高的子产业或行业的产值便发生了质的增长，并最终导致了信息产业结构向合理化和高级化的演进。

1. 信息产业结构的含义

产业结构指的是一个国家国民经济领域里各种产业间的布局、比例及相互关系的结构。而信息产业结构，指的是信息产业与国民经济其他各产业之间以及信息产业内部各部门之间的联系和量的比例关系。随着信息经济的发展，信息产业的结构越来越复杂，各个层次之间的交叉和融合越来越明显。信息产业的结构示意图如图 5-4 所示。

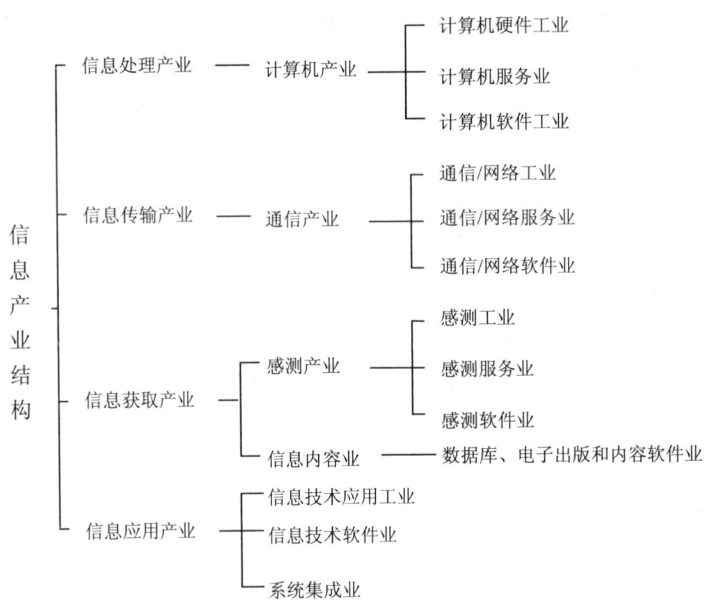

图 5-4 信息产业结构示意图[1]

2. 信息产业结构的形态

信息产业结构的具体反映就是信息产业结构的形态，可以从部门结构、技术结构、人才结构和产品结构等方面分析。

(1) 信息产业的部门结构

信息产业的部门结构是按照信息产业在生产、流通、分配、消费过程中的共性和个性而区分出来的一组或多组产业之间的联系及形式，它是信息生产和服务发展过程中的专业化、社会化、协作性相互作用的结果。信息产业是由众多的产业部门所组成的，对信息产业部门可以按多种标准进行划分。

首先，按照信息产品的生产和服务的性质划分。信息产业包括生产部门和非生产部

1 骆正山. 信息经济学[M]. 北京：机械工业出版社，2013.

门。其中，生产部门可划分为直接信息生产部门(包括新闻出版、图书情报、邮电通信、科研教育)和间接信息生产部门(在非信息生产部门和其他产业中存在的信息机构)。

其次，按信息产品和服务的形态划分。信息产业包括物质生产部门和非物质生产部门。其中，物质生产部门是主要生产有形信息产品并为信息产品提供物质基础的部门，而非物质生产部门是主要生产无形信息产品和信息服务的部门。

再次，按信息产品和服务的最终用途划分。信息产业包括信息生产资料和消费资料生产部门。其中，信息生产资料生产部门是为信息产品生产提供生产工具等物质条件的部门，而信息消费资料生产部门是指为信息产品生产提供信息生活消费品以及信息消费服务的部门。

还有，按照信息产业的生产和交换过程划分。信息产业包括第一、第二和第三信息部门。其中，第一信息部门是向市场提供信息产品和信息服务的部门，第二信息部门指的是不向外部市场提供而向本单位内部提供信息产品和服务的信息部门，第三信息部门指的是为信息产品生产和服务提供基础设施和工具等物质基础的部门。

最后，按照信息产品的性质和生产经营方式划分。信息产业包括信息生产部门、信息咨询部门、信息传递部门、信息传授部门和信息传播部门。其中，信息生产部门是加工信息和生产深化型信息产品的部门(例如科学研究、技术开发、软件开发等部门)；信息咨询部门是对信息进行搜集、整理、处理和提供利用的部门(例如统计、咨询和图书情报等部门)；信息传递部门是为信息交流和信息商品交换提供渠道的信息传递服务部门(例如邮政、电信等部门)；信息传授部门是以传授知识型信息为主的部门(例如产业化的教育机构)；信息传播部门是主动采集信息并向社会提供信息的部门(例如广播电视、新闻报刊、媒体等部门)。

(2) 信息产业的技术结构

信息产业中的技术结构是指不同类型技术与不同技术水平的构成及其比例关系。作为一种技术密集型的产业，信息产业的运行和发展离不开多种技术的支持。随着经济的发展，信息产业中的技术结构也在不断发生变化，呈现出技术门类日益增多、技术水平逐步提高的特点。当然，由于不同国家的不同信息产业部门在技术结构上存在着明显差异，有些国家信息产业的技术水平较高，有些国家信息产业的技术水平较低，仍处于由传统信息技术向现代信息技术过渡的阶段。另外，有些信息产业部门对技术的要求很高，没有现代信息技术就无法开展信息产品生产和信息服务活动，例如，数据库产业。然而有些信息部门则对信息技术并没有那么高的要求，没有现代信息技术同样也可以开展信息商品的生产经营活动。具体说来，信息产业的技术结构大体有以下的几种划分方式。

首先，从技术的特征来看，信息产业的技术结构包括传感技术、通信技术、控制技术和计算机技术等。其中，传感技术是指从自然信源获取信息并对其进行处理和识别的交叉科学与工程技术。通信技术是指将信息从某处传送到另一处所采取的方法及措施。控制技术是指对组织行为进行技巧性控制的技术。计算机技术，既可以指利用计算机软件的功能服务于顾客的技术，也可以指在足够了解和应用软件的各种功能或属性的基础上为不同人群提供类型全和效率高的服务的技术。

其次，从技术的功能作用来看，信息产业的技术结构包括信息获取技术、信息传递技术、信息处理技术和信息应用技术等。其中，信息获取技术是指能够对各种信息进行测量、存储、感知和采集的技术。信息传递技术是指通过新闻、电话、口语交谈、网络传播等方式向人群传递信息的技术。信息处理技术是指用计算机技术处理信息的技术。信息应用技术是指针对各种实用目的而发展起来的具体技术。

最后，从信息的微观载体来看，信息产业的技术结构包括微电子信息技术、光电子信息技术、超导电子信息技术和分子电子信息技术等。其中，微电子技术是建立在以集成电路为核心的各种半导体器件基础上的高新电子技术。光电信息技术是由光学、光电子、微电子等技术结合而成的多学科综合技术。超导电子信息技术是指采用超导材料产生并应用新一类电子器件的信息技术。分子电子信息技术是指在模拟或仿真分子运动的微观行为的基础上利用理论方法与计算技术的信息技术。

当然，除了以上的划分方式以外，还有一些其他的划分方式。譬如，从信息技术的支撑来看，可以将信息产业的技术结构划分为信息材料或载体的材料技术、生物技术和提供信息技术的发展空间的空间技术。从技术的适应程度来看，可以将信息产业技术结构划分为落后技术、适用技术、先进技术和高新技术等。图 5-5 列出了信息产业的技术结构层次。

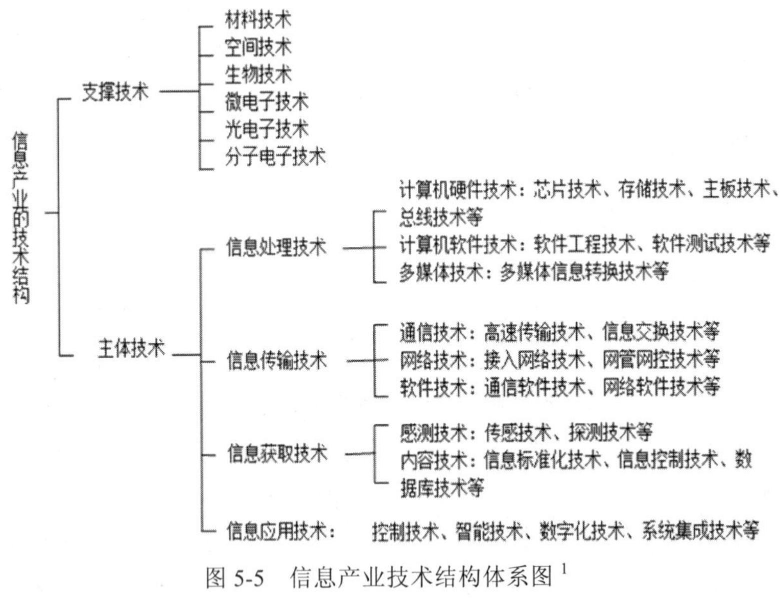

图 5-5 信息产业技术结构体系图[1]

(3) 信息产业的人才结构

信息产业的人才结构是指从事信息产业的各种人才的比例关系。由于信息产业是一个智力密集型产业，所以对人才的知识结构和智能结构要求都非常高，所以在信息产业中，高学历、高职称、高智能的人才占的比例很大。

---

1 骆正山. 信息经济学[M]. 北京：机械工业出版社，2013.

首先，从人才的知识结构来看，信息产业的人才结构包括各种专业型人才和复合型人才。其中，专业性人才主要包括科技信息人才、经济信息人才、法律信息人才和管理信息人才等。

其次，从人才的学历结构来看，信息产业的人才结构主要包括专科、本科、硕士、博士等人才。

最后，从人才的智能结构来看，信息产业的人才结构包括理论研究型、技术操作型、业务工作型和组织管理型人才。

(4) 信息产业的产品结构

信息产业产品结构是信息产业产品各个组成部分所占的比重和相互关系的总和。因为信息产品的类型极其复杂，信息产业的产品结构十分复杂，可以根据物质形态、生产方式、加工深度、内容性质、使用范围、生命周期等的不同而对信息产业的产品结构进行划分。信息产业产品结构的变化不仅能够反映出信息产业资源结构、技术结构和人才结构的构成，也能反映出信息产业部门结构、技术结构和人才结构的变化。

3. 信息产业结构的演进

(1) 信息产业结构演进的影响因素

信息产业结构的演进是信息产业演进的一种，其主要表现为信息产业内部产业结构的合理化和高度化，即由信息工业占主导地位向传统信息服务业占主导地位，再向现代信息服务业占主导地位进行演进。影响传统产业结构演进的因素有很多，如需求结构、贸易结构、技术进步和重大经济政策等，同时，其在一定程度上也构成了信息产业结构演进的主要因素。正是因为这些主要因素不断按市场要求进行变化，所以才能使信息产业结构向合理化与高度化方向不断进行演进。

1) 经济发展水平影响信息产业结构的演进

国民经济发展水平与信息产业结构之间紧密影响和相互制约。一方面信息产业结构的演进能促进国民经济的增长，另一方面国民经济的发展目标和战略措施等也会通过投资、价格等手段影响信息产业结构的变迁的程度和范围，限制信息产业结构的变动条件，并最终促进信息产业结构的合理化。信息产业结构的演进不可能超越相应的国民经济发展水平所能提供的物质条件，必然要受到一定时期的国民财富总量和服务总水平的制约。[1]

2) 信息技术进步影响信息产业结构的演进

信息技术是信息产业的支撑，信息技术产业化后就会形成许多的信息行业。四大信息子产业就是对应着四大信息技术而形成的，每一个子产业在整个产业中所占的比例完全依赖于其所对应的信息技术在整个信息技术中的产业化程度。信息技术的不断创新促使信息产业结构不断向合理化与高级化演进，使信息产业中技术关联度高、附加值高的产业部门的结构比例不断扩大。事实上，信息技术的进步是影响信息产业结构演进的极其重要的因素，但因为本书在多处都对信息技术进步问题进行了阐述，所以在这里就不再展开。

---

1 金建. 影响信息产业结构变动的基本因素分析[J]. 中国科技论坛，1993(4)：38-41.

3) 市场结构影响信息产业结构的演进

市场结构也是影响信息产业结构的重要影响因素，它主要从以下两个方面对信息产业结构的演进产生着影响：首先，市场需求结构影响信息产业的结构演进。生产是为了满足需求，因为不同的人和社会团体对信息产品的市场需求不同，所以信息产业就要不断努力创新来迎合这些不同的需求，从而出现不同类别和等级的信息产品和行业，这就促进了信息产业结构的演进。譬如，收入水平低的人对传统信息产品的需求相对多些，而收入水平高的人对现代高科技信息产品的需求相对多些，所以，随着收入水平提高而出现的需求结构变化会直接影响到信息产业结构的变化。其次，市场贸易结构影响信息产业结构的演进。信息产业的贸易结构主要包括基本内向型贸易结构、基本外向型贸易结构和过渡型贸易结构。当信息产业结构处于基本内向型贸易结构的情况时，信息产业会选择内需自给式的信息产业结构模式；当处于基本外向型贸易结构的情况时，信息产业会充分引进和利用国外信息技术和资源，选择出口导向式信息产业结构模式；当处于过渡型贸易结构的情况时，信息产业会选择内外结合式信息产业结构模式。[1]

4) 资源条件影响信息产业结构的演进

信息产业结构的演进，与本国的信息资源、自然资源、社会资源和人才资源的分布、质量和数量等密切相关。资源条件不同，信息产业结构也就不同。虽然在科技高度发展的今天，资源条件对技术先进国的制约和影响越来越小，但是这种影响永远不会消失。而且随着资源结构中，信息资源和人力资源的影响作用的上升，信息产业结构的变动更受到资源条件的影响。美日等发达国家的信息产业结构演进之所以领先世界，就是因为其信息产业充分利用了全世界的人力资源和社会资源。[2]

5) 社会结构影响信息产业结构的演进

社会结构对信息产业结构演进的影响是多方面的，但主要是从人口结构和文化结构两个方面产生影响。首先，人口结构影响信息产业结构的演进。这种影响主要体现在两个方面：一是人口结构影响信息产业的就业结构的变化；二是人口结构直接影响整个社会的信息需求的大小，然后通过需求的变动促进信息产业结构的变动。其次，文化结构影响信息产业结构的演进。这种影响主要体现在三个方面：一是文化结构对社会的信息需求会产生一定的影响，进而对信息产业结构也会产生一定的影响；二是文化结构影响信息产业人才的素质，进而影响信息产业结构；三是文化结构通过影响决策者的行为偏好从而影响信息产业结构。[3]

6) 国家政策影响信息产业结构的演进

随着信息经济的发展，国家政策在整个信息产业的发展过程中扮演起了越来越重要的角色。政府部门可以通过制定和执行有关产业政策的方式对信息产业的演进进行宏观的指导和调控，最终实现资源的优化配置和产业结构的调整。[4]首先，经济政策影响信息

---

1 陶长琪. 信息经济学[M]. 北京：经济科学出版社，2009.

2 金建. 影响信息产业结构变动的基本因素分析[J]. 中国科技论坛，1993(4)：38-41.

3 陶长琪. 信息经济学[M]. 北京：经济科学出版社，2009.

4 刘丹. 试析信息产业的演进[J]. 科技创业月刊，2010(6)：125-127.

产业结构的演进。经济政策具有强制性和诱导性，它可以通过直接扶植或限制信息产业或者制约影响信息产业结构的因素的方式来影响信息产业结构变动。针对信息产业的经济政策的主要内容之一就是信息产业政策，国家可以通过干预信息产业组织以及信息资源在产业间的分配的方式来达到既定的国民经济发展目标。其次，政治制度影响信息产业结构的演进。政治制度是信息产业成长的环境，政治制度不同，信息产业结构的成长环境就不同，信息产业结构变化的规模和进度也就不同，从而导致对于扶植或限制信息产业发展的经济政策所给予的法律保护措施也就不同。最后，法律手段影响信息产业结构的演进。法律手段在当代市场经济中发挥着重要的作用，世界各国都制定了直接或者间接针对信息产业的法律规范，从不同程度上规范信息产业结构的变动。法律手段实施的正确与否，可以直接对信息产业的演进产生重大影响。[1]

(2) 信息产业结构演进的表现形式

信息产业结构的演进主要表现在信息产业技术结构的演进和层次结构的演进上。

首先，在信息产业的技术结构演进方面，信息产业的技术结构在瓶颈的解决与转换中得到动态协调，其技术结构中的主导技术大致沿着这样一条路径演进：信息处理技术→信息传输技术→信息获取技术→信息应用技术。

其次，在信息产业的层次结构研究方面，信息产业的层次结构随着信息技术主体技术的演进而发生着演进，其演进大致遵循下面的路径：信息工业→信息服务业→信息开发业。可以看出，信息产业的层次结构的演进表现了信息产业结构的高级化，即由信息工业向信息服务业再向信息开发业转化。

总之，信息产业的演进能够使信息产业更加合理化和高级化，使国民经济各产业之间的关系更合理化和高级化，并最终引起社会生产力的大发展。其意义在于：首先，促使国民经济信息化，促进国民经济的质的提升；其次，促进信息产业占国民经济的比重的增加，促进高层次产业的量的扩展。[2]

(3) 信息产业结构演进的时代效应

信息产业的技术结构主要包括四大方面，即信息获取技术、信息传输技术、信息处理技术和信息应用技术，这些技术本身的演进以及它们引起的结构的演进能产生较强的时代效应，并促进信息社会的发展。

1) 信息处理技术的演进带来计算机时代

20 世纪 60 年代以来，随着电子学的发展，半导体技术、微电子技术、集成电路技术等领域取得重大突破，信息处理技术也发生了革命性的变化，引起了计算机产业的快速发展，社会由此进入了计算机时代。

2) 信息传输技术的演进带来了网络时代

随着信息处理技术的高速发展，产生了对传输技术快速发展的需求，而且随着经济的全球化，许多跨国公司也在力求找到一条能够快速和高效管理世界各地子公司的信息

---

1 金建. 影响信息产业结构变动的基本因素分析[J]. 中国科技论坛，1993(4)：38-41.

2 刘丹. 试析信息产业的演进[J]. 科技创业月刊，2010(6)：125-127.

通道。这时候，破除信息传输技术的障碍就成为一个重要的任务。于是，从 20 世纪 80 年代中期开始，网络技术和通信技术在技术和市场的双重压力下取得了巨大的进步，各国纷纷开始建设信息高速公路，于是信息社会进入网络时代。

3) 信息获取技术的演进带来了内容时代

随着网络时代的向前发展，人们发现，虽然信息处理技术和信息传输技术已经很发达，但真正能够被人获得并利用的有用信息却不是很多。于是，人们急切地需要克服在信息获取方面的障碍。从 20 世纪 90 年代中期开始，世界各国开始重点研究以下四个方面，即，探测技术、数据库技术、信息数据技术、信息标准化技术。由此，在信息获取技术的研究方面掀起了一阵狂潮，信息社会进入内容时代。

4) 信息应用技术的演进带来了智能时代

技术发展的目的是为了应用，要使上述的信息技术化为现实的生产力，就要大力发展信息应用技术。在当今社会，信息应用技术中的接口技术、集成技术、智能技术和数字化技术在短期内获得了巨大发展，人们的智能化需求得到较好满足，于是信息社会进入智能时代。

由此可见，信息技术结构的演进引起了信息产业结构的演进，从而引起时代特色的变化，信息社会有着一个逐渐从低级向高级进化的趋势。信息社会演进的四个阶段可见表 5-4。

表 5-4　信息社会演进的四个阶段 [1]

时间段和技术 / 阶段称谓	大致年代	瓶颈技术
计算机时代(控制时代)	20 世纪 60 年代—20 世纪 80 年代中	信息处理技术
网络时代(通信时代)	20 世纪 80 年代中—20 世纪 90 年代中	信息传输技术
内容时代(传感器时代)	20 世纪 90 年代中—21 世纪 10 年代	信息获取技术
智能时代(集成时代)	21 世纪 10 年代—22 世纪 10 年代	信息应用技术

第三节　信息产业的运行

一、信息产业运行的机制模型

运行机制是指在人类社会有规律的运动中，影响这种运动的各因素的结构、功能、及其相互关系，以及这些因素产生影响、发挥功能的作用过程和作用原理及其运行方式，它是引导和制约决策并与人、财、物相关的各项活动的基本准则及相应制度，是决定行为的内外因素及相互关系的总称。信息产业的运行机制简单来讲就是影响信息产业行为

1 骆正山. 信息经济学[M]. 北京：机械工业出版社，2013.

的内外因素及相互关系的总称。信息产业的运行机制是指信息产业组织自身运行调节的方式与规律，它直接决定着信息产业组织的运行效率。要保证信息企业能实现工作目标，必须建立一套协调、灵活、高效的运行机制(如企业运行机制、市场运行机制和竞争运行机制等)。既然信息产业的运行机制对信息产业的运行效率极其重要，所以研究信息产业的运行机制在信息产业的发展中也就十分重要。在研究信息产业运行效率之前我们先来分析决定信息产业运行效率的机制问题。

(一) 信息产业运行机制的含义

信息产业的运行机制可以用汽车行驶图来形象地描述(见图 5-6)。

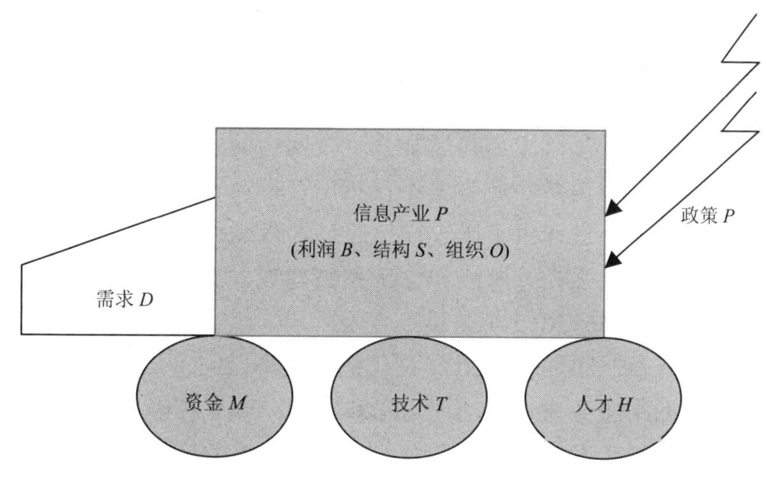

图 5-6 信息产业的运行机制示意图[1]

1. 信息产业运行机制的五大因素

在图 5-6 中，利润 B(信息产业的盈利状况)、产业内部结构 S(信息产业的利润率及增长率的稳定情况，创新活动的有序情况)以及产业内部组织 O(信息产业内部利润率的均衡)是衡量信息产业发展状况和综合水平的三个要素，而信息需求 D、资金 M、信息技术 T、人才 H、信息产业政策 P 则是影响信息产业发展状况和综合水平的五大因素。

首先，信息需求是信息产业运行的拉动力和引擎。信息需求的满足不仅是信息产业的发展目标，而且还可以拉动信息产业向前迈进，从而可以使信息产业涌现出一些新的发展方向。巨大规模的信息消费市场，不仅催生了像移动互联、物联网、云计算、大数据等一大批新兴产业的蓬勃发展，而且还直接拉动了相关电子产业，像元器件、光纤制造、网络设备、智能终端和计算机等的发展。在 2013 年，我国信息服务业业务收入呈现不断上升的趋势，特别是，手机、计算机等信息消费终端产品生产增长十分明显，联想移动、万利达等一批信息消费类企业的营业收入还出现更加迅猛增长的态势。

其次，人才、技术和资金是信息产业运行的轮子。信息产业是知识型和智能型产业，

1 陈建斌，郭彦丽. 信息经济学[M]. 北京：清华大学出版社，2010.

只有信息技术的飞速发展及人类对信息技术的合理驾驭，社会经济结构才能合理变化和信息产业才能产生并很好发展。信息产业获得较高运行效率的关键因素是信息技术的进步。国家只有具备高素质的信息人才，其信息技术才可以更加迅速地向前发展，信息人才的不断发展是推动信息技术进步和信息产业快速发展的主力军，而人才的素质又时刻影响着信息产业的发展速度及发展的水平，信息产业产生和发展的关键因素是信息人才，根本动力是信息技术。然而，所有这一切，都与资金的支持是分不开的，资金才是信息产业运行和发展的根本保证。

最后，信息产业政策是信息产业运行的推动力。科学、合理的信息产业政策不仅能够提高信息产业的管理和科研能力，以及提升信息产业的服务水平，加快信息产业人才的培育和成长，同时，还能使信息产业健康有序发展。那么，建立并健全一个科学、合理、有效的信息产业政策体系对推动信息产业健康快速发展至关重要。例如，2013 年 8 月 1 日，我国国务院印发了《“宽带中国”战略及实施方案》的通知，指出新时期我国经济社会发展的战略性公共基础设施是要加强宽带网络的建设，加大力度发展宽带网络来拉动有效投资和促进信息消费。此方案不仅指出了推动宽带网络发展的指导思想、基本原则和发展目标，而且还设计出了比较详细的技术路线和发展时间表(如到 2013 年底是全面提速阶段，要重点加强光纤网络和 3G 网络建设，提高宽带网络接入速率，改善和提升用户上网体验；2014—2015 年是推广普及阶段，重点是加快扩大宽带网络覆盖范围和规模，深化应用普及；2016—2020 年是优化升级阶段，重点是推进宽带网络优化和技术演进升级，宽带网络服务质量、应用水平和宽带产业支撑能力达到世界先进水平)，而且提出要实行政策倾斜来发展中西部和农村的宽带网络的开发建设(如，将西部地区宽带网络建设和运营纳入《西部地区鼓励类产业目录》，加强税收优惠扶持；将宽带业务纳入《中西部地区外商投资优势产业目录》，完善投融资政策)。[1]

2. 信息产业运行机制的公式表述

如果用公式来表示的话，以上各个因素之间的关系可以表示为：

$$I(B,S,O)=f(D,P,M,T,H)$$ [2]

从公式可以看出，D，P，M，T，H 的值决定了 B，S，O 的值，也就是说信息产业的盈利和利润的稳定增长不仅取决于信息需求、信息政策、信息技术的发展，同时还取决于信息人才以及资金等各方面的因素。这些因素共同作用从而形成了信息产业特殊的运行机制，决定了信息产业的运行效率和成长速度。[3] 信息产业成长的双重动力机制见图 5-7。

1 国务院办公厅. 国务院关于印发“宽带中国”战略及实施方案的通知[EB/OL]. 中华人民共和国工业和信息化部网站. [2013-08-17]. http://www.miit.gov.cn/n11293472/n11293877/n15432927/n15432960/15762676.html.

2 陈建斌，郭彦丽. 信息经济学[M]. 北京：清华大学出版社，2010.

3 陈建斌，郭彦丽. 信息经济学[M]. 北京：清华大学出版社，2010.

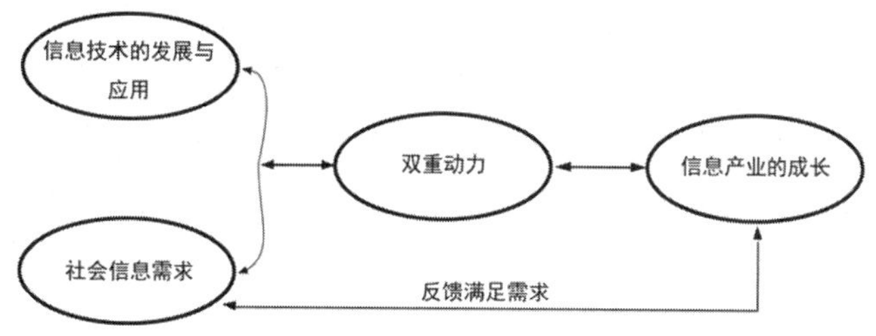

图 5-7 信息产业成长的双重动力机制[1]

(二) 信息产业运行机制的模型

1. 二元论模型

关于信息产业的成长动力机制有很多动力模型可以去描述，但是最著名的就是二元论模型。二元论模型指的是在信息需求与信息技术的发展与应用的双重推动力下的信息产业成长的动力模型(见图 5-7)。由于技术创新越来越复杂，也由于技术与经济已经形成相互渗透和相互影响的态势，所以完全依靠技术推动或者完全依靠市场需求推动来进行的技术创新活动越来越少，更多的技术创新活动是依靠技术与市场的双重推动力来进行的，这就是二元论模型，即双重推动模型。在这个模型中，满足新的市场信息需求的愿望激发了人们的技术创新，技术的创新接着又反过来激发人类对信息的新的市场需求，这双重的强劲合力推动着信息产业的发展和成长。事实上，信息产业的发展过程就是通过对信息技术的发明和利用来满足并激发不断涌现的信息需求的过程。

2. 多元论模型

和二元论模型一样，多元论模型同样说明了信息产业的快速成长和高效运行。多元论模型认为，在全球经济一体化的大环境中，每个国家和地区的信息产业的成长都不再是单一的或者是固定的动力因素的组合，信息产业的成长动力因素组合是多种多样的。譬如，信息产业成长的原始动力是有效需求，信息产业成长的核心动力是不断创新，信息产业成长的驱动力是信息的全球化，信息产业成长的外动力则是激烈的国际竞争。

(三) 信息产业运行机制的特点

作为与传统产业不同的新兴产业部门，信息产业的特点主要包括以下几个方面。

1. 信息产业化与产业信息化互促互进

信息产业化是指一些组织机构(这些组织机构与信息的生产、流通、分配、消费直接相关)在遵循市场经济规律和立足于产业化要求的前提下，在宏观上形成了信息产业这一相对独立的国民经济产业部门。而产业信息化是指国民经济的产业部门大量使用先进的信息技术手段，加强对信息资源的开发和利用。信息产业运行中的一个重要特征是信息

---

1 陈建斌，郭彦丽. 信息经济学[M]. 北京：清华大学出版社，2010.

产业化和产业信息化互为因果、相互促进：首先，以电子计算机和通信技术为核心的信息技术在工业、商业、金融业、交通业等部门的广泛利用，极大地促进了这些部门和产业的生产力的提高，同时，在这些产业信息化的过程中，人们对信息技术的需求和利用逐渐突破原有专业和部门的界限，在需求的拉动下，信息的加工、处理与传输逐渐从前述部门和产业中分离出来，形成了独立的信息产业部门，所以说，产业信息化为信息产业化提供了条件；其次，信息产业的形成与发展对各产业部门对信息资源的利用和信息技术的发展起到了很大的推动作用，社会经济向着信息化的方向发展。

2. 第一和第二信息部门之间相依相存

第一信息部门是直接面向市场，为企业和部门提供信息产品与服务的信息产业部门。第二信息部门是为本组织机构提供信息产品和信息服务的信息产业机构。从产生来看，第一信息部门是对第二信息部门替代的结果。但由于信息需求是多种多样的，社会公共信息服务系统不可能满足所有组织机构对信息的所有需求，要想获得足够的信息，还需要本身的信息机构的努力。因此，第一信息部门不能完全取代第二信息部门，两个部门是相互依存和相互补充的。譬如，日本作为情报大国，它不仅有发达的社会公共情报系统，而且还有先进的组织情报系统，其中，日本六大综合商社的情报系统的投资之大和功能之强，就连社会公共情报系统也望尘莫及。

3. 信息生产的分工不断深化

信息生产与信息服务的分工已经变得越来越细，形成了众多的分支产业，譬如，数据录入过去属于数据库生产，但现在它已经从数据库生产中分离出来，再如，数据计算也已经分化为远程计算服务和脱机批处理方式等。当然，在信息产业内容的分工在劳动生产率不断提高的规律支配下不断深化的同时，信息系统提供的信息内容也在追求规模经济效益的动力下进一步综合化。

4. 市场运行的机制不够完善

由于信息产业的特点鲜明且发展时间不长，所以，相比较传统产业，其市场运行机制还不够完善。这是因为信息需求的多样性导致信息的生产不是由需求带动而是由技术推动，所以，信息产业很容易出现供求机制上的错位。另外，由于信息产品和信息服务的价格不能像一般物质产品那样容易衡量，所以，在信息产业领域，还没有形成科学的或者公认的价格模型。因为信息产业所面对的价格机制的约束还不够强。

二、信息产业的运行效率

效率是指某一系统通过消耗一定的投入而实现某种目标或者产出的能力与水平，其实质就是对投入与产出进行比较与评价。运行效率则是在维系市场正常运作的情况下考察所需的资金是否在最低的可能成本下进行。信息产业的运行效率是综合反映信息产业能力和发展水平的一个指标，它的高低受很多因素的影响。正如运行机制示意图所示，影响信息产业发展的因素不仅仅只有这一两个。通过研究信息产业的运行效率，有助于在一定程度上降低信息产业的成本，同时还能增加其收益，实现其生产目的。正确的分析和评价信息产业的运行状况和运行效率不可能仅仅只通过单个或某几个指标来实现，因为单一因素或几个指标的测评并不能更加全面和整体地反映信息产业的运行效率问题。下面就以我国信息产业发展的相关数据为例，来进一步了解、分析和评价信息产业的运行效率的指标体系。

(一) 基于利润率指标的评析

前面的分析已经指出，评价和衡量信息产业的发展状况和综合水平的三个要素(利润 *B*、产业内部结构 *S* 和产业内部组织 *O*)都与利润率有关，所以在具体评价信息产业运行效率时，一般都通过信息产业的利润率来衡量。利润率越高，那么说明信息产业投资回报率越高，越有能力满足日益增长的信息需求，社会信息资源的开发利用率越高，即表明信息产业的运行效率也高。从 2013 年电子信息产业统计公报中的 2013 年电子信息产业主要经济指标完成情况(见表 5-5)来看，除了微型计算机和彩色电视机行业有负增长以外，其他各类电子信息设备制造业都呈现正向增长态势，尤其以软件业和手机业的增长最为突出。

表 5-5 2013 年电子信息产业主要指标完成情况 [1]

-	单 位	数 额	增 速
一、规模以上电子信息制造业			
增加值增速	%	-	11.3
主营业务收入	亿元	93202	10.4
利润总额	亿元	4152	21.1
税金总额	亿元	1845	19.1
销售产值	亿元	93891	11.0
出口交货值	亿元	45819	4.9
固定资产投资	亿元	10828	12.9
电子信息产品进出口总额	亿美元	13302	12.1
其中：出口额	亿美元	7807	11.9
进口额	亿美元	5495	12.4
二、软件业			
软件业收入(快报数据)	万亿元	3.1	24.6
三、主要产品产量			
手机	万部	145561	23.2
微型计算机	万台	33661	-4.9
彩色电视机	万台	12776	-0.4
集成电路	亿块	867	5.3
程控交换机	万线	3116	10.2

1 运行监测协调局. 2013 年电子信息产业统计公报[DB/OL]. 中华人民共和国工业和信息化部网站，[2014-03-04]. http://www.miit.gov.cn/n11293472/n11293832/n11294132/n12858462/15909429.html.

(本教材的信息产业的运行效率部分的所有的图和数据资料都来自本公告，下面将只提此公报，不再详细注释。)

(二) 基于贡献率指标的评析

信息产业的贡献率指标主要分为两个方面：第一是信息产业对整个社会就业的贡献率，第二是信息产业对整个经济增长的贡献率。其中，信息产业对整个社会就业的贡献率主要关注的是信息产业对劳动力的吸纳能力和信息产业能够提供的就业机会等，而信息产业对整个经济增长的贡献率则一般通过信息产业的增加值及信息产业总值在国民生产总值中的比重来反映。根据上述公报，2013 年，我国规模以上电子信息制造业增加值增长 11.3%，比同期工业平均水平高 1.6 个百分点；行业收入、利润总额和税金占工业总体比重分别达到 9.1%、6.6%和 4.0%，而利润总额和税金增速更是分别达到了 21.1%和 19.1%，明显高于工业的平均水平。电子信息制造业在工业经济中保持领先地位，支撑作用不断增强(见图 5-8)。

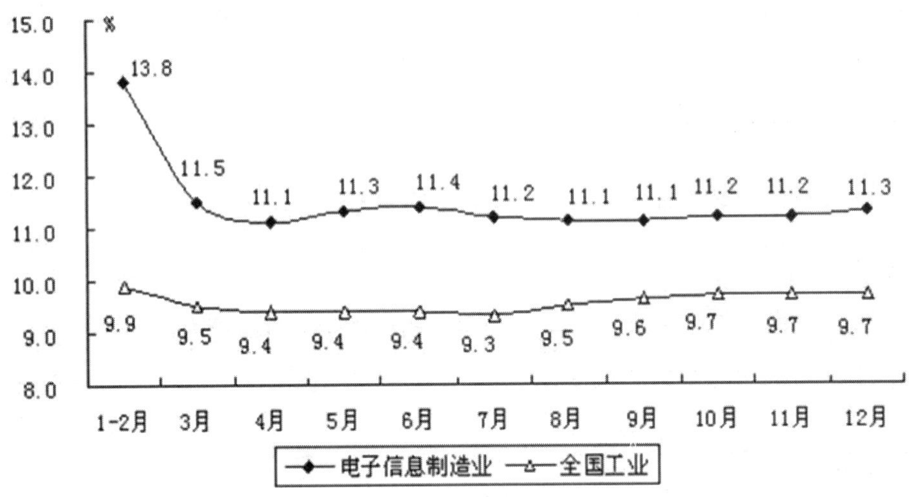

图 5-8 2013 年电子信息制造业与全国工业增加值累计增速对比

(三) 基于经济效益指标的评析

在经济活动中常用经济效益来衡量投入与产出，所以信息产业的运行效率也可以借助信息产业经济效益来评价：如果信息产业的经济效益高，即单位投入得到的产出高，那么则证明信息产业运行效率高，社会信息资源的管理水平高，信息资源的投资效益高；如果信息产业的经济效益低，即单位投入得到的产出低，那么则证明信息产业运行效率低，社会信息资源的管理水平低，信息资源的投资效益低。如公式：

$$E=VI-VO$$

式中：E——经济效益；

VI——产出；

VO——投入。

以我国信息产业为例。根据上述公报，2013 年，我国规模以上电子信息制造业的主要效益指标实现稳步增长：实现销售收入 93202 亿元，同比增长 10.4%；实现利润总额

4152 亿元，同比增长 21.1%；实现税金总额 1845 亿元，同比增长 19.1%。另外，也实现了效益规模的持续扩张。从效益水平看，2013 年，我国规模以上电子信息制造业的销售利润率为 4.5%，比上年提高 0.4 个百分点，但比工业平均水平低 1.6 个百分点。全年规模以上电子信息制造业每百元主营业务收入中的成本为 88.6 元，比工业的平均水平高 3.3 元。这说明企业的生产经营成本压力巨大，盈利水平很低，效益水平还有待提高。

(四) 基于规模组织指标的评析

1. 从信息产业内企业的规模来看，我国信息产业的运行良好

根据上述公报，2013 年我国电子信息产业销售收入总规模达到 12.4 万亿元，同比增长 12.7%：其中规模以上电子信息制造业实现主营业务收入 9.3 万亿元，同比增长 10.4%；软件和信息技术服务业实现了软件业务收入 3.1 万亿元，同比增长 24.6%。2013 年我国规模以上电子信息制造业收入及利润情况见图 5-9。

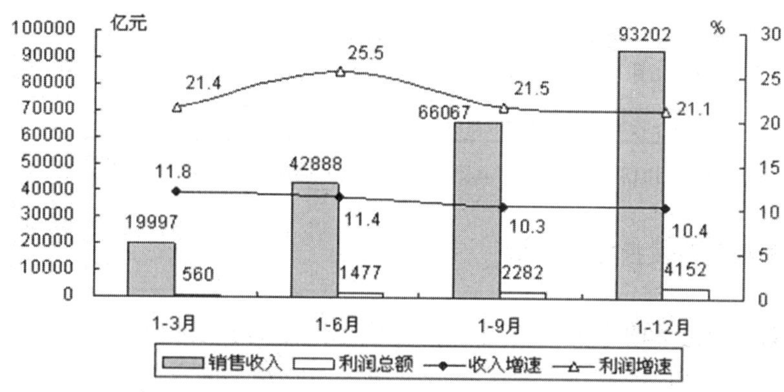

图 5-9 2013 年我国规模以上电子信息制造业收入及利润情况

2. 从信息产业内组织的构成来看，我国信息产业的运行良好

信息产业内部的组织构成有多种不同的表现形态。目前我国信息产业内的组织构成变化情况良好，信息产业的运行良好。以上述公报中的我国 2013 年电子信息产业为例，该产业内部除了微型计算机和彩色电视机行业是负增长以外，其余类别电子信息设备制造业是正向增长，其中软件业和手机增速非常快，软硬件比例趋于协调。2013 年，我国电子信息产业中，软件业收入比重达到 25.0%，比上年提高 2.3 个百分点，比“十一五”末提高 6.8 个百分点。此外，软硬件融合步伐加快，纯粹的硬件设备已经非常少见，绝大多数硬件中都含有嵌入式软件、平台软件或应用软件，硬件设备的价值更加取决于其软件产品的技术含量。以彩电为例，创维、海信、长虹等主要厂商通过组织力量研发配套软件或与其他软件企业开展合作，从而不断地提升产品的附加值。另外，软件企业及互联网企业开始进入硬件制造领域，譬如，乐视网推出电视产品，奇虎 360 推出随身 Wi-Fi 设备。再以内资和三资企业的市场绩效为例，可以看出，信息产业中内资企业的实力得到很大程度提升。在 2013 年，我国规模以上电子信息制造业中，内资企业实现销售产值 30975 亿元，同比增长 18.5%，高于行业平均水平 7.5 个百分点；三资企业实现销售

产值达到62917亿元，同比增长7.7%，增速低于平均水平3.3个百分点；内资企业销售产值比重达到33.0%，比上年提高2.1个百分点。这些数据可以说明：在我国，信息产业自我发展能力在不断增强。2013年电子信息制造业不同性质企业销售产值累计增速对比如图5-10所示。

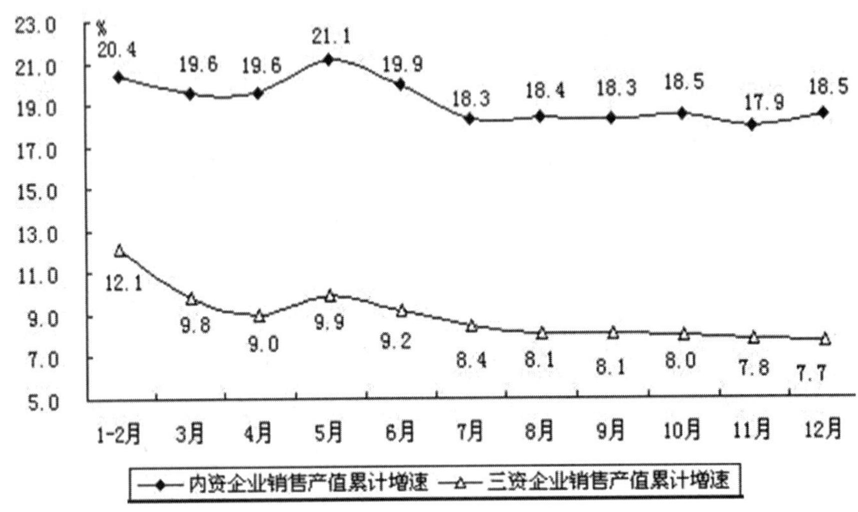

图5-10 2013年电子信息制造业不同性质企业销售产值累计增速对比

(五) 基于创新开发指标的评析

1. 从创新的速度和扩散效果来看，我国信息产业的发展状况良好

我国在重点领域已经取得了重大技术突破，同时对于国家的繁荣壮大也具有重要的现实意义，简单说来，这些技术突破包括：首先，在电子材料领域，石墨烯科研成果迅速转化。国内第一条世界领先的石墨烯生产线的开工在建标志着我国在该领域跻身世界前列；其次，在集成电路领域，具有自主知识产权的国内第一款55纳米相变存储技术产品的发布打破了国外芯片存储核心技术长期垄断的局面；再次，在卫星导航领域，我国北斗导航手持机和芯片惊艳亮相2013年世界雷达博览会；最后，在超级计算机领域，我国研制的“天河二号”荣登全球超级计算机500强排行榜榜首。

2. 从资源的存量的开发利用情况来看，我国信息产业的发展状况喜人

我国信息产业从资源的存量开发情况看，在资产投资上，特别是固定资产开发上，有着巨大的吸引力。根据上述公报，2013年，我国电信固定资产投资完成额达到了3755亿元，全年新建光缆线路265.8万公里，总长度达到了1745.1万公里，同比增长了17.9%。截止2013年12月末，使用4M及以上高速率宽带接入用户占整个国内互联网接入用户数的78.8%，比上年提高了14.3个百分点；我国网络国际出口带宽达到341万兆，同比增长79.3%，比上年提高42.6个百分点。移动电话普及率达到90.8部/百人，比上年提高8.3部/百人；互联网宽带接入用户数和移动互联网用户数分别达到1.9和8.1亿户，比上年增加1906和4319万户。同时3G网络已经覆盖到全国所有乡镇，3G用户总规模突破

4 亿户，渗透率达到 32.7%，比上年同期提高了 11.8 个百分点。城镇居民的彩电、计算机拥有率持续提高。同时，信息技术渗透带动作用也日益增强，推动生产制造业、交通物流业、出口贸易业等各行业智能化和自动化改造，传统行业企业通过广泛应用信息技术加快转型升级，从而逐步占据价值链高端。此外，电子信息技术在国防和国家重点工程领域也发挥了日益重要的作用。2013 年 12 月 15 日，嫦娥三号着陆器、巡视器顺利完成互拍成像，标志着我国探月工程二期已经取得圆满成功。其中，以中国电科为代表的一批电子信息企业功不可没。

根据上述公报，2013 年，我国电子信息产业 500 万元以上项目完成固定资产投资额 10828 亿元，同比增长 12.9%，增速比上年提高了 7.2 个百分点，但是仍低于同期工业投资增速 4.9 个百分点。全年，新增固定资产投资 6749 亿元，同比增长 1.3%，增速比上年回落 11.7 个百分点；新开工项目 7949 个，同比增长 5.0%，增速比上年回落了 3.3 个百分点。2013 年电子信息产业固定资产投资增速如图 5-11 所示。

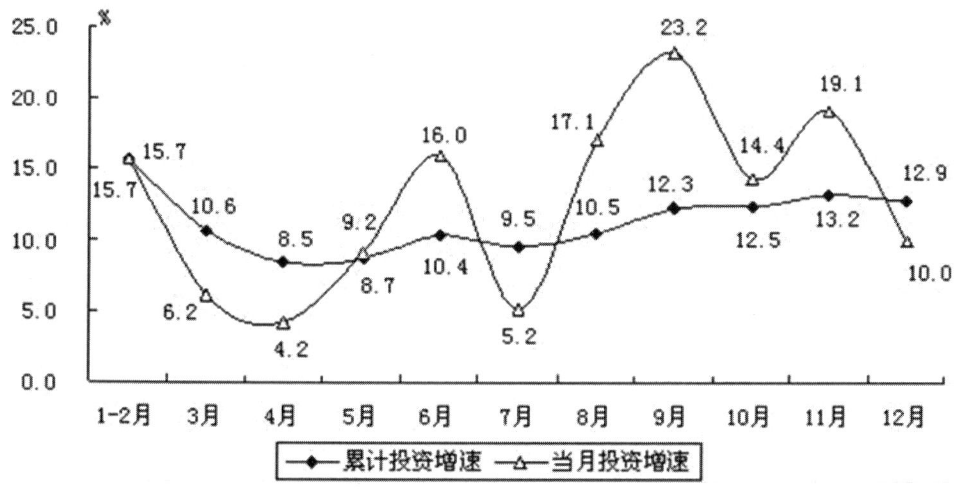

图 5-11　2013 年电子信息产业固定资产投资增速

三、信息产业的管理

信息产业管理是对信息产业的运行和发展进行规划、决策、组织、调节和监督的一种控制活动，同时它也是国民经济宏观管理下的产业经济管理，但它和国民经济宏观管理下的部门相比，经济管理却更复杂，涉及的范围也更加广泛。

(一) 信息产业的管理内容

根据信息产业的特点和信息产业管理的任务，其信息产业的管理工作应包括以下内容。

1. 信息产业的政策法规管理

信息产业的政策法规管理指的是信息产业管理部门通过政策、法律和法规对信息产业进行的管理，它是信息产业管理的重要内容，又是信息产业管理的重要手段。在新形势下，信息产业要想持续快速健康发展，就必须建立健全政策法规的运行机制，通过不断地完善政策法规，才能保障信息产业的快速发展。多年来的产业发展实践充分显示，信息产业要想健康快速发展，就必须不断地加强宏观指导，同时还要不断地加强国家的政策法规的支持力度。目前，体制创新已经进入了攻坚阶段，社会各方面的利益关系越来越复杂，要想统筹兼顾各方面利益，难度也逐渐增大。所以对做好政策法规工作也提出了更高的要求。面对上述情况，我们只有严格按照法律赋予的职责和权限，不断完善，不断发展，敢于推进，敢于碰硬，才能及时有效地解决发展中存在的各种矛盾和问题，从而可以推动我国信息产业持续快速健康向前发展。

2. 信息产业的宏观调控管理

企业是逐利的，信息企业的行为也与利益联系紧密，信息产业的发展自然也要涉及各行各业的利益关系。在市场经济条件下，各经济主体的利益关系往往是不一致的，会发生各种各样的矛盾和冲突，这时候，仅凭企业间的协调是不够的。国家的信息产业政策和经济杠杆弥补了市场的不足。在信息产业发展的过程中，国家可以通过宏观调控来大力推进信息化的进程。在国家的宏观调控下，信息产业能快速实现产业结构的优化，使自己保持持续和健康的发展，并最终带动整个国民经济的大发展。

3. 信息商品的市场监督管理

市场体系是信息产业生产要素流动和信息资源优化配置的场所。所以，信息产业要想加强管理，就必须要大力培育和发展信息商品市场体系，完善信息市场交易法规和信息商品市场的监管制度，从而使信息商品市场能够在国家宏观调控下得以规范，并逐步形成有序的信息商品市场体系。为了建立健全信息商品市场体系：首先必须要建立健全监管体制，并使之统一协调、权责均衡；其次要推行市场化改革，加强政府信息公开，促使公平竞争；再次要简化审批程序，完善登记备案制度，使许可制度更加规范，从而提高行政效率；最后还要确立事后监督的监管原则与相应机制。确定事后审查制度的目的在于，对确实违反了宪法和法律的行为进行惩处，从而可以防止权力滥用。[1]

4. 信息产业的技术创新管理

推动信息产业快速发展的原始动力是信息技术的创新，技术的创新是信息企业的生命力所在。所以，要实现信息产业的快速健康发展，就必须对技术创新进行合理有效的管理。在信息产业管理过程中要做到：首先，下大力度继续推进信息产业内各部门科研机构的优化组合，通过技术开发中心或者虚拟研发组织的建立，为技术创新、市场开拓和生产经营的一体化奠定组织基础；其次，要想方设法引入合理的高技术风险投资基金的运作方式和机制，为信息技术的创新提供必要的外部融资环境；最后，要懂得突出重点，坚持“有所为有所不为”，狠抓重点领域，争取在重点领域实现新的突破，并以重点领域的发展为源头，最终实现整个信息产业企业的发展。

1 陈新欣. 完善我国信息内容产业和市场的监管体系[N]. 中国社会科学院院报，2005-03-01(003).

(二) 信息产业的管理模式

1. 从干预的程度来划分

(1) 宏观管理与自由放任模式

信息产业的宏观管理与自由放任模式是指国家放任信息产业各部门、各企业自主经营和自由发展，国家主要是通过间接手段管理和调控信息产业的发展规模、发展速度和发展方向来控制信息产业的结构和总量。譬如，政府可以通过压缩信息产业的最终产品需求或者扩大国际贸易来调节产业的收缩和扩张，也可以将资金投入和信息相关的其他产业，通过其他产业的发展带动或规范信息产业的发展。这一管理模式是传统的市场经济管理体制在信息产业领域内的运用，对一些国家信息产业的发展的作用巨大。这种模式主要以美国为代表。

(2) 中观产业干预模式

信息产业的中观产业干预模式以中观产业部门作为政策的立足点，由国家直接控制和调节信息产业运动的全程，主要包括确定产业目标、选择产业政策、协调产业组织、调整产业布局、实施产业保护策略以及产业国际化等。在中观产业管理模式中，政府只处在中观这个宏观和微观结合的位置，通过中观的产业干预来干预信息产业的发展。中观产业管理模式在管理模式中具有自己的特色，与微观企业管理模式相比，它可以保证企业具有更大的活力，它能创造信息产业发展的内部环境和动力，从而使市场机制的积极作用能得以发挥，与宏观需求管理相比，又能凝聚国家的力量，不仅推动信息产业的发展，还能刺激社会经济生产的发展。中观产业干预模式是日本在战后落后的经济情况下制定的赶超战略的一个重要组成部分，是其跨入世界发达国家的重要举措。[1]有学者认为，在发展中国家，因为微观的企业比较嫩，宏观模式运行的客观条件又缺乏，所以应该抓住中观，既能减少微观活动的盲目性，又能够为宏观需求管理创造条件。[2]

2. 从集中的程度来划分

(1) 集中式管理模式

信息产业的集中式的管理模式是指国家按照统一的计划，对全国信息产业的发展过程进行有意识的协调和控制，通过对信息产业内各个行业和部门的发展进行统一分工、合理安排、集中管理，从而使全国的信息产业形成一个有机整体的管理模式。该模式的优点是有利于调动信息资源要素，充分发挥整体系统的功能，从而有能力大范围实施重大的信息产业工程，最终实现跨地区的信息资源的开发和共享。当然，集中式管理模式也有自己的缺点，这种模式会导致体制机构臃肿庞大，导致信息产业管理体制的固定僵化，如果不能保证及时地修改相关的政策法规，可能就会不利于信息市场的长期发展。

(2) 分散式管理模式

信息产业的分散式管理模式是指政府对信息产业不做任何干预，不统一规划，完全

---

1 张俊. 略论我国信息产业的管理模式[J]. 图书与情报，1997(1)：27-29.

2 黄开旭. 论日本国家干预经济的模式——“中观产业管理”[J]. 世界经济文汇，1988(3)：1-10.

由信息产业的行业部门根据市场需求自发地相互协调的管理体制。分散式管理模式的优点是能对变化迅速的市场反应灵活，能在第一时间满足不断变化的市场需求。但是分散式管理模式缺乏统一的安排和全面规划，具有较大的盲目性和滞后性，可能会造成资源的无谓浪费。

(3) 混合式管理模式

信息产业的混合式管理模式是将集中式管理模式和分散式管理模式结合在一起的管理模式。因为，作为两种模式的结合，这种管理模式能有效地避免上述两种模式的弱点，做到宏观集中与微观分散的全面配合，所以，当前的大多数国家均采用这种模式来管理信息产业。它既能在总体规划的基础上使信息资源得到合理分布和有效配置，又有利于调动信息技术从业人员的生产积极性，从技术和市场两个方面促进信息产业的演进。

(三) 信息产业的管理策略

1. 产业标准策略

要了解产业标准策略，先要了解什么是标准。标准是为了在一定的范围内获得最佳秩序，经协商一致制定并由公认机构批准的共同使用或重复使用的一种规范性文件。标准综合了科学、技术和经验的成果，以求获得最佳的共同效益。标准有很多种，它可以按照复杂程度分为单一标准(如生产标准、检测标准)和由系列的技术标准所组成的技术系统；也可以按照内容划分为基础标准、试验标准、产品标准、服务标准、过程标准和接口标准等；也可以按照所涉及的范围分为国际标准、区域标准和国家标准等。

(1) 产业标准的性质

在经济全球化日益推进和国际竞争日益激烈的背景下，标准的内涵不断地深化着，外延不断扩展着。它所涉及的主体间的利益互动更加频繁，可以规范局部市场的生产和业务流程，还可以越出地域和国别的界限，成为人类社会广泛遵守的准则。概括说来，标准具有以下性质。

1) 标准的独占性

标准的实质就是要通过专利技术许可战略等知识产权战略从法律上来确定自己的垄断地位，它与知识产权密不可分，这是因为知识产权具有独占性和排他性，所以一种技术一旦获得知识产权就会得到普及进而形成一定程度的垄断。然后就可以利用自己的垄断地位排斥不符合此标准的产品，从而保持自己的垄断地位。

2) 标准的延展性

上面提到，除了内涵的扩大之外，标准还可以在不同的产品、产业甚至国家之间渗透和扩散，从而达到引导或控制多国范围内一个或多个产品和行业的目的，进而获得获得长期的垄断利润和规模经济。以计算机芯片的设计和制造为例，计算机芯片的设计和制造的标准属于英特尔的技术发明，英特尔不仅是全世界计算机芯片的制造商，还是福特汽车专业芯片的合作商，因为自己的产品标准成了产业标准，所以英特尔在芯片生产制造领域形成了核心竞争力，成为芯片制造业的翘楚。

3) 标准的动态性

尽管标准的拥有者能够依靠标准获得所在行业领域的优先地位，但这种优势并不是一劳永逸的，因为其他的竞争者也会努力地进行技术的创新，然后通过知识产权获得标准的垄断地位，这就构成了对原标准知识产权拥有者的威胁。这迫使原标准的知识产权拥有者不断地完善和更新自己的原有技术，从而导致了标准的内涵不断向前发展。

4) 标准的价值性

在信息产业领域，一个企业可以像其他产业的企业一样，通过技术、产品和价格等很多方面来与其他企业展开竞争，但是最终决定战争胜利的还是标准。标准的制定者可以因为标准给自己带来的市场垄断而获得巨大的经济利益。因此，在信息产业领域存在着“一流企业卖标准、二流企业卖技术、三流企业卖产品”的现象。以戴尔为例。计算机生产厂商戴尔发明设计了一个网上订购系统，并为这套系统申请了专利，这个系统从此就成了产业标准，为戴尔获得了巨大的利益：首先，任何企业想要运用这套系统，都必须向戴尔交纳费用；其次，任何企业如果与戴尔联营并且成为戴尔的附属而不得不使用这个系统，他们在生产上就得必须遵循戴尔的标准；最后，戴尔可以将这项专利系统进行修改推广到其他产业行业，解决其他领域企业的物流问题，通过业务范围的扩展来获得利益。

(2) 标准竞争的策略

由于标准在信息产业中对企业的生存和发展具有极其重要的作用，那么企业的竞争战略就必须要充分考虑到标准的影响。根据企业及其竞争对手与现有标准的关系，可以把企业的战略以及成功的关键因素归纳为表 5-6,并在标准的竞争过程中,注意以下策略。

表 5-6 标准策略与成功关键因素

与现有标准是否兼容		本企业策略	
		是	否
竞争企业	是	迅速推出新标准，通过与原标准保持兼容、开放技术标准，与主要厂商结成技术同盟。同时，采取渗透定价、产品绑定、价格歧视等办法尽可能地吸引消费者。	技术经过不断测试才能推向市场，加强市场宣传，突出革命性功能，以吸引前卫消费者。因为没有现成的安装基础和互补性生产厂商，所以需要结盟，同时也需要耐心和魄力。
	否	技术上关注与原有标准体系的吻合，以利用原有技术标准的安装基础，在用户市场上强化合同义务，低价格甚至免费延长合约，减少互补性投资价格；以刺激互补性投资等方法加强用户层面的锁定，在销售网络上给予大型的销售厂商更大的优惠，从而牢牢地控制用户安装基础。	技术应该在趋于成熟的时候才能推向市场，在此之前应积极宣传，同时建立联盟。在造势的同时，分析人们对现有标准网络失去耐心的原因，对症下药。
成败关键因素	-	如何利用现有标准的网络基础。	技术是否卓越，推出标准时机是否成熟。

1) 先发制人策略

先发制人就是说一个竞争者要比其竞争对手提前采取行动。譬如，使自己的产品和技术比竞争者先进入市场。在网络效应明显的市场上，先行者具有很大的先行优势。在这方面最成功的例子是20世纪90年代初期网景公司Navigator浏览器的推出。当时发展还十分不成熟的网景公司向市场推出Navigator浏览器，并把此项技术免费向其他厂商和用户开放，不久就建立了庞大的Navigator网络，成了当时的市场标准。这导致尽管此后微软花费巨资宣传自己的浏览器Internet Explorer，但无论如何努力，成效都不显著。当然，仅靠先行优势是远远不够的，网景公司还必须借助于其他策略才能取得更好的成绩，也就是说先发制人并采取有效的辅助策略必不可少。20世纪90年代中后期时，微软开始借助其近乎垄断的视窗系统，通过把浏览器与视窗捆绑在一起的策略向用户推销其浏览器，但当时的网景公司却没有采取相应的策略来与之竞争从而巩固自己的浏览器标准的地位，最后只能眼看着自己的市场被微软吞掉，最终把浏览器标准控制者的地位“拱手”让给了微软。

2) 预期管理策略

标准竞争的风险之一，是它会让消费者和互补厂商对参与竞争的标准都产生怀疑，从而造成两败俱伤的局面。如果想使自己的产品和技术成为标准，就必须得有足够的消费者使用它，从而使正反馈朝着有利于自己的方向发展。潜在的消费者是否会成为一种产品或技术的现实消费者，这取决于他对这种产品和技术的预期。如果他预期这种产品和技术有很好的发展前景，那么会有很多其他消费者采用，他就会购买。反之，他就会放弃购买。当然，持有同种预期的潜在消费者越多，那么就证明实际的消费者数量就会相应增多，最终这种产品和技术的消费者数量就会达到临界市场量而成为市场的事实标准。

预期管理策略包括三大方面。首先是要巩固和加强市场营销攻势。通过多种渠道，譬如，广告、公益活动和赠送免费样品等，不仅可以加强消费者与互补厂商的心理攻势，同时还可以使消费者形成对企业的良好预期，从而提高其消费需求。其次是培养一定数量的忠诚顾客群。忠诚顾客是影响消费者预期的中流砥柱，所以，要想突破临界安装容量，就必须培养忠诚的顾客群。微软目前的用户群是其成为IT霸主的核心力量，如果微软失去了这些忠诚的顾客，它就不可能有今天的地位。最后是尽可能扶持潜在的关联厂商。关联厂商能够为自己的企业提供技术等方面的互补。所以一个企业要增强自己的实力，就必须要为关联厂商提供免费的技术支持。譬如，在DOS时代，微软为了使自己的MS-DOS成为标准，就支持过不少的互补厂商，其中就包括Compaq。[1]

3) 战略联盟策略

战略联盟是指两家或两家以上的独立企业或组织为了共同的目标，在一定时期内，通过交换资源、功能互补、统一策略和协同动作的方式联合打造竞争优势和争取双赢的一种宽松的合作方式。与那种由多个企业组成的联合不同的是，战略联盟不受行业和国

1 陈禹，王明明. 信息经济学[M]. 北京:清华大学出版社，2011.

家的限制，只是企业间的组织松散的关系网络。之所以会产生战略同盟，是因为模块化普遍存在于信息产业，模块化的存在使得单个公司控制整个行业的能力减弱，这就需要建立一种相互弥补的机制来平衡不同企业分布的资源，这就是联盟产生的意义。

当前，信息企业之间的竞争，在多数情况下是联盟之间的较量。在建立战略联盟时，应遵循以下原则。首先是要广交盟友。在结交盟友时，要与很多有实力的厂商特别是与那些能够控制最终产品构成的厂商建立联盟，这样，可以获得人才、技术和资金等的支持。当然，更重要的是要设计一个自己受益并且可以吸引合作伙伴的框架，从而尽可能地寻找自己的天然盟友。其次是要态度开放。要保持联盟的稳定与真实合作，企业之间不仅要做到业务互补和利益双赢，还要用开放的态度对待彼此，真正做到风险共担、利益共享。

4) 取得政府支持策略

在市场的角逐中，信息产业战略联盟的获胜主要依靠自己的技术人才优势。但有时候，两个企业或者战略联盟的实力却是相当的，很难有一方在竞争中获得绝对优势，这时候，政府的态度就尤为关键了。因为一旦一种标准取得政府的支持，就会发生正反馈效应，促使市场的需求向标准的产品集中。所以说，取得政府的支持对信息产业的管理非常重要。

2. 空间集聚策略

信息产业是知识型产业，这里的知识，如技术知识、供求信息和经营经验等，都具有公共物品的性质，所以一旦被创造出来，传播的速度越快，拥有的人数越多，为群体带来的福利也就越大。但许多知识是难以具体化和系统化的，没有人与人之间的频繁接触和耳濡目染很难传播或者即使传播也是很慢的。然而产业的空间集聚却可以形成一种创新网络，在这个网络中，知识的溢出效应十分显著。在产业集聚地，高科技技术人员在各种正式和非正式的场合下，可以非常频繁地面对面进行信息交流，人际交往范围非常广泛，谈话组合变化多端，谈话双方对等的信息交换，这种情形使集聚地的知识传播速度达到最快，拥有的人数达到最多，溢出效应也达到最大化。从某种程度上说，与大学和科研机构显性知识的传播相比，企业之间对这种隐性知识的传递以及对信息服务业这样的高科技行业来说还是很重要的。距离缩短了，可以使主体间能更容易、更充分地进行面对面交流，这样可以促进隐性知识的转移。所以，通过产业的空间集聚可以获得外部规模经济和范围经济效益。如今，信息产业的一个突出特点就是许多厂商成群地集聚在有利的地理位置。例如，美国硅谷、旧金山、马里兰州米德堡、波士顿 128 号公路等地都是全球知名的 IT 圣地，同时也是信息服务企业主要的集聚地。[1]

(1) 信息产业的空间集聚作用

1) 创造创新网络

在信息技术发展水平越来越高、发展速度越来越快的今天，任何个人或者企业都很难单独开发重要的新产品，对于一些高新技术企业来说，实现技术创新是十分困难的。

1 张惠萍. 信息服务业的空间分布、区位策略与集聚——以福建省为例[J]. 华东经济管理，2013，27(7)：79-84.

因为，市场本身能力有限，创新所需的知识难以成交或者交易费用很高，然而仅仅几个企业不能控制全部的创新过程，它还必须要跨越组织边界。所以，信息产业的空间集聚有助于形成众多企业的合作，形成一种既竞争又合作的氛围，是实现技术创新的条件。

2) 共享基础设施

在信息产业这种高技术产业集聚地，必须拥有先进的物质基础设施，但建设和开发这样的基础设施成本高昂，而基础设施的共享能够降低单个企业的基础设施使用费用。印度正是因其建立的一些高新软件技术园区中拥有最先进的高速数据通信设施降低了企业的生产成本，所以才能够在总体通信设施和技术水平不够理想的背景下打造了软件业的辉煌。有鉴于此，目前许多国家都对在高科技园区中经营的企业提供各种优惠政策，以鼓励信息产业等高科技产业的迅速集聚。

3) 集中专门人才

产业集聚有利于将全国各地甚至世界各地的人才吸引到同一地方，方便厂商与人才的相互寻找，降低这种寻找的交易费用。另外，也方便人才之间的专业知识和技术的交流。而且，在集聚区，人才的高度集中使他们之间面临着更加激烈的竞争，从而使知识的更新更快。

4) 增强合作水平

集聚一方面能催生规模经济，并利用规模经济产生更高的需求水平，另一方面创造了集群，从而可以减少总运输成本。规模经济和集群的结合有利于高度专业化的生产与服务得到补偿，这会吸引到更多厂商的加入与合作，最后形成一个良性的循环。此外，合作厂商之间能够在集聚区有更加密切的接触，一方面可以增加相互的信任，保持长期的合作，另一方面可以方便后进企业模仿先进企业，进而促进先进企业更努力地创新，这种建立在合作基础上的竞争有利于整个产业的发展进步。

(2) 信息产业的空间集聚条件

虽然产业的空间集聚具有特殊的优势，但产业的空间集聚是需要一定的前提条件的，所以各国政府只有从创造条件上入手打造信息产业集聚的外部环境因素和鼓励产业集聚的内部力量因素，才能加快以高科技园区的发展为主要内容的产业集聚进程。信息产业空间集聚的条件包括以下几个方面。

1) 要具有有雄厚的创新能力的龙头信息企业

从产业本身来看，产业的集聚要求具有雄厚的创新能力以及强大的龙头骨干单位。龙头企业是一个行业中，对同行业的其他企业具有一定的示范和引导作用，具有深远的影响和号召力，并对该行业、该地区甚至全国作出突出贡献的企业。不同于一般的信息企业，它具有创新科技、开拓市场、带动结构调整、促进经济发展的能力。龙头企业应具有技术雄厚、设备先进、管理科学的特点。在高科技产业园区，通过其带动，以及对全国消费者乃至全世界消费者的吸引，从而创造产业园区的集群效应，方便其他地区对集聚地技术力量的认识。

2) 具备发达的技术、资本和劳动力等要素市场

从外界环境来看，产业集聚要求具备发达的资本、劳动力和技术等要素市场。在资

本市场上，通过发行债券和股票可以筹集到大量资金。在劳动力市场上还要保证人才的自由流动。在技术市场上，应该有健全的知识产权保护体系，鼓励和保护技术创新主体的利益，疏通技术源与产业主体之间的关系。当然，要同时拥有这些发达的技术、资本和劳动力要素市场，集聚地的要素条件和基础设施、发展水平和经济结构、组织管理水平和园区主体的联系状况都很重要，只有加强高科技园与地方政府、科研院所之间的联系才能更好地发挥空间的集聚效应。

【复习思考题】

1. 信息产业的含义是什么？信息产业的特征是什么？
2. 简述信息产业收益递增的原因。
3. 规模经济的含义是什么？规模经济的实质是什么？规模经济与生产成本之间是什么关系？
4. 信息产业规模经济的含义是什么？请作出相应的解释并举例说明。
5. 信息产业自然垄断的原因是什么？
6. 信息产业组织的特征是什么？
7. 信息产业结构的含义是什么？信息产业结构演进的影响因素是什么？
8. 信息产业运行机制的五大因素是什么？信息产业运行机制有什么特点？

第六章

信息经济

第一节　信息经济概述

一、信息经济的含义

“信息经济”是随着经济信息化和信息经济化的发展而提出的一个新概念，它产生于 20 世纪 50 年代，成熟于 20 世纪 70 年代后期，但因为出现时间较晚，目前关于其含义的认识还没有统一。

(一) 国外对信息经济的认识

美国经济学家马克卢普在 1962 年出版的《美国的知识生产与分配》一书中提出了与“信息经济”相类似的概念。他在书中提出了“完整的知识产业”的概念，分析了知识生产和分配的经济特征及经济规律，阐明了知识产品对社会经济发展的重要作用。尽管马克卢普没有明确使用“信息经济”一词，但它基本上反映了信息经济的主要特征。1973 年，美国哈佛大学的社会学家丹尼尔 · 贝尔(Daniel Bell)在《后工业社会的来临》一书中发展了“信息经济”的概念。

1977 年，波拉特在其出版的《信息经济》一书中将马克卢普所讲的“知识产业”引申为“信息产业”，并将第一、第二、第三产业中的信息部分与相关的信息活动剥离出来，构成目前独立的信息产业——第四产业。由此，社会经济被划分为农业、工业、服务业、信息业四大类。波拉克还创造了一整套操作性极强的研究方法。信息产业的出现、信息产业研究的可操作性方法的提供并成功运用，为美国信息经济的发展以及美国信息经济的测评和分析奠定了基础。在 20 世纪 80 年代中后期，英国、法国、日本、瑞典、新加坡、原欧共体、澳大利亚、马来西亚、委内瑞拉等国家先后采用波拉特方法对本国或本地区的信息经济现状进行了测算与研究。[1]

1983 年，美国经济学家霍肯在《未来的经济》一书中指出，目前正处于从衰落中的“物质经济”向“信息经济”转换的时期，当前的信息经济持续快速发展，已经成为当

1 张西玲，王桂香. 论信息经济的实质及其特征[J]. 宁夏党校学报，2005，7(2)：90-91.

代经济的主体。

(二) 国内对信息经济的认识

国内学者对信息经济的认识各有不同。武汉大学的马费成教授认为：信息经济是与物质经济相对应的一种经济结构；信息经济是指信息从一种形态转换到另一种形态的过程中的相关经济活动的总称。与物质经济包括生产、交换、分配、消费等环节类似，信息经济包括信息生产、信息加工、信息存储、信息流通、信息分配和信息消费等各个领域和各个环节。同物质经济相比较，信息经济使社会生产力系统中的劳动对象从物质、能源的限制中挣脱出来，同时以信息资源为对象，信息技术为手段，生产知识密集型的信息产品和信息服务，这样便把劳动者从简单的机械性的工作岗位上解放出来，劳动者的劳动工具经信息技术武装后发生了本质性的改变。

还有许多专家对信息经济有着不同的理解，乌家培教授作为中国信息经济学会理事长认为信息经济是以现代信息技术等高新技术为物质基础、以信息产业为主导的基于信息、知识、智力的新型经济。葛伟民教授则认为信息经济可以从三个层次加以界定：第一是理论层次上的信息经济，它只包括与信息的生产、加工、处理和流通直接有关的经济活动的总和；第二是统计层次的信息经济，是将国民经济中各部门、各行业按产业的性质和统计部门工作的需要加以划分，这是在信息经济与信息产业同义的情况下进行的；第三是常用语言层次的信息经济，它除了受到前面两个层次的影响外，还受到习惯传统的影响。但从陈禹和谢康的思维角度来讲，可以从四个维度来定义信息经济。第一是从社会学与未来学的维度。在这种维度下定义的信息经济与后工业经济、信息社会、知识经济交替使用。第二是从微观经济学维度。这种维度下定义的信息经济是基于信息成本的微观经济分析对象。第三是从宏观经济学维度。这种维度下定义的信息经济通常包含几个层次的概念，即信息产品生产、信息市场活动和信息服务经济、信息消费者和信息生产者以及政府信息使用者的活动。第四是从经济统计维度。这种维度下定义的信息经济通常是指国民经济统计意义上的信息活动和信息产品。[1]

通过对国内外学者从不同角度的分析和阐述，我们大致可以将所有定义总体分为两类。第一类定义认为信息经济是信息产业经济，其实质是指信息产品从生产到分配、交换和消费各环节的经济活动。同时又将信息经济作为国民经济中的一个部门来对待，与国民经济中的农业经济、工业经济、商业经济等相对应。第二类定义认为信息经济是与质能经济相对应的社会经济结构；信息经济是产品中物质和能源消耗减少而信息含量加大、信息产业从业人员和产值占国民生产总值比例较大的一种社会经济结构。与之相反的是，质能经济中的产品生产的物质和能源消耗较大，质能经济物质产品生产部门的从业人员和产值占国民生产总值比例较大。

(三) 本书对信息经济的认识

本教材认为，信息经济的形成与发展是在人类社会进入工业经济后，在生产力高速

1 张西玲，王桂香. 论信息经济的实质及其特征[J]. 宁夏党校学报，2005，7(2)：90-91.

发展的背景下，通过先进技术的产业化以及先进技术对原有产业的改造而形成的经济形态。信息技术应用的深入，信息产业的发展，信息产品和服务商品化程度的提高，信息市场规模的扩大，信息行业的产值和从业人员的比重加大，逐步形成的新兴的经济结构即为信息经济。

信息经济可以从狭义和广义两个方面来分析：狭义的信息经济是指在信息不确定、不完全的条件下，经济主体通过一定的经济行为，在预测风险的前提下，获取最大经济效益的经济活动过程。狭义的信息经济可以称为信息产业经济的有机总和，进而形成了新的与传统的农业经济、工业经济相对应的部门经济，包括生产、分配、交换与消费四个环节；广义的信息经济是指信息社会的经济，注重从社会经济的宏观层面来体现经济形态特征，是与物质经济即农业经济、工业经济相对应的经济形态。广义的信息经济，不局限于信息产业经济，而是以现代信息技术为物质载体或依托，信息产业为主导，所衍生出的包括信息、知识与智力在内的一种新的经济形态。它除了新经济形态之外，还包括信息技术在传统产业、传统产品中的应用所实现的新旧产业、新旧产品的信息融合部分，即经过信息化以及通过信息新技术、信息新设备的应用形成了升级与改造后的传统产业(包括传统的农业经济、工业经济、服务经济等)。这一范畴的界定简而言之，折射出信息经济的两大内涵：其一，信息产业化，即狭义的信息经济；其二，产业信息化(传统产业的信息化与现代化)。本教材在这种宏观的认识上认为，信息经济就是包括信息产业化和产业信息化在内的、以现代信息技术为物质载体或依托的经济形态。

二、信息经济的称谓

(一) 从内容层面来看

从内容层面来看，信息经济有知识经济、智能经济或智力经济等多种称谓，但其实信息经济是以信息为基础，知识经济则是以知识为基础。从某种意义上讲，知识经济包含信息经济。

(二) 从技术层面来看

从技术层面来看，信息经济有数字经济、网络经济和比特经济等多种称谓。其中，网络经济已经突破了技术含义而为国际经济界广泛接受。

三、信息经济的特征

信息经济是在工业社会经济发展过程中，随着信息技术高度发展，形成信息产业后，才成为一门独立的新兴经济形式的。所以，信息经济与工业经济不可避免地会有重叠之处。但信息经济在本质上是与工业经济有差别的，它具有以下几方面的特点。

(一) 信息型的知识性

在信息经济中，信息与知识是经济发展最重要的因素和主导资源，是创造财富的主导力量。信息经济的发展主要是靠知识和信息，而不是能源与物质。这时候，产品的信息含量极大增加，信息产品或服务的消费成为社会消费的主流，信息产业成为产业结构中的重要的、迅速发展的部分，纯粹信息部门或产业以及与信息相关所衍生的部门或产业超过传统物质部门占主导地位：首先，信息经济的发展改变了原有的就业结构，使从事知识产业、信息产业的人数大幅度增加，甚至占主导地位；其次，信息经济的发展改变了原有的产品结构，在信息经济的产出中，信息、知识的含量普遍高于物质的比重。与此同时，信息经济的发展充分依赖于信息技术、信息产业的发展，而信息技术的发展必须依靠技术创新，技术的创新必然要以知识、智力为基础。不仅信息经济成为社会经济发展的主要组成部分，而且整个人类生产和生活也由此发生了根本性的信息化的变化，反过来进一步助推信息经济的高级化。所以，信息经济是应用知识和智力，使信息技术与各个产业相结合的必然结果。

(二) 增值型的再生性

在现代社会里，信息资源是一种经济资源，它同劳动资源、资金资源、物资资源、能源等可用于经济目的的自然资源一样具有稀缺性、有用性和可选择性。但它还具有许多物质资源、能量资源所没有的特性，如依附性、共享性等，这使得信息资源可以重复利用，不仅可以自身增值，而且可以通过提高质能资源的品质以及扩大质能资源的范围，节约经济资源，提高经济资源的开发和利用价值，从而形成信息经济的资源优势。所以，与传统的能源密集型经济相比，信息经济不仅是知识和技术密集型经济，还是再生型经济，具有可持续发展性。当前，人们将信息在运动过程中出现的信息的量、质和价值的增加，称为信息增值。信息增值的本质，实际上就是信息本身在运动过程中实现从量变转到质变的过程。这种转变是一个动态的、循环往复的、不断前进的过程，必将产生新的信息和知识或者不断增加信息的可利用性，为社会发展带来巨大的经济效益。

(三) 数字型的虚拟性

信息传输技术的发展使模拟信号和数字信号成功地实现了转化，使得任何信息都能够转化为数字信息在媒体中传输，所以，在计算机和现代通信技术的基础上，人类社会迎来了信息化和网络化环境背景下的新的经济形式。数字化经济作为一个经济系统，借助于广泛使用数字技术而带来整个经济环境和经济活动的根本变化。数字化经济包括电子商务、电子文化、电子生态和电子政务等，是一个集文化、生态、商务和政务活动于一体的数字化的全新社会政治和经济系统。在这里，商品和服务的生产、分销和销售都依赖于数字技术，消费者和政府之间通过网络进行的交易迅速增长。数字经济的发展给包括竞争战略、组织结构和文化在内的管理实践带来了巨大的冲击。随着先进的网络技术被应用于实践，原有的关于时间和空间的观念受到了真正的挑战。

(四) 集成型的高效性

集成一词是电子技术中的一个专业词汇，主要是指集成电路。受现实经济活动的启发，人们将集成一词引入经济学。作为一种十分重要的经营方式和经营战略，集成经济具有以下特征：第一，集成经济是一种板块经济，“板块”即一个统一的整体，代表企业已经不再只是单个的企业，而是形成了一个彼此之间相互连接的企业群体；第二，集成经济是一种复合经济，“复合”指的是功能的多样化与集成化，也就是说，企业能够为某一特定的市场和为某个企业提供完整的价值；第三，集成经济是一种整合经济，“整合”是一种对硬件和软件资源的彻底改造，从而可以在核心能力上实现量和质的双重变化。通过以上途径，信息经济可以实现资源的整合与集成。所以说，信息经济是集成型经济。[1]与此同时，信息经济将信息作为一种重要的投入要素，通过它对劳动者、劳动工具、劳动对象、管理及其他要素进行渗透，依靠科技进步和劳动者的自身素质的提高来推动经济增长，提高集约化程度，降低物质和能量的消耗。所以，尽管信息产业属于高固定投入产业，但也是高产出和高回报产业。信息社会的到来，极大地提高了时间的利用效率，将人们带入了快节奏的生活时代，经济活动的连续性大大增强，快速反应、灵活决策就成为企业成功的关键，迫使人们在信息社会中分秒必争，向时间要效益，信息经济实现了高效的经济。

(五) 互联型的全球性

在信息经济条件下，通过数字、社交和移动领域的深度融合与快速整合，市场以新的方式将客户、员工和合作伙伴彼此联系并组织起来，从根本上改变了人与人、合作伙伴之间的传统互动方式。互联经济时代，个体之间在日益广泛的联系中不仅产生了海量信息，而且信息透明度增加，客户、员工对组织的期望也变得更高。各类经济组织和企业之间以及它们内部的信息交流和业务联系不再是单向的，而是双向和多向的。所以，信息经济是建立在组织、员工和客户共生共享的公用信息基础上的互联互动经济。[2]

在信息经济条件下，经济交往日益突破了社会的时空限制，距离不再是人们交流、沟通的障碍。一方面，随着网络技术的发展，社会经济活动已然突破国界而成了全球性的活动。国家、地区间的经济活动界限日益模糊，出现了全球性的统一市场和经济系统，经济增长的要素或资源(如知识、技术、人力、资本等)依据市场法则在全球范围内流动、配置与组合，产业布局在世界范围内进行优化、重组。另一方面，在地区性经济组织日益兴起的同时，全球性的跨国公司在世界经济发展中扮演着日益重要的角色。不同发展水平、不同社会制度的国别经济和区域经济日益被卷入全球经济体系之中，在统一的国际市场参与经济活动、进行平等竞争，由此人类社会经济发展的互补性、关联性和依赖性日益增强。其集中表现为：第一，资源、生产、财富按统一规则在世界范围流动、分配；第二，新技术革命在极大地提高了生产力的同时，引起了国际投资与贸易环境巨变，削弱甚至击破了经济壁垒，各国经济更加开放地逐步走向全球化；第三，各个国家或利益共同体在追求利润、获得竞争优势、谋求经济与社会的发展过程中构建起优势互补、互利共赢的世界经济格局。当今整个世界范围内的经济发展和社会进步之间的联系前所未有的密切，而当今世界达到如此状态依靠的主要就是信息化的发展程度，所以信息经济就其本质而言是国际性的。

---

1 王永，刘建一，张坚. 浅析规模经济 范围经济与集成经济[J]. 江苏商论，2004(3)：117-119.

2 任静，甘绮翠，孙爱军，王海军. 互联经济：改写产业发展模式[J]. 新远见，2013(3)：26-30.

第二节 信息经济的测评

一、信息化发展概述

要了解信息经济的测度问题，首先要了解信息化的发展问题。因为所谓的信息经济的测度实质上就是对一个国家或地区的信息化程度的测度。而信息化是指“电子计算机技术、现代通信技术和网络技术为代表的信息技术引起工业经济社会向信息经济社会转变的过程。它是信息技术逐步开发和普遍运用，信息在经济、社会发展中的作用不断增强，信息技术日益成为最重要的技术，信息产业逐步成为主导产业的经济、社会发展过程”。[1]信息化包括：信息技术的产业化、传统产业的信息化、基础设施的信息化、生产方式的信息化、生活方式的信息化等几个方面。完整的信息化过程包括以下两个阶段：第一，从数据、文字、图片、音频和视频数字化的信息化阶段，开始进入在数字化基础上以计算机网络和数据通信的网络互联为代表的网络化信息化阶段；第二，以智能手机、高性能计算机对数字化信息进行云计算，以及互联网高度发展、智能化的信息化阶段。

(一) 信息化的发展历程

“信息化”的概念起源于20世纪60年代的日本。1963年，日本学者梅棹忠夫针对本国自然资源匮乏的特点，在探讨建立新兴产业的时候提出，信息化是通信现代化、计算机化和行为合理化的总称。之后“信息化”的概念被译成英文传播开来。20世纪70年代后期西方社会开始普遍使用“信息社会”和“信息化”的概念。信息化意味着在国民经济各部门和社会活动各领域普遍采用现代信息技术，充分有效地开发和利用信息资源，使得人们能在任何时间、任何地点，通过各种媒体使用和相互传递所需要的任何信息，以提高工作的效率，促进现代化的发展，提高人民的生活质量，增强综合国力和国际竞争力的过程。信息化无疑是社会发展的必然趋势。各个国家依据本国的经济社会发展状况，其信息化路径呈现出不同的特点。中国政府对信息化建设给予很高的重视，信息化关系到我国社会发展的进程和现代化的实现。我国的信息化建设分为四个阶段：准备阶段、启动阶段、展开阶段和发展阶段。

1. 准备阶段

我国政府在制定新技术革命对策时，就把发展信息技术纳入了国家总体科技发展战略规划之中。1982年10月国务院成立了计算机与大规模集成电路领导小组。1983年5月召开的全国计算机与大规模集成电路规划会议提出若干措施来处理自己研制与技术引进的关系：积极引进国外先进技术，增强自力更生的能力，抓紧、抓好现有企业的技术改造，推动计算机技术的发展。为了切实推动信息化和信息产业的发展，争取在新技术革命中抢占制高点，1984年国务院成立了“新技术革命对策”小组，组织了计算机专项和光纤通信专项研究。在新技术革命不断推进的过程中，国家进一步认识到了信息产业

1 简新华. 论以信息化带动工业化 中国经济发展探索[M]. 武汉：武汉大学出版社，2007：23.

的重要作用。1984 年 8 月国务院发出通知：为了迎接世界新的技术革命，加速我国四个现代化的建设，必须有重点地发展新兴产业。而新兴产业群中，信息产业是最重要、最活跃、影响最广泛的核心因素。1984 年 9 月计算机与大型集成电路领导小组改组为电子振兴领导小组。1984 年 11 月电子振兴领导小组发布了“我国电子和信息产业发展战略”，指出我国电子和信息产业要实现两个转移。1986 年 3 月，我国启动了国家高技术研究发展计划，即“863”计划。该计划投资 100 亿元，其中信息技术相关项目的投资约占投资总额的三分之二。1988 年 5 月，根据国务院机构改革方案，我国成立了机械电子工业部，并将振兴电子产业的任务交给机械电子工业部承担。这是信息产业的一次重大转折。1988—1992 年，国家经济委员会、机电部、国家科委和电子信息技术推广应用办公室在推动传统产业技术改造、EDI 技术以及 MIS 系统等领域做了大量的工作，不断地推动电子信息技术应用向纵深发展。

2. 启动阶段

1993 年，国家经济信息化联席会议召开，我国信息化基本上正式起步。1993 年 12 月，国务院批准成立国家经济信息化联席会议，确立了“推进信息化工程实施、以信息化带动产业发展”的指导思想。1996 年 1 月，国务院信息化工作领导小组成立，18 个部委领导组成国务院信息化工作领导小组，对全国的信息化工作进行了统一领导和组织协调，为国家统筹规划，多渠道筹资，快速开发信息化设施提供了政策基础。与此同时，国务院也陆续出台了计算机和网络方面的法律法规。中央和地方都确立了信息化在国民经济和社会发展中的重要地位，信息化在各领域、各地区形成了强劲的发展潮流。

3. 展开阶段

经过启动阶段的建设与发展，符合我国国情的信息化发展思路已经初步形成。1997 年召开的首届全国信息化工作会议全面部署了国家信息化工作，认为信息化是培育和发展以智能化工具为代表的新的生产力并使之造福于社会的历史过程，而国家信息化就是在国家的统一规划和组织下，在农业、工业、科技、国防以及社会生活各个方面应用现代信息技术，开发和利用信息资源，加速国家现代化的进程。该会议进一步充实和丰富了我国信息化建设的内涵；明确提出信息化建设要坚持“统筹规划，国家主导；统一标准，联合建设；互联互通，资源共享”的二十四字指导方针；构筑和完善以包括“开发利用信息资源”、“建设国家信息网络”等在内的六个方面为主要内容的国家信息化体系；通过了《国家信息化“九五”规划和 2010 年远景目标》，成为我国信息化建设的里程碑。此后，全国的信息化工作从解决应急性的热点问题，步入了为经济发展和社会全面进步服务的有组织、有计划的发展轨道。1998 年 3 月，我国组建了信息产业部。之后，在国务院机构的新一轮改革中，原国务院信息化工作领导小组办公室被并入新组建的信息产业部，负责推进国民经济和社会服务信息化的工作。在信息产业部内部机构设置上，设立了信息化推进司(但 1999 年 12 月国务院信息化工作领导小组又重新得到恢复)。

4. 发展阶段

2001 年 8 月，国家信息化工作办公室成立。党中央、国务院在原有基础上成立了国家信息化领导小组，这样高规格的领导机构，充分反映出党中央、国务院加强中国信息化建设的决心和力度。同时其办事机构——国务院信息化工作办公室正式成立。《中共中央关于制定国民经济和社会发展第十个五年计划的建议》指出：信息化是当今世界经济和社会发展的大趋势，也是我国产业优化升级和实现工业化、现代化的关键环节。以信息化带动工业化，利用后发优势，实现社会生产力的跨越式发展，把推进国民经济和社会信息化放在优先位置，大力推进国民经济和社会信息化，是事关现代化建设全局的战略举措。[1]

(二) 信息化的发展特征

国情不同，信息化的发展过程也就不同。在世界信息化的发展过程中，每个国家的信息化发展过程都有着自己的特点。但总体说来还是能从这些特点中归纳出很多共性的东西。信息化的发展特征完全可以从某个具体国家的发展中得到归纳。以我国为例，考察我国信息化的发展进程、发展战略、发展目标、发展速度，可以发现我国的信息化建设不仅走出了一条别具特色的信息化建设道路，也吸收和借鉴了大量的国际先进经验，借鉴的历史痕迹明显。分析这些特征，不仅有利于理性认识我国在信息化发展过程中的利弊得失，更好地推动我国信息化发展进程，也有利于认识信息化的整体发展特征与趋势。下面就是我国信息化的发展特征。

1. 从发展进程上看的特征

从发展进程上看，我国的信息化发展有五大特征：第一是起点低但起步早，其中个别信息网络技术已处于世界领先地位；第二是信息技术从无到有，衍生为一门新兴技术在工业技术中大放光彩；第三是信息产业由低到高，演变成为一种新兴产业并逐渐从第三产业中分离出来，它被称为第四产业；第四是信息产业由弱到强，逐渐成为国民经济发展的支柱产业；第五是信息经济发展局限，其中主要问题表现为市场化程度不高，计划经济的痕迹仍然存在。

2. 从发展战略上看的特征

从发展战略上看，我国的信息化发展有四大特征。一是探索性。20 世纪 80 年代的信息化发展战略带有一定的摸索、探讨特征，经济界和决策部门分歧意见较大，并且没有明确的发展战略。二是实践性。到 20 世纪 90 年代，我国的信息化发展在实践中积累经验、总结教训，发展战略逐渐清晰，信息技术和服务更加注重实效，走上经济效益和社会效益相结合的发展道路。三是规范性。近年来我国的信息化发展战略思路清晰，呈现出条理性和规范性，信息化发展建设取得重要进展，与信息化相关的社会、经济、安全等命题引起社会各界广泛重视，总体认识趋向一致，发挥后发优势，实现跨越式发展的中国式赶超战略日益明朗，成为未来信息化发展的行动指南。四是政府导向性。信息化发展在我国首先是基于政府决策人员的高度重视，当信息化初见端倪之时，我国高端

1 陈运迪. 中国信息化发展历程[J]. 数码世界，2003(2)：52-53.

决策部门就敏锐地注意到其对于国家经济社会发展的战略意义，并果断通过政府行为制定相关的发展战略，有力推动信息化的发展进程，并在短时间内取得可喜成果。

3. 从发展目标上看的特征

从发展目标上看，我国的信息化发展有如下特征：第一是进入 20 世纪 90 年代以后信息化发展向具体内容靠近(原先的发展目标内容模糊)；第二是进入 20 世纪 90 年代以后信息化发展实战型目标增强；第三是“九五”时期信息化发展只是强调硬度，而且范围只是包含经济部分，但在“九五”时期，国民经济信息化的程度明显提高，在一定程度上经济信息化已成为下一个实现的目标；第四是到了“十五”时期，信息化发展的目标不仅仅包括国民经济水平的提高，而且还包括社会信息化水平的提高。

4. 从发展速度上看的特征

从发展战略上看，我国的信息化发展有四大特征：第一是多年来比较重视信息化发展的速度，而不太重视发展的效益，这主要受工业化发展速度思维定式的影响；第二是“十五”期间的发展速度明显快于“九五”时期的速度，20 世纪 90 年代的发展速度快于 20 世纪 80 年代的速度；第三是东部沿海及大城市信息化发展程度高于西部及农村；第四是个别尖端信息技术发展较快，但是急需国产化的信息技术相对比较滞后，一些大众化、普及性的信息技术急需得到解决。

(三) 信息化发展的作用

信息化对经济发展的作用体现在很多方面，无论是在对农业、工业、服务业等产业的发展上，还是在对管理方法和手段的改变上，它都起着重要的影响作用。

1. 促进各产业的集约化

伴随信息化发展，信息要素迅速成为影响人类社会发展的一种决定性力量，信息资源的开发利用日益走向社会化、产业化，并逐步成为主导现代社会的支柱产业，信息技术改造着国民经济各个领域，提高了经济活动中的信息采集、传输和利用的能力。信息化对经济运行效率的作用可以从企业和市场两个方面进行分析：其一，信息化手段在企业内部各环节的使用降低了生产成本，提高了企业效率和竞争力；其二，信息化实现了资源在市场的优化组合，高度灵活地安排了生产和管理业务流程，改善了售后服务，缩短了周转时间并降低了成本，从而提高了交易效率。总之，信息化改变了市场交易的运行方式和资源配置范围，提高了市场配置资源的效率，这些作用的共同结果是提高了劳动生产率，促进了经济产业的集约化发展。

以农业为例，农业发展经历了前后两个阶段。前面阶段是农业的机械化和化学化阶段，机械化代替了畜力和人力，承担了所有的农业重体力劳动，化肥代替了人和牲畜的粪肥，化学除草剂取代了谷物的轮作、机械耕作和人工的除草，从而极大地提高了农业生产率。从 20 世纪末开始，一些先进国家的农业开始进入信息化的时代(即农业的信息化和生物技术化阶段)。信息化在农业种植种类、农产品流通、农业技术推广方面广泛应用，有效地影响了农业生产发展和农业从业人员的收益。即便是田间管理也开始需要农用软件和农用机器人的帮助。目前美国有 15%～17%的农民使用计算机来进行农业生产和管理。计算机化的专家系统帮助农民利用置于农田中的各种以计算机为基础的传感器来收集一些变量数据，例如气候、土壤条件以及其他农业生产重要变量的数据，按照这些数据的信息向农民提供对策。在澳大利亚，机器人开始用于牲畜的生产管理，如剪羊毛、配置饲料等。在以色列和美国，计算机控制的机器人被用来种植、培育和收获农作物，如西瓜、南瓜、卷心菜等。但是这也仅仅是一个开始，信息化在未来会有更长远的发展。

2. 促进各产业的集成化

信息化发展有利于促进国民经济各产业的集成化发展。作为一种十分重要的经营方式和经营战略，集成化是板块化，多个彼此具有业务关联的企业形成了一个彼此之间相互连接的企业群体；集成化是复合化，是功能的多样化与集合化，企业能够为某一特定的市场和客户提供系统的、完整的需求服务；集成化是整合化，是对硬件和软件资源的彻底改造和统筹，实现核心能力的量和质的双重融合与优化，达到资源整合的目的。推进国民经济信息化的过程就是在国民经济各行业广泛利用现代信息技术，深入开发和有效利用信息资源的过程。从微观层面讲，信息技术的开发与应用，必然促进产业的集成化发展，企业在信息化发展的过程中，能够大大缩短产品设计到生产的时间，并能及时对设计进行修改和完善；相关企业在竞争中会加强合作，扩大业务联系，通过形成企业群体来满足客户多方面的需求并且，其会建立协作关系，实现对资源的优化整合。以制造业为例就能简要说明信息化从制造业的设计到生产中所起的作用。制造业是工业化的标志和核心。在工业化时代，自动化的含义是工人按动电钮，机器就会自动地大批量生产出某种产品来。而今天以计算机和网络为手段的计算机一体化制造系统 CIMS 构建了系统自动化或网络自动化。自 20 世纪 80 年代起，工业发达国家的快速发展，产品质量的提高，成本的下降，很大一部分可以说是 CIMS 在发达国家发展的功劳。例如，IBM 在 20 世纪 80 年代的早期发展迅速，产品生产率的大幅度提高和从产品设计到交付生产的时间的大幅度缩短就是因为开始引进计算机辅助设计(CAD)和计算机集成制造系统。这时期，设计图纸可以在整个 IBM 范围内通过计算机网络传送，包括送至生产车间和实验室，目标是缩短新产品投放市场的时间和加快对现有产品技术更新的速度。根据评估的结果，该系统将新产品设计的速度加快了 16 倍，而产品更改和更新的速度则提高了数百倍。该系统中最重要的改进就是通过数据通信网络传送图纸。在这套系统应用之前，草图是在生产地和实验室之间通过邮寄传递的。而从实验室将图纸邮寄到千里之外的生产地，可能需要 10 天的时间。现在，则可能只需要几分钟甚至几秒钟。CIMS 的应用极大地提高了企业生产的柔性、敏捷性和适应性，使高质量、低成本的产品能够及时供货并能为客户提供更加周到的服务。

3. 促进各产业的电子化

信息化促进了各行各业电子化运作的开展。可以以金融和商务两个行业来体会信息化对各产业的影响。

(1) 促进金融业的电子化

金融业三个彼此相关的领域需要进行信息化发展。第一是银行内部的信息系统。构建一个完整的、一体化的银行内部会计系统是银行会计和总账系统对电子化的最基本需求。目前许多银行都在建设自己的数据通信网络，实现其各个分支机构及自动出纳机(ATM)与总行的计算机系统的网络化。银行电子化系统的建设不仅提高了银行的工作效率，而且也极大地提高了银行决策的科学化。第二是银行间的信息系统。随着市场经济体制的建立，商业化银行之间的支票、汇票等业务量急剧增大，通过实现银行间的自动结账与结算业务，不仅可以提高银行间业务处理的效率，而且可以实现银行系统的信息共享和一体化办公的目的。第三是银行与客户间的信息与交付系统。银行与客户间的联系业务量大且重要，银行利用终端向公众提供各种银行服务，客户则利用电子转账系统付账。我国目前正大力发展信用卡业务，但是如果在信用卡业务迅速膨胀的同时各种卡种业务各自为政，不在统一的网络环境中进行，这势必影响银行的效率和效益，致使信息技术提高生产率的能力大打折扣，而且还会产生新的问题。另外，信息技术可以极大地提高银行的生产率，这样便可以极大地减少在途资金占用，提高资金利用率以及改善资金周转问题。信息技术还可以极大地提高银行的办公效率，如自动出纳机的出现不仅仅极大地减少了银行出纳员的工作量，也极大地方便了顾客，手持银行卡的客户可随时提取所需数量的货币，增加其灵活性。目前，世界范围内的金融电子化进程在不断发展，金融业务国际化、全球化趋势势不可挡。对于我国而言，只有加快信息化的进程才能顺应历史潮流，从而促进国民经济的迅速发展。

(2) 促进商务的电子化

商务电子化是国民经济信息化的重要内容。电子商务是以电子通信为媒体进行广告宣传、购买结算商品和各种服务的一种商业性经济活动。电子商务的根本特征就是所有的商业行为都可在网络上实现，比如 On-line Service(即商业联机服务)。全球有众多的 On-line Service 公司向用户提供各种各样的服务包括投资和金融、计算机和软件支持、旅游、联机参考资源、商业职业、新闻和天气、联机购物、健康、体育爱好和休闲、游戏等。电子商务改变了工作的组织方式，它开拓了知识扩散的新渠道，人们在工作场所内的互动交流更加灵活，工人的功能和技能被重新定义。电子商务使许多部门的商业模式发生了转变，比如电子银行业、一对一营销等。通过互联网的作用， 电子商务大幅提高了经济中的互动性，互联网的连接范围日益延伸，小到小企业和家庭，大到全球范围，人们可以在任何时间、任何地方进行沟通和交易，并且这种能力在不断加强。更重要的是，信息化时代，开放已经成为一种战略，许多最成功的电子商务经营者授权其商业伙伴和消费者访问其内部工作、数据库和全体职员，这导致了消费者角色的转变，消费者逐渐演变为产品设计者。电子商务降低了时间的局限性，消费者可以在任何时间不分昼夜地进行交易。

4. 促进管理的现代化

信息化进程将导致一场管理现代化的变革。充分利用计算机信息技术，促进信息化在企业管理中的运用，实现企业管理现代化，是推动管理创新的有效手段，是企业获得竞争优势的必由之路，也是实现“以信息化带动工业化”战略的切入点：首先可以利用计算机网络和信息技术为企业管理创新提供有力的手段，将先进的管理思想和经营理念引到企业中来，按照建立现代企业制度的要求，对内部流程进行重新设计，用计算机程序替代臃肿的数据传递层，同时，对企业内部资源进行深度开发，在科学配置物流、资金流的基础上，对企业内部系统进行信息化的改造；其次可以通过加强财务电算化建设，加强财务管理，提高工作效率；再次可以实现人事档案的计算机统一管理，开展人力资源信息化管理，使公司人力资源得到合理配置和开发，实现人事档案信息的计算机信息化管理，加大人事管理力度；还有就是可以在工资管理工作中，使用工资管理软件，变原来的分部门核算为统一核算，提高工作效率；最后可以使公司利用考勤机组成网络考勤系统，强化考勤信息化管理，配备监控系统完善公司考勤管理。我们以海尔集团业务过程改造为例加以说明。海尔集团根据国际化发展思路对原来的事业本部制的组织机构进行战略性调整：第一步把原来分属于每个事业部的财务、采购、销售业务全部分离出来，整合成独立经营的商流推进本部、物流推进本部、资金流推进本部，实行全集团范围内统一营销、统一采购、统一结算；第二步把原来的职能管理资源进行整合，如人力资源开发、技术质量管理、信息管理、设备管理、法律、保卫等职能管理部门全部从各个事业本部分离出来，以集团的职能中心为主体，注册成立独立经营的服务公司；第三步把这些专业化的流程体系通过“市场链”连接起来，设计索酬、索赔、跳闸标准。整合后集团形成直接面对市场的、完整的物流、商流等核心流程体系和资金流、技术质量管理、人力资源、设备管理等支持流程体系的重新设计，把原来的职能型结构转变成流程型网络结构，垂直业务结构转变成水平业务结构，形成横向网络化的新业务流程。这种结构实现了企业内部和外部网络相连，使企业形成一个开放的而不是封闭的系统，这个开放的系统通过整合各方面的资源来达到满足用户需求的目的，从而实现“与用户零距离”。

信息化对管理变革的影响是全面而深刻的。首先，信息化在提高管理效率的同时，增强了管理的功能；其次，信息化改变了管理的组织结构，使其由金字塔型转变为矩阵型，原来起上传下达作用的中层组织被削弱或消失；再次，管理组织结构的变化，促进管理方法的改善，能更好地使有关人员齐心协力合作，成功完成有关业务；最后，基于信息化发展的管理思想不断革新，最终出现了以虚拟企业经营过程建模研究、虚拟企业经营过程模型优化思路、虚拟企业经营过程重组思想等虚拟企业管理思想和管理理念。

二、信息经济的测度

(一) 信息经济测度的产生

20 世纪 80 年代以来，信息化发展水平已成为一个重要的标志，信息化已经成为影响人类文明和经济增长的重要驱动力量，成为衡量一个国家或地区的现代化水平的重要方面。我国在推进信息化的进程中，需要对各国、各地区的信息化的发展前景、现状、主要问题、对经济发展的影响和在国际上的地位等有一个全局把控。而要做到这些，定量测算、分析、评估等手段是必不可少的。但是，对一个国家或地区的信息化水平进行定量分析和评价是十分复杂的，不能单凭抽象论证和主观推测来进行，同时，必须在非常广泛的领域和范围内深入实际，从而获取真实和详尽的数据。所以信息经济的测度问题成为信息经济研究中的一个难点问题。

在经济信息测度中最重要的手段就是分析信息对经济结构的变化的影响和分析信息经济在整个国民经济中的贡献，然后通过其内在的规律来研究未来经济发展的趋势。如今，信息经济的测度已经经历了几十年的发展，20 世纪 60 年代形成了信息经济测度理论和方法，20 世纪 70 年代较快发展，20 世纪 80 年代广泛应用，20 世纪 90 年代波拉特在《信息经济：定义与测量》中则第一次系统地提出了信息经济的预测方法。到目前为止，据不完全统计，至少有二三十种有关测算信息化水平的方法，其中部分理论模型或方法已比较成熟。总之，在该领域的研究过程中，形成了两个重大分支，这主要是由于其研究的原理、对象、内容、方法的不同而导致的。

第一个分支代表是美国经济学家。美国最先开始有关信息化理论与方法的研究，其在推动世界进入信息化时代领域方面起到了举足轻重的作用。“信息经济学”诞生的标志事件为经济学家斯蒂格勒于 1961 年在美国《政治经济学》杂志上发表了《信息经济学》一文。1962 年马克卢普教授在《美国知识的生产与分配》中提到关于测算经济的方法，该方法产生了深远的影响。波拉特在 1977 年出版的《信息经济》(9 卷本)一书中，提出了一种信息化发展测度方法，被称为“波拉特法”，从而继承和扩展了马克卢普的研究成果。另外还有许多学者对信息社会的形态进行了描述，如阿尔文·托夫勒(Alvin Toffler)的《第三次浪潮》、汤姆·斯托尼尔(Tom Stonier)的《信息财富——简论后工业经济》、贝尔的《后工业社会的来临》、霍肯的《未来的经济》等都是其中的代表性著作。这些著作从人类信息活动的经济角度和生产结构与就业分类角度对信息产业运行机制进行研究，用以考察信息经济在国民生产总值中所占的比例。所有这些研究最后得出结论：信息经济已成为继农业、工业、服务业之后而形成的第四产业——信息产业。其中对这一结论作出了巨大贡献的经济学家有马克卢普、波拉特等。

第二个分支代表是日本经济学家。日本的信息化指数模型是在 20 世纪 60 年代中期由一些日本学者建立的。该模型是从衡量社会的信息能力和信息流量方面来衡量社会的信息化程度，综合的社会统计数字是构造测度模型的主要依据。但由于篇幅所限，本教材不做展开讨论。

20 世纪 90 年代以后，我国在信息经济测度理论与方法方面也进行了大量研究，并取得了较大的成就。我国在 2001 年下半年正式公布了国家信息化指标构成方案，促进了我国信息化测度理论与实践方面的发展。

(二) 信息经济测度的原则

对国家信息化水平进行评价与测算要在符合中国基本国情的情况下进行，并且还要注意以下几点：第一要与国家信息化工作领导小组提出的信息化建设二十四字方针相符合，第二要与国家信息化体系六个要素相一致；第三要兼顾与国际信息化水平测算指标体系的衔接。信息经济测度的基本原则如下。

1. 符合方针及政策

信息化的测度首先要符合国家信息化建设的方针政策。国务院信息化工作领导小组已经确定了国家信息化体系、信息化六个要素，国家信息化指标体系的建立要据此来制定。通常意义上构造中国信息化水平与发展程度的指标体系，最完整的是以信息化六要素和信息化水平作为一个整体，同时按照国家信息化的相关方针政策进行。

2. 符合国情可比较

世界各国信息化飞速发展的前提下，信息化发展的程度已成为国家竞争力高低的重要标志。国家间信息化水平和信息化程度的研究比较工作已陆续在部分国家和国际组织开展。面对日益激烈的国际竞争，要确定中国信息化水平测算与评价的指标体系，就要在符合中国国情、在反映中国信息化发展情况的基础上，考虑能与其他国家信息化水平的比较接轨的因素。

3. 引导导向是必须

引导和导向作用是指标体系的设置需要考虑的因素，指标体系在实施过程中都会一定程度上对被评价对象产生引导和导向的作用。为了推动信息化发展，信息化水平测算与评价指标体系将从促进信息产业发展、信息技术应用、信息资源开发利用、信息人才培养以及提高信息化在国民经济发展中的主导作用的效果等方面来加以引导，在科学、可靠和可行的基础之上，在促进中国信息化水平的快速提高、尽快缩小与他国信息化发展差距的基础之上，建立起中国信息化水平的测算与评价指标体系。

4. 科学综合可操作

在当前的形势下，我们迫切需要测算中国信息化水平，并进行地区间比较。建立信息化水平测算与评价的指标体系是一项复杂的工作，要坚持如下原则：首先需要具有科学性，同时指标体系要具有综合性，使完成综合评价的任务的指标数量尽量少；另一个重要的原则是要具有可操作性，在指标体系能客观地反映问题的前提下，能够在现有条件下取得较为详尽准确的数据，利用这些数据来最终得到测算结果，这样得到的量化指标才能真正为政府宏观决策提供依据。

(三) 信息经济测度的方法

1. 马克卢普的信息经济测度方法

马克卢普的信息经济测度是从对知识产业的分析开始的。知识产业的概念是马克卢普于 1962 年在其著作《美国知识的生产与分配》一书中首次提出的。他认为知识产业是从事信息服务和生产信息产品的组织或机构，这些组织或机构如厂商、机构、组织或部门，甚至可能是个人或家庭，它们为自身的消费，或者为他人消费而生产知识。通过运用最终需求法，马克卢普测度了美国知识产业的生产与分配过程。马克卢普的观点认为，知识产业由五个部分组成，分别是研究与开发、所有层次的教育、通讯及中介媒介、信息设备或设施、信息机构或组织。马克卢普信息经济理论的核心与测度的主要内容之一就是以上所述的知识产业及其在五个层次上的构成。马克卢普的分析方法为组成信息部门的各个部分提供了一个框架，但是该测度方法所需要的数据超出了国民经济账户的范围，在数据收集和计算工作中需要花费更多的时间和精力。并且由于在测算过程中包括的细节太多，客观上会夸大国民生产总值中信息产业的比重，有可能陷入重复计算的陷阱。[1]

(1) 马克卢普对知识产业理论的主要贡献

首先，马克卢普扩大传统经济学“知识”概念的范畴，重新明确了“知识”的分类，并为重新确定国民生产总值的测度范围奠定了基础。马克卢普把知识分为五个大方面。第一，实用知识。实用知识一般是指有价值的知识，这是对于人们的决策和行为价值而言的。根据人们的行动，实用知识可以再划分为专业知识、商业知识、劳动知识、政治知识、家庭知识和其他实用知识。第二，学术知识。学术知识就是我们所说的能满足人们学术创造的那部分知识，通常是教育自由主义、人文主义和科学知识以及一般文化的组成部分。第三，消遣与闲谈知识。与学术知识相反，消遣与闲谈知识通常是能够满足人们在非学术上的好奇心或满足对娱乐感官刺激方面欲望的知识，一般包括小说、游戏等。第四，精神知识。精神知识指哲学等知识。第五，多余的知识。多余的知识也可以说是不需要的知识，通常指偶然或者无意识保留下来的知识。

其次，马克卢普确定了知识在社会中的经济意义，丰富了社会投资和资本理论的内涵，并提出知识是一种投资。马克卢普通过知识在社会生活中的这种经济意义看到，可以从知识角度重新对待社会投资及其所有的资本理论。从各种形态的知识产品中，马克卢普区分出三种知识存在的基本形式。第一，在成本巨大的研究与开发基础上产生的技术规范，以及由此而专门地制造出来的物质性机器与工具中的知识。如计算机软件、加工机床、精密仪器等，这些知识由于与物质对象密切相关，因此可以称为凝固在物质形态中的人类智慧。第二，储存在人中的知识，这些人包括接受过教育与培训的知识传输者和技术工人，这种个人所拥有的知识与技能构成第二种形式的知识储存。第三，以某些特殊形式或社会规定的形式存在的知识。这些形式既不属于物质机器， 也不属于“知识传输者” 和技术工人，生产和普及这些知识需要一定的时间和劳动成本，如有关一项新的制造工艺的发明，一项新的计算机应用程序等，这些知识以公共财物形式被任何企图利用它们谋取利益的个人或集团所使用，或者在专利形式下被一定的生产者占有而形成有限的技术垄断。

最后，马克卢普提出必须与一定的知识活动和知识投资相联系并将给社会带来收益的非物质、非人力资本——“无形资本”。马克卢普提出与三种知识储存形式相对应而形成的资本的三种形式，而且这三种资本形式所涉及的资本理论都涉及四个基本概念：耐久但可耗尽、有价值但可以折旧的资源储备；可增加资源储备的投资和积累；伴随资本和投资带来的服务与收益等的流动量；附加劳动所形成的附加价值。通过这四种概念使马克卢普在资本的三种形式中找到了逻辑上的依据。按照其观点，物质资本与人力资本必定以知识活动或知识投资为基础，非物质与非人力资本也必须与一定的知识活动或知识投资相联系。[1]

1 屈超. 信息经济测度方法述评[J]. 黑龙江对外经贸，2009(5)：95-97.

1 陈晓东. 浅析马克卢普知识产业理论[J]. 中外科技信息，2002(6)：49-50.

(2) 马克卢普信息经济测度理论体系

在对知识产业的研究中，马克卢普对产业组织中垄断与竞争的不完备性进行了深入研究，提出了许多观点和问题，并形成了较完备的理论体系。马克卢普在当时世界经济学界具有重要的影响力。其主要观点和问题有四种。首先，社会制度应该和垄断与竞争的不完备在自由社会中的存在密切关系。根据马克卢普的观点，社会制度中的哪些制度抑制了竞争是研究市场经济的垄断与竞争的不完备性必须考虑的因素。其次，社会专利制度的存在对市场竞争具有强大抑制作用。再次，教育制度与该国技术研究与发展的环境条件有着不可分割的联系，高水平的研究与发明创造的必要条件是高质量的教育水平与合理的教育制度。最后，必须考虑教育之外的知识生产与交流过程来进行信息经济的测度，因为教育和实践中产生的种种知识和技能与人们理性思考形成的抽象观念不可分割。

(3) 马克卢普信息经济测度方法

根据马克卢普的观点，研究与开发、所有层次的教育、通讯及中介媒介、信息设备或设施、信息机构或组织是知识产业的五大类。知识产业及其五个组成部分是马克卢普信息经济测度理论体系的核心，在对信息经济进行测度时，马克卢普应用了“最终需求法”。该方法又称支出法或最终产品法，该方法从现存的统计体系中将知识产业挑选出来，逐个进行测算和平衡。该法依据的基本公式为：国民生产总值 GNP=消费支出 C+政府支出 G+投资 I+出口 X−进口 M。

式中：C——消费量，即消费者对最终产品和服务的消费量；

G——政府采购，即政府对最终产品和服务的消费量；

I——投资量，即厂商对最终产品和服务的消费量；

X——出口额，即本国产品或服务在国外的销售额；

M——进口额，即从外国购进的产品或服务的销售额；

$(X-M)$——出口净额，即产品和服务的出口与进口的差额。

马克卢普根据最终需求法对美国信息经济进行了测度。他以 1956 年和 1958 年为测度基准年，得到的结果与实际相一致。通过计算，得到的具体的结论是：1958 年美国国民生产总值的大约 28.5%～29%是知识生产值，其数值为 13 643 600 万美元；教育、通信媒介、信息服务、研究与开发、信息设备行业对国民生产总值的贡献率依次递减。这一结果的重要意义在于能够据此进一步分析国家经济发展结构与投资结构。马克卢普还通过计算分析得出结论，说明知识产业发展的最大支持者是消费者，之后是厂商企业，而处于最末位的是政府。信息产业在制定发展战略和政策上必然要考虑到财政支持的结构和状况，而马克卢普的这一结果对企业的发展战略和决策具有的意义不言而喻。马克卢普还发现，就增长速度来说，知识产业在美国国民生产总值中的增长率是其他生产部门平均增长率的 2.5 倍。甚至马克卢普还据此预言，美国知识生产的产值在不久的将来将会继续飞跃，能够不低于国民生产总值的 50%。

马克卢普认为知识是经济活动中发挥重要作用的因素之一。这一观点得到了美国政府和社会的普遍认同，从投入的研究经费来看，美国在不断增加科技的投入，20 世纪 40 年代其占政府预算支出的 1%，1965 年增至 12.6%，到 1996 年开发活动与研究总经费支出达到了世界第一位，总额为 1846.65 亿美元。马克卢普关于知识生产的预言由美国经济发展的现状得到了证实。美国商务部测算，美国经济在 20 世纪 80 年代的增长有 50% 以上的贡献来自科技进步。知识和科学技术在经济中发挥的最大作用是提高劳动效率，科技进步使得美国在农业、工业、服务业的生产效率一直处于世界先进水平。越来越多的财富将会聚集在知识业和信息业。知识和信息可以称为第一财富，全球首富将会产生于计算机行业、媒体行业、软件行业，而非传统的地产、石油、钢铁等行业。知识对经济有巨大的推动作用，现已形成的以知识及信息的生产、分配和使用为主要内容的知识产业将会成为新时代的主导产业。

马克卢普采用的最终需求法在信息经济测度史上具有开创性的意义，经济学理论的基本概念“知识”与“知识产业”就是马克卢普最初使用的，但是此概念主观性太强，本身的不确定性大，在实际测度时，数据的选择和测算具有较大的主观性，尤其是测度有些产业的非市场交换价值时更是如此。此外，马克卢普采用国民生产总值的核算方法，将许多未列入国民生产总值现行核算体系的社会活动和准职业都列入测度指标体系，这样测算出的数据在科学性上难免缺乏依据。[1]

2. 波拉特的信息经济测度方法

波拉特于 1977 年出版的《经济信息》是当时最先进的经济测度方法，他的理论方法深受马克卢普研究的影响。他经过深度探索，界定了信息、信息活动、信息资本、信息劳动者与信息职业的基本概念，并根据全社会的信息活动是否直接向市场提供将信息产品和服务划分为一级信息部门和二级信息部门。通常意义上一级信息部门是指那些向市场提供信息商品或服务、参与市场交换的厂商部门，它们是构成社会信息市场的主体。二级信息部门是指仅为满足政府或非信息企业内部消费而提供信息产品和服务的部门。

波拉特的测度体系与国民经济核算体系的关系主要表现为以下两点：首先，二者利用国民收入、生产账户中的产业分类标准，进行第四产业中一级信息部门的分类工作，并将其数据进行整合；其次，二者利用国民经济核算中增加值的有关计算方法，在计算机二级信息部门中进行二级信息部门增加值的替代计算。

(1) 波拉特信息经济测度理论体系

1) 相关概念的确定

波拉特首先明确了相关概念，为量化研究奠定基础。在信息经济测度理论中涉及的概念包括：信息劳动者、信息资本、信息及信息活动、信息职业。

① 信息劳动者

信息劳动者通常是以满足个人、企业或政府组织对信息的需求，以提供信息服务或生产信息产品为主的在社会上谋职的劳动者，如教授、会计师、设计师、科研人员、市场调查与管理人员、信息处理工作人员等。在分析调查美国 400 多种职业时，波拉特将与信息劳动有关的职业分离出来，形成五大类信息劳动者，即我们所说的知识生产者、知识分配者、市场调查和管理人员、信息处理工作者和信息机械操作者。其职业种类和

---

1 张胜利. 信息经济测度及其评价研究[J]. 现代商贸工业，2010(24)：361-362.

所从事的职业如表 6-1 所示。

表 6-1 美国信息劳动者分类及职业分布图

总类	五大类信息劳动者	每一类信息劳动者具体细分	典型职业
信息劳动者	知识生产者	科学、技术工作者	物理学家、社会科学家、工程学家
		私人信息服务提供者	律师、医生、设计师、建筑学家
		电子计算机专家	系统分析师、其他计算机专家
		金融专家	会计师、银行及金融管理者
	知识分配者	教育人员	各类教师、教练员
		公共信息提供者	图书馆员、博物馆员
		与大众传播相关的职业	作家、编辑、广告制作者、播音员
	市场调查和管理人员	信息搜集人员	走访员、检查员、测量员、统计员
		市场调研人员	买卖方调查员、推销员、销售代理人
		计划、管理工作者	行政官员及经营者，如各级官员、车间主任、高工资职员等；作业管理工作者，包括事务管理人员、邮政车辆管理人员、航空管制员、生产管理人员等
	信息处理工作者	非电子信息处理劳动者	秘书、文书管理员、通信办事员、信息投递员、统计办事员、各类记录员、检察员、注册员、收发员、铁路乘务员
		电子信息处理劳动者	银行办事员、账簿员、现金出纳员、打字员、销售员、持政府执照人员、放射线技师
	信息机械操作者	非电子机械操作员	速记员、复印机操作员、装订排字员、制版工、印刷机操作员、照相制版工
		电子机械操作员	账簿核算操作员、账目机操作员、数据处理机操作员、办公机器保管员
		电器通信劳动者	电报电话操作员、广播电视电话装置修理员、电话架设员、广播操作员等

② 信息资本

信息资本通常是指与信息生产和服务相关的各种设施和设备的投资。为满足远程教育和多媒体教学而投入的信息设备，包括计算机、投影仪等。为了企业实现现代化与信息化的设施，包括管理信息系统、计算机、路由器等。其中这些为信息服务提供的设备设施都是信息资本的一部分。

③ 信息活动

信息活动是指与消耗在生产、处理和分配信息商品及信息服务过程中的所有资源相关的经济活动，即在生产、处理和分配信息以及信息产品和信息服务中所消耗掉的一切资源。例如，用于处理、使用和传播信息的人力、物力以及服务等。信息就是组织好的、能传递的数据或资料的载体。

④ 信息职业

在社会职业的分类中，波拉特主要根据劳动者的主要收入是否来源于信息劳动，从而将其分成信息职业与非信息职业。信息职业是指从事高智能性的信息处理活动的职业或者从事符号、信息处理活动的职业；非信息性职业则主要是从事机械性作业活动的职业，如专业技工等。因此按照这种分类，波拉特进而将信息职业分为30个小类，其中有90%以上的职业具有显著复合特征。信息部门与服务部门各占50%的复合职业，如表6-2所示。在认知以上几个基本概念之后，在进行信息经济活动的量化和测度过程中才能更加得心应手。

表6-2 波拉特测度理论关于复合职业一览表

信息部门与服务部门各占50%		信息部门与工业部门各占50%
医生	船长、海员、零售人员	其他的车间主任
持政府证书的护士	商人	木材检验员、测量员、定级员
营养师	零售事务员	其他分类的检察员
临床检查医师	其他办事员	线路测量员
保健记录技师	零售店主(薪给)	制造业检查员、试验员
放射线诊断技师	零售店主(自营)	定级员、分类员
设计人员	个人服务业主(薪给)	-
非食品的销售人员	个人服务业主(自营)	-
协会工作人员	事业服务业主(薪给)	-
站长	事业服务业主(自营)	-
广告宣传人员	收发员	-

注：1. 薪给——拥有经营权，不拥有所有权。

2. 自营——既拥有经营权又拥有所有权。

2) 基本结构的细化

波拉特从市场角度细化基本结构。其在分析信息经济的基本结构中，通过分析信息市场的供求关系细化基本结构。

3) 信息活动的区分

波拉特按照市场与非市场性质区分不同类型的信息活动，最终建立起具有可操作性的信息经济测度体系。

2. 波拉特信息经济测度方法

(1) 一级信息部门的测度

在一级部门的测度中首先要按一级信息部门的定义把符合条件的挑选出来构成一级信息部门。在确定一级信息部门时，有些可以直接从制造业中划分出来，如计算机产业、电信产业等，但还有一些则通过具体调查来确定信息生产与服务的份额。其基本原则是：构成一级信息部门的产品和服务，其信息的生产、处理和流动的过程，必须基本上具有某种信息，如果是信息以外的要素的辅助性东西，那么其产品和服务就应排除在外，如表 6-3 所示。

表 6-3 波拉特法一级信息部门构成

一级信息部门构成	结构细分	一级信息部门构成	结构细分
知识生产和发明性产业	研究开发和发明性产业(民间)	基础设施	事务所的提供
	民间信息服务		信息建筑物的建设和租金
信息处理和传递服务	电话电报	风险经营	保险业
	电子处理		金融业
	非电子处理		投机经纪人
信息产品产业	电子性投资产品	政府活动的一部分	地方教育
	非电子性投资产品		邮政服务
	非电子性消费和中间产品		联邦政府的第一次信息服务
信息流动和通信产业	教育	调查和协调性产业	宣传业
	公共信息服务		非市场协调业
	正规通信媒介		调查业和非投机经纪业
	非正规通信媒介		-

波拉特理论中的一级信息部门，不仅包括所有向市场提供信息服务和信息产品的企业，还包括上一级的产业。波拉特理论在此基础上采用最终需求法和增值法测算了一级信息部门在国民生产总值中的比重，使它们提供的技术性基础设施用于信息的处理与信息的传递。在源于美国经济分析局的国民经济核算体系统计数据中的两种统计方法中，最终需求法的计算方法及公式与马克卢普法大致相同，增值法则是将所有企业扣除购买生产资料的支出后的营业收入或销售收入的余额相加，求得一定时期内社会生产的新增加值总额。

(2) 二级信息部门的测度

波拉特的二级信息部门涵盖了国家经济运行过程中从行使计划、决策到执行管理职能的相关机构，如政府管理部门和民间组织等，波拉特定义中的二级信息部门构成如表 6-4 所示。

表 6-4 波拉特定义中的二级信息部门构成

类别	主要投入
法律	律师、通信、数据处理
广告	艺术家、照相排版、声像装置
复印	复印机、消耗品、机器操作员
印刷	印刷机、装订机、印刷装订人员

邮递	计算机、书信文件、纸和信封、地名印刷机
会计	簿记、通信、会计员、记账工具、数据处理
杂志剪贴	报纸、杂志、办事员
图书检索	图书、档案、图书管理员
知识产权	知识的生产(著作、发明等)
经营管理	交流、数据处理、经营咨询、管理人员
研究开发	研究室、科学家、技术员、数据处理设备
书信打字员	秘书、打字机、消耗品
电子数据处理	计算机、软件、咨询、外围装置

波拉特直接采用二级信息部门内部从业者的收入和该产业内部从外部购买的产品的折旧的和作为其总产值，通过研究证实，这对信息经济的贡献起着重要的作用。二级信息部门的划分较为繁杂，具体测算较为繁琐，但是具有一定的科学性和可操作性，所以在对本国信息产业进行的研究中，各国都曾经用过此方法。

3. 我国的信息经济测度方法

目前信息化发展迅速且已经应用到很多领域，但是信息测度方法对于我国来说还是一种全新的事物，需要一段时间来适应和熟悉，并且这些方法运用到实际工作中还需要考虑实际国情。即使是这样也要以与时俱进的态度去分析，寻找推动信息化发展的方法和指标体系。

(1) 中国国家信息化指标体系

国家信息化测评中心在 2001 年正式公布了国家信息化指标体系构成方案。国家信息化指标根据六大信息化要素来进行分析，主要包括信息资源、信息网络、信息技术应用、信息技术与产业、信息化人才、信息化政策法规和标准。在使用时通过选择能反映各要素水平的指标，通过国家、部门和地区各种统计报表以及有关单位抽样统计获取的数据进行统计分析。它有以下几个特点：符合国情，符合信息化建设方针；与国际的信息化接轨；具有综合性和可操作性；具有导向性。[1]中国国家信息化指标体系构成方案及说明如表 6-5 所示。

表 6-5 中国国家信息化指标体系[1]

序号	指标名称	指标解释	指标单位	资料来源
1	每千人广播电视播出时间	目前，传统声、视频信息资源仍占较大比重，用此指标测度传统声、视频信息资源	小时/千人(总人口)	广电总局资料

1 张胜利. 信息经济测度及其评价研究[J]. 现代商贸工业，2010(24)：361-362.

1 陈金岭. 透视国家信息化指标构成方案[J]. 邮电商情，2001(16)：38-42.

2	人均带宽拥有量	带宽是光缆长度基础上通信基础设施实际通信能力的体现，用此指标测度实际通信能力	千比特/人(总人口)	信息产业部资料
3	人均电话通话次数	话音业务是信息服务的一部分，通过这个指标测度电话主线使用率，反映信息应用程度	通话总次数/人(总人口)	信息产业部、统计局资料
4	长途光缆长度	用来测度带宽，是通信基础设施规模最通常使用的指标	芯长公里	信息产业部、统计局资料
5	微波占有信道数	目前微波通信已经呈明显下降趋势，用这个指标反映传统带宽资源	波道公里	信息产业部、统计局资料
6	卫星站点数	由于我国幅员广阔，卫星通信占有一定地位	卫星站点	广电总局、信息产业部、统计局资料
7	每百人拥有电话主线数	目前，固定通信网络规模决定了话音业务规模，用这个指标反映主线普及率(含移动电话数)	主线总数/百人(总人口)	信息产业部资料
8	每千人有线电视台数	有线电视网络可以用做综合信息传输，用这个指标测度有线电视的普及率	有线电视台数/千人(总人口)	广电总局、统计局资料
9	每百万人互联网用户数	用这个指标测度互联网的使用人数，反映出互联网的发展状况	互联网用户数/百万人(总人口)	CNNIC、统计局资料
10	每千人拥有计算机数	用这个指标反映计算机普及程度(计算机指全社会拥有的全部计算机，包括单位和个人拥有的大型机、中型机、小型机、PC)	计算机拥有数/千人(总人口)	统计局住户抽样数据资料
11	每百户拥有电视机数	包括彩色电视机和黑白电视机，用该指标反映传统信息设施	电视机数 / 百户(总家庭数)	统计局住户抽样资料
12	网络资源数据库总容量	各地区网络数据库总量及总记录数、各类内容(学科)网络数据库及总记录数构成，用该指标反映信息资源状况	吉(G)	在线填报

(续表)

序号	指标名称	指标解释	指标单位	资料来源
13	电子商务交易额	指通过计算机网络所进行的所有交易活动(包括企业对企业，企业对个人，企业对政府等交易)的总成交额，用该指标反映信息技术应用水平	亿元	抽样调查

14	企业信息技术类固定投资占同期固定资产投资的比重	企业信息技术类投资指企业软件，硬件，网络建设、维护与升级及其他相关投资，用该指标反映信息技术应用水平	百分比	抽样调查
15	信息产业增加值占 GDP 比重	信息产业增加值主要指电子、邮电、广电、信息服务业等产业的增加值，用该指标反映信息产业的地位和作用	百分比	统计局资料
16	信息产业对 GDP 增长的直接贡献率	该指标的计算为：信息产业增加值中当年新增部分与 GDP 中当年新增部分之比，用该指标反映信息产业对国家整体经济的贡献	百分比	统计局资料
17	信息产业研究与开发经费支出占全国研究与开发经费支出总额的比重	该指标主要反映国家对信息产业的发展政策。从国家对信息产业研发经费的支持程度反映国家发展信息产业的政策力度	百分比	科技部、统计局资料
18	信息产业基础设施建设投资占全部同类建设投资比重	全国基础设施投资指能源、交通、邮电、水利等国家基础设施的全部投资，用此指标反映国家发展信息产业的政策力度	百分比	信息产业部、广电总局、统计局资料
19	每千人大学毕业生比重	用此指标反映信息主体水平	有大专毕业文凭数/千人(总人口)	统计局资料
20	信息指数	指个人消费中除去衣食住外杂费的比率，用此指标反映信息消费能力	百分比	统计局资料

注：共计 20 个指标。其中 1～8 为信息资源指标；9～12 为信息网络指标；13～14 为信息技术指标；15～18 为信息产业指标；19～20 为信息化人才指标；信息政策法规指标在指标体系中未单独列出。

根据上述中国信息化水平测算与评价的指标体系，采用综合评分分析法对全国及各地区的信息化水平指标进行测算。

(2) 综合评分分析法

综合评分分析法的基本评价模型，通常多采用简单线性加权方法，得：

$$\text{II}=\sum_{i=1}^{n}P_iW_i$$

式中，P_i 为第 i 个评价指标无量纲化处理的值；W_i 为 P_i 的权重；而信息化水平总指数值则为 II(informatization index)。

综合评分分析法的测算过程主要分为三步：第一步是相关分析处理，将选择的指标进行相关分析，避免相同因素在计算中占有份额过大而去掉相关性极高的指标，这样保证分析结果的合理性；第二步是指标标准化处理，将不同量纲的各类指标值转化为可以直接进行计算的数值；第三步是确定权重，通常是采用专家评价与打分法，也称为德尔菲法确定权重。此方法通常是使用问卷方式，请研究该问题的一些专家打分，再将专家打的分数综合平均后作为权重。

国家信息化体系六个要素的权重在信息化水平测算中起着非常重要的作用，国家信息化体系六个要素的权重通常为：信息资源开发利用 15%，信息网络建设 16%，信息技术应用 18%，信息产业发展 15%，信息化人才 20%，信息化发展政策和效果 16%。在这里，权重分为四个等级：第一级为“信息化人才”，表示人才是信息化时代知识经济发展的核心；第二级为“信息技术应用”，表示科学技术是知识经济发展的推动力，体现科学技术是第一生产力；第三级为“信息网络建设”与“信息化发展政策”，表示体现信息化发展的物质基础和国家支持力度对知识经济发展非常重要；第四级为“信息产业发展”，体现信息化发展的产业形态和结果对知识经济也具有非同寻常意义。

国家信息化水平测算的计算方法是：从具体的指标开始，然后逐项分层加权计算，最后汇总得出结果，计算公式可表示为：

$$\mathrm{II} = \sum_{i=1}^{n} \left(\sum_{j=1}^{m} P_{ij} W_{ij}\right) W_i$$

信息化综合评分法的基本步骤是：第一步是建立信息化水平评价指标体系，指标体系中要求指标间相关性要尽可能低；第二步是对指标数据进行无量纲化处理，通常运用极值方法进行处理；第三步是确定信息化体系构成要素及各具体指标权重系数；第四步是运用线性加权法计算信息化综合得分值。[1]综合评分法由于各年度指标数据的区间范围可能不完全一致，要考察信息化水平发展状况，会导致计算结果不可比，但不可否认的是它可以测算某一年度全国及各省市的信息化水平指数以及基本位次。对于它的不足我们可以采用指标增长速度加权平均计算方法，计算其增长速度。在计算时通常选定基期，计算指数的报告期与基期的增长速度，最后再加权平均得出年份信息化指数的增速。然后再以基准年为基础，计算其他有关年份的信息化水平指数。

(3) 测度结论

2002 年 3 月 19 日，国家信息测评中心(NIEC)发布了我国信息化水平报告和信息化指标测算数据。根据《国家信息化指标构成方案》测评结果显示，1998-2000 年中国信息化水平总指数平均每年提高 21.9%，2000 年中国国家信息化水平总指数(NIQ)为 38.46。在各要素中，信息技术应用指数最高，为 65.89；信息网络建设指数为 37.12(信息网络建设增长速度在各要素中最高，同时这两种指数对于信息化水平总指数拉动最大)；信息产品和服务发展指数为 53.78；信息资源开发利用指数为 45.29(但是指数与增长速度形成反差)；信息化人力资源指数在各要素中水平较低，为 13.43；信息化发展环境指数为 21.86(后两种指数增速较慢)。从以上数据可以看出目前的信息技术、信息网络的发展与人才培养、制度建设之间的不相适应，这就说明国家信息化发展还有很长的路要走，也意味着国家要出台更多的政策来支持其发展。见表 6-6 和表 6-7。[1]

1 王忠辉，朱孔来. 国家和地区信息化水平测度方法评述[J]. 山东工商学院学报，2006，20(4)：24-28，48.

1 国家统计局统计科研所“信息化统计评价”研究组. 2012 年中国信息化发展指数(II)国际比较研究[J]. 调研世界，

表 6-6　2010 年世界信息化发展指数(II)前 10 位国家及中国

国　别	年　　份								排名
	2003	2004	2005	2006	2007	2008	2009	2010	
瑞典	1.165	1.185	1.205	1.224	1.231	1.254	1.269	1.275	1
英国	1.065	1.094	1.127	1.142	1.170	1.186	1.213	1.223	2
挪威	1.104	1.113	1.133	1.144	1.166	1.171	1.192	1.201	3
丹麦	1.091	1.113	1.131	1.145	1.143	1.162	1.180	1.193	4
荷兰	1.006	1.037	1.076	1.098	1.127	1.143	1.166	1.185	5
美国	1.092	1.106	1.120	1.132	1.147	1.159	1.169	1.176	6
日本	1.043	1.073	1.087	1.096	1.110	1.121	1.133	1.145	7
德国	1.011	1.035	1.059	1.074	1.090	1.106	1.119	1.136	8
瑞士	1.060	1.075	1.080	1.089	1.092	1.095	1.111	1.135	9
卢森堡	0.994	1.014	1.031	1.062	1.060	1.097	1.117	1.121	10
中国	0.552	0.569	0.589	0.611	0.633	0.654	0.681	0.707	40

表 6-7　2010 年世界及 5 个类型国家和地区信息化发展指数(II)

国家地区	基础设施指数	产业技术指数	应用消费指数	知识支撑指数	发展效果指数	总指数
世界平均水平	0.429	1.065	0.728	0.885	0.902	0.802
第一类国家和地区	1.169	1.138	1.154	1.197	1.002	1.132
第二类国家和地区	0.766	0.945	0.924	1.081	0.787	0.900
第三类国家和地区	0.396	0.744	0.596	0.943	0.610	0.658
第四类国家和地区	0.295	0.514	0.470	0.790	0.634	0.541
第五类国家和地区	-	-	-	-	-	-

结果显示，我国信息化水平已经达到世界中等水平，但与发达国家仍存在较大差距：首先，从信息化发展指数(II)与最高水平国家相比，2010 年我国信息化发展指数(II)仅相当于居首位的瑞典的 55.5%；其次，从信息化 5 个分类指数与最高水平国家相比，基础设施指数差距最大，2010 年我国基础设施指数仅相当于该分指数值最高国家瑞典的 23.8%，产业技术指数仅相当于该分指数值最高国家韩国的 69.2%，应用消费指数仅相当于该分指数值最高国家挪威的 50.9%，知识支撑指数仅相当于该分指数值最高国家卢森

2013(1)：4-9.

堡的 65.0%，发展效果指数仅相当于该分指数值最高国家瑞典的 65.4%；最后，从信息化发展指数(II)的具体指标来看，我国在人均信息消费额、人均电信收入、人均国内生产总值、每百万人专利申请总量、每百人计算机拥有量等方面与发达国家差距巨大，分别相当于最好国家的 2.2%、3.9%、4.0%、7.2%和 10.6%。我国在提高信息化水平方面的任务仍然艰巨。

三、信息经济的效益评价

(一) 信息经济效益评价的意义

信息经济效益是衡量信息生产、信息服务和信息机构以及整个信息活动在经济上是否合理的指标，对信息经济的发展具有十分重要的意义。通过对信息经济效益的评价可以正确认识信息活动投入与产出的关系，制定相关战略、策略，实现以最小的投入达到最大的产出，即实现最佳经济效益。在过去，由于信息服务业中许多部门的资金来源于国家拨款，因此被人们认为是非经营部门，经常存在着忽视经济效益的倾向。事实上，在社会经济的每一个部门中，其运行都必然存在着成本效益问题和投入产出问题，对信息产业中的其他部门来说也不例外。信息产业的产出往往是无形的，效益也是间接发挥作用的。研究信息经济效益不仅可以向人们展示信息经济活动对国民经济的贡献，同时还可以为信息部门的投资提供理论依据。所以，对信息经济效益的评价具有重大的理论价值和实际意义。

(二) 信息经济效益评价的特点

开展信息经济效益评价，一方面要建立起一套科学、完整的评价体系，从而保证其经济运行的可行性，另一方面要根据信息经济效益的特点制定对策，从而能适应信息经济的特点，提高信息工作的整体长期经济效益和个体短期效益，具体来说就是既要综合分析信息、信息系统、信息服务活动在微观和宏观两个不同层次上对社会经济的作用，研究信息产业中的各部门、各系统在社会再生产过程中的经济运行是否合理，还要注重投入产出分析。所以了解信息经济效益的特点很重要。信息经济效益的特点主要表现为以下几个方面。

1. 间接滞后性

尽管信息经济活动通常直接作用于科研生产和经营等一系列活动中，但往往要经过用户的消化和吸收后才能在用户所从事的行业和领域充分发挥作用，所以，其活动的效益具有间接性，其效益也包括两大方面，即明显的显性效益以及潜隐的隐形效益。而正因为信息经济活动不能够出现立竿见影的效果，所以，信息经济活动的效益通常要在一段甚至相当长的一段时间之后才能体现出来。因此，信息经济活动的效益往往是滞后的，这会直接到影响信息经济效益评价的结果。

2. 复杂多元性

科研等信息活动会给用户带来效益，但是与此同时，非信息活动在效益的创造上也并不是无所作为，要把信息活动的带来的效益直接从多种活动带来的整体效益中剥离开来是复杂而困难的。另外，信息经济活动还会受年代的限制以及所处的时代环境的变化的影响，有些在当时环境下的传统的信息经济效益评价体系的新因素并没有考虑到，因此在新的时代中这些因素也会影响到对信息经济的评价。对于这些不足，我们有必要对传统的指标体系进行改进，保证其与时俱进。[1]

(三) 信息经济效益评价的原则

信息经济效益评价涉及诸多影响因素，所以是一项非常复杂的系统工程。要全面、科学、准确地进行评价，需要遵循如下原则。

1. 科学性原则

在设计评价指标时，一是理论上要科学合理，能反映被评价对象的主、客观情况，在正确的理论的指导下设计出科学合理的评价指标。二是要分清主次，抓住重点。一般情况下，对被评价对象的信息化项目、资料、数据，不可能做到很具体、完整。所以，只有抓住事物的主要矛盾，对最重要、最具有代表性的项目组织评价，这样才具有科学性。

2. 综合性原则

综合性评价原则中不仅包含综合评价的方面，对于单项评价也有涉及。单项评价是指对企业信息化某个方面的评价，既可为企业信息化某个方面的工作提供成功与失败的指标数据，也能使被评价者自觉地控制企业信息化的发展趋势。但是，单项指标的好坏并不能说明企业信息化整体效益情况。因此，为了从整体上反映其评价效益，必须在单项评价的基础上组织综合评价，这里的综合评价是指对企业信息化完整的、全面的评价，这样，才更具有合理性。

3. 针对性原则

在对某个组织或企业进行信息化评价时，评价者应提出具体的要求和欲达到的目的，一般来讲企业信息化经济效益评价指标的设置上既要设计好反映数量的指标，也要设计好反映质量的指标；不但要反映企业的核心竞争力，更要反映企业的经济效益，然后才能对企业进行信息化经济效益评价分析。这样，在对某个组织进行评价的时候才能达到企业信息化经济效益评价的目的，才能使企业信息化按照要求健康平稳的发展。

4. 跟踪性原则

企业信息化评价指标体系中的指标要更好地反映信息化的动态收益就必须在影响权重上进行跟踪调整、在数量上根据行业的动态而改变，这样才能更好地反映信息化的动

1 宋洁，曹青. 关于经济信息效益评价指标的思考[J]，情报杂志，2007(3)：37-39.

态收益状况。

5. 可操作性原则

可操作性原则要求质变指标具有可行性、可操作性和实用性，所以设计的评价指标应计算简便，所需的资料、数据、指标都要明确并有证可查，方便评价人员实际操作。[1]

(四) 信息经济效益评价的方法

1. 信息经济效益的一般评价法

(1) 评价公式

从事任何一种经济活动都要投入，然后获得相应的成果，经济效益就是对经济活动中的投入和产出做出的比较，经济效益研究的基本内容就是对投入与产出进行比较评价。而信息经济效益是指人们在信息经济实践活动中取得的有用成果与劳动耗费之比，或产出的信息经济成果与投入的信息资源总量之比。若从投入与产出的角度进行分析，则信息经济效益可以描述为：

$$B = A - C \tag{6-1}$$

式中：B——信息经济效益；

A——信息输出或利用所带来的总收益，常用货币收入表示；

C——信息输出或信息利用的总消耗。

除了用投入与产出之差的绝对值表示信息经济效益外，信息经济效益也可用投入与产出之比的相对值表示，即信息经济效果为：

$$E = A / C \tag{6-2}$$

式中：E——信息经济效果；

A、C与式(6-1)中的含义相同。

由于信息经济效益的评价受到多种因素的影响，在很多情况下其并不能简单地表达为总收入与总消耗之差。因此，可以将其表示为费用效益函数：

$$B = F(C) \qquad (6\text{-}3)^{2}$$

(2) 评价指标

进行信息经济效益评价，就是要选择合适的指标，建立一套完整的科学评价体系，对信息活动的投入和产出进行定性和定量的分析比较。目前通常的做法是借用物质生产领域的效益指标，同时考虑信息生产和信息服务的特征，来选择信息经济效益评价的指标体系。该指标体系大致包括以下三类指标。

首先是信息劳动收益类指标。此类指标是反映信息经济活动的收益的指标，主要分为信息商品的数量、品种、质量三种。其中，信息商品的数量指标反映的是信息经济活动所产生的有用成果数量的多少，可以用实物量表达的数量来描述。用实物量表达的数

1 姚思铭. 企业信息化经济效益评价体系构建分析[J]. 科技创业月刊，2012(7)：112-113.

2 骆正山. 信息经济学[M]. 北京：机械工业出版社，2013.

量指标中的实物量应该满足规定的信息质量标准，而用价值量表示的数量指标则包括信息商品产值、总产值、净产值和销售收入等内容。品种指标是一个表明技术水平高低和满足消费者效用程度的指标，信息商品的品种指标是指经济用途相同而实际使用价值有差异的同种信息商品，内容包括品种数量、新产品增加的数量、新品种代替老品种的数量，或新品种替代旧品种的比例、产品配套率、自给率等。品种指标对于满足社会信息需求是一个很重要的指标，也是表示信息经济成果的一个重要指标；信息商品的质量指标是指信息商品的性能、功用及用户的满意度。反映信息商品质量的指标大致有两类：一类是反映信息商品质量的专门性指标，如信息商品的某些物理性能等；另一类是反映信息生产工作质量的统计性指标，如信息商品合格率等。

其次是信息劳动投入指标。此类指标主要有信息商品总成本费用指标、投资指标和时间指标。

最后是信息经济综合指标。信息经济综合指标可分为信息经济绝对效益指标和信息经济相对效益指标。此指标可以避免由于管理水平、知识水平等原因造成的指标设置不科学等问题。既考虑信息劳动成果指标，又考虑信息劳动消耗指标及其之间的关系。[1]

2. 信息经济效益的比较评价法

比较评价法顾名思义是用已有的统计数据对某个时期信息活动的投入产出指标进行比较分析，评价经济效益水平。根据评价的内容要求，可以直接利用如下公式评价信息经济效益与预期目标之间的关系：

$$\eta_e = E_0 / E_s \tag{6-4}$$

式中：E_0——客观情况，即信息经济效益的实际计算结果；

E_s——主观标准，即期望实现的信息经济效益目标；

η_e——信息经济效益评价系数。

可以看出，如果$\eta_e<1$，则信息经济效益不佳(但在信息经济活动中仍然可存在正的经济效益)；如果$\eta_e \geqslant 1$，则信息经济效益理想。

明确而有价值的信息经济效益目标是信息经济效益评价的前提。在评价信息经济效益的时候通常要求两个实事求是：一是在效益评价中以实事求是的科学态度确定信息经济活动实际的经济效益值；二是在效益评价中以实事求是的态度确定信息经济活动中的投入和产出价值。这样便能合理地评价经济信息活动的实际情况，符合一般的社会价值准则，并有利于推动信息经济活动乃至整个信息经济的发展。

在实际操作中，利用式(6-4)进行评价至少存在两个难点：第一是因为社会层次、部门行业、时间阶段经常会影响信息经济的效益目标值，所以这淡化了信息效益目标值的参考性；第二是信息经济活动对经济的贡献隐含于对其他经济活动的贡献之中，信息经济活动的贡献并不明显，所以确定实际产出值比较困难。通常考虑使用历史成本替代经济效益来解决问题，由此可得出如下派生的评价公式：

$$\eta_c = C_0 / C_s \tag{6-5}$$

1 骆正山. 信息经济学[M]. 北京：机械工业出版社，2013.

式中：C_c——信息经济活动实投成本；

C_s——期望的信息经济效益成本；

η_c——信息经济成本评价系数。

可以看出，如果$\eta_c<1$，则信息经济效益理想；如果$\eta_c\geqslant1$，则信息经济效益不佳。

尽管式(6-5)解决了产出值难以计量的问题，但在确定C_s的值上仍存在难度。所以，在现实应用中，回避因评价主体的价值准则不同而不同的评价标准，而采取另外的管理方案指标体系来替换。所以，式(6-4)和式(6-5)就可分别改写为：

$$\eta_e = E_1 / E_2$$

$$\eta_c = C_{1'} / C_2$$

式中：E_1、$C_{1'}$——分别为新信息活动的经济效益、成本；

E_2、C_2——分别为原信息活动的经济效益、成本；

η_e、η_c——分别为信息经济效益评价系数、成本评价系数。

显然，如果$\eta_e<1$或$\eta_c\geqslant1$，则信息经济效益不佳；如果$\eta_e\geqslant1$ 或$\eta_c<1$，则信息经济效益理想。

3. 信息经济效益的差额评价法

信息经济效益的差额评价法是以绝对值差额形式来评价信息经济效益的方法，它用产出的收益与投入的成本消耗之间的差额来表示：

$$E = V - C$$

用资金流入量与流出量的差额来表示：

$$\mathrm{NPV} = I - O = \sum_{i=1}^{n}[I_t(1+d)^{-t}] - \sum_{t=0}^{n-1}[O_t(1+d)^{-t}]$$

式中：NVP——信息经济活动的净现值；

I——信息经济活动寿命期内的资金流入量；

I——信息经济活动寿命期内的资金流出量；

I_t——t年资金流入量；

Q_t——t年资金流出量；

d——贴现率；

n——信息经济活动寿命期。[1]

4. 信息经济效益的影子收益法

所谓影子收益，实质是一种机会成本，是指由于未开展信息经济活动而给信息资源的生产、流通、分配和消费活动带来的损失之和。它虽然不是由信息经济活动直接带来的，但却是因为没有开展信息经济活动而产生的损失，而且这种间接方法带来的损失可以依据过去的数据进行统计和测算。影子收益评价方法较易操作，是一种十分有效且重要的方法。

---

1 骆正山. 信息经济学[M]. 北京：机械工业出版社，2013.

第三节 信息经济的运行

一、信息经济的运行特点

以制造业为主的传统的工业经济虽然带来了长期且快速的人类生产力的发展，但其高能耗、高消费的缺点也使得其在运行过程中不可避免地带来了资源短缺、环境污染和社会贫富分化等问题。在人类社会再也不能“承受工业生命之重”的时候，信息经济的出现为人类生产力的发展找到了前进的路径。与工业经济不同，信息经济条件下，经济系统在运行过程中发生了巨大的变化，新的特点很多，当然，新的问题也层出不穷。所以，要保持信息经济的快速健康发展，就必须在与工业经济运行的对比中认识信息经济的运行特点，找出信息经济运行中存在的问题，并在分析其成因的基础上做出科学决策。概括来讲，当前世界的信息经济运行呈现以下特点。

(一) 资源使用中的概念广义化

资源是一个国家或一定地区内拥有的物力、财力和人力等各种要素的总称，它分为自然资源(如阳光、空气、水、土地、矿藏、草原、动物等)和社会资源(如人力资源、信息资源以及通过劳动创造的物质财富)两大类。尽管传统经济学往往只是把农业经济称为自然经济，把制造业为主的经济视为工业经济，但实际上，从资源学的角度看，工业经济也可以被视为自然经济。这是因为界定一个社会经济所属阶段的基础之一就是看在这个社会中哪种资源居主导地位。尽管在工业经济条件下，以煤炭、石油、天然气等自然资源为制造业动力的工业经济保持了高速的生产效率，但煤、铁、石油等发展机器生产的主要资源却很快变得短缺，最后成为战略性资源决定了一个国家工业经济的发展和国际地位。正因为这一阶段的经济发展主要取决于对自然资源的占有，所以说，工业经济与自然经济是紧密联系的。在这样的背景下，就形成了传统的工业经济资源观。

1. 工业经济运行中的狭隘资源观

从某种程度上说，传统资源观是狭隘的。在对资源的认识上，存在以下几个误区。

(1) 只看物资不见信息

传统资源观一般只注重有形的物质资源，而轻视无形的其他资源。很多经济管理人员往往片面地强调固定资产的数量和质量，对部门内部的库存、设备、厂房如数家珍，却忽视无形资产，譬如能力、技术和信息等。这就会导致在部门内部挤压大量库存物资的同时闲置、贬值很多的无形资产。而且，尽管电子商务已经得到很大程度发展，却没有进行跨资源类型、跨行业、跨地区的资源整合和运营的同等的渠道和平台。因为传统的资源观忽视了技术、人才和信息，不能很好地进行信息的沟通，造成了资源的巨大浪费。

(2) 只看现在不见未来

传统的资源观是在传统的生产观基础上形成的。传统的生产观认为，产量越大越好，增速越快越好，却很少想到未来的资源需要问题。在这种观念的影响下，如同古代的攻城一样，传统的资源观特别注意对更多的资源的占有，因为资源的占有量越大，生产规模也就越大。但资源是稀缺的，在资源的争夺战中，必然形成矛盾、斗争甚至战争这种非合作的情况。这种争夺最终也会导致资源的大量的、无谓的浪费和消耗，最终导致资源稀缺和耗竭。除此之外，这种资源观看不到未来社会的发展依靠的主要应该是人才和技术，也会打击人们提高知识技术含量的积极性，不利于经济更快更好运行。

2. 信息经济运行中的广义资源观

可以看到，传统的资源观是存在很大的问题的。所以随着经济的发展尤其是信息经济的推进，人们开始反思过去的想法，形成了新的认识。相比较传统的资源观，信息经济的资源观有以下的特点。

(1) 既抓无形也重有形

在信息经济和信息社会时代，人们已经认识到，仅仅是工业化时代生产要素之一的信息在信息经济时代已经不仅是一项生产要素，它作为社会的主要产品之一，已经成为现代社会的战略资源，与能源、物质资源同样重要和不可或缺。可以说，“信息化是工业化在更高科技水平下的对工业化生产方式和观念的更新，信息化改变了传统生产要素的构成和各种生产要素的相对重要性。”[1]如同德国历史学派的先驱乔治·弗里德里希·李斯特(Georg Friedrich List)所说的那样，在当代，很多的东西都开始被作为资源给予了重视，譬如品牌、专利、习俗和法律规则等，无形资产受到前所未有的重视。

(2) 不求所有只求所用

既然资源是有限的，要按照自己所想获得足够多的资源是不现实和高成本的。所以，现代的资源观开始追求资源的共享，开始重视资源的整合与增值。“一加一大于二”原理在这里得到了运用。在这种资源观下，从 20 世纪 90 年代开始，有很多的资源运营型企业在国外涌现出来(如美国实施资源运营职能的服务商“国际互换协会”和“全美互换协会”)，它们实行了一种新的资源运营商业运行模式 Barter(有资源运营和资源整合之意)。该模式以广义资源观为指导，实现了交易的非现金化。它们就像是“自来水公司”一样，集中收集和处理包括信息在内的“公用活水源”，最后再由此出发将“公用活水源”送到不同的地方，这样的资源运营和开发方式能够实现个体和社会层次上的优化配置，有利于社会共同把资源这个蛋糕做大，实现双赢。所以说，广义的资源观这种非排他的使用方式有助于从占有资源转向整合资源上，能充分利用信息资源对能源、材料等资源的节约和增值作用，优化资源利用结构，最大限度地发挥资源的潜在作用，是建设资源节约型社会、推动可持续发展的重要途径。

(二) 经济运行中的生态系统化

随着信息经济的运行，经济系统的生态也发生了和发生着变化。

1. 工业经济运行中的部门分割性

不同于计划经济这个人造工程，市场经济是一个有着自己的运行规律的开放有序的

---

1 杜雪鹏. 信息经济与工业经济对比分析[J]. 中国房地产业，2011(3)：380.

生态系统。在这个系统中有很多的经济单元，每一个经济单元都有自己存在和发展的客观条件，在分工合作中有着自己的生态位。譬如，大企业、中小企业以及工业、农业、服务业等，他们作为不同的经济单元集合在经济系统里，一起形成了一个相互补充、相互促进的经济生态圈，并在这个生态圈里进行着竞争(生态位重叠或异位时)和合作。经济系统的生态链不可人为地割裂，否则就会造成经济运行中的地区和产业结构的失衡，还将形成难以缓解的局部地区的经济压力，使社会资源得不到充分合理的利用。但在工业经济社会，由于部门和地区条块分割的存在，传统经济观并没有从一个完整的生态环境的角度来分析问题，思维方法是二元的，片面性、割裂性色彩比较浓重，对经济主体的划分粗线条。不仅往往只对政府和企业的角色加以区分，忽略对大企业和中小企业的区分，而且往往将不同的经济主体视为相互对立的，忽视了它们之间的合作共存。所以不少国家和地区都曾经出现过部门和行业的条块分割，从而导致各经济主体之间的无谓的竞争，减弱了分工带来的好处。

2. 信息经济运行中的生态系统化

随着信息经济的运行，在作用被放大和加强了的信息资源在行业部门之间起到了纽带和桥梁作用的同时，作为系统工程的理论基础的现代系统科学近年来也发展迅速，这种综合集成的理论科学为人们认识和处理复杂的经济系统提供了新的研究工具。系统科学家认为“一加一大于二”，在信息经济条件下因为分工合作关系而形成的新的实体(组织、企业、供应链、世界经济等)将提供更高的生产效率，见图 6-1。

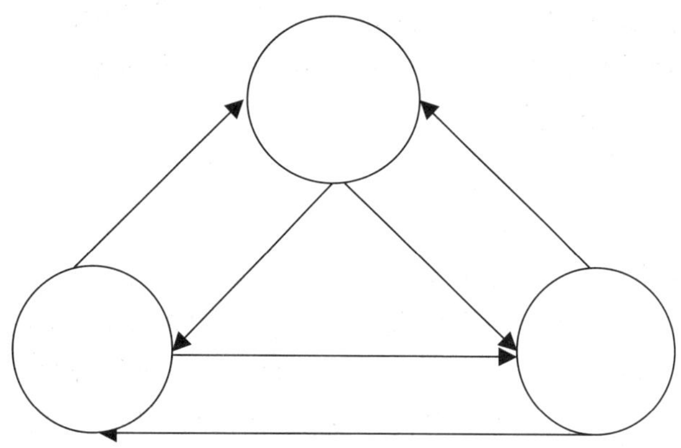

图 6-1　信息经济的生态系统化[1]

主体在参与分工的基础上以互联的方式交换物质和信息，尽管强势群体和弱势群体在博弈中都倾向于争取自己的利益，但因为分工合作形成的主体却会通过自己的努力而协调各方的关系，从而保证整体的和谐与平衡。所以，随着信息化的不断深入，部门行业之间的条块分割不断被打破，工业与农业、城市与乡村之间的联系越来越紧密，政府也由过去的经济统治者身份向公共服务的提供者身份转变，经济系统走向生态化发展。以中国为例，“新农村”发展战略、“西部大开发”、“西气东输”、“南水北调”都

---

1 陈禹，王明明. 信息经济学教程[M]. 第 2 版. 北京：清华大学出版社，2011.

是在努力地调整资源配置，使资源的流动更加符合经济系统的生态化要求的。要解决各种长期积累的结构性失衡矛盾，就是要建立起一个良性循环的经济生态系统。[1]

(三) 经济运行中的企业集群化

1. 工业经济运行中的小企业分母化

以分工化和规模大著称的工业经济在短短的几百年时间里成百倍地提高了人类的生产和生活能力，是人类历史上的巨大进步。这给人一种错觉，就是，要加强生产的社会化程度就必须不断地扩大企业的规模，于是，在工业经济时代，大企业、大规模、高消耗几乎成了现代化的代名词。而由于资源的限制，中小企业难以得到大企业那样的资源条件，于是，中小企业逐渐地丧失了存在的条件和空间，处于明显的劣势地位，艰难地在夹缝中生存。这些分散的、沉默的工业经济“分母”正反映了工业时代小企业的无力和悲哀。

2. 信息经济运行中的小企业集群化

信息化时代的到来改善了小企业发展受限的局面。人们开始用系统的观点看问题，认识到没有小草(中小企业)的生态环境，不是一个可以持续发展的生态环境，认识到在社会从工业化走向信息化的时候，中小企业不仅有存在的空间，而且还能借助于现代信息技术手段，显示出自己特有的优势和作用。中小企业与大企业一样是企业集群的重要组成部分，对地区的集群化、行业的集群化等有着重要的促进作用。譬如，美国硅谷和珠江三角洲里面都有很多的小企业活跃在大型骨干企业的周围，作为地区集群的重要组成部分，这些小企业不断涌现出的新理念和新技术，一方面促使自己快速成长为大企业，另一方面也催促着骨干企业的前进和发展。

(四) 经济运行中的服务主导化

1. 工业经济运行中的实物生产化

产品包括实物产品和服务产品两大类，其中的实物生产，无论在什么时代都是国民经济发展的基础，即便是非实物生产的第三产业，每年所创造的国民收入中也有很大一部分是来自于对实物财富的生产、分配、交换和消费。对于一个国家来说，实物财富的创造和积累有着重要的战略意义。“根据 2002 年国际统计年鉴计算，就 2000 年而言，中美两国的小麦、玉米、大豆、花生、棉花、肉类产量已分别达到世界总产量的 53.22%、60.80%、58.94%、46.16%、43.35%和 42.40%；对钢、煤炭、发电量、水泥、化肥、家用电视机等工业产品来说，两国的总产量也已占世界总产量的 32.70%、40.00%、34.76%、46.91%、34.07%和 38.35%。”[1] 从这段材料看出，当前中美经济巨大差距的根源并不在

---

1 王学渊，李忠健. 市场经济生态观之浅见[J]. 特区经济，2007(1)：125-126.

1 勤坤. 中国已成为世界上最大的实物生产国家——中美实物经济规模比较(1980—2000 年)[J]. 经济师，2004(10)：34-35.

于实物的生产，而是来自于服务经济、虚拟经济和知识经济上的巨大差距。发展以信息技术为基础的信息经济是赶超美国的必由之路。

2. 信息经济运行中的服务主导化

服务产品在国民经济中比重的上升是国民经济高级化的表现，非实物财富的迅猛增加更是经济发展高水平、居民生活富裕的重要标志和必然趋势。经济系统从实物经济向服务经济的转变早在十年前就引起了世界各国的关注。从产值和就业来看，服务业超过制造业已成为经济发达国家的事实。如今，利用高科技信息技术的新型服务业在财务、物流、服务器托管等很多方面为传统制造业提供着必要的内部服务和外包服务，提高着经济的效率。微软就一再宣称自己提供的是服务而不是单纯的产品。所以，顺应时代的潮流，大力发展第三产业，大力发展服务业，大力发展信息服务业，设计和建立新型的服务机制是时代的需求。

二、信息经济的运行现状

(一) 全球信息经济运行现状

1. 全球信息经济快速发展

自 20 世纪末期以来，信息经济在全球范围内快速发展着，成绩不凡。20 世纪 50 年代中后期开始发生并持续至今的信息化革命，特别是 20 世纪 80 年代以后兴起的以 IT 产业为主体的包括基因工程等在内的信息经济支撑了全球经济的高速增长，并在2008 年金融危机之前创造了全球经济上行周期的杰作。

(1) 发达国家信息经济的快速增长

从 20 世纪 90 年代开始，西方发达国家在信息化革命推动下实现了经济的快速增长，全球经济周期进入快速上行期。以美国为例，20 世纪 70 和 20 世纪 80 年代其在计算机业的不断投资，拉动了经济的增长与就业，这在 20 世纪 90 年代之后更加明显。就其经济增长贡献度而言，20 世纪 90 年代之后，尤其是在 1995—1999 年期间，美国 IT 产业占整个经济总量的约 1/3，比包括钢铁、汽车和建筑传统三大支柱产业的贡献度之和还要高。[2]

(2) 印度等国信息经济的快速增长

信息经济在发展中国家、欠发达国家的发展在近期也比较迅速。以印度为例，从 20 世纪 50 年代初期到 20 世纪 80 年代初期，印度经济年均增长率不到 4%，然而随着其软件服务业的不断发展以及信息产业和信息经济的形成，印度从落后国家一跃成为全球经济增长速度最快的国家之一。譬如，1996—2005 年的十年间，印度信息产业的市场份额从不到 1%提高到 2005 年的约 5%，年均增长大约 22%，信息产业增加值增长了 15 倍，

---

2 张颢瀚，樊士德. 后信息经济时代的全球经济[J]. 江苏社会科学，2013(1)：6-15.

年均增长率大约30%。[1]

2. 全球信息经济的拐点到来

美国等一些国家信息产业的高速发展以及给这些国家的经济带来的辉煌，使得企业和个人等经济主体对信息产业寄予极高的期望。在这样的背景下，美国信息产业出现了过度投资，巨大的虚拟泡沫最终被引爆：以IT产业为代表的一些信息产业对经济增长的贡献度总体下降，2010年甚至开始出现负面效应——美国经济在增速下滑的同时甚至出现衰退的迹象。归结其原因，可能是随着竞争的加深，信息行业投资的资本边际效率以及行业的边际增长效率等都会不断下降。既然任何一个行业都不可能青春永驻，信息产业就不可避免地要进入产业生命周期的衰退期，同时也会导致与信息产业紧密联系的其他行业的滑坡。所以说有时候期望也是双刃剑，过高的期望可能助推经济的增长，但也可能在导致了过度投资与过度消费的同时带来了经济的下行。于是，全球经济在进入后信息经济时代的同时，信息经济的拐点也会到来。其中，率先开始信息化革命、率先强化信息经济的美国，也率先宣告了自己国家信息经济时代与后信息经济时代之间“拐点”的到来。与此同时，其他一些国家也开始步入经济下行期——当下的全球经济下滑便是其结果。这标志着信息经济时代的终结，后信息经济时代的到来。[2]

(二) 中国信息经济运行现状

1. 中国信息经济的加速发展

(1) 发展阶段

1) 改革前的初级阶段

中国信息经济的发展经过了一个曲折的过程。20世纪70年代末期之前是计算机应用的初级阶段，只有军工国防、科研院所等少数单位和领域使用计算机技术，整个经济与社会的信息化还没有提到议事日程上来。其特点是：第一，涉及的领域窄，这时候的应用一般仅局限于计算机技术本身及少数其他孤立的应用，和通信技术的联系不紧密；第二，计划的色彩强，当时没有形成自由的市场机制和环境，信息技术等以计划分配的手段分配给各个单位。

2) 改革后的推广阶段

改革后，计算机应用开始走向市场，应用范围也扩大到了经济领域和政府管理领域。这时候，不仅出现了计算信息服务业的大发展，而且计算机和通信结合在一起，出现了网络化发展。中国步入了信息化的浪潮中。

1 张颢瀚，樊士德. 后信息经济时代的全球经济[J]. 江苏社会科学，2013(1)：6-15

2 张颢瀚，樊士德. 后信息经济时代的全球经济[J]. 江苏社会科学，2013(1)：6-15.

① 第一次信息化浪潮

1987 年，我国成立了国家信息中心，形成了以中央、省、地、县(市)各级计划部门信息中心为骨干的信息专业队伍。自 20 世纪 80 年代中期开始，信息通信技术的应用进入了一个全新发展阶段，各地涌现出信息公司、咨询公司、经纪人事务所等许多以信息开发为主的企业，中国第一次信息化的浪潮由此掀起。在这时期，国家重点建成了包括科技、人口等在内的 12 个国家信息服务系统，初步构建起了国家综合信息服务系统的基本框架。

② 第二次信息化浪潮

1993 年“三金工程”的提出以及 1994 年国家经济信息化联席会议的成立掀起了中国第二次信息化的浪潮。1997 年，在深圳召开了第一次全国范围的信息化工作会议，第一次比较完整地提出信息化的目标和原则。之后，国务院信息化工作领导小组在电子商务、电子政务、信息安全等多个领域，制定了信息化建设的一系列政策和方针，加快了信息化的进程。

③ 第三次信息化浪潮

党的第十六大明确以信息化促进工业化、以工业化带动信息化的基本国策后，信息化不断向纵深发展，电子商务、电子政务、电子社区的建设就是这种深化发展的证明。目前，中国的信息化浪潮还在不断地向前推进着。

(2) 发展成就

回顾中国信息经济的发展历史，可以看到，经过 30 年的努力，我国的信息化进程已经取得了巨大的成就。

1) 信息基础设施的建设实现跨越式发展

1993 年当中国科协发起并组织实施“金桥工程”(创建国民经济信息化基础设施的工程)的时候，我国的光纤通信刚刚起步，信息基础设施相当落后。然而，经过多年推进，我国今天的信息基础设施建设，无论在规模上还是在技术上，均已经居于世界的前列。根据《中国互联网络信息中心》第 33 次中国互联网发展状况统计报告，截至 2013 年 12 月，我国网民规模达 6.18 亿，全年共计新增网民 5358 万人，互联网普及率为 45.8%，较 2012 年底提升 3.7 个百分点，整体网民规模增速保持放缓的态势。另外，中国国际出口带宽为 3406824Mbps，年增长率为 79.3%。这些数字充分表明，我国的信息基础设施已经实现了跨越式的发展，在规模和技术水平上处于世界先进行列。详细情况可见图 6-2 和图 6-3。

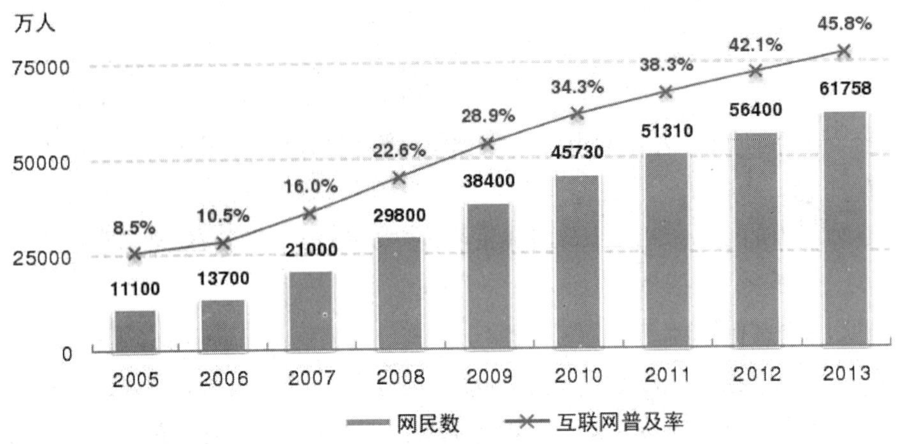

图 6-2　中国网民规模和互联网普及率 [1]

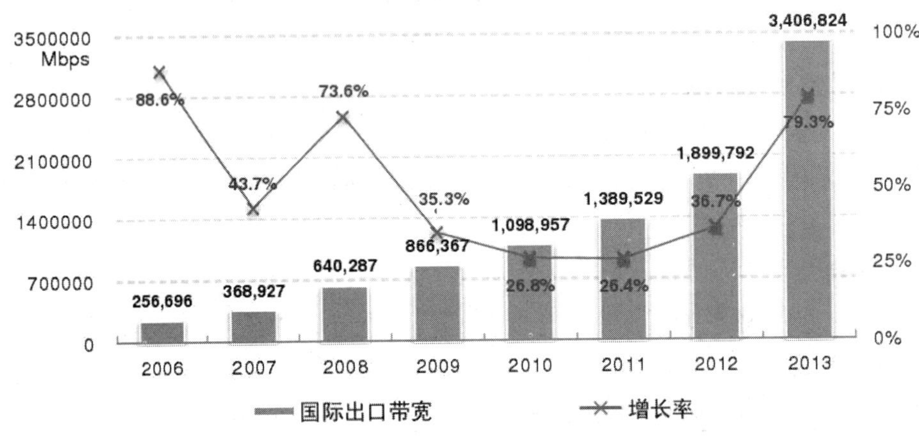

图 6-3　中国国际出口带宽及其增长率 [2]

2) 信息产业的迅速发展推动着经济增长

信息产业的发展水平是一个国家经济发展的重要方面和突出标志。作为信息经济的重要部门和生长点，我国信息产业发展迅速，已经成为我国经济发展最快的领域之一。譬如，经过十多年的发展，我国电子信息产业进入了空前繁荣期，电子信息产业在国民经济中的地位越来越重要。从 2000 年的产值首次突破万亿元到 2010 年的产值达到 7.8 万亿元，其经济规模跃居全国工业之首，居世界第二位。目前，我国拥有全球最大的信息通信网络，固定电话和移动电话用户、互联网网民人数和集成电路市场规模。其产业

1 中国互联网络信息中心. 中国互联网络发展状况统计报告[EB/OL]. [2014-03-05]. http://www.cnnic.net.cn/hlwfzyj/hlwxzbg/hlwtjbg/201403/P020140305346585959798.pdf.

2 中国互联网络信息中心. 中国互联网络发展状况统计报告[EB/OL]. [2014-03-05]. http://www.cnnic.net.cn/hlwfzyj/hlwxzbg/hlwtjbg/201403/P020140305346585959798.pdf.

的发展不仅提供了大量的劳动就业机会，而且保证着中国经济的快速稳定增长。[1]

3) 信息技术的应用渗透到经济各个领域

应用是技术发展的根本推动力，信息技术和信息基础设施的作用只有在广泛的应用中才能真正得到实现。在信息技术的推动下，钢铁、石油化工、建筑材料、电力等传统行业的应用取得了显著效果。截至 2013 年 12 月，全国开展在线销售的企业的比例约为为 23.5%，除了房地产业和其他一些服务业在线销售开展的比例较低以外，部分重点行业中，制造业、批发和零售业开展在线销售的比例相对较高，分别达到 27.6%和 25.3%。此外，信息技术在传统产业和农业中得到了一定程度的应用，农业信息化建设得到了迅速发展，建立起了以中国农业信息网为核心的、集多个专业网为一体的国家农业门户网站，覆盖省、地、县、乡的多级的农业信息网络平台已经初具规模。详细情况见图 6-4。

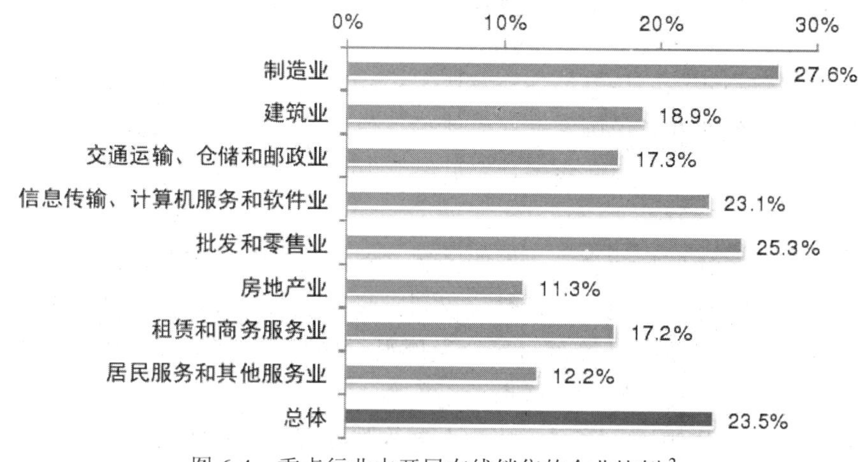

图 6-4 重点行业中开展在线销售的企业比例[2]

4) 信息技术的应用渗透到生活各个领域

信息技术较早地在经济领域渗透开来，引起了生产经营的信息化和电子化，电子商务出现。电子商务带来的不仅是经济的增长和贸易的繁荣，它更带来了经营管理方式和文化交流方式的变革。如今，一个社会范围的新型的供应链和信息服务及沟通体系正在形成。譬如，目前，互联网的应用已经渗透到吃穿住用行不同的生活领域。无论是在企业生产经营上，还是交流沟通上，还是教育娱乐上，信息技术的应用都是越来越深入，人们的生活已经离不开高科技信息技术带来的便利。再如，在教育文化和科学研究领域，远程教育、网络文化、电子游戏等新现象、新事物、新问题不断涌现，促进了新的交叉学科、新的学术思想以及新的社会思潮等的诞生。

5) 信息技术的应用渗透到政治各个领域

除了向生活领域的渗透外，信息技术也渗透到政治的各个领域，引起了法制制度等

---

1 安少锋. 中外信息经济的对比分析[J]. 中国科技信息，2012(8)：180-183.

2 中国互联网络信息中心. 中国互联网络发展状况统计报告[EB/OL]. [2014-03-05]. http://www.cnnic.net.cn/hlwfzyj/hlwxzbg/hlwtjbg/201403/P020140305346585959798.pdf.

的变化，引起了上层建筑的深刻变革，由此，电子政务和电子政府也逐渐出现。电子投票、电子投诉等方式的运用，在极大地便利了人们的生活的同时，也促进了政府职能转变。而这些利国利民的举措也在一定程度上以法制的形式被保护和固定下来。

总之，在我国的信息经济发展过程中，我国的信息基础设施和信息产业迅速发展，信息技术在社会生活的各个领域得到很大利用并取得了明显效果。信息经济不仅能提高生产和管理水平、提高质量和工作效率，还能节能降耗、促进和谐社会的建设，其经济效益和社会效益是远远高于工业经济的。

2. 中国信息经济存在的问题

尽管我国信息经济的发展取得了很大的成就，但和发达国家信息化进程一样，中国的信息经济也还存在着很多的困难和问题。这些问题主要包括：核心技术有待提高、信息资源开发不足、信息法规不够健全、信息意识稍显落后以及信息人才数量不够等。这些问题的存在不仅使我国的信息经济与发达国家尚有很大的距离，而且解决不好的话，也会使我国的信息经济和发达国家一样快速进入信息经济时代的拐点，降低经济的发展速度。所以深入研究这些问题并找到对策显得尤为重要。

(1) 信息鸿沟较严重

信息鸿沟是指“在信息社会中，不同区域、不同的社会主体对社会信息资源占有、使用、分配、收益过程中的地位、机会、权利、收益上的巨大差别，以及由此造成的对整个社会的裂解。”[1]中国是一个经济社会发展很不均衡的国家，还处于工业化阶段。不仅各产业部门发展不均衡，地域发展也很不均衡。信息鸿沟表现在很多方面，比如不同地区、不同行业、不同领域、不同年龄的人群等都存在信息鸿沟问题。比如经济发达的东南部地区与欠发达的西北地区的信息化程度相差很多，金融、电信等行业的信息化程度要远远高于农业等传统行业，年轻人对信息化的接受程度远远高于中老年人，高学历人群的信息化素质高于低学历人群。我们要认识到，一方面，信息鸿沟是我国目前信息化过程中客观存在的事实，是我国在信息化过程中必然要经历的一个发展阶段，是我国信息化现存状况的客观表现，但另一方面，信息鸿沟也是我国信息化建设必须解决的一个问题，不应当认为信息化只是有钱地方的事情，与其他地区没有什么关系。事实上，信息化正是地区、行业、部门摆脱贫困、发展经济的有效途径和出路所在。

(2) 核心技术显不足

到目前为止，在党和政府有关政策的指引下，中国信息化建设取得了显著成效。信息化工作的组织领导协调体制已初步形成，信息技术应用领域的深度和广度在不断扩大，工业、农业、服务业信息化稳步推进，电子政务建设已经起步，企业信息化向纵深发展，电子商务迅速发展，信息资源开发利用持续深入，信息化发展环境得到明显改善。但是，总体看来，我国信息化发展水平还比较低，仍存在很多问题，尤其是核心的信息技术大都掌握在发达国家手中，极大地制约着我国信息化建设的程度和进程。核心技术是国家竞争力的重要组成部分，没有自己的核心技术就只能听命于人、受制于人，只能用别人

1 张卫宁. 试论信息鸿沟及其消除对策[J]. 河南社会科学，2009，17(2)：175-177.

不用的技术，或者只能克隆、盗版、山寨。这样的国家就缺乏核心的竞争力。核心的信息技术就是信息技术中最重要的、处于支配地位和主导地位的技术，只有掌握了核心的信息技术，才能够主导信息化的进程和发展方向，才具有核心的竞争力。比如，中国的龙芯、北斗卫星导航系统等，既保证了国家安全，提高了国家的科研能力，掌握了在该领域的话语权，又缩短了与国际水平的总体差距。要掌握核心信息技术，就需要我们组织强大的科研力量，在借鉴世界先进技术的基础上，积极发扬开拓创新精神，提高创新能力，自主开发新的技术。

(3) 信息标准不规范

目前我国信息经济面临的另一个重要问题就是信息标准的不规范、不统一。加强全国范围的信息标准的规范和信息立法工作，是信息化建设的迫切需求。要分清轻重缓急，有序地促进信息化就要避免各行其是，而在全国统一的标准下进行信息化建设，同时要与国际标准接轨。对国际上成熟的标准、规范，可以实行“拿来主义”，从而避免重复劳动。目前我国已经通过了“电子签名法”，但尚没有“信息法”、“通信法”、“广播电视法”、“数据库振兴法”、“政府信息资源管理法”、“信息市场管理法”等，这是国民经济建设和社会发展所急需的。立法先行是信息化正常有序发展的必要条件。

(4) 信息意识较落后

信息意识是指客观存在的信息和信息活动在人们头脑中的能动反映，表现为人们对所关心的事物的信息敏感力、观察力和分析判断能力及对信息的创新能力。自我国提出大力推进信息化以来，整个社会对信息化的认识经历了认知、认同的阶段，特别是近些年来，全社会的信息化意识空前提高，推进信息化的热情十分高涨。但在信息化进程中，存在着“重硬轻软”、“重技术装备、轻信息内容”的倾向。推进我国的信息化建设需要正确处理信息设备制造、信息网络建设和信息资源开发三者之间的关系。就目前的实际情况看，我国在信息设备制造、通信网络建设和信息资源开发等方面与发达国家都存在很大差距，但存在差距最大和最薄弱的环节还是信息资源开发。这同国民的文化素质以及政府与企事业单位的管理水平密切相关，也同我国的现行体制密切相关。中国的经济和社会信息资源始终依靠自力更生开发，依靠长期的积累和不断的更新，依靠自己的协调与组织。中国是在工业化不断加快、体制改革不断深化的条件下推进信息化的，信息化理论和实践还不够成熟，全社会对推进信息化的重要性、紧迫性的认识需要进一步提高。

(5) 信息人才数量少

拥有大量有知识、懂技术的高素质人才是实现技术与经济发展的基础条件，对于缩小数字鸿沟具有主导和决定性作用。信息化人才不仅要熟练掌握现代信息技术，具有丰富的科技知识和较高的外语水平，有信息搜集、处理、研究、传播方面的知识和能力，还要有经济、管理、营销等方面的知识和能力。信息化需要的人才是多方面的、多层次的。过去，我国专门培养信息服务业专门人才的院系和专业很少，培养的人才数量极其有限。现在，我们培养出来的大学生，包括计算机专业和图书情报专业等相关专业的学生，虽然掌握了电子信息技术或图书情报专业方面的知识和技能，但在现代意义上的信息搜集、研究和传播方面的知识，以及经济、管理、法律方面的知识相对欠缺。目前，我国的信息机构拥有一定数量的掌握了电子、经济、管理、图书情报等技术的人才，在信息服务部门发挥了重要作用，但掌握全面知识的人才数量较少。例如电子商务，不仅需要策划和组织的高级人才，同时也需要大批的运行、维护、管理的人才。我国的现行教育体制和社会对于人才的现实需求之间的矛盾，越来越突出。所以，加强信息人才培养仍然是信息化进程中的一项重要任务。

综上所述，可以发现，尽管信息经济是一股新兴的经济力量，可以在实体经济投入较低的情况下，整合整个国家的力量，发挥巨大作用，但如果发展不好，也一样会有经济的低迷期和拐点。所以，尽管信息经济被普遍认为是经济可持续发展的一个有效途径，但其本身也有着可持续发展的问题。作为后发国家，就应该想办法避免先发国家在信息经济过程发展中出现的问题，尽量推迟其拐点的到来。这就要求我们注意信息经济本身的可持续发展问题，打造一个信息经济的可持续发展模式。当然，由于信息经济“互联型”等本身特点的存在，这样的可持续发展模式的建立必须建立在系统学的基础上，通过打造一个全方位发展的可持续发展的信息系统才能扬长避短，实现信息经济的长期健康发展。

【复习思考题】

1. 简述信息化的定义。
2. 简述信息经济的定义。
3. 简述信息经济的特征。
4. 简述信息经济测度的原则。
5. 简述信息经济效益评价的特点。
6. 简述信息经济效益评价的原则。
7. 简述完善信息化过程的几个阶段。

第七章

信息系统

第一节　信息经济系统可持续运行的要求

一、信息系统可持续发展的基本理论概述

(一) 信息系统的含义

1. 系统的含义

系统思想源远流长，系统概念是人们在历经世代的实践和认识活动中形成的。系统一词源自古希腊，有“共同”和“给以位置”的含义。作为一门横向交叉学科的术语，它直到 20 世纪 20 年代才进入科学领域，直到 20 世纪 40 年代，其概念才在美国贝尔电话实验研究所的工程设计中首次被正式使用，20 世纪 50 年代以后，其概念的科学内涵才逐步明确，并渐渐获得了相对确定的学术含义。如今，“系统”已经是被广泛使用在社会生活和学术领域中的词汇。但长期以来，对系统的概念和特征的描述尚无统一规范的定论，不同的人在不同的场合往往赋予它不同的含义。一般系统论的创始人贝塔朗菲(Bertalanffy)认为系统就是相互联系和相互作用的多个元素的综合体，此定义强调元素间的相互作用以及系统对元素的整合作用。在贝塔朗菲研究的基础上，后人逐渐深化了对系统的认识。

一般来讲，系统的形成需要几个条件：由若干要素组成；要素之间有一定的结构；一定的结构使得系统具备特定功能；系统总是处在一定的环境背景中，与环境保持着一定程度的质能和信息的交换。据此，系统具有三个显著的特性：多元性(即系统是多样性和差异性的统一)、相关性(系统不存在孤立元素组分，所有元素或组分间相互依存、相互作用和相互制约)和整体性(系统是所有元素构成的复合统一整体)。

根据系统的概念，系统普遍存在于宇宙间，从基本粒子到河外星系，从无机界到有机界，从自然科学到社会科学，从人类社会到人的思维，系统无所不在。从宏观层面来看，系统大致可以分为自然系统(客观世界自然形成的、不以人的意志为转移的系统)和人造系统(人类为了达到某种目的而有规律地安排一系列的要素而形成的相关联的整体)

和复合系统(自然系统和人造系统相结合的系统)。现实世界的大多数系统都是复合系统，包括导航系统、交通管理系统和人机系统等都属于复合系统。信息系统就是一种重要的复合系统，而信息经济则是建立在微观信息系统之上的一个宏观社会信息系统。

2. 信息系统的含义

上文主要是从哲学的角度来认识系统，然而对系统的含义，不同的学科和理论有不同的认识。在数字信号处理的理论中，人们简单地把能加工和变换数字信号的实体称为系统。所以系统无论是从其存在的条件，还是从其存在的作用来看，都与信息密切相连。而信息系统则将系统与信息之间的关系更加鲜明地彰显出来。一般说来，信息系统就是由计算机软硬件、网络和通信设备、信息资源、信息用户和规章制度组成的、以处理信息流为目的的人机一体化系统，其主要任务是通过最大限度地利用现代计算机及网络通信技术对企业的人、财、物、技术等资源进行信息管理，例如调查了解数据、加工处理数据和编制信息资料等，使管理人员能正确地做决策，从而不断提高企业的管理水平和经济效益。

(二) 信息系统的功能

1. 信息系统的一般功能

任何事物的存在总是基于一定的内在功能的，信息系统也不例外。一般说来，一个完整的信息系统通常具有以下功能。

(1) 数据的收集和存储功能

信息系统的首要任务是把分散在企业内外各处的数据收集并记录下来，整理成信息系统要求的格式和形式。当其收集的数据达到一定的数量后，实际上就形成了数据仓库，完成了对数据的存储。

(2) 数据的加工和处理功能

数据的加工和处理功能包括简单的查询、排序、合并、计算和复杂的经济模型的仿真、预测、优化计算等。其中，数据仓库、数据挖掘就是典型的数据加工方法。

(3) 数据的输入和输出功能

数据的传输功能包括数据的输入和输出两部分。为了收集和使用信息，需要通过数据通信把信息从一个部门传送到另一个部门，或者从一个子系统传送到另一个子系统。在对数据进行加工处理后，信息系统还会根据不同的需要，以不同的形式和格式向不同的通信端口进行数据的输出。

(4) 数据的查询和分析功能

信息系统具有查询功能，可以满足用户的单项查询、组合查询和模糊查询等不同形式的对本地信息和远程信息的查询。另外，各信息系统一般都具有运用统计学和概率论对大量数据进行统计分析的功能。

(5) 信息的决策和管理功能

信息系统不仅能够根据分析的结果和以往的历史数据，应用数学模型对业务活动进行预测，还能建立决策支持系统或智能决策支持系统，对某一问题提供不同的方案以供使用者参考。此外，信息系统还可以对系统进行维护和恢复备份数据等，这就是信息系统的管理功能。

根据以上的功能，我们可以认为，信息系统是帮助人们获得、存储、传输、交换、处理、利用和管理信息的系统，是以“信息”为媒介，有着不同功能和特征的服务于人类的系统的总称。信息系统大体可分为五类。第一类是数据处理系统。这是指运用计算机处理信息而构成的系统，其主要功能是在将输入的数据信息进行加工整理等处理后对信息进行有序储存，以备随时将其通过外部设备输送给信息使用者。第二类是管理信息系统。这是一个以人为主导，以计算机软硬件和网络通信设备等办公设备为工具，进行信息的收集、传输、加工、储存、更新、拓展和维护的系统。第三类是决策支持系统。这是以管理科学、行为科学、运筹学和控制论为基础，以计算机技术、信息技术和仿真技术为手段，支持决策活动的、具有智能作用的人机系统。第四类是专家系统。这是一个智能计算机程序系统，是通过它本身含有的大量本领域的专业知识与经验来处理该领域的问题的系统；第五类是虚拟办公室。虚拟办公室就是办公室自动化，它是应用计算机或数据处理系统代替人工来自动处理日常的办公及一些事务性工作的措施。

2. 信息系统的经济功能

除了上面从微观技术的层面概述的信息系统的功能，以及从宏观层面来看的信息系统的文化传承功能、政治巩固功能和社会团结功能外，信息系统还具有经济功能，并在现实中发挥着重要的社会经济效益。因为作为包括信息产业化和产业信息化在内的、以现代信息技术为物质载体或依托的经济形态，信息经济离不开信息的生产、分配、交换和消费，离不开信息技术的发展，离不开信息知识的传播。从某种程度来说，如果把信息经济作为一个系统，那么信息系统就是信息经济的子系统。作为信息经济中从事信息产品(包括服务)生产和交换的主体，信息系统的存在和发展促进了信息经济的存在和发展。信息经济与信息系统是相互依存的两个方面，是无数的微观信息系统构成了信息经济的基干，是无数信息系统的生产和经营活动推动着信息经济的运行。信息系统的经营机制和内部活力关系到整个信息经济的运行与发展。[1]

在相当长的时间里，人们往往忽视了信息系统的经济功能。但实际上，信息系统的经济功能在现代经济中有着重大的意义。譬如，信息系统的投入与产出的转换功能能够集合社会上分散的信息资源和要素，并将其转换为信息商品资源来满足社会经济的生产与生活需要，从而降低生活与生产上的不确定性和风险，提高经济效益。市场经济越发达，分工越细化，信息系统的经济功能就越明显。

(三) 信息系统的发展

当然，信息系统本身的运转也需要成本，信息系统本身也要注意投入和产出之间的关系：如果信息系统的投入规模大于产出规模，信息系统就难以生存，信息经济的发展

1 周毅. 信息经济运行中信息系统的行为分析[J]. 情报科学，1993，14(3)：1-7.

就会在效益降低的情况下出现停滞；如果信息系统的投入规模小于产出规模，信息系统就能生存和发展，信息经济的发展就会在效益提高的基础上得到发展。所以，信息系统的发展是和信息经济的发展紧密联系的。信息经济的发展离不开信息系统的发展。

即使是运转稳定的系统，其中也有涨落。信息系统也不例外。任何一个信息系统都不可能处于绝对静止的平衡状态。信息系统中的各要素总是处于竞争之中：一些要素通过竞争获得了“涨”，而一些要素通过竞争出现了“落”。竞争使得信息系统中的各个子系统在获取物质、能量和信息方面出现非平衡，其中一些子系统率先突破信息系统的既有稳定域而探索其他可能的稳定域，当它们的发现得到许多子系统的响应时，就会出现大的涨落，而当整个信息系统都开始响应时，涨落就更加放大，这时信息系统发生质变，进入新的状态。所以说竞争造成了信息系统发展演化的不确定性。而当信息系统的这一变化又得到了整个社会经济系统的响应时，信息经济这个大系统也会发生涨落，进入新的状态。

当然，在强调竞争的作用的时候，不能忽视合作的作用。在前面的“涨落放大”过程中，合作也发挥了作用。因为正是各信息子系统间的合作，才导致了“涨落”的放大，才造成了信息系统演化发展中的确定性，使得信息系统的演化表现出某种确定的倾向，正是合作使得信息系统进而整个社会信息经济系统具有整体性和稳定性。

由此可见，竞争和合作的相互依赖和相互转化成了信息系统进而信息经济系统的发展演化的推动力。[1] 信息系统之间的竞争使得信息系统不断地优化自己的投入和产出功能，不断地降低生产经营成本，不断地改良和改善信息产品和服务的质量，使其生产的产品和服务能满足人们的需要，从而保证投入的规模小于产出规模，保证自身的生存与发展，进而促进整个社会信息经济活动的不断运行和循环。所以，竞争会使信息系统和信息经济不断地出现新的活力。当然，在现实生活中，并不是所有的信息系统都能顺利地发挥其投入和产出的经济功能，在激烈的竞争中，如果信息系统的投入规模大于产出规模，这些信息系统就会衰亡。所以说，竞争又会使信息系统进而信息经济系统的发展出现停滞和消亡。所以尽管信息经济被认为是经济实现可持续发展的一种形式，但是其本身也存在着可持续发展的问题。所以，要实现信息经济的可持续发展，就必须将信息经济、信息系统和可持续发展理论联系起来，考察信息经济系统可持续发展的动力和源泉。

(四) 可持续发展理论

可持续发展理论起源于环境保护问题，最初于 1972 年提出，但作为一个指导人类走向 21 世纪的发展理论，它将环境问题与发展问题有机地结合起来，已经超越了单纯的环境保护范围，成为一个有关社会经济发展的全面性战略。作为科学发展观的核心内容，可持续发展理论是一种注重长远发展的经济增长模式，它指出经济的发展既要满足当代人的需求，又不能损害后代人满足其需求的能力。可持续发展理论强调自然和社会复合系统的健康、持续和稳定发展，强调经济、文化和生态系统的密不可分。所以，可持续

---

1 曾国屏. 竞争和协同：系统发展的动力和源泉[J]. 系统辩证学学报，1996，4(3)：7-11.

发展就是建立在可持续经济、可持续文化和可持续生态三方面协调统一基础上的可持续社会复合系统，它要求人类在发展中讲究经济效益、追求社会公平和关注生态和谐。所以，所谓的可持续发展问题，在系统科学看来其实就是系统的演化问题。具体来说，它包括以下几个方面。

1. 经济的可持续发展

可持续发展的核心是人的发展，而人的发展是以物质生活质量的提高为基础的。所以，可持续发展理论认为经济发展是国家实力和社会财富的基础，所以，尽管强调环境保护，但可持续发展仍然鼓励经济增长而不是以环境保护为名取消经济增长。与传统的经济增长理论相比，可持续发展理论只是强调经济效益，强化对经济发展质量的重视，要求改变传统的以“高投入、高消耗、高污染”为特征的生产和消费模式，实施清洁生产和绿色消费，以节约资源和减少废物，并最终提高经济活动的效益。从某种角度上说，集约型的经济增长方式就是可持续发展在经济方面的体现。

2. 生态的可持续发展

可持续发展理论作为现代社会新文明的路标，有着深厚的哲学基础。它重视“天人合一”，将自然作为人类发展的内在要素纳入人类发展的内涵。在这种认识下，自然不再仅仅是被征服的客体或供使用的手段，它具有自己内在的价值和生存的权利，是与人类的生存和发展休戚相关的“同行者”和“伙伴”。所以，生态危机不过是人类社会内部危机在人与自然关系中的表现。由此，可持续发展强调经济建设和社会文化的发展要与自然的承载能力相协调，强调要以可持续的方式利用自然和环境资源，将人类的发展控制在地球的承载能力之内。所以，可持续发展强调的发展是有限制的发展，只有限制才有发展的持续。当然，生态可持续发展理论并不是简单地将环境保护与社会发展相对立，它要求通过发展模式的转变，在社会经济发展的同时保护和改善生态环境，从根本上解决环境问题。

3. 文化的可持续发展

随着市场经济的发展，现代社会逐渐走向浮躁，表现为：一方面，随着体现着人们真情实感的道德价值被功利关系取代，人们的精神家园走向荒芜；另一方面，随着文化在产业化的过程中逐渐地服从于利润的目标，批量生产的文化产品在加速文化的普及的同时，也以其标准化等特点取代着人们对文化的意义的追求。“文化成了娱乐，娱乐本身成了人们的理想，文化再造了幸福感，压制了反思。它许诺人们能从烦恼中解放出来，然而并不提供现实的解放，相反，它只是使人们从思考和否定中解放出来。”[1]也就是说，它通过给人们感官满足，使人失去判断能力。美国学者马理亚诺•格龙多纳认为，“任何工具在完成了它的用途以后就不再有用，而内在的价值观却永远召唤我们攀登一个又一个高峰。”[2]所以说，经济行为只有在与一定的文化追求相连时，才能体现出自身的合

1 周宪. 文化研究关键词[M]. 南京：江苏人民出版社，2007.

2 [美]赛缪尔•亨廷顿，劳伦斯•哈里森. 文化的重要作用[M]. 北京：新华出版社，2002.

理性。文化的可持续发展既是经济可持续发展的要求，也规定着经济发展的合理性——没有文化的可持续发展也就没有经济的可持续发展。所以，只有从传统文化的创新出发，在社会现代性变革中使之具有超越性的生命活力，在外来文明冲击中使之保持批判性的独立精神，形成符合自身要求的发展目标、发展动力和发展道路，实现文化的可持续发展，才有经济的可持续发展进而社会的可持续发展。

4. 社会的可持续发展

可持续发展理论认为，在人类可持续发展系统中，经济的可持续发展是基础，生态的可持续发展是条件，文化的可持续发展是灵魂，社会的可持续发展才是目的。作为一种新的社会发展观，社会的可持续发展可以从两个层面来理解。

首先，从狭义上看，社会的可持续发展是指社会其他方面的发展，是人口稳定、政治安定、社会秩序井然的一种社会发展。它强调通过公平分配来消除贫困，达到共同富裕；强调“以人为本”，提高人口的素质，实现人的全面发展。

其次，从广义上看，社会的可持续发展就是人类社会系统的全面发展，是经济、生态和文化等子系统的相互协调和促进，它既包含了社会各子系统之间横向的协调性，又包含了社会系统纵向的连续性。本教材就是从广义的角度来界定社会的可持续发展的。既然社会各个子系统之间是相互关联的，所以经济系统的可持续发展也就必然涉及人、财、物、技术等多要素的配合，需要其他子系统的可持续发展。因此，在介绍完信息经济系统可持续发展的问题之后，本书将从宏观上进一步分析可持续信息经济系统的调控和创建。

二、信息经济系统可持续发展的运行要求

生产要素是在社会经济生产经营活动中所需要的各种资源，是维系生产经营过程以及经济运行的基本因素。信息经济的发展首先需要有充足的生产要素的保障。下面就从生产要素的角度来分析信息经济系统可持续发展和运行的要求。

(一) 要加快资本融资

任何经济的发展都需要资本的支撑。作为经济中极为重要的生产要素，资本越充足，经济的发展就越快。而知识密集型、高科技引导型的信息企业的产品的开发的耗资多、费时长，收效慢、风险大，更需要有充足的资本的保障。但单个的个人资本已经无法满足现代信息企业的发展需求，只有建立健全资本市场，加快资本的融资才能为信息企业的发展提供所需的资本。美国在 20 世纪 70 年代陷入滞胀后就是凭借资本市场和高科技的有效结合终在20世纪80年代走出经济低谷，现在其仍然凭借这一结合不断推出以 iPad 为代表的平板电脑和以 facebook 为代表的社交网络等新兴产业而继续领先于全球。而欧洲经济一直未能走出低增长的困境，其科技研发和创新能力落后于美国几十年，并不是因为欧洲技术水平落后，而是因为欧洲风险投资和资本市场落后。[1]所以说，未来战略性

1 祁斌. 资本市场发展的系统重要性[J]. 中国金融，2012(3)：16-17.

新兴产业的竞争的关键来自于资本市场对新兴产业的推动作用。我国过去 30 年最为重要的几大战略性新兴产业，如 PC、电信、互联网和生物制药等都是通过资本市场才发现和推动成长起来的。健全资本市场、加快资本融资非常重要。

(二) 要促进信息流通

信息是信息生产经营的对象，是现代金融市场有效运行的基础，是现代市场经济有效运行的基础，是信息经济存在和发展的基础。而任何信息只有通过流通，才能实现它的价值。过去，由于技术手段等的束缚，经济信息在流通中存在很多不同的障碍，导致了信息贫乏和不对称的现象，并进而导致交易双方之间的不利选择和道德风险的发生，导致信用的缺失和市场的萎缩。信息经济之所以被认为是一种可持续发展的经济形态，就是因为信息经济条件下，高科技加速了社会经济的信息化程度，使人们不仅能够及时地发现资源配置中的信息不对称问题(如供求总量均衡的信息问题)，还能够建立一个发达的市场经济信息体系，为人们提供有效的信息流通、交换和处理的手段和工具，使信息能快速准确传递，尽量地消除经济中的信息不对称，降低市场运行的成本，增加收益。所以信息经济的发展离不开信息的更快流通，而信息的更快流通，又是信息经济进一步发展的基础。促进信息的流通尤为重要。

(三) 要强化人才培养

传统马克思主义经济学认为，生产力主要有三个要素：劳动者、劳动对象和劳动工具。尽管，科学技术和知识并没有被单独列在生产要素的组合中，但“科学技术是生产力”却是马克思主义的基本原理。这是因为，当科学技术被劳动者掌握时，其就化为劳动的生产力；当科学技术被物化为劳动工具和劳动对象时，其就化为物质的生产力。这种认识逐渐被大众所认可。在当代经济学理论中，生产要素的范围被扩展到了六种(包括土地、劳动力、资本、技术、经济信息和经济管理)，知识技术被单独列出来作为重要的生产要素。所以说，拥有先进科学技术的人才在经济生产中尤为重要。

信息经济作为知识型经济、技术型经济和网络型经济，更需要人才的德、智、体、美、劳的全面发展。首先，信息经济对科学技术知识的要求很高，所以信息经济的发展首先必须以强大的科研人才队伍为后盾。其次，尽管高科技有利于增加人的诚信度和信用等级，但与此同时，科技越发达，信息安全的保护度也就越高，“网络黑洞效应”成为信息经济发展的重大隐患，所以加强人才培养，保证人才的道德素质，使之正确地利用高科技尤为重要。再次，在信息经济时代，人与人的交流更倾向于网络化和电子化，人们足不出户就可以完成很多的生产经营和沟通交流活动，户外活动明显减少，如果不加注意，人口的身体素质就会下降，从而减少其服务于社会的时间，这不利于强调知识和技术在个体上的不断积累和发展的信息经济的发展，所以，还必须从思想和实践上强化对人们的身体素质的培养和提高，通过提高人口的身体素质来降低人才资源的损耗，提高人才的利用效率。此外，信息经济条件下，人们更加追求个性化的消费需求的满足，追求个性的解放和自由，甚至消费者还会参与所购买商品的“生产”，实现生产和消费的统一。这都需要消费者具有较高的审美意识和观念。“美”育也很重要。最后，在信息经济条件下，生产力已经比较发达，人们的基本的物质和文化需求已经得到了一定程度满足，所以人们的劳动需求变得不再那么强烈，因此，如何增强劳动者的劳动意识也是人才培养过程中需要注意的问题。

第二节 信息经济系统可持续模式的创建

一、建立可持续的资本融资模式

信息经济的发展离不开资本，尤其是风险资本，而资本的获得离不开资本市场。资本市场越规范，资本融资才能越便利和畅通。正如前面谈到的，美国之所以能够保持在新兴产业的持续全球领先就是因为其资本市场和高科技做到了有效结合。世界各国也已经认识到了这个问题的重要性，都努力地建立健全资本市场。我国的资本市场也随着信息经济的发展有了很大的进步，特别是 2006 年 12 月 30 日在沪深两市完成的股权分置改革与后来《公司法》和《证券法》的完善和实施为资本市场的快速发展消除了很多的障碍。综合借鉴世界各国在完善资本市场上的经验教训，我们认为，建立可持续的资本融资模式需要做到以下几点。

(一) 改善风险投资环境体系

随着近些年来，中小企业板在我国的建立，风险投资也有了较好的发展态势。与普通投资不同，风险投资由于其高风险性，所以与其他投资的投资环境相比有着很大的不同。相对其他投资来说，风险投资活动具有复杂性和多元性的特点，有其自身的运行规律，所以投资环境对于风险投资者尤为重要。而打造一个健全的风险投资环境体系可以降低风险投资的风险，有利于增强投资者介入的信心，从而为信息经济的发展提供更多的资金支持。

1. 加强发展创业板市场体系

创业板市场(即二板市场)是指专门协助高成长的新兴创新公司特别是高科技公司筹集资金并进行资本运作的市场，是多层次资本市场的重要组成部分。与面向大型成熟上市公司的主板市场不同的是，创业板市场是一个前瞻性市场，注重于公司的增长潜力与发展前景，它的较低门槛和便捷通道，既可以为那些成长概念明确且发展潜力巨大的中小型高科技企业提供金融支持，也可以为风险投资的退出提供系统支持。创业板市场担负着重大的责任，承担着重要的使命，包括在设立之初即承载着国家经济转型、产业升级、技术创新等任务。自 20 世纪 60 年代起，欧美地区为解决中小型企业的融资问题，开始大力创建创业板市场。美国的创业板市场不仅为硅谷创业公司创造了上市融资的诸多条件，也为风险资本家和创业者开辟了可以安全退出的渠道。风险投资既是硅谷起飞的翅膀，也是硅谷安全降落的起落架。如今，创业板已经成为帮助中小型新兴企业(特别是高科技公司)融资的市场。但是要想实现可持续发展还应采取如下对策。

(1) 加强上市准入

目前以我国为代表的一些国家的创业板市场准入门槛比较高，而且市场的核准制度十分不完善。监管机关在负责审批时并不是在众多可上市资源中选择更好的、更有前景的，而是选择质量好、风险小的，这在一定程度上，使有发展前景的公司并不能第一时间获取资金，丧失了许多大好时机。为此，国家证监会必须出台相关的政策法规，减少上市审批的流程，并加强监管，从而加快上市的步伐。[1]

(2) 加强社会监督

在创业板上市的公司，经营发展规模的壮大比较迅速，而且一些公司的大股东和监管部门之间还可能存在一些内幕交易的情况，从而破坏整个资本市场的正常运行。面对此状况，不仅国家和中介机构应该承担起对市场的监管任务，大力打击违法犯罪人员，而且也要实行检举奖励制度，加强社会成员的监督力度，发挥社会的集体力量全方位地对资本市场进行监管。

(3) 加强创新机制

创新是一个民族的灵魂，是一个国家兴旺发达的不竭动力，但创新意味着风险，所以要使企业具有创新的意愿和动力，要使创新型企业能获得快速的发展空间，就要为他们的发展提供一种创新激励机制(包括技术创新机制和制度创新机制)，使之能够平等地与其他企业进行竞争。对创业板来说，就是要设计一系列的区别于主板市场的制度规则，包括发行、上市、交易、原始股东或创业股东退市等环节的宽松的制度安排。美英创业板的成功正与创业板的宽松的制度设计有关，而其他国家或地区在制度设计的某些方面则存在不足。以创新的楷模硅谷为例，硅谷中绝大多数的高新技术企业都曾受过风险投资的点化。作为投资战略家，风险投资家经验丰富，对硅谷中的高科技公司的动态了如指掌，在风险投资家的支持下，硅谷的各类人才能够不断创新，发挥创意。硅谷的竞争就是创新的竞争。所以，中国的创业板市场应该正视自身的不足，努力为企业的创新活动打造一种长期有效的激励机制，使中国的创业板市场能在一个公开、公正、公平的环境下运作。[2]

2. 加速建立场外交易市场

在证券市场上，在交易所之外，还有其他一些交易市场，这些市场没有固定的场所，证券买卖双方主要利用电话进行交易，交易的证券以不在交易所上市的证券为主，这就是场外交易市场。场外交易市场作为资本市场体系的重要组成部分，对于满足中小企业特别是高科技企业的融资需求和实现证券流通，具有重要的意义。所以，对以中国为代表的场外交易市场来说，应该提高场外市场的活跃性，解决融资难的问题，保证场外市场能够顺利地向前发展。[3]具体要做到以下两点。

---

1 马志伟. 我国创业板市场发展的现状及对策建议[D]. 上海：复旦大学，2012.

2 吴晓求. 中国创业板市场：现状与未来[J]. 财贸经济，2011(4)：5-14，136.

3 田书华. 我国场外交易市场研究[J]. 中国市场，2013(43)：37-47.

(1) 力推高科技非上市公众公司股权交易

非上市公众公司指的是“人数众多，或其股票虽然不在证券交易所进行，但可以在其他市场向公众公开交易”[1]的公司。非上市公众公司多是中小企业，是市场创新的源泉，不仅提供了大量就业机会并创造了大量经济财富，而且有利于证券市场的健康发展，因为一个公司只有经过较低层次的证券市场的洗练，才有可能成为一个成熟的上市公司。然而，由于公检法等部门的忽视，在我国，非上市公众公司面临着融资难和融资不规范等种种困境。由于无法得到必要的担保，这些公司从传统的银行融资的渠道经常受阻，只好寄希望于从民间直接融资。但是因为目前的民间直接融资缺少规范，所以其融资行为很容易被其他主管部门认定为非法融资。因此，当前有大量的中小公司的直接融资只能游走于非法和合法之间，这极大地影响了金融市场的发展。所以大力推行高科技非上市公众公司的股权交易能够在一定程度上解决上述的融资难问题，有利于中小企业的发展。但因为目前非上市公众公司并不属于我国《公司法》和《证券法》中公司形态的基本类别，所以非上市公众公司在股权转让上处于监管缺位的状态。这要求必须加强对非上市公司的立法，从法律上明确非上市公司的具体范围。具体可以包括以下措施。

首先，合理选择非上市公司的立法模式。在立法模式上，一是可以对《公司法》进行全面的重新修订，合理界定包括非上市公司在内的公司的概念范围。二是可以借鉴德、美、日等国的立法经验，只对《公司法》进行局部修订，运用立法技术，明确非上市公司的概念范围。

其次，构建非上市公司股权转让的制度机制。一是要借鉴美国的经验，在现有的股权转让系统基础上，构建我国中小板市场、代办系统的转板以及各种产权交易市场等多层次的资本市场交易平台，使非上市公司通过股权交易体现公司价值；二是要建立与多层次资本市场交易平台相配套的转让规则与制度，通过适当的法律形式逐步推进非上市公司法律制度的完善。

最后，完善非上市公司股权转让的监管体系。一是要充分发挥中央和地方的积极性，建立起纵横结合的监管体系；二是要充分发挥证券业协会的自律监管、证监会的间接监管以及主办券商的挂牌质量监管，促进非上市公司股权转让市场的健康发展；三是要加强非上市公司执行企业会计准则的政府监管，强化非上市公司发行、准入、交易和信息披露的监管制度。[2]

(2) 积极促进私募股权基金健康稳定发展

风险投资的风险比较高，所以在一个不健全的资本市场上就会出现风险资本的明显不足，而发展私募股权基金能够很好地弥补这一不足。以我国为例，在我国的资本市场上，大量的资金都流向了股市，只有少量资金才流向风险市场，这就导致了我国资本市场的先天不足和后天畸形发展。而且，由于风险投资市场本身的不健全，在这些流向风险市场的资金中，只有少部分是来自于公募资金(这是因为公募资金多数来自于普通群

1 张保红. 论非上市公众公司证券发行和转让的监管[J]. 韶关学院学报：社会科学版，2013，34(9)：79-82.

2 陈雪娇. 我国非上市公司股权转让的立法构造[J]. 社会科学家，2014(4)：98-101.

众，这些人的抗风险能力并不够强，一旦投资失败，将会影响这些人的生活，从而导致社会的不稳定)，多数是来自于私募资金(私募资金的规模巨大，发展迅猛，抗风险能力强)，所以要使风险市场能健康运转，充分调动和利用私募资金是一个很好的选择。但是，目前我国并没有出台相应的政策法规对私募股权基金予以支持，导致私募资金被“冷遇”的局面并没有从根本上得到改善。但实际上，私募资金的优点很多：首先，私募资金的抗风险能力强；其次，私募资金的股东十分稳定；再次，私募资金的法制环境良好；最后，私募资金的管理制度灵活。既然私募资金具有如此多的优点，发展私募股权基金就有着重要的现实意义和内在合理性，应该从法律规则等方面入手，积极促进私募股权基金的发展。[1]

首先，应给予私募股权基金以合理的地位界定。私募股权基金是场外市场上主要的资金供给者和场外市场流动性的主要承担者，场外市场功能的实现在很大程度上依赖于私募股权基金的活动。所以，有必要在从法律上对私募股权基金的地位给出准确定义的基础上给予私募股权基金相对优越的政策，以此促进私募股权基金的发展壮大，促进场外市场的发展。

其次，应用信息机制约束私募股权基金的行为。场外市场功能的发挥一般基于两个假设前提：一是场外市场本身具有较为完善的信息机制和市场规则；二是私募股权基金和中小企业的行为受到既定机制的约束。因此，应该大力完善场外市场的信息机制和规则，对私募股权基金和中小企业之间的投融资行为进行适当的约束，以此来促进投融资的顺利进行，促进私募股权基金的发展壮大，以实现场外市场的经济功能。[2]

(二) 健全风险投资政策体系

风险投资政策体系是推动风险投资体系建立、健全和发展，保障风险投资发挥最大作用的多项政策和措施的集合。风险投资政策体系的建立能改变科技与经济的断层局面。通过资金与技术的有机结合，使科技成果与市场紧密相连，这样不仅能实现资金的收益，又能保障资金的安全。

1. 在市场运营方面

目前，在资本市场运营方面的法律规则还不够健全和完善，特别是一些基本的制度也并没有根据资本市场的运作进行修改，从而使资本运营不能顺利进行。针对此问题，相关部门必须加快完善与资本市场运营相关的法律法规，例如，对《证券法》、《公司法》、《期货法》、《证券投资法》和《投资银行法》等法律的修订与完善。这些法律的修订不仅有助于明确证券行业的规章制度，还有助于进一步了解与安全管理相关的基础知识，从而使资本市场的运作更加有序，资本运营更加顺畅。

2. 在投资者保护上

目前，在资本市场上还没有出台与投资者保护相关的制度体系，特别是缺乏对一些

1 段续峰. 试论风险投资的运作方式[J]. 成都航空职业技术学院学报，2013(4)：83-85.

2 李学峰，刘洋. 场外交易市场、私募股权基金与中小企业融资——基于博弈论的分析[J]. 南方金融，2009(6)：29-32，8.

中小投资者的必要的重视，而且对于投资市场的纠纷和相应的赔偿制度也没有给予政策和法律的监督。但如同中国证监会主席肖刚指出的：“真正捍卫市场公平和平等的原则，就必须旗帜鲜明地保护中小投资者”[1]，保护中小投资者的合法权益，不仅是资本市场健康运行的内在要求，也是维护社会公平正义的有效途径。有必要通过构筑保护中小投资者利益的制度和法规体系来保护他们的基本权益，譬如，知情权、表决权等。与此同时，相关部门也要通过建立中小工商业者的纠纷解决赔偿机制来保护中小投资者的合法权益。

(三) 规范风险投资主体行为

风险投资体系主要由投资者、风险投资机构、中介服务机构和风险企业四类主体构成。这些主体的行为不规范，就会影响风险投资行为。简单来说，对风险投资主体行为的规范要重点强调两个方面。

1. 在市场中介方面

风险投资中介服务机构对风险投资的效率的提高意义重大。如果政府对市场的控制过于严格，就会弱化资本市场中介机构(如基金公司、证券公司和投资咨询公司等信用评级机构)的整体实力，降低其创新能力和把握风险的能力，并进而弱化其为投资者提供金融服务的能力。目前，在我国，以会计师事务所、资产评估机构、信用评级机构等为代表的市场服务机构的独立性较差，基金等专业的理财机构还有待完善，影响了资本市场的融资。所以，要规范市场中介机构主体的行为，建立适当的管理制度，加强管理者的管理制度和产品的风险管理：首先，要使中介机构向客户介绍资本市场投资产品的风险，通过适当的方法把产品本身的风险和强弱分为不同的等级，再根据用户的特点和需求把对应的产品卖给对应的人；其次，市场中介机构，如律师事务所信用评级机构，要在保持独立性的基础上客观地发表意见，担任好“守门人”的角色；最后，要促使市场机构不断提升自己，能掌握足够的资源去发挥自身的价值。[2]

2. 在监管手段方面

资本市场就是一个信息市场。在信息经济时代，资本市场的交易数额十分庞大，客户群体十分复杂，如果发生事故，不仅会给投资者带来损失，也会给国家带来难以估量的损失。所以，资本市场从业人员的素质和诚信程度对资本市场的健康发展至关重要。然而目前，有些资本市场主体的专业素质和信用水平低下，其不仅无法有效地阻止网上“黑客”，而且从事性质十分恶劣的内幕交易，更有一些操作者肆意更改电脑数据，严重影响了市场的公开、公正和公平，损害了投资者的利益，给资本市场带来了巨大的损失。[3]所以，在信息经济时代，要想实现资本市场的正常运转，就要做到。首先，培养高

1 肖钢. 保护中小投资者就是保护资本市场[N/OL]. 新华网. [2013-10-16]. http://news.xinhuanet.com/fortune/2013-10/16/c_125543156.htm.

2 朱建明，李贵强. 中国资本市场功能的现状、问题与制度研究[J]. 软科学，2014，28(1)：64-67.

3 徐润萍，徐升华. 信息时代资本市场发展的新机遇[J]. 企业经济，1998(10)：24-25.

科技人才，提升人才质量。这不仅能为资本市场上信息系统的安全运行提供及时、精确和完备的信息数据，还能随时监控资本市场的相关信息，在出现问题时第一时间进行处理，防患未然。同时高薪聘请“黑客”，利用其作为电脑网络高手所掌握的知识技术来发展信息系统，在减少信息系统漏洞、保证信息系统安全的同时，消除其想做黑客的内在冲动。其次，要出台政策法规，不仅设立相应的制度法规来加强对操作者的监管，规范其言行，还要严格执法，加大对资本市场的查处和打击力度，使犯罪分子为之行为付出代价。[1]

二、建立可持续的信息流通模式

在网络信息时代，海量的信息资源仿佛是突然间从“无形”走向了“有形”。它们极大地便利了人们的生产生活，使信息经济和信息社会凸显出前所未有的优越性。但是，在提供这些便利的同时，这些海量的信息资源的“无序”存在及其制造和承载物带来的污染和辐射也给人们带来了困惑、不安甚至伤害。人们在从物质资源的生态危机中解放出来的同时又进入了信息资源的生态困境。所以，建立可持续的信息流通模式，疏通信息流通渠道，减少信息的不对称性，打造健康、有序的信息生态环境是信息经济可持续发展的重要环节。

(一) 加强信息共享与信息时效

1. 加大信息共享

传统的依靠人力、物力和财力的高投入、高消耗和高污染的经济模式必然带来全球生态危机，而信息经济的核心就是要利用网络信息资源实现经济增长方式的转变。网络信息资源共享是实现信息资源内在经济价值转变，以促进知识经济发展的重要手段。[2]具体说来，要做到以下几点。

(1) 要有网络基础来共享信息资源

网络是信息传输、接收、共享的虚拟平台。分布于全球各地的网络支点，可以方便地采集各个点、面、体的信息，扩大共享的信息资源，从而确立网络在信息获取中的主渠道地位。目前，通过互联网可以分享世界各国图书馆的书目信息及数万个信息数据库的信息，并还可以远程访问世界著名的联机系统，所以，许多国家已经将发展宽带网络作为战略部署的优先行动领域。我国目前对宽带网络公共基础设施定位还不明确，城乡发展不平衡，发展环境不完善，应用服务不够丰富，这影响了在全世界范围内的信息共享。2013 年 8 月中国国务院下发了《“宽带中国”战略及实施方案》，指出宽带网络是我国新时期经济社会发展的战略性公共基础设施，要加强顶层设计和规划引导，促进网络建设，综合利用有线和无线技术推动电信网、互联网和广播电视网的融合发展，争取到 2020 年，宽带网络全面覆盖城乡，固定宽带家庭普及率达到 70%，形成较为健全的网

---

1 朱建明，李贵强. 中国资本市场功能的现状、问题与制度研究[J]. 软科学，2014，28(1)：64-67.

2 刘鹏. 浅谈经济信息流通与信息不对称[J]. 电子商务，2011(6)：45-46.

络与信息安全保障体系。“宽带中国”发展目标与发展时间表见表7-1。

表7-1 “宽带中国”发展目标与发展时间表[1]

指标	单位	年份		
		2013年	2015年	2020年
1. 宽带用户规模				
固定宽带接入用户	亿户	2.1	2.7	4
其中：FTTH用户	亿户	0.3	0.7	-
其中：城市宽带用户	亿户	1.6	2	-
农村宽带用户	亿户	0.5	0.7	-
3G/LTE用户	亿户	3.3	4.5	12
2. 宽带普及水平				
固定宽带家庭普及率	%	40	50	70
其中：城市家庭普及率	%	55	65	-
农村家庭普及率	%	20	30	-
3G/LTE用户普及率	%	25	32.5	85
3. 宽带网络能力				
城市宽带接入能力	Mbps	20(80%用户)	20	50
其中：发达城市	Mbps	-	100(部分城市)	1000(部分用户)
农村宽带接入能力	Mbps	4(85%用户)	4	12
大型企事业单位接入能力	Mbps	-	大于100	大于1000
互联网国际出口带宽	Gbps	2500	6500	-
FTTH覆盖家庭	亿个	1.3	2	3
3G/LTE基站规模	万个	95	120	-
行政村通宽带比例	%	90	95	>98
全国有线电视网络互联平台覆盖有线电视网络用户比例	%	60	80	>95
4. 宽带信息应用				
网民数量	亿人	7	8.5	11
其中：农村网民	亿人	1.8	2	-
互联网数据量(网页总字节)	太字节	7800	15000	-
电子商务交易额	万亿元	10	18	-

(2) 要用网络开发数据库信息资源

数据库简单来讲是电子化的文件柜，是以一定方式储存在一起、具有尽可能小的冗余度、能被多个用户共享且与应用程序彼此独立的数据集合。随着计算机技术、通信技术和Web技术等的发展，众多信息公司和科研院所尝试把网络和数据库开发无缝结合在

1 国务院国发(2013)31号.“宽带中国”战略及实施方案[EB/OL]. 中国人民共和国中央人民政府网站，[2013-08-01].

一起，以提高数据库的质量和服务水平，于是，网络数据库技术也随之发展起来，形成了数据库技术与 Web 技术相结合的网络数据库技术。目前，已有一大批高质量的特色电子数据库建立起来，便利了人们的生产生活。譬如各类“数字图书馆”、“数字博物馆”，将有代表性的历史文献和典籍进行数字化处理后以极低的成本(甚至零成本)的形式提供给用户，不仅满足了用户的需求，也传播了优秀的传统文化和先进的科学技术。当前，在数据库的网络开发上，要注意两个问题：一是要推广应用 XML 数据格式；二是要对商业数据进行智能分析。[1]

(3) 要按标准来共享网络信息资源

标准化是信息资源管理自动化和网络化的基础。只有在统一的标准下，网络信息资源的管理布局、协作协调和资源共享才容易实现。互联网行业标准组织曾经将超文本标识语言 HTML(4.0 版)与扩展标识语言 XML 结合起来，发布了扩展超文本标识语言 XHTML(1.0 版)，此发明作为网络信息共享的新技术规范，对互联网下一个阶段的发展起到了巨大的推动作用。互联网上发布的信息都具有“一次编制，随处阅读”的特性，这很大意义上是由网络信息共享规范的发展由 HTML 到 XML 而来的，这样的变化不仅仅能不断满足人们日益增长的互联网信息获取的需求，而且也能为广大的网络建设人员搭建一个进入 XML 的通道。从变化中我们可以得到一些启示：我们要确保网络信息资源标准化统一管理、统一规划和全面实施，同时在开发任何信息资源和数据库的时候一定要注意其在数据处理过程中的互用性、统一性、规范性。[2]在这方面已经有不少的成功经验。于 2009 年 9 月 27 日正式开通的黑龙江省科技创新创业共享服务平台就运用信息、网络等技术构建包括研发基础条件、公共技术服务、成果转化服务和管理决策支持在内的四大功能模块和 10 个资源子系统(包括科技文献服务、科学数据共享、仪器设施共用、试验基地协作、专业技术服务、技术转移服务、行业检测服务和管理决策支持系统等)，从而有效整合了黑龙江省的科技资源，实现了资源的整合和优势的互补。[3]

(4) 要有能力熟练地检索信息资源

检索是指从文献资料和网络信息等信息集合中查找自己需要的资料的过程。因为，要实现网络信息资源的共享，首先就必须拥有大量的信息资源，拥有从网络中获取信息资源的能力。这就需要人们熟悉网络检索技术和其他一些相关技术。应熟悉互联网上的各类检索工具，比如查询数据库的 WAIS 和以文件类别为索引的目录菜单式软件 Go-pher 等；还要学会设置计算机信息系统用户界面友好技术，如信息显示、信息可视和导航等技术。熟悉 Web 等操作都是提高网络信息资源共享能力的基础。[4]

---

1 陈红. 网络数据库技术发展探析[J]. 科技创新与应用，2014(14)：53.

2 张效赤. 知识经济与网络信息资源共享[J]. 现代情报，2004(5)：76-77.

3 张雪梅，过仕明，李丽. 基于 BSC 的信息资源共享平台绩效评估研究——以黑龙江省科技创新创业共享服务平台为例[J]. 哈尔滨师范大学自然科学学报，2013，29(4)：39-43.

4 张效赤. 知识经济与网络信息资源共享[J]. 现代情报，2004(5)：76-77.

2. 加快信息时效

信息不对称问题是信息经济学产生的根本原因，也是信息经济的优势产生的根源。但在 Web2.0 时代，信息不对称问题已经不再是传统意义上的信息缺失，而是信息过剩导致了消费者的麻木，这就是当下突出的信息识别困难问题。这是因为在现代信息网络中，信息资源虽然十分丰富，但有些网站上的信息的更新时间十分缓慢，特别是有些国内外的重大新闻的更新也比较慢，另外，还有很多信息过于陈旧却没有被及时删除，这些过量的信息资源可能最后淹没最主要的信息，使人们在查找信息时浪费大量的时间，时效性很差。要解决这个问题，首先要加快信息的流通，增强流通渠道的流畅多维性，保证流通信息的真实可靠性，改善信息不对称问题，最终消除用户间的信息差距；其次要督促相关部门在事件发生的第一时间及时报道并发布信息，同时，对时间久远的陈旧信息要及时清除，增强信息的时效性。

(二) 加强信息保密和安全工作

随着信息经济的不断发展，信息网络的作用日益显现，其开放性、共享性程度的日益加大，网络信息和安全工作也被提上日程并成为重中之重。这工作包括以下几项。

1. 力提技术质量

(1) 提高技术水平

由于我国的信息经济发展较慢，在发展的过程中并没有一个很好的规划，所以导致信息经济在发展的过程中出现了很多漏洞，特别是由于我国拥有最新信息技术的专业人才还稍显欠缺，所以计算机网络的一些先进的核心部件还要从国外进口，这样给我国的信息保密工作带来了很大的困扰。为此，国家必须在人才培养方面加大力度，培养一批高、精、尖的专业人才，不断提升自主创新能力，同时派遣相关人员去国外进修学习，多从发达国家获得实践经验，从而提升我国的科研创新水平。

(2) 增加科研经费

科技的创新需要经费，在科研经费方面，虽然近些年来我国加大了科研经费的投入力度，但是从整体上来说和发达国家还存在着很大的差距。为了使我国的信息经济能够可持续发展和赶超先进国家水平，国家必须加大科研经费的投入，使信息经济的发展有可靠的物质保证。

(3) 重视检测评估

我国信息经济的发展前景虽然十分乐观，但是不得不重视在发展过程中出现的问题，为此，必须加大信息经济发展的安全性、保密性、可控性、安全性等方面的监测与评估工作，发现问题及时派遣相关技术人员进行处理和及时进行调查和分析，以保证信息经济运行的稳定性。[1]

1 张娟. 网络信息安全与保密综述[J]. 南昌高专学报，2003(1)：53-54.

2. 强化安全管理

目前，国内外的专家为了使计算机信息安全保密工作更加严密，已经研发了大量的信息安全技术。例如防火墙、防病毒等软件的开发已经对加强网络系统的监管、防止黑客的袭击等起到了一定的积极作用。但做的还是不够，必须进一步进行监管。

(1) 要大力提高网络安全保密意识

要提高网络自身和网络人为或非人为迫害的防范意识，对信息的完整性、可靠性、信息安全级别程度、网络信息访问权限等方面进行严格的限制和防范。对涉及国家机密和武装部队内部使用的机器要重点保护并进行加密设置，逐步完善信息保密制度从而强化管理。

(2) 要加强网络安全管理实际操作

在现实的网络安全管理中首先要抓好人事录用、岗位责任范围的界定等工作，对于信息要及时更新和检查，出现问题要及时分析原因及反馈，保证信息安全的监测工作顺利进行。对于一些重要的数据要及时备份，以免系统故障造成巨大损失。在网络系统中要定期进行人事管理，并制定相应的标准进行定期审查，尽最大努力避免人为因素导致的错误。对于一些防止病毒侵入的软件，我们要加大对他们的重视，特别是目前病毒危害性持续加大，工作人员要做好及时升级的工作。[1]

3. 严抓法律规范

由于计算机网络是一个刚刚出现的新生事物，其在相关的法律法规政策建立等方面还十分不完善，一些犯罪分子从法律的漏洞中获得了巨大的经济利益，给国家和人民的财产带来了巨大的经济损失，扰乱了正常的网络秩序。为了使网络信息环境处于一个良性循环的状态并且健康的发展，国家必须出台相应的政策和法规，通过立法规划和新的体制的建设，使互联网信息的管理更加完善，使信息基础设施更加牢固，并通过对不法分子的严厉打击，将不法分子的思想扼杀在摇篮里，使我国的网络环境在法制的轨道内顺利前进。

三、建立可持续的人才培养模式

(一) 繁荣文化市场

人才的培养可以有很多的途径，其中，文化市场和教育部门对人才的培养意义深远。就文化市场来说，文化市场是社会主义精神文明建设的重要基地，文化市场的繁荣发展与信息经济的发展息息相关。它可以通过向人们提供一些电影、报刊、广播和影视等业余文化活动，不断地丰富人们的业余文化生活，使人们的精神生活愉悦，使人们不断地享受精神文化成果。但文化市场目前存在很多问题。首先，随着我国电影、报刊业、出版业近些年来的日益发展，文化市场出现了很多问题。如文章泛滥、抄袭严重，关系书、雷同书、重印书等十分普遍。在这样的一个多元化的社会里，读者的多样化需求很难真

1 陈振峰. 网络安全管理是信息化建设的重中之重[J]. 科技情报开发与经济，2002，12(4)：101-102.

正得到满足。其次，很多文化节目不能给人们带来丰富的营养，不能给人们带来精神的食粮，甚至还会降低人们的精神层次。譬如，庸俗的电视剧和低俗的选秀节目等。最后，文化综艺网络节目播出前插播的一些植入广告会对人们的思维带来误导性的作用，严重损害人们的身心健康。针对以上问题，监管部门要负起责任，对不良植入广告要严格剔除，以免给人们造成巨大的伤害。同时，执法部门要严厉打击这种行为，必要时用法律的武器制止危害社会安宁的商业行为。另外，对于市场上出现的雷同书、重印书、关系书等文章泛滥的情况，国家要出台相关政策法规明令禁止，对于已经出版的书目，国家要下大力度治理，严加规范文化市场。

(二) 大力发展教育

1. 大力发展普本教育

20 世纪 90 年代末以来，我国普本教育呈现出稳中求进的发展态势，特别是近些年来，为了能够让更多的学子接受教育，我国扩大了普本院校的招生规模，使更多的学生有机会进入大学的校门，并根据自身的爱好，分门别类的去选择自身所喜欢的专业，这样不仅能够从总体上对专门人才和创新人才的培养有着更大的推动作用，而且也在一定程度上提升了国民素质。然而，高校的扩招，也给普本教育的发展带来了很多的问题。首先是大学生整体素质下降。高校的扩招政策虽然为许多学子提供了入学的机会，但是学生的整体质量下降，挂科、翘课甚至一些不文明的现象十分普遍。其次是大学生就业压力增大。“毕业就择业”的口号虽然喊得响亮，但是每年都有大量的毕业生因社会所能提供的岗位有限等原因，无法得到专业对口的工作，造成了资源的大量浪费。最后是基础设施配置不完善。学校的图书馆、食堂、宿舍以及一些生活娱乐设施并没有随着学生数量的不断增加而呈现等同递增的趋势，这样必然影响人才的可持续发展。要解决上述问题，首先，要继续深化课程的改革，从细节上提升学生的素质，培养一批能够适应社会发展需要、思想敏锐、作风果敢、懂专业知识和专业技术的人才。其次，要创新教育行政组织，打破传统的官僚科层制度，创建扁平化的组织结构。该组织结构应该简明、高效，根据管理学的“控制幅度”原理来合理地设置组织层次。“例如，在高等教育行政组织的设置中，应取消比处级高半级或低半级的机构，还要注意统一机构的称谓等。在机构职能上，逐步简政放权，使教育行政由重直接管理转变为重间接管理，由重微观管理转变为重宏观控制和经济、法制管理。”[1]最后在基础设施方面，还要不断地加大国家的教育资金投入，为我国信息经济的持续快速发展提供保证。[2]

2. 大力发展职业教育

职业教育是随着工业革命的进程首先在一些经济发达的国家开始的。我国的职业教育在近些年来也已经有了长足的发展，并为社会培养了大量的人才，但是职业教育的发

---

1 王凤秋，刘俊花. 论新公共管理理论视野下我国教育行政体制改革[J]. 黑龙江高教研究, 2007(11)：29-31.

2 李先龙. 论信息时代经济战争的特点及对策[J]. 中国城市经济，2011(5)：68-69.

展前景不容乐观，尤其是我国高校的扩招更使职业教育的发展举步维艰，当前职业教育面临的主要问题有以下几个。首先是资金紧缺。近些年来，国家在教育资金的投入上，对职业教育这一块并没有给予高度的物质保证，所以职业教育的发展道路并不是十分顺利。为了使职业教育快速发展，国家必须拿出大量的资金发展职业教育，为教学活动的开展提供充足的资金保证。其次是人才难求。职业院校在招聘专业技术类人才方面十分困难，很多专业的技术人才，或者因为本身有着十分丰厚的薪水，并不愿意从事教学活动，或者因为没有经过专业训练，在教学方面并不擅长。所以，国家对于在职业院校工作的专业型人才要给予一定的政策优惠，特别是在人才的收入等方面提供一定的资金支持，使一些有志人士能够通过国家的免费培训投身到职业院校的发展中去，为职业教育的发展贡献一份力量。最后是招生困难。高校扩招政策的出台使本来没有机会进入普本院校的孩子，可以顺利地升入普本院校，这样给职业教育的发展带来了一定的挤压。而且，很多的孩子本身对于从事技术类专业，思想上也存在着一种误区，对自己的专业方向并没有一个大致了解。针对以上问题，学校要通过宣讲会、招聘会和人才返校交流等一系列活动，解开学生心中的思想疙瘩。与此同时，学校要肩负起向社会培养一批懂技术，懂管理，有着丰富经验的高、精、尖端实践性人才的任务，如钳工、铆工、床工、焊接工等。这些工种的人才在当今社会比较欠缺，工资待遇十分丰厚，却“一人难求”。通过发展职业教育，能够使学生学会一技之长，学以致用，并使其能够迅速地适应社会发展的需要，毕业就工作，减轻社会的负担。

3. 大力发展民办教育

随着改革开放进程的不断加快，民办院校异军突起，满足了人们教育消费的多样化需求和不同群体的求学需求，是社会主义教育事业发展不可缺少的一部分。然而，在不断发展的过程中，却也出现了很多问题。首先是资金来源困难。民办院校主要是由个人承办，自主经营、自负盈亏、自我管理的学校，同时也要受到国家的监督。所以在运行的过程中，常常会由于资金的有限而出现流动资金的断流。其次是政府政策障碍。民办院校在自身的发展过程中，要受到政府政策的限制，很多情况下，政府并不能根据每个学校自身的特点去下达一些政策，而是从总体上去把握大局，这样对有些民办院校的发展十分不利。最后是外部环境制约。在社会上，依然存在着对民办教育的各种片面甚至是不利的说法。在这样的情况下，国家为了鼓励民办教育的发展，就要出台一些具体的措施：首先是鼓励社会捐资助学和政府扶助办学等；其次是政府要成立相应的部门，派相关人员对当地的民办高校进行实地考察，根据不同院校的特点，分门别类下达不同的政策，做到具体问题具体分析，使民办院校能够快速发展，提高学校的名望；最后是相关部门要制定一些积极的外部激励机制和政策，对学校的欠缺方面进行宏观管理和调控，大力度扶持民办教育的发展，转变人们对民办教育错误的思想认识，从而吸纳更多的人才。

4. 大力缩小教育鸿沟

近些年来，我国农村地区和中西部地区的教育投入和教育水平有了一定的发展，经济上有了一定程度的提高，但是农村和城市之间、东部与中西部之间，在对教育的投资方面还是十分的不协调，教育机会不公平的现象十分严重，要改变此状况，应做到以下几点。

(1) 大力缩小城乡教育鸿沟

由于地区发展的劣势，很多偏远地区的孩子不能享受到信息经济带给他们的便利，不能了解到我国经济发展各方面的相关信息，不能搜集到对学习和生活更有利的资源，不能体会到信息经济带给城里孩子的快乐。有些地处偏远山区的孩子，在基础设施薄弱、缺乏最基本的交流通道(公路)的情况下，只能通过攀爬锁链才能上学。在这样的地方，要想依靠个体或者当地教育部门的力量实现网络信息的共享是一件十分困难的事情。这最终会导致这些地区的孩子与城里的孩子之间的差距越来越大，甚至与整个时代的发展之间产生无法逾越的鸿沟。面对如此严重的问题，国家必须对农村地区投入大量的资金，特别是要加大扶持那些偏远地区的力度，通过完善当地的信息基础设施，使农村孩子能够享受到与城里孩子相同的待遇。

(2) 大力缩小东西部教育的鸿沟

目前，我国东部一些经济发达的城市的教育已经赶超国际的先进水平，而一些中西部欠发达地区的教育的发展还十分缓慢。不仅如此，在我国东部地区还集中了我国的一些“211”、“985”院校，从而从政府处得到了发展高等教育的大量的优质资源。然而，中西部地区由于地理位置偏僻，很难享受到与东部地区平等的教育机会，教育经费获得的也相对较少。为改变这种现状，相关部门要出台一些有利的政策，使更多的有志之士投入到支援西部的计划中来，从而带动西部地区经济的发展。还可以通过以东部带动西部、东西部城市之间的“一对一”帮扶手段使中西部能获得更多的教育发展资金，大力缩小东西部教育的鸿沟。

(三) 发展医疗事业

随着改革开放的进程不断推进，我国的医疗卫生事业取得了很大的进步。覆盖城乡的医疗卫生事业体系已经基本形成，在疾病的预防和控制能力方面，技术也在不断提升。医疗保障事业的覆盖面积不断加大，受益的人数不断增多。虽然目前我国的农村医疗保险已经基本实现全覆盖，但还有很多的问题依然存在，必须加以解决。

1. 千方百计解决以药养医现象

近年来，由于政府投入逐年减少，医院要想获得持续的更好的生存就必须自己去创收，由此，药价虚高的问题随之出现。因此，现代的医疗机构流传着这样一句话：“医疗亏损药费补”。特别是近年来，药品价格持续攀升，在一些大城市，很多大型医疗机构在占有绝对的医疗资源优势的条件下，乱开药、多开药、开贵药的现象比比皆是，这些乱象最终导致了医患关系的紧张。鉴于此，创建全国性的医护网站成为解决当下医疗卫生乱象的首选。这是因为，通过网站的实名制挂号和医护人员专业资料的实名制披露，患者可以在对医生的诊治不满意时进行评价和申诉。通过利用差评超过一定的额度会影响医生的晋升、年薪和名望的途径可以约束和规范医护人员的行为。当然，如果医生对患者的投诉不满意，也可以去相关部门维权，从而保护自己的权益并规范患者的行为。另外，很重要的是，患者还可以在网上就医，在网上咨询病情，而医生们可以在网上对疑难杂症等棘手的疾病开展范围不等的研讨，通过医生间的学术交流来提高诊断的正确率。[1]

2. 多方入手健全医疗体制

在医疗卫生方面，我国的城市与农村之间存在着巨大的差距，具体表现为：基础设施分配不均匀和人力资源配置不协调。在农村，医疗卫生制度和体系不完善，特别是具有高超精湛医术的医生十分欠缺，无法收治一些重病患者，导致患者不得不转院治疗，从而延误了治疗的最佳时机。而在一些大城市，医疗卫生的制度和体系十分健全，对患者的服务十分周到。针对这些问题，一方面要在中心城市的医院适量地购进先进的技术设备，聘请大量的医学专家进行学术交流和实际出诊，极大地便利居民的生活，提高居民的福利，另一方面还要健全医疗服务体系，加大对农村医疗卫生的投入：一方面加大国家资金对农村地区的倾斜性投入，不断地完善农村医疗基础设施建设、缩小城乡医疗基础设施的差距以及提高乡村医生的待遇水平；一方面尝试构建乡村医生培养的新模式，通过制定科学的教学计划、选择适宜的教学模式、配备优秀的教师队伍等措施扎实地推进农村地区医生的业务能力和医护水平。[2]

还要出台一些政策和法规，使体系制度等问题在法律的框架内进行。同时相关部门要负起自己的责任，让权力在阳光下进行，这时候，院方必须接受来自患者、市民和监管人员多方面的监督，使相应的工作更加公开、公正、公平。

第三节 可持续宏观信息系统的构建构想

一、完善电子商务系统

(一) 电子商务系统的现状

21世纪是信息经济时代，随着电子信息化的迅速发展，互联网的普及率迅速提高。据中国互联网络信息中心(CNNIC)发布的第33次统计报告显示，截至2013年12月，中国互联网普及率为45.8%，较2012年底提升了3.7个百分点，普及率增长幅度延续自2011年来的放缓趋势。总体而言，目前中国互联网的发展主题已经从“普及率提升”转换到“使用程度加深”，中国互联网的发展正在从“数量”发展转换到“质量”发展。而近几年的政策和环境变化也对使用深度提供了有力支持。首先是国家的政策支持。2013年国务院发布《国务院关于促进信息消费扩大内需的若干意见》，从文件上说明了互联网在整体经济社会的地位。其次是互联网与传统经济的结合愈加紧密。如购物、物流、支

---

1 陈胜文. 医疗卫生体制改革问题研究[D]. 长沙：湖南大学，2010.

2 王壮，史琳，王焕来，王凤秋. 乡村医生培养面临的问题及培养模式的实践研究[J]. 齐齐哈尔医学院学报，2012，33(18)：2522-2523.

付乃至金融等方面均有良好应用。最后是互联网的应用逐步改变人们的生活形态，对人们日常生活中的衣食住行均有较大改变。人们的生活随着电子商务的发展而发生着巨大的变化。

1. 网络购物现状

当前，商务类应用继续保持较高的发展速度，其中网络购物尤为明显。2013 年，中国网络购物用户规模达 3.02 亿人，使用率达 48.9%，相比 2012 年增长 6.0 个百分点。商务类应用的高速发展与支付、物流的完善以及整体环境的推动有密切关系。2013 年网络购物用户规模的增长得益于以下三个因素：首先，电商企业从“价格驱动”转向“服务驱动”，企业之间的竞争战略从单纯的价格战转向服务战，这极大地提升了网络购物的消费体验；其次，网络购物的整体应用环境更加优化，如网络安全环境的改善，移动支付、比价搜索等应用的发展，为网络购物创造了更为便利的条件；最后，网络购物法规进一步完善。2013 年我国政府加快了网络零售市场的立法进程，新《消费者权益保护法》将网络购物相关的个人信息保护、追溯责任等内容纳入法律体系，保障了网络消费者的基本权益。2012—2013 年网络购物用户数及使用率见图 7-1。

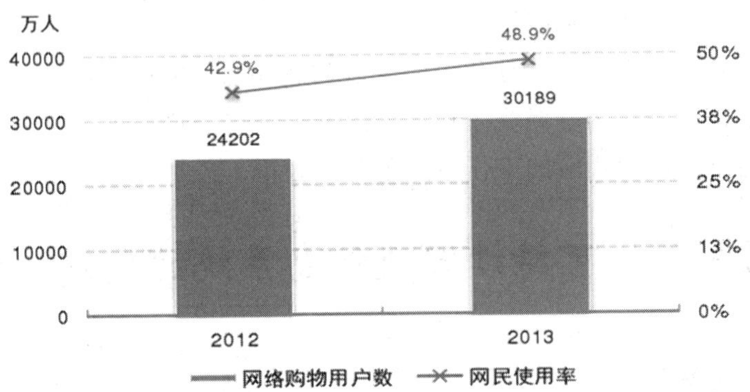

图 7-1 2012—2013 年网络购物用户数及使用率[1]

2. 网络营销现状

调查结果显示，截至 2013 年 12 月，全国利用互联网开展营销推广活动的企业比例为 20.9%。营销方式包括利用即时聊天工具进行营销推广、搜索引擎营销推广以及电子商务平台推广等。根据调查，在利用互联网开展过营销活动的受访企业中，使用率最高的是即时聊天工具，比例高达 63.1%。对企业而言，即时通信工具在开展电子商务和网络营销方面扮演着重要角色。即时通信工具凭借其丰富的管理工具、庞大的用户基数、较强的用户黏性等特点已成为企业营销的重要工具。当然，搜索引擎营销推广、电子商务平台推广方式的使用率也较高，分别达到 56.0%与 47.6%。从消费者行为模式来看，消费者的搜索行为直接指向购买，而电子商务平台正是发生购买行为的场所。各种网络

1 中国互联网络信息中心. 中国互联网络发展状况统计报告[EB/OL]. [2014-03-05]. http://www.cnnic.net.cn/hlwfzyj/hlwxzbg/hlwtjbg/201403/P020140305346585959798.pdf.

营销方式的使用率见图 7-2。

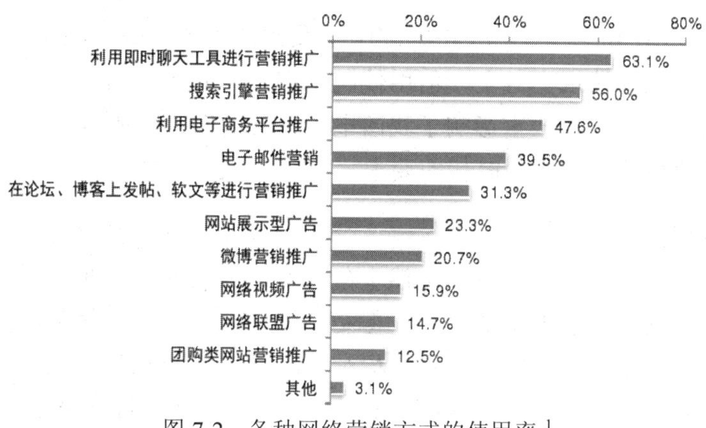

图 7-2 各种网络营销方式的使用率[1]

3. 网络团购现状

在电子商务中，团购的发展表现突出：首先，团购成为当前增长最快的网络应用。截至 2013 年 12 月，我国团购用户规模达 1.41 亿，使用率提升至 22.8%，手机团购使用率从 2012 年底的 4.6%增长至 16.3%，手机端的快速发展是团购高速增长的有力推手；其次，以团购为代表的本地生活服务与手机定位等功能深度契合。2013 年团购服务在手机端与地图、旅行、生活信息服务等领域进一步融合，推动了整个行业不断地向线下生活服务领域的纵深发展。

此外，网络团购还表现出新的特点，即，在经历了爆发式增长后的整体行业洗牌后，当前的团购已经回归到理性发展状态。团购服务更好地与网络购物和旅行预订等电商平台相互结合，促进了团购行业的发展。此外，专业的团购网站在人员优化与产品优化的基础上提高了运营效率，提升了服务质量，改善了团购的信任度，极大地提升了用户的使用意愿。2012—2013 年团购用户数及使用率见图 7-3。

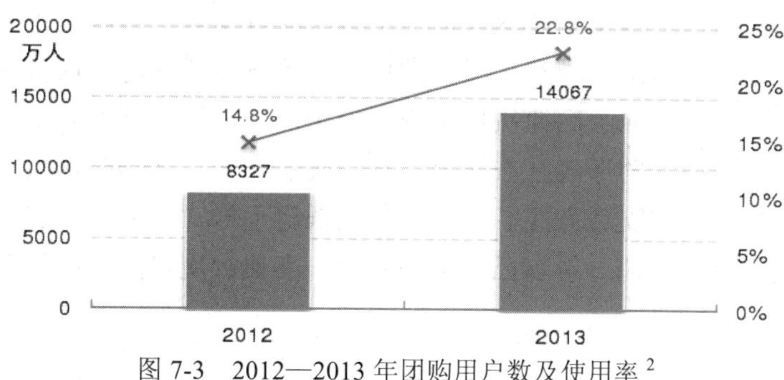

图 7-3 2012—2013 年团购用户数及使用率[2]

1 中国互联网络信息中心. 中国互联网络发展状况统计报告[EB/OL]. [2014-03-05]. http://www.cnnic.net.cn/hlwfzyj/hlwxzbg/hlwtjbg/201403/P020140305346585959798.pdf.

2 中国互联网络信息中心. 中国互联网络发展状况统计报告[EB/OL]. [2014-03-05]. http://www.cnnic.net.cn/hlwfzyj/hlwxzbg/hlwtjbg/201403/P020140305346585959798.pdf.

(二) 电子商务系统的完善

尽管取得了以上的成绩，与发达国家相比，我国的电子商务发展还存在很大的问题。基础设施不完善、法律法规不健全、信用体制不健全、人才结构不合理，以及电子商务发展不平衡等问题的存在，严重影响了我国电子商务的发展。所以，大力度调控电子商务系统，使之健康快速发展成为时代的要求。

1. 完善基础设施

近些年来，我国电子商务的发展虽然十分迅速，但发展的却非常不平衡。尽管目前我国国际出口带宽呈现逐年增加的趋势，但是，综合来看，地区差距很大：北上广等经济相对发达的省市及地区的互联网普及率相对较高，超过 65%，而江西、贵州、云南等省份的互联网普及率相对较低，均不到 33%。根据上述统计报告，2013 年，河南、江西、贵州、云南等互联网普及率相对较低的省份，互联网网民规模增速最快，而北京、上海、广东等互联网普及率相对较高的省市，互联网网民增速则有所放缓。另外，与发达国家相比，我国互联网的基础设施存在很多不足，宽带覆盖率和宽带网速严重制约了我国电子商务的快速发展。为了能赶上世界先进国家，政府必须加大信息基础设施的建设。针对东西部网络覆盖率差异大的问题，政府要加大对基础设施的资金投入，在相关的政策法规上给予大力支持。同时，政府要加大鼓励和宣传力度，使大众更多地参与到电子商务中来。随着互联网设备的不断普及与宽带网络计划的加大推进，我国互联网发展的地域差异也将进一步减小。

2. 完善安全法律措施

安全法律措施做不到位，也是目前我国电子商务发展过程中突出的问题。目前，国家并没有在电子商务方面出台相应的系统性法律法规来规范电子商务市场，并且在电子商务的交易、支付和账户安全方面还缺少相应的监管措施。特别是在线购买和支付阶段，很多的非正规网站冒充正规网站在用户付款时侵吞用户的个人财产，甚至盗取用户的名称、密码以及相应的用户信息，严重危害了用户的人身安全。而因为国家在用户身份方面缺少相应的法律保护措施又导致了用户维权的困难。为了使电子商务系统更快更好的发展，国家首先要出台相应的法律法规来规范电子商务市场，其次要对合格的网站采取数字认证或颁发相应证书的形式挂在网上，从而确保顾客在购物时能通过数字认证识别判断网站的合法性。对于支付方式，可以像各大银行一样，向客户推出支付宝、网银，使用户在网上就可以方便地查看自己卡里的余额，在保护用户隐私的同时保证用户的安全交易。[1]

3. 建立信用体系

在电子商务的发展过程中，我国的一些卖家不遵守原则，欺诈现象时有发生。譬如，有些商家欺骗消费者，以假充真、以次充好，违背了最起码的道德底线；有些商家在买

---

1 齐晶. 中国电子商务发展与规制研究[D]. 沈阳：辽宁大学，2013.

家给予差评的时候，采取报复措施损害买家利益；有些卖家进行不正当竞争，恶性的价格战严重影响了市场的正常秩序。为了尽最大可能保护消费者的合法权益，使消费者远离电子商务市场的风险，相关部门要加大对电子商场的监管，建立网上投诉箱、举报箱，当买家的投诉数量在一定范围内的时候进行相应罚款，当买家的投诉数量超出一定范围的时候取消卖主的开店资格。这会在一定程度上迫使卖家注重自己产品的质量，提升自身的售后服务。而对于商家之间的恶性竞争，监管部门更应该负起责任。对于恶性竞争的卖家要采取惩罚措施和法律手段，从而更好地维护市场公平秩序，使电子商务市场能够更加健康的发展。

4. 建立人才体系

经济的发展需要人才的支持，电子商务系统也不例外。在电子商务发展的过程中，不仅需要大量懂经济管理的高素质人才，也需要懂信息网络技术的技术性人才，以及两者都懂的复合交叉性人才。这就需要从学校教育开始一直到公司业务培训在内的一系列的教育与培训。当前，我国的经济管理者的理论水平和业务能力相对一些发达国家还显落后，所以从这些国家吸引人才并派遣优秀学生与员工到外企或国外学习先进经验仍有必要。当然，仅仅懂专业懂技术还是不够的，人的能力的发挥还在于该人是否有发掘自身最大潜力的意愿。而这就涉及薪酬激励了。所以电子商务系统的发展也需要收入分配制度的配合才行。但目前，无论是奖金制、绩效工资制、股票期权制等都因为无法实现责权利的完美统一而无法很好地激励人才的潜能。而完全股份制的具有中国特色的企业制度则有可能比较好地解决这个问题。该制度就是要取消工资，将劳动力全部按现有的工资水平进行人力资本的折算，然后按人力资本的额度入股企业，最终使人力完全根据自己的股份额度获得收入，从而做到收益共享、风险共担，实现公平与效率的统一。其人力资本计算公式为：$C_L=W/R$[1](C_L 为人力资本，W 为人力折算成资本前的年收入，R 为物力资本利润率)。这种企业收入分配制度的改革，最终会调动人才的积极性和主动性，稳定人才队伍。

二、完善电子文化系统

文化是一个非常宽泛的概念，给它下一个严格和精确的定义是非常困难的。所以，作为文化的一种表现形态，电子文化的概念的界定也是很难的。有人认为，电子文化是以模拟或数字信号为记录方式，以胶片、计算机、信息网络等为存储和传播媒体，以图像化、交互性、快速复印和传播为主要特征，涵盖电影文化、电视文化、电脑文化和网络文化等具体形态的文化形态。是视频、音频、图像、动画以及一些多媒体技术的综合运用创建了电子文化形成的最基本环境。[2] 但本教材认为，在信息经济时代，电子文化更应该被视为一个广义的概念，它是以电子形态存在并以电子形态传承的意识形态，包括风土人情、传统习俗、生活方式、文学艺术、行为规范、思维方式、价值观念等。

1 侯亚娟. 人力资本定价的等价原理模式研究[J]. 齐鲁学刊，2009(2)：89-95.

2 王怀诗，沙勇忠. 电子文化的伦理特征初探[J]. 情报科学，2007，25(5)：660-665.

(一) 电子文化系统的现状

1. 狭义的电子文化系统现状

电子文化主要是和印刷文化相对应的，它们都是人类文化的重要组成部分。传统的印刷文化为人们记录大量的事件提供了可能，是人们最重要的精神礼物。但是随着信息技术的发展，电子文化应运而生。电子文化一出现就开始以颠覆性的视觉、听觉、触觉等给人们以新的体验，使人们的文化感觉发生转向。首先看文化的视觉转向。传统的印刷文化主要是通过看书、看报等来展示人们心中的情感，文化刻板、单调。电子文化则可以使人们通过电子媒介的发展让人们感知多彩的世界，扩大人们的视野，丰富人们的生活。其次看文化的工具转向(从笔的转向到鼠标的滑动)。传统印刷文化下人们通过用笔来记录事件，信息技术条件下，人们开始用键盘输入、鼠标复制的形式快速方便地敲入每个汉字。最后看文化的储存转向(从纸质文件到电子文件)。在印刷文化中，信息在数量和质量以及范围上都十分有限，而且在纸质文件的管理上，只要避开天灾人祸、遵守相关的要求和保护政策，就可以保证纸质文化的长期保存，而在电子文件的管理中，人们可以通过存储打印的形式，随时保管自己的信息。[1]

尽管具有上述的优点，但目前，狭义的电子文化系统还存在以下一些问题。首先，电子文件的管理意识较低。电子文件在管理的过程中与纸质文件一样涉及保密问题，但是在信息经济时代下，人们对于电子文件的保密性并没有给予足够重视，犯罪分子可以通过相关的网络、媒体迅速地查找到相关信息，给犯罪分子可乘之机。为了提高电子文件的管理意识，各级领导部门要提高对电子文件的管理意识，对涉及保密、安全的问题，要加强管理，提高人们对电子文件的意识。其次，电子文件的管理制度欠缺。电子文件在管理的过程中，国家并没有出台相关的政策法规，对于电子文件泄露事故，没有相应的管制措施，对于违法犯罪人员并没有出台相应的政策对其惩罚，人们对电子文件的管理还缺乏一定的意识。针对此种情况，国家必须出台相应的法律法规，严厉惩治违法犯罪行为，使相关人员慑于法律不敢轻举妄动。最后，电子文件操作人员素质差。[2] 随着电子信息技术的发展，电子文件也大量出现，但是电子文件操作人员并没有相关的知识储备，没有认识到电子文件的重要性，认识层次上还有很大的欠缺。针对这种情况，要培训相关人员，使之不仅懂纸质文件的管理，同时还熟悉电子文件的管理。

2. 广义的电子文化系统现状

从广义来看，以电子形态存在并以电子形态传承的电子意识形态是一个动态的信息系统，系统中的各个要素之间相互联系、相互制约，在新时代体现出新的特点。例如，在网络时代，人们之间的情感交流尤其是高素质人才之间的情感交流很大程度上要依靠现代高科技网络来进行，人们之间实现了情感交流的远程化、虚拟化甚至跨期化等，极大地便利着人们的生活。但在信息经济尚不够发达的今天，广义的电子文化系统也存在

---

1 王怀诗. 电子文化对印刷文化的颠覆及其伦理影响[J]. 兰州大学学报，2007，35(4)：60-65.

2 祝振芳. 浅谈广播电视办公自动化与电子文件管理[J]. 山东视听，2003(4)：75.

一定的问题。

(1) 电子文化系统缺少相应的政策法规

电子文化系统在政策方面并没有建立相应的制度规范，缺少相应的法律法规加以规范，对信息活动中出现的重大问题和重要现象并没有给予足够的引导。同时，信息法律又是社会最低的信息道德准则的表达，缺乏信息法律的规范，可能会出现很多信息领域的不道德现象，譬如人肉搜索和恶意的网络人身攻击都会给人们带来不安全感和伤害。如果没有信息政策和信息法律加以规范和引导，电子文化系统在发展中就会处于十分不利的局面。

(2) 电子文化系统导致人际关系的冷漠

电子文化背景下，网络技术的发展导致人们之间的交流网络化和虚拟化，人们足不出户就实现了交流。这种新颖的交流方式虽然加深了远距离人群的相互理解，却造成了近邻的关系冷漠。因此说，电子文化的发展并没有与当代其他的文化系统构成联系，并没有形成一个总的体系。这导致电子文化系统在发展过程中形成很大的障碍。

(3) 电子文化系统导致浮躁的快餐文化

随着信息经济的发展，社会的竞争也日益加剧。繁忙的工作压力加剧了人们之间的关系的异化以及内心的空虚感，于是人们开始通过丰富多彩的物质生活和信息娱乐来摆脱这样的感觉。然而，由于电子文化背景下信息的获得比较容易，于是，人们往往满足于走马灯一样地浏览和消化这些“便宜”的文化快餐，却很少有时间和耐心去品味这些信息背后的东西，很少有时间去做必要的深入思考，于是在思维得到横向扩展的同时，却缺少了纵向的思想深化。这种倾向甚至已经渗透到学校的实际教学中，为了追求快速提高的成绩和表面的教学效果，一些教师已经不再进行学生思维能力的培养，而是代之以解题训练为主或者让学生自己上网查找答案，这种做法“确实在短期内能够提高学生的考试成绩和解题能力，但同时也发现学生再想提高成绩反而会出现瓶颈。究其原因，正是忽略了学生思维能力的培养，正所谓欲速则不达。”[1]这种快餐式的文化模式不仅会引发思维方式的缺陷，也会导致文化领域的炒作和浮华，导致传统文化、经典文化的日益衰弱，导致文化与道德的危机，应当引起重视。

(二) 电子文化系统的完善

1. 完善相应政策

电子文化系统要想持续快速的发展，就必须建立相应的政策法规。通过建立相应的制度，可以使电子文化系统更加健全的发展，并且可以规范相关人员的行为。在信息政策方面，国家必须要对其加以引导和调控，因为仅仅靠个人的道德约束是十分不利的，所以建立相应的管理政策势在必行。

---

1 陈建强，在数学概念课教学中培养学生思维品质[J]. 黑龙江教育学院学报，2014，33(3)：78-79.

2. 加强邻里交流

在电子文化时代，全世界有能力也应该成为一个更加紧密的整体。在这种背景下，政府应该引导人们注重传统文化和风俗的传承，通过文明社区的建设，最后实现和谐社区乃至和谐社会的创建。电子文化背景下，不仅可以通过建立网上“业主群”的形式加强邻里的交流，也可以通过对小区建筑设计的合理规划为邻里关系的发展提供良好的物质基础，譬如在小区中增加座椅、长廊或文体中心等来方便人们的交流。

3. 引导深化思考

针对电子文化下的思想快餐问题，国家应该出台相应的政策，鼓励人们加强对思维的锻炼，多多接触新鲜事物，不断产生创新思维，对事物进行深入思考，从而促进文化系统的健康发展。譬如，可以通过举办各种“读书日”、“读书月”、“读书角”，以及一些有利于深入思考的读书比赛的形式加强人们对传统文化和经典文化的认同。当然，思维能力的培养应该从小做起，针对网络时代儿童也越来越多地依赖网络的现实，应该从幼儿教育开始就想方设法地使幼儿远离网络，家长和幼儿教师应该开发出更多的科学游戏和科学小实验等让幼儿自主学习。“在游戏与实验中，既能使幼儿能直接看到、感受到一些物体和现象的特征与变化，激起幼儿对科学的兴趣，又能培养他们的科学态度和发展其观察力与创造力以及思维能力。”[1]

三、完善电子生态系统

(一) 电子生态系统的现状

在工业经济时代，生态问题主要表现为资源的耗竭和环境的污染。工业经济时代，生产资源是稀缺的，战略主导资源，譬如煤炭、石油和天然气更是稀缺。而伴随着这些资源的大量消耗，人类垃圾以飞快的速度被创造出来，对地球产生了污染，其中那些难以降解的垃圾给地球带来的危害更是深远，由此带来了经济的可持续发展问题。而信息经济恰恰因为耗能少、可重复利用等特点和优点弥补了工业经济的缺陷，被人们认为是一种有利于人类社会可持续发展的经济形式。然而，信息经济本身也同样会带来新的生态问题和环境问题，也有着自身的可持续发展问题。只有解决了这些问题，才能真正地实现经济的可持续发展。

1. 信息泛滥

因特网上信息资源扩张速度的持续增加，信息资源数量的剧增，虽然方便人们查找到各种相关信息，但由于网上的信息缺乏监管，重复发布的信息十分普遍，于是就出现了信息泛滥。这是因为信息资源本身具有随意性，它不受时间、地点、人物的限制，随时随地都可以发布。在信息的发展中，没有一个筛选系统进行分类，从而导致信息的发布良莠不齐，缺少合理的规划。另外，信息产品的更新速度没有一个合理的时间规划，信息的时效性大大降低，从而导致信息质量的下降，对信息环境的健康发展十分不利。

---

1 王晓岚. 在游戏中培养幼儿的思维能力[J]. 黑龙江农垦师专学报，2003(4)：95-96.

如上述问题不得到及时解决，信息流通就难以顺畅，信息经济的可持续发展也将难以实现。[1]

2. 电磁辐射

随着近些年来，信息经济的发展，电子技术广泛应用于广播、电视、国防等各个领域。人们在享受着电子技术带来便利的同时，也遭受着电磁带给我们的一系列污染问题。一方面电磁辐射设备可能危害着人们的身体健康，另一方面设备的老化可能会带来爆炸的危险，并且对生态造成一定的危害。因此，非常有必要使人们了解关于电磁波污染的相关问题，使人们对此有正确的认识并加以防范。

(1) 电磁辐射对人体的危害

有资料显示，电磁辐射可以对人体的脑电和心电产生影响，从而影响大脑的正常运转和心脏功能。目前我国使用手机的用户呈明显上升趋势，手机对人体的危害巨大，特别是在电话接通的一瞬间，它会大量消耗人的脑细胞，甚至危及人类的生命；电磁辐射会影响孕妇的健康，导致胎儿畸形；电磁辐射能够诱发癌症，使癌细胞增殖；电磁辐射还能对视觉系统产生影响，导致视力下降，严重的将引发白内障；除此之外，电磁辐射也会对皮肤等造成伤害。[2]

(2) 电磁辐射对生态的迫害

电磁辐射对人类的生存环境、生态环境的影响更大。电磁辐射会使动物的行为出现异常甚至导致基因突变，而且对植物的生长也会产生迫害性。据资料显示，1970 年建立在峨眉山金顶上的电视发射塔，塔高 78 米，能覆盖四川省 1/3 的面积，因为收视电视效果很好，群众满意度很高。但从 20 世纪 80 年代开始，有着数百年历史的峨眉山原始冷杉林的树叶开始干枯，接着有的树干也慢慢死去。经专家调研后认为，此现象与该地区电视发射塔发出的较强电磁辐射污染有直接关系，因为这种电磁波污染严重破坏了峨眉山的生态环境。在外界的压力下，最终该电视发射塔在 2003 年开始拆迁，以保护该风景区的生态环境。[3]

(3) 电磁辐射对社会的危害

电磁辐射会产生高磁场，而高场强作用下可能产生的火花可能引燃武器、炸弹等易燃易爆物品，给人民的生命财产带来巨大的损失，给社会带来巨大的危害。电磁辐射还会造成广播、电视、雷达等装置的信号受到干扰甚至无法接收到正常信号，甚至可能导致飞机指示信号失误等严重危害社会的重大事故。

---

1 高春玲. 关于网络信息资源管理的思考[J]. 现代情报，2013(12)：54-56.

2 周利敏，李景元，耿建明. 京津冀城市集群发展与廊坊市域经济定位的延伸研究——第五届环渤海·环首都·京津冀协同发展论坛学术会议论文集[C]，北京：中国经济出版社，2011.

3 周利敏，李景元，耿建明. 京津冀城市集群发展与廊坊市域经济定位的延伸研究——第五届环渤海·环首都·京津冀协同发展论坛学术会议论文集[C]，北京：中国经济出版社，2011.

(二) 电子生态系统的完善

1. 严惩信息泛滥

针对上述问题，应该做到：首先，在资金方面，国家要投入大量资金，建立一个信息发布的监管系统，用于信息资源的整合与筛选，相关部门要加强监管，统筹规划；其次，在法律方面，要不断加强网络信息的立法工作，建立与信息经济相适应的法律规范；再次，在网站上进行相应的规划，对信息进行分类，使专业的信息在特定的网站进行发布，并有专门的技术人员进行监管；还有，对发布信息的人员进行监督，发现违背道德准则的现象时，相关部门对其要进行制裁；最后，对于过时的信息要进行及时的筛选和更新，减少人们筛选信息的时间。

2. 整治电磁污染

(1) 减少电磁辐射对人体的危害

针对电磁污染问题，必须采取保护措施，减少电磁辐射对人体的危害。例如，应对手机用户进行教育，使其在接听手机的一瞬间，尽量使手机远离头部，晚间手机最好关机，手机最好放进专用的防辐射套中等；对于电脑用户，应使其尽量减少上网时间，平均每工作一小时，应休息一小时，减少电磁辐射对身体的危害；对于孕妇，应穿戴专用的防护服，最大可能地减少电磁辐射对胎儿的危害。还可以多吃一些新鲜的，尤其是富含维生素 B 的蔬菜和水果，例如，海带、胡萝卜、卷心菜等，从而增强人体抗电磁波干扰的能力。[1]

(2) 减少电磁辐射对生态的迫害

为了尽最大可能地避免我国的生态系统遭到破坏，首先要做到保护电子技术操作人员的安全，操作人员要采取保护措施，佩戴防护眼罩和防护头盔，穿金属屏蔽服，以免对自己的身体带来伤害；其次要采用吸收材料和屏蔽材料来减少产生电磁污染的相关设备对动植物的危害；再次，要采取远距离控制和自动化作业使得工作地点尽可能远离电磁波发射源；最后，要建立相应的政策法规、加强相关部门的监督和管理、统筹安排相应的通信设施，防止电磁辐射的污染，保护生态环境免遭迫害。[2]

(3) 减少电磁辐射对社会的危害

针对上述问题，首先要采用技术措施，对辐射污染源加以屏蔽，将电磁辐射的影响控制在一定的范围内；其次，相关部门要加强监管、统筹安排、科学管理，聘请专业技术人员保障通信以及电磁波传输的畅通，保护人民的身心健康，维护生态环境。

---

1 顾小成，梁凤英. 隐形的健康“杀手”——电磁污染[J].世界环境，2013(1)：84-85.

2 吴菡. 电磁污染及解决方法[J]. 才智，2012(32)：54.

四、完善电子政府系统

(一) 电子政府系统的现状

1. 电子政府系统的意义

前面已经指出，信息经济的可持续发展需要人才、资金和技术等方面的可持续发展，并且具体指出了每一方面实现可持续发展的对策建议。但是，这些对策建议却会因为系统内和系统外的信息不对称导致的一系列矛盾而难以得到实施。譬如，信息经济的发展需要大量的信息基础设施，而信息基础设施的建设却又可能因为信息污染而受到人们的阻挠，而这种阻挠如果成功，就可能会损害部分消费者的利益，这种系统之间的矛盾和对抗会成为信息经济发展的障碍。另外，各个系统内的信息不对称以及矛盾对抗也会导致系统内部的不合作，从而降低系统的运作效率。有鉴于此，促进信息在系统内部以及各个系统之间的传递，从而达成更加高效的“合作契约”是必要的。这就要求建立健全国家或国际的信息系统，使得各级政府能及时快速地获得各类信息，并在此基础上实现对整个经济活动的调控，从而减少市场经济的盲目性、滞后性和不确定性，最终实现经济的可持续发展。

2. 电子政府系统的功能

关于电子政府的概念，目前有不同的看法。但归纳说来，电子政府既可以指一种实体，也可以指一种方法，这种方法就是政府通过使用信息技术，一来使人们更方便地访问政府的信息和接受政府的服务，实现“政务公开”，从而提高政府的服务质量；二来使政府机构成员可以方便快捷地从网上获取海量信息，包括机构内部的工作信息和机构外部的业务信息，包括经济、文化和生态三个不同系统的信息，并将这三个方面的信息整合起来建成一个有机的社会生态系统，并最终做出全方位的宏观有效的决策；三来使政府与公众之间的事务可以通过网络实现互动处理，即通过“电子政务”使人们更方便地参与社会的民主制度和过程。其作用可见图 7-4。

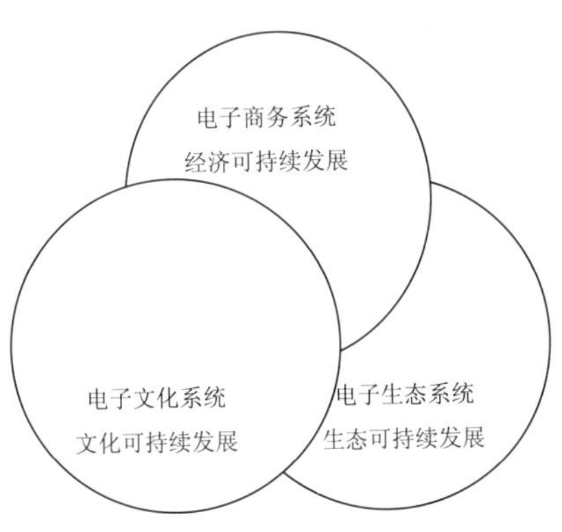

图 7-4　可持续社会生态系统的构建

在图中，电子政府系统居于中心地位，其存在不仅可以实现政府的可持续发展，也是其他三个系统实现可持续发展的要求。构建电子政府主要可以满足人们在现实生活中的多种需求：在服务的核心上，提倡以公民为核心；在服务的质量上，强调以公民的体验、方便和满意为主；在服务的提供上，提供多渠道的拓展服务；在服务的范围上，提供多渠道、宽领域的公民服务。具体来说，就是通过信息公开、公民主动参与的方式提高政府工作的透明度，提高信息工作的共享性。这样做可以使公民成为政府活动中的主动的参与者而不是被动的接受者，当社会中出现棘手的问题时，公众可以积极献计献策，当对政府的服务不满意时，可以向相关人员反馈自己的意见。电子政府的构建可以在很大程度上提高行政人员的办事效率，提高政府的回应性和开放性。

3. 电子政府系统的现状

当代政府发展理论的一个基本观点就是将政府组织看成是受社会环境影响的生态系统，社会环境不同，政府组织的形态也就不同：农业社会下的政府组织是融合型政府，工业社会下的政府组织是官僚制政府，而信息社会下的政府组织则应该是扁平化和整合化政府，即纵向结构的趋于扁平化而横向结构的趋于整合化。[1]现阶段的电子政府，总体上就处于这种扁平型的电子服务政府的初级阶段，其特征是逐渐破除传统职能型政府的复杂的层级结构和妨碍政府职能发挥的各种屏障，从而使电子服务政府可以向基层延伸，通过公共服务体系的构建来不断地提升服务能力，使信息化起到推动民主政治建设的作用。

就全世界来说，美国、加拿大和新加坡等国家的电子政府建设目前居于世界前列，取得了很大的成就，其他一些国家的电子政府建设也都取得了或多或少的成绩，但因为目前全世界的电子政府的发展还处于初级阶段，所以，即便是美国的电子政府系统也还存在一系列的问题，譬如电子政府基础设施的使用率偏低、系统的重复建设严重、工程建设的周期过长等物质基础问题，以及政府的信息安全问题、民众的隐私问题、信息鸿沟问题等信息本身的问题。还需要强调指出的是，目前的电子政府系统中的条块分割现象并没有从根本上得以废除，各个部门之间、三大系统之间的交流还存在很大的障碍，这导致政府无论在政策的制定上还是政策的执行上都存在很大的困难，也就是说电子政府还没有将三大系统有机地结合在一起从而最终实现社会生态系统的高效结合。现阶段的电子政府更多地体现为电子政务的发展，体现为一种工具化的发展，而非电子政府实体的实质性发展。所以建立集经济、文化和生态要求于一体的电子政府生态系统是电子政府系统发展的要求和目标。

(二) 电子政府系统的构建

1. 电子政府系统构建的重点

在电子政府系统的构建过程中，有两个需要强调的重点。

(1) 电子投票

电子投票是电子政府系统构建中首先要解决的问题。这是因为：首先，电子投票可

1 王玉苹. 论电子政府的发展前景[J]. 才智，2013(30)：242.

以使人民在网上行使自己当家做主的权利，通过在网络上参与并发表涉及自身利益和国家重大发展前途的方针政策的看法，可以行使人民当家做主的权利；其次，相关部门通过电子投票数和实际情况来做出最后决策的方式可以使问题得以及时解决；再次，通过使用电子投票，可以在减少印刷、分发、搜集和统计选票过程的成本的同时保证民主决策的速度以及准确性；最后，电子投票方式使投票人的投票过程更加方便和隐蔽，可以增加投票结果的公平性。

(2) 在线政治家

本教材认为，在线政治家的培养是电子政府建设过程中最重要的一环。在线政治家是指政府要打破原有的部门的条块分割，将工业与信息化部、教育部、文化部、环境保护部，以及其他部门的专家集于一堂来解决那些关系重大的公众性问题。为避免政策制定上的偏颇，这些政治家不仅要从专业的领域和管辖范围进行分析，还要与其他部门的在线政治家一起讨论和做决策，从而找到各个部门都能认可和接受的解决办法。这种做法可以打破过去那种各个部门孤军奋战的弊端，使各个部门之间联合起来，根据部门职责和权限分工将其一项政策分解为具体的工作任务，下派到相关部门进行办理，使问题最终得到圆满解决。同时高层政治家可以雇佣一些高层职员对公民提出的问题进行正确解答，保证公民的问题可以在第一时间得到解决，保证政治家们第一时间了解人民最关注的问题。

2. 电子政府系统构建的途径

当然，仅仅培养一批高素质的在线政治家还是远远不够的，电子政府系统的创建还必须有强大的物质、技术和制度等基础，这就要求从这几个方面加强建设，保证电子政府系统构建的顺利完成。

(1) 电子政府系统资金层的构建

经济基础决定上层建筑。在电子政府系统的构建过程中，资金的支持当然是必不可少的也是极其重要的。只有具备充足的资金保障，才可以引进先进的技术设备，聘请知名的国内外的专家，从而使系统更好地运转。[1]因此说，通过法律条文的限定，从每年的政府收入中划拨一定比例的资金用于电子系统的创建是必要的。当然，也可以通过捐赠等形式来获得一部分资金促进电子政府系统的发展。

(2) 电子政府系统技术层的构建

技术问题是一个亘古不变的话题，电子政府系统的创建中要不断地加强技术引进和发展。这是因为无论是信息安全问题的解决，还是系统的使用效率的提高，都和技术的提升密切相关。譬如，在网上存在着大量的黑客，其中的一些黑客本身并无恶意，但总有一些黑客会试图了解选票的趋势、阻止选票的投出和更改选票的结果，从而影响民主的政治化进程。这要求政府系统必须引进或研制最先进的信息安全加密技术加强政治民主化进程的保密措施和安全机制，加强国防安全和民众的隐私安全。另外，也要通过发展信息技术(譬如发展云计算技术)和创建信息资源共享平台等措施来降低信息在获取和

1 杨国栋. 论电子政府构建的政府基础[D]. 长春：吉林大学，2013.

处理上的时耗和物耗，降低系统的运作成本，提高系统的运作效率。

(3) 电子政府系统制度层的构建

制度的作用不容小觑，政府应通过建立相应的政策法规和部门规章来保证电子政府系统的顺利运行。目前，各国的相关立法有很多。例如：新加坡设立了针对信息安全和信息犯罪的《滥用计算机法》来加强信息安全和减少信息犯罪；而美国则针对个人隐私设立《个人隐私保护法》、《电子隐私条例法案》等来保证公民的合法权益。借鉴发达国家的成功经验，我国政府部门要多层次、宽领域地建立健全我国的法律机制，特别要加快信息公开化和电子政务方面的立法工作，以制度的建设来解决电子政府运行过程中遇到的人为威胁等问题，从而保证电子系统的顺利运行。

(4) 电子政府系统人才层的构建

无论资金、技术和制度多么重要，这些方面的发展和利用等都需要强大的人才队伍。所以，政府应该在培养相关的高、精、尖端专业人才上加大财政投入，通过各种人才培训、奖励等激励措施提高人才的科研能力和创新能力，从而突破他国的技术壁垒，研制出本国的核心技术，摆脱核心技术上的受控局面。还要加大力度宣传，尽最大努力提高全民族的信息安全意识，保证电子政府系统的顺利运行。

【复习思考题】

1. 简述信息系统的含义。
2. 简述信息系统的功能。
3. 试分析可持续发展问题包括几个方面。
4. 简述如何力推高科技非上市公众公司股权交易。
5. 如何积极促进私募股权基金健康稳定发展？
6. 电磁辐射的危害有哪些？
7. 简述电子政府系统构建的途径。

参 考 文 献

[1] 查先进. 信息经济学[M]. 北京：清华大学出版社，2007.

[2] 骆正山. 信息经济学[M]. 北京：机械工业出版社，2007.

[3] 陈禹，王明明. 信息经济学教程[M]. 北京：清华大学出版社，2011.

[4] 娄策群，桂学文. 信息经济学通论[M]. 北京：中国档案出版社，1998.

[5] 乌家培，谢康，肖静华. 信息经济学[M]. 北京：高等教育出版社，2007.

[6] 王则柯. 对付欺诈的学问——信息经济学平话[M]. 北京：中信出版社，2002.

[7] 张守一. 信息经济学[M]. 沈阳：辽宁人民出版社，1992.

[8] 乌家培. 信息与经济[M]. 北京：清华大学出版社，1993.

[9] 马费成. 信息经济学[M]. 武汉：武汉大学出版社，2012.

[10] 马费成等. 信息经济学[M]. 武汉：武汉大学出版社，1997.

[11] 乌家培. 信息经济学与信息管理[M]. 北京：方志出版社，2004.

[12] 乌家培等. 经济信息与信息经济[M]. 北京：中国经济出版社，1991.

[13] 郑英隆. 市场信息经济导论——中国市场经济发展问题新视角[M]. 西安：西北大学出版社，1993.

[14] 陈颖. 信息经济学教程[M]. 保定：河北大学出版社，2006.

[15] 韩双林，马秀岩. 证券投资大辞典[M]. 哈尔滨：黑龙江人民出版社，1993.

[16] 胡代光，高鸿业. 西方经济学大辞典[M]. 北京：经济科学出版社，2000.

[17] 乔伊弗·弗雷德曼·沃尔珀特，萨缪尔斯·沃尔帕特. 信息经济学[M]. 陈玉轴等，译. 太原：山西人民出版社，1989.

[18] 肯尼思·阿罗. 信息经济学[M]. 何宝玉等，译. 北京：北京经济学院出版社，1989.

[19] 弗兰克·奈特. 风险、不确定性和利润[M]. 王宇，王文玉，译. 北京：中国人民大学出版社，2005.

[20] 保尔·霍肯. 未来的经济[M]. 方韧，译. 北京：科学技术文献出版社，1985.

[21] 陈瑞华. 信息经济学[M]. 天津：南开大学出版社，2003.

[22] 陶长琪. 信息经济学[M]. 第 2 版. 北京：经济科学出版社，2009.

[23] 熊义杰. 现代博弈论基础[M]. 北京：国防工业出版社，2010.

[24] 陈建斌，郭彦丽. 信息经济学[M]. 北京：清华大学出版社，2010.

[25] 黄涛. 博弈论教程——理论·应用[M]. 北京：首都经济贸易大学出版社，2004.

[26] 陈钊. 信息与激励经济学[M]. 上海：上海三联书店，上海人民出版社，2005.

[27] 张维迎. 博弈论与信息经济学[M]. 上海：上海三联书店，上海人民出版社，2004.

[28] 张成科，植璟涵，朱怀念. 合作博弈、匹配理论与市场设计实践及其政策启示——2012 年诺贝尔经济学奖得主的主要研究贡献述评[J]. 广东工业大学学报：社会科学版，2013，13(1)：13-18.

[29] 高红阳. 不对称信息经济学基础理论研究评述、反思与创新[J]. 情报资料工作，2006(1)：17-20.

[30] 高红阳. 不对称信息经济学研究现状述评[J]. 当代经济研究，2005(10)：23-28.

[31] 赵红强，谭屹然，石柱鲜. 信息不对称下的委托代理博弈[J]. 现代情报，2011，31(4)：116-117，120.

[32] 孙宇，电子政务[M]. 北京：北京师范大学出版社，2011.

[33] 靖继鹏. 应用信息经济学[M]. 北京：科学出版社，2002.

[34] 张五常. 经济解释——张五常经济论文选[M]. 易宪容，张卫东，译. 北京：商务印书馆，2000.

[35] 奥利弗·威廉姆森，斯科特·马斯滕. 交易成本经济学经典名篇选读[M]. 李自杰等，译. 北京：人民出版社，2008.

[36] 罗纳德·科斯. 企业、市场与法律[M]. 盛洪等，译. 上海：上海三联书店，上海人民出版社，1990.

[37] 罗贵权. 要重视信息经济学的研究[N]. 人民日报，1996-11-23(4).

[38] 姚健. 论情报经济学和信息经济学的同一[J]. 情报理论与实践，1997，20(2)：87-90.

[39] 汪英，方小玉. 对生产领域信息商品成本核算的探讨[J]. 当代经济，2008(5)(上)：82-83.

[40] 项清焕，李智霞. 信息市场发育的程度判断与阶段推进[J]. 图书情报工作，1997(2)：25-27.

[41] 湖南省人民代表大会常务委员会. 湖南省经济信息市场管理条例(修正)》[EB/OL]. 中国经济信息网. [2014-9-4]. http://ibe.cei.gov.cn//defaultsite/s/article/2004/08/20/4b4ff4a5-3a3f8235-013a-456bdeb0-6ead_2004.html?referCode=sxb0c&columnId=4028c7ca-37115425-0137-11564e28-0141.

[42] 湖南省人民代表大会常务委员会. 《关于修改＜湖南省经济信息市场管理条例＞的决定＝[EB/OL]. 中国经济信息网. [2014-9-4]. http://ibe.cei.gov.cn//defaultsite/s/article/2004/08/20/4b4ff4a5-3a3f8235-013a-456bdeb0-6ead_2004.html?referCode=sxb0c&columnId=4028c7ca-37115425-0137-11564e28-0141.

[43] 河北省人民政府. 《河北省经济信息市场管理实施办法修正案》[EB/OL]. 中国经济信息网. [2014-7-13]. http://ibe.cei.gov.cn//defaultsite/s/article/2013/09/09/8a8a8a83-405ca350-

0141-006ede9d-1a4c_2013.html?referCode=dqhbzc&columnId=4028c7ca-39905444-0139-90674d8c-0311.

[44] 靖继鹏，赵筱媛. 信息产业的形成机制剖析[J]. 情报科学，2004，22(5)：513-516.

[45] 王人辉. 信息产业边际收益递增趋势及原因[J]. 现代企业，2008(10)：54-55.

[46] 李国锋，崔琳，于洪良. 对信息产业发展规律的新认识[J]. 山东经济，2001(5)：10-13.

[47] 任志安. 知识共享与规模经济、范围经济和联结经济[J]. 科学学与科学技术管理，2005(10)：119-124.

[48] 郑金帆. 我国信息产业的发展趋势与重要作用浅析[J]. 情报探索，2007(1)：114-115.

[49] 姚聪，孟禹彤. 电子信息产业发展趋势及我国发展状况分析[J]. 黑龙江科技信息，2014(3)：100.

[50] 刘清泉. 论企业知识主管[J]. 经济，2007(3)：235-236.

[51] 赵友芬. 知识主管(CKO)与信息主管(CIO)之比较研究[J]. 图书馆建设，2004(1)：88-90.

[52] 何亚琼，左美云，李一军. 信息产业演进的合理性评价方法初探[J]. 情报理论与实践，1998，21(5)：271-272，297.

[53] 金建. 影响信息产业结构变动的基本因素分析[J]. 中国科技论坛，1993(4)：38-41.

[54] 刘丹. 试析信息产业的演进[J]. 科技创业月刊，2010(6)：125-127.

[55] 陈新欣. 完善我国信息内容产业和市场的监管体系[N]. 中国社会科学院院报，2005-03-01(003).

[56] 张俊. 略论我国信息产业的管理模式[J]. 图书与情报，1997(1)：27-29.

[57] 黄开旭. 论日本国家干预经济的模式——“中观产业管理”[J]. 世界经济文汇，1988(3)：1-10.

[58] 张惠萍. 信息服务业的空间分布、区位策略与集聚——以福建省为例[J]. 华东经济管理，2013，27(7)：79-84.

[59] 杨清林. 浅谈电子信息技术的发展趋势[J/OL]. 电子制作，2013(19)：120. http://www.cnki.net/kcms/detail/11.3571.TN.20131125.1641.098.html.

[60] 国务院办公厅. 国务院办公厅关于促进地理信息产业发展的意见[EB/OL]. 中央政府门户网站. [2014-01-30]. http://www.gov.cn/zwgk/2014-01/30/content_2578694.htm.

[61] 国务院办公厅. 国务院关于印发“宽带中国”战略及实施方案的通知[EB/OL]. 中华人民共和国工业和信息化部网站. [2013-08-17]. http://www.miit.gov.cn/n11293472/n11293877/n15432927/n15432960/15762676.html.

[62] 运行监测协调局. 2013 年电子信息产业统计公报[DB/OL]. 中华人民共和国工业和信息化部网站，[2014-03-04]. http://www.miit.gov.cn/n11293472/n11293832/n11294132/n12858462/15909429.html.

[63] 张西玲，王桂香. 论信息经济的实质及其特征[J]. 宁夏党校学报，2005，7(2)：90-91.

[64] 王永，刘建一，张坚. 浅析规模经济 范围经济与集成经济[J]. 江苏商论，2004(3)：117-119.

[65] 任静，甘绮翠，孙爱军，王海军. 互联经济：改写产业发展模式[J]. 新远见，2013(3)：26-30.

[66] 简新华. 论以信息化带动工业化 中国经济发展探索[M]. 武汉：武汉大学出版社，2007：23.

[67] 陈运迪. 中国信息化发展历程[J]. 数码世界，2003(2)：52-53.

[68] 屈超. 信息经济测度方法述评[J]. 黑龙江对外经贸，2009(5)：95-97.

[69] 陈晓东. 浅析马克卢普知识产业理论[J]. 中外科技信息，2002(6)：49-50.

[70] 张胜利. 信息经济测度及其评价研究[J]. 现代商贸工业，2010(24)：361-362.

[71] 陈金岭. 透视国家信息化指标构成方案[J]. 邮电商情，2001(16)：38-42.

[72] 王忠辉，朱孔来. 国家和地区信息化水平测度方法评述[J]. 山东工商学院学报，2006，20(4)：24-28，48.

[73] 国家统计局统计科研所“信息化统计评价”研究组. 2012 年中国信息化发展指数(Ⅱ)国际比较研究[J]. 调研世界，2013(1)：4-9.

[74] 宋洁，曹青. 关于经济信息效益评价指标的思考[J]. 情报杂志，2007(3)：37-39.

[75] 姚思铭. 企业信息化经济效益评价体系构建分析[J]. 科技创业月刊，2012(7)：112-113.

[76] 杜雪鹏. 信息经济与工业经济对比分析[J]. 中国房地产业，2011(3)：380.

[77] 王学渊，李忠健. 市场经济生态观之浅见[J]. 特区经济，2007(1)：125-126.

[78] 勤坤. 中国已成为世界上最大的实物生产国家—— 中美实物经济规模比较(1980—2000 年)[J]. 经济师，2004(10)：34-35.

[79] 张颢瀚，樊士德. 后信息经济时代的全球经济[J]. 江苏社会科学，2013(1)：6-15.

[80] 安少锋. 中外信息经济的对比分析[J]. 中国科技信息，2012(8)：180-183.

[81] 张卫宁. 试论信息鸿沟及其消除对策[J]. 河南社会科学，2009，17(2)：175-177.

[82] 中国互联网络信息中心. 中国互联网络发展状况统计报告[EB/OL]. [2014-03-05]. http://www.cnnic.net.cn/hlwfzyj/hlwxzbg/hlwtjbg/201403/P020140305346585959798.pdf.

[83] 周毅. 信息经济运行中信息系统的行为分析[J]. 情报科学，1993，14(3)：1-7.

[84] 曾国屏. 竞争和协同：系统发展的动力和源泉[J]. 系统辩证学学报，1996，4(3)：7-11.

[85] 周宪. 文化研究关键词[M]. 南京：江苏人民出版社，2007.

[86] 赛缪尔・亨廷顿，劳伦斯・哈里森. 文化的重要作用[M]. 北京：新华出版社，2002：82.

[87] 祁斌. 资本市场发展的系统重要性[J]. 中国金融，2012(3)：16-17.

[88] 吴晓求. 中国创业板市场：现状与未来[J]. 财贸经济，2011(4)：5-14，136.

[89] 田书华. 我国场外交易市场研究[J]. 中国市场，2013(43)：37-47.

[90] 张保红. 论非上市公众公司证券发行和转让的监管[J]. 韶关学院学报：社会科学版，2013，34(9)：79-82.

[91] 陈雪娇. 我国非上市公司股权转让的立法构造[J]. 社会科学家，2014(4)：98-101.

[92] 段续峰. 试论风险投资的运作方式[J]. 成都航空职业技术学院学报，2013(4)：83-85.

[93] 李学峰，刘洋. 场外交易市场、私募股权基金与中小企业融资——基于博弈论的分析[J]. 南方金融，2009(6)：29-32，8.

[94] 徐润萍，徐升华. 信息时代资本市场发展的新机遇[J]. 企业经济，1998(10)：24-25.

[95] 朱建明，李贵强. 中国资本市场功能的现状、问题与制度研究[J]. 软科学，2014，28(1)：64-67.

[96] 刘鹏. 浅谈经济信息流通与信息不对称[J]. 电子商务，2011(6)：45-46.

[97] 陈红. 网络数据库技术发展探析[J]. 科技创新与应用，2014(14)：53.

[98] 张效赤. 知识经济与网络信息资源共享[J]. 现代情报，2004(5)：76-77.

[99] 张雪梅，过仕明，李丽. 基于BSC的信息资源共享平台绩效评估研究——以黑龙江省科技创新创业共享服务平台为例[J]. 哈尔滨师范大学自然科学学报，2013，29(4)：39-43.

[100] 张娟. 网络信息安全与保密综述[J]. 南昌高专学报，2003(1)：53-54.

[101] 陈振峰. 网络安全管理是信息化建设的重中之重[J]. 科技情报开发与经济，2002，12(4)：101-102.

[102] 王凤秋，刘俊花. 论新公共管理理论视野下我国教育行政体制改革[J]. 黑龙江高教研究，2007(11)：29-31.

[103] 李先龙. 论信息时代经济战争的特点及对策[J]. 中国城市经济，2011(5)：68-69.

[104] 王壮，史琳，王焕来，王凤秋. 乡村医生培养面临的问题及培养模式的实践研究[J]. 齐齐哈尔医学院学报，2012，33(18)：2522-2523.

[105] 侯亚娟. 人力资本定价的等价原理模式研究[J]. 齐鲁学刊，2009(2)：89-95.

[106] 王怀诗，沙勇忠. 电子文化的伦理特征初探[J]. 情报科学，2007，25(5)：660-665.

[107] 王怀诗. 电子文化对印刷文化的颠覆及其伦理影响[J]. 兰州大学学报，2007，35(4)：60-65.

[108] 祝振芳. 浅谈广播电视办公自动化与电子文件管理[J]. 山东视听，2003(4)：75.

[109] 陈建强. 在数学概念课教学中培养学生思维品质[J]. 黑龙江教育学院学报，2014，33(3)：78-79.

[110] 王晓岚. 在游戏中培养幼儿的思维能力[J]. 黑龙江农垦师专学报，2003(4)：95-96.

[111] 高春玲. 关于网络信息资源管理的思考[J]. 现代情报，2013(12)：54-56.

[112] 顾小成，梁凤英. 隐形的健康“杀手”——电磁污染[J]. 世界环境，2013(1)：

84-85.

[113] 吴菡. 电磁污染及解决方法[J]. 才智，2012(32)：54.

[114] 王玉苹. 论电子政府的发展前景[J]. 才智，2013(30)：242.

[115] 马志伟. 我国创业板市场发展的现状及对策建议[D]. 上海：复旦大学，2012.

[116] 陈胜文. 医疗卫生体制改革问题研究[D]. 长沙：湖南大学，2010.

[117] 齐晶. 中国电子商务发展与规制研究[D]. 沈阳：辽宁大学，2013.

[118] 杨国栋. 论电子政府构建的政府基础[D]. 长春：吉林大学，2013.

[119] 周利敏，李景元，耿建明. 京津冀城市集群发展与廊坊市域经济定位的延伸研究——第五届环渤海·环首都·京津冀协同发展论坛学术会议论文集[C]，北京：中国经济出版社，2011.

[120] 张英. 信息经济前景如何[N]. 人民邮电，2014-3-18(7).

[121] 肖钢. 保护中小投资者就是保护资本市场[N/OL]. 新华网. [2013-10-16]. http://news.xinhuanet.com/fortune/2013-10/16/c_125543156.htm.

[122] 国务院国发(2013)31 号. "宽带中国"战略及实施方案[EB/OL]. 中国人民共和国中央人民政府网站，[2013-08-01]. http://www.gov.cn/zwgk/2013-08/17/content_2468348.htm.

[123] 金珠. 试析信息产业在经济建设中的地位与作用[J]. 冶金信息导刊，2004(4)：46-48.

[124] 陈福中，陈诚. 后危机时代规模经济对网络型产业并购绩效的影响——基于信息技术业的实证描述[J]. 兰州商学院学报，2011，27(3)：9-15.

[125] 曾楚宏，林丹明. 信息产业标准的竞争策略[J]. 南方经济，2002(7)：70-71.

[126] 程祁慧. 信息化与经济全球化[J]. 特区经济，2004(11)：42-44.

[127] 社评. 坚持不懈地构建和完善我国信息产业政策法规[J]. IT 时代周刊，2008(Z1)：12.

[128] 银路. 简论信息经济[J]. 国内外经济管理，1990(5)：35

[129] 谢康.国外信息经济学研究[J]. 复印报刊资料(新兴学科)，2000(4)：54-59.

[130] 张颢瀚，樊士德. 后信息经济时代的全球经济[J]. 江苏社会科学，2013(1)：6-15.